교회는 나에게 무엇인가?

조에신서
5

교회는 나에게 무엇인가?

WHAT DOES THE CHURCH MEAN TO ME?

강성기 목사 지음

도서
출판 조에

┃ 머리말

'교회'하면 어릴 적 한번 가본 적 있는 곳, 십자가가 달려있는 곳, 오르간 소리가 들리고 찬송가를 부르는 곳, 연보 주머니를 돌리는 곳, 기독교인들이 믿는 신에게 정성 드리고 기도하는 곳 등 사람들마다 각각 가지고 있는 이미지가 있다. 이는 교회에 대한 장소적이요, 환경적인 인상이다. 그리스도인이라면 교회는 하나님께 예배하는 전이라는 정도는 상식적으로 안다.

그러나 교회는 그 이상의 큰 의미와 기능을 가지고 있기에 바울은 '이 비밀이 크도다 내가 그리스도와 교회에 대해 말하노라'고 하였다 (엡5:32). 교회에 대한 이 비밀을 그리스도인은 마땅히 알아야 하나 이에 대해 너무 무지한 나머지 교회를 무시하고, 심지어는 교회를 담임하고 있는 목회자들조차 잘 알지 못하므로 자기에게 맡겨진 양 떼들을 제대로 가르치지 못하고 악한 영들에게서 보호하지 못하며 교회의 권위를 땅에 떨어뜨리는 경우를 종종 본다.

이 책은 본 교회 창립 18주년을 맞이하여 26번에 걸쳐 매주일 설교한 것을 모은 것이다. 그렇다고 설교에 그친 단순한 이론서가 아니다. 목회자가 피를 토하듯 가르치고 성도들이 순종하며 헌신하여 구체적으로 형상화된 교회 자체를 말한 것이다.

그러므로 이 책을 먼저 목회자들에게 권한다. 교회를 교회답지 못하게 한 1차적 책임은 목회자에게 있다. 교회를 위임맡은 목회자들은 '교회는 나에게 무엇인가?'를 다시 한 번 정립하여, 진리의 기둥과 터인 교회를 든든히 세우고, 주님이 맡기신 영혼들을 진리로 인도하는 참고서 내지 도전장으로 삼아주기 바란다.

또한 성도들도 '교회는 나에게 무엇인가?'라는 이 질문을 수없이 자신에게 묻고 또 대답함으로 성경적 교회관을 올바르게 정립하여 영적 생활 곧 교회생활을 더욱 더 진실하고 충성스럽게 하겠다고 결단하는 계기가 되기를 바란다.

참고로 예수복음교회는 미국 뉴저지주 파라무스에 소재한 침례교회로 2009년 올해로 창립 24주년을 맞는다. 출석교인은 청장년 500여 명 정도이며 전교인이 주일성수와 십일조는 기본이고 일주간의 모든 생활이 교회중심 생활을 한다.

지금까지 우리 교회는 세 번의 헌당예배를 드렸다. 교회당 매입(1996), 교회당 신축(2005), 교육관 건축(2009) 등 총 세번에 걸쳐 총경비를 전액 현찰로 지불하며 헌당한 것이다. 이 모든 것이 바로 목회자가 성도들에게 확실한 성서교육과 신앙생활 지도, 특히 올바른 교회관을 심어줌으로 가능한 결실이었다.

마지막으로 이 책이 나올 수 있도록 수고한 이들에게 감사를 표하고 싶다. 순종과 헌신으로 이 책의 실제적인 모델이요, 증인들인 사랑하는 예수복음교회 성도들에게 진심으로 깊은 감사를 드리는 바이다. 누구보다 교회의 머리 되신 예수 그리스도께 모든 영광과 찬송과 감사와 경배를 올려드린다.

2009년 4월 30일

강성기

차례

1

교회는 나에게 무엇인가?

"시몬 베드로가 대답하여 가로되 주는 그리스도시요 살아 계신 하나님의 아들이시니이다 예수께서 대답하여 가라사대 바요나 시몬아 네가 복이 있도다 이를 네게 알게 한 이는 혈육이 아니요 하늘에 계신 내 아버지시니라 또 내가 네게 이르노니 너는 베드로라 내가 이 반석 위에 내 교회를 세우리니 음부의 권세가 이기지 못하리라"(마16:16~18)

"너희는 자기를 위하여 또는 온 양떼를 위하여 삼가라 성령이 저들 가운데 너희로 감독자를 삼고 하나님이 자기 피로 사신 교회를 치게 하셨느니라"(행20:28)

하나님은 생명의 주가 되십니다. 생명이 그에게서 나오고, 그는 자기 피로 사신 영혼들을 자기 생명같이 아끼시는 분입니다.

신앙은 하나님을 생명의 주로 알고 믿는 것이며, 신앙생활은 천하보다 귀한 내 영혼이 그 보호막 안에서 감시와 감독을 받으며 사는 생활입니다.

우리 교회 6월 표어가 '교회 사랑하기의 달'이고 오늘은 교회창립 18주년을 기념하는 날이기에, 오늘 이 말씀을 들으며 '교회는 나에게 무엇인가'를 깊이 생각하고 결단하는 기회로 삼으시기 바랍니다.

세상 사람들은 불교인이 절에서 불공드리듯 기독교인들은 교회에서 정성 드린다고 생각합니다. 특히 미국에 사는 한인들은 교회를 사람들끼리 상부상조하는 이익단체나 사교단체 정도로 생각하는 경우가 많습니다.

우리는 교회를 생각하기에 앞서 '나는 누구인가'를 먼저 생각해보아야 합니다. 누구든 자기 정체를 '인간'이라고 알고 있을 것입니다. 인간(人間)이란 '사람 사이'라는 뜻입니다. 인간이 인간 되는 조건은 다른 사람들과 더불어 사는 것입니다. 인간은 국가, 직장, 학교, 정당, 사교단체, 동호인클럽, 노조 등 자기 이익과 발전을 위해 다양한 조직에 속해 살고 있습니다. 이에 비해 가정은 이권(利權)과는 무관한 조직입니다. 하여튼 인간은 육체로 사는 동안 사회를 떠나서는 살 수 없습니다. 인간이 사회를 벗어나는 순간 그는 죽은 사람입니다.

이처럼 사람은 이미 많은 단체와 연관되어 있는데 무엇이 부족하여 교회라는 단체와 관계를 또 맺어야 합니까? 나는 '영혼'이기 때문입니다. '참 나'는 육체가 아니라 영혼이라고 아는 자와 교회는 불가분의 관계입니다.

불신자에게 예수를 믿을 것인지 안 믿을 것인지는 선택의 문제입니다. 그러나 신자에게 교회는 선택의 문제가 아니라 필수조건입니다. '나 영혼'과 교회는 생명관계이기 때문에 분리할 수 없습니다.

자기가 영혼이라고 믿는 사람에게 올바른 교회 선택은 절체절명(絶體絕命)의 일입니다. 교회에는 장로교, 감리교, 성결교, 침례교 등 많은 교파가 있지만 교회 선택에 교파나 교단은 중요하지 않습니다. 나를 영혼으로 대우하는 교회! 성령께서 감독하시는 교회를 선택해야 합니다. 흉악한 이리는 택한 자라도 어그러진 말로 죽이고 노략질을 하고 생명을 빼앗으려 하기 때문입니다(행20:29~30).

병원은 치료를 잘하는 것이 환자를 제대로 대우하는 것입니다. 환자의 얼굴에 마사지나 해주고 머리에 파마만 해준다면 잘못 대우하는 것입니다. 환자의 절박한 고통을 해결해주고 그 몸을 살려주지 않으면 존재목적에서 이탈한 사기집단에 불과합니다.

하나님이 태초에 사람을 지으시고 그 코에 생기를 불어 넣어 생령 곧 항구적 존재가 되게 하셨습니다(창2:7). 그리고 하나님은 생령과 영원한 관계를 맺기 위해서 말씀을 주셨습니다.

> "여호와 하나님이 그 사람에게 명하여 가라사대 동산 각종 나무의 실과는 네가 임의로 먹되 선악을 알게 하는 나무의 실과는 먹지 말라 네가 먹는 날에는 정녕 죽으리라 하시니라"(창2:16~17)

그런데 뱀이 마귀의 사주를 받아 '결코 죽지 아니하리라' 하며 여자를 꾀므로 여자가 선악과를 따먹고 남편에게도 주어서 먹게 했습니다(창3:4~6). 그들의 육체는 실과를 먹고 살지만 영혼은 하나님의 입에서 나오는 말씀을 먹고 사는 존재입니다. 그런데 그들이 이를 거부하므로 영에 죄와 사망이 들어왔습니다. 그래서 하나님은 그들을 동산 밖으로 내쫓으시고 그곳을 화염검으로 두르셨습니다(창3:24). 그 후 인류는 여러 민족으로 나뉘어져 문화와 문명을 발전시키며 살아왔지만 영혼은 죽음이라는 가장 불행한 문제를 안게 되었습니다.

하나님은 모세를 부르셔서 430년 동안 종살이를 하고 있는 이스라엘을 애굽에서 건져내라고 하셨습니다. 바로가 보내주기를 꺼려하자 하나님은 10가지 재앙을 쏟아 부으셨는데, 그 마지막은 애굽의 모든 장자를 죽이는 재앙이었습니다.

한편 이스라엘 민족에게는 양을 잡아 그 피를 좌우 문설주와 인방에 바르게 하시고 그것을 보호막으로 삼아 그 안에 숨어 있도록 하셨습니다.

그 말씀대로 순종한 이스라엘 자손에게는 사망이 넘어갔습니다. 하나님은 그날을 유월절로 정하시고 그들 자손 대대로 기념하도록 하셨습니다.

이스라엘 민족이 애굽왕의 권세를 돌파하고 나올 수 있었던 원동력은 양의 피였습니다. 출애굽기 6장 6절에 '내가 애굽 사람의 무거운 짐 밑에서 너희를 빼어 내며 그 고역에서 너희를 건지며 편 팔과 큰 재앙으로 너희를 구속하여'라고 말씀하고 있습니다. 그리고 출애굽기 15장 13절에는 '주께서 그 구속하신 백성을 은혜로 인도하시되'라고 말씀하고 있습니다. 하나님이 양의 피로 값 주고 사셨기 때문에 그들을 '구속(救贖)한 백성' 곧 '내 백성'이라고 하신 것입니다.

하나님은 애굽에서 구속한 이스라엘 백성을 광야로 인도하셨습니다. 광야는 사나운 모래 바람이 부는 불모지대요, 일교차가 심해서 살기 힘든 곳입니다. 그런 광야에서도 주께서 그들과 함께 하시므로 낮의 해가 그들을 상치 아니하며 밤의 달도 해치 않았습니다(시121:6). 낮에는 구름기둥으로 더위를 가려주시고 밤에는 불기둥으로 추위를 막는 보호막을 쳐주셨습니다(출13:21~22). 뿐만 아니라 하늘에서 만나를 내리시고 반석에서 물을 내게 하심으로 그들로 먹고 마시게 하셨습니다.

그들이 무려 40년간 광야에서 살아남을 수 있었던 이유는 주께서 그들을 보호하셨기 때문입니다.

하나님은 이를 자손대대로 기억하도록 하기 위해 성소를 짓게 하셨습니다. 지성소에 둔 언약궤 안에 만나 한 오멜을 담은 금 항아리를 증거판 앞에 두게 하셨습니다(출16:32~34).

이스라엘 백성들이 요단강을 건넌 후 땅에서 첫 소산을 먹은 다음 날에 만나가 그쳤습니다(수5:12). 너무 신기하지 않습니까? 하나님은 그들이 땅의 첫 소산을 먹은 날까지 단 하루의 오차도 없이 하늘에서 만나를 내려주신 것입니다.

시편 23편에 나타난 기자의 고백은 바로 이스라엘 역사에 대한 결론입니다. 이스라엘 역사의 흥망성쇠는 때로는 지팡이로 때로는 막대기로 간섭하신 하나님의 섭리였습니다.

그 당시 목자들은 지팡이와 막대기를 들고 다녔습니다. 지팡이는 양들을 인도하고 건져내는 도구로 그 끝이 반원 모양입니다. 돌아설 줄 모르고 앞으로만 가는 습성이 있는 양들이 좁은 바위틈에 끼면 목자는 그 지팡이로 목을 걸어서 끌어낸다고 합니다. 그리고 막대기는 무리에서 뒤처지거나 빠져나가 엉뚱한 짓을 하는 양을 때리는 도구로 사용했습니다.

가나안에 들어간 이스라엘은 많은 위기를 겪었습니다. 다른 민족에게 점령당하기도 하고 다른 나라에 포로로 끌려가기도 했습니다. 그런데 하나님은 그들을 지팡이와 막대기로 다스리셨습니다. 그들이 산당을 짓고 다른 신을 섬기면 다른 민족을 막대기로 사용하여 여지없이 그들을 후려치셨고 그들이 회개하면 지팡이로 구원해주셨습니다. 그래서 '내가 여호와의 집에 영원히 거하리로다'라고 그들은 결론내린 것입니다.

성전 덕분에 살고 있다고 자랑하는 자들에게 예수께서 '너희가 이 성전을 헐면 내가 사흘 동안에 일으키리라'고 말씀하셨습니다(요2:19). 이 말씀은 성전을 목숨같이 여기고 있는 이스라엘 백성들에게 목줄을 끊으라는 말인 셈입니다.

그런데 이 말씀은 이제 그가 성전이 되시겠다는 뜻입니다. 예수는 특정 민족뿐만 아니라 자기를 영혼으로 아는 자라면 누구에게든 생명을 주러 오신 분이기 때문입니다.

유대인들은 그들 조상이 40년 동안 광야에서 만나를 먹고 살았다는 것을 믿고 있었습니다. 예수께서는 그 만나조차도 모세가 준 것이 아니라 아버지께서 내려주신 것이라고 강조하시며, 이제 아버지가 하늘에서 참 떡을 내려주셨으니 '내가 곧 생명의 떡이니 내게 오는 자는 주리지 아니할 터이요 나를 믿는 자는 영원히 목마르지 아니하리라' 하셨습니다(요6:35).

또 한편 '주는 그리스도시요 살아 계신 하나님의 아들이시니이다'라고 한 베드로의 믿음의 고백 위에 그의 교회를 세우실 것을 예언하셨습니다.

교회란 헬라어로 에클레시아(ἐκκλησία)입니다. 그 당시 세상에서도 사용하던 단어인데 '조합', '단체'라는 뜻입니다. 예수께서 자기 단체를 만드실 프로젝트를 발표하신 것입니다. 이는 사망권세자에게 생명을 빼앗기지 않는 단체를 만들겠다는 단호한 결의인 것입니다.

즉 음부의 권세자 마귀가 접근하지 못하고 사망이 침투할 수 없는 보호막을 만드시겠다는 것입니다.

그는 자신의 생명을 우리에게 주는 방법을 이렇게 말씀하셨습니다.

> "그러므로 예수께서 다시 이르시되 내가 진실로 진실로 너희에게 말하노니 나는 양의 문이라 나보다 먼저 온 자는 다 절도요 강도니 양들이 듣지 아니하였느니라 내가 문이니 누구든지 나로 말미암아 들어가면 구원을 얻고 또는 들어가며 나오며 꼴을 얻으리라 도적이 오는 것은 도적질하고 죽이고 멸망시키려는 것뿐이요 내가 온 것은 양으로 생명을 얻게 하고 더 풍성히 얻게 하려는 것이라 나는 선한 목자라 선한 목자는 양들을 위하여 목숨을 버리거니와"(요10:7~11)

예수 자신을 '양의 문', '선한 목자'라 하신 말씀에는 그의 양들을 반드시 살리고 철저히 보호하시려는 계획과 속성이 담겨 있습니다. '양의 문'이란 양이 울타리를 들어가고 나온다는 것을 전제합니다. 그 울타리 안에는 예수보다 먼저 온 절도이자 강도인 마귀가 주인행세를 하고 있었습니다(요10:8). 전 인류는 마귀의 종이 되어 울타리 안에 갇혀 있었고, 마귀는 사망이라는 사슬로 인간의 숨통을 조이고 있었습니다. 예수께서는 그 문을 여셔서 양들을 구원하시고 생명의 꼴을 주시겠다고 하신 것입니다. 자기 목숨을 희생해서라도 양들에게 생명을 풍성히 주실 것을 말씀하신 것입니다.

목자와 양은 생명관계, 곧 불가분의 관계입니다. 목자에게 양은 재산이지만 양에게 목자는 생명입니다. 재산은 있으면 좋고 없어도 괜찮지만 생명은 없으면 멸망입니다. 양은 초식 동물로 후각과 시각이 둔한 반면 청각은 매우 발달되어 있어 목자의 소리를 듣고 따라다니며 풀을 뜯어먹고 삽니다. 양에게 목자는 생명입니다.

예수께서 생명관계를 재차 설명하신 곳은 요한복음 15장입니다.

"내가 참 포도나무요... 나는 포도나무요 너희는 가지니 저가
내 안에 내가 저 안에 있으면 이 사람은 과실을 많이 맺나니
나를 떠나서는 너희가 아무 것도 할 수 없음이라 사람이 내
안에 거하지 아니하면 가지처럼 밖에 버리워 말라지나니 사
람들이 이것을 모아다가 불에 던져 사르느니라"(요15:1, 5~6)

나무와 가지도 생명관계입니다. 나무는 가지 몇 개쯤 없어도 얼마든지 살 수 있지만 가지는 나무에 붙지 않고는 살 수 없습니다. 가지가 나

무에 붙어 있듯이 영혼이 예수에게 붙어 있으면 생명을 유지하고 하나님은 계속 가꾸시고 열매를 맺게 하십니다.

예수께서 십자가에서 죽으시면서 '다 이루었다' 하셨습니다(요19:30). 무엇을 다 이루셨을까요?

첫째, 그는 자기 피로 영혼들을 사서 아버지께 드리셨고 아버지는 그로 하여금 생명의 주가 되게 하셨습니다.

> "너희가 알거니와 너희 조상의 유전한 망령된 행실에서 구속
> 된 것은 은이나 금같이 없어질 것으로 한 것이 아니요 오직
> 흠 없고 점 없는 어린 양 같은 그리스도의 보배로운 피로 한
> 것이니라"(벧전1:18~19)

하나님은 독생자의 몸에 죄를 정하시고 그 몸을 찢으심으로 음부의 문을 여셨습니다(롬8:3, 고후5:21).

둘째, 이때에 생령을 도적질한 마귀는 심판받았고 그의 권세인 사망은 몰수당했습니다.

셋째, 예수의 몸이 찢어지는 순간 음부의 문이 열렸고, 아담 이후 마귀에게 인질로 잡혀 있던 영혼들의 착고가 풀린 것입니다. 이제 그가 흘리신 피를 묻힌 영혼은 마귀의 수중에서 빠져나올 수 있게 되었습니다. 그 피는 영혼 안에서 정결함과 죄사함과 생명이 되기 때문입니다(레17:11, 히9:22).

아버지는 죽은 지 사흘 만에 예수를 다시 살리시고 생명의 주가 되게

하셨습니다(행3:15). 예수 그리스도께서 하늘에 오르신 후 성령을 보내 주셨는데 성령을 생명의 성령이라고 합니다. 성령을 받으면 기쁩니다.

예수 그리스도의 부활이 믿어지고 그 피가 내 안에 있다는 것, 곧 생명이 내 안에 있다는 것이 믿어지기 때문입니다. 할렐루야! 성령을 받으면 도를 닦기 위해 혼자 산으로 올라가는 것이 아니라 교회로 갑니다.

성령이 강림하시자마자 교회가 탄생했습니다. 성령께서 마귀의 울타리를 빠져나온 영혼들을 불러서 모아서 택하셨습니다. 이것이 교회입니다. 예수 그리스도께서 그 이름을 머리로 하고 모이는 모임을 '내 교회'로 택하셨기에 그의 교회는 그가 세상 끝까지 책임지시는 기관입니다.

여기서 예수와 교회의 관계를 잘 알아야 합니다. 예수는 교회의 머리이시며 교회는 예수의 몸입니다(엡1:22~23). 머리와 몸은 불가분의 관계입니다. 몸에 상처 하나 없어도 목이 잘리면 죽은 것입니다. '우리는 그 몸의 지체'라고 했습니다(엡5:30). 믿는 자는 생명을 얻었습니다. 이제 살아있는 그 몸의 지체이기 때문에 계속해서 생명을 공급받아야 합니다.

예수의 피는 생명입니다. '누구든지 그리스도의 영이 없으면 그리스도의 사람이 아니라'고 했습니다(롬8:9). 예수는 영(靈, spirit)이신 말씀이 육신이 되어 오신 분입니다. 다시 말하면 말씀이 피가 되어 오신 것입니다. '예수를 믿는다'란 '말씀의 영을 내 영에 받아들인다'는 뜻입니다. 예수 그리스도의 피, 즉 그리스도의 영을 자기 속에 받아들인 자가 그리스도의 사람입니다. 첫째 아담의 영을 유전 받아 영이 죽었었는데 그리스도의 영, 즉 말씀의 영을 받아들임으로 영이 새롭게 태어난 것입니다.

육체는 나날이 늙어가 언젠가는 흙으로 돌아갈 존재지만 우리 안에는 항구적으로 썩지 않고 쇠하지 않는 생명이 있습니다. 아들의 피로 난 생명이기 때문에 하나님은 이 생명을 천하보다 귀히 여기십니다.

이 귀한 생명을 끝까지 보전하여 아버지 집에 가서 영원히 살게 하시려고 예수께서 머리가 되시고 성령이 감독하시는 교회를 세워주신 것입니다. 만일 내가 생명을 얻었다고 믿는 자라면 교회와는 한 순간도 끊어질 수 없는 관계임을 아는 것입니다. 그래서 생명으로 태어나는 순간 교회에 소속해야 합니다. 나 영혼은 그리스도의 몸의 지체입니다.

손은 지체 중 가장 불쌍한 지체인 것 같습니다. 아침에 일어나 화장실에 갈 때부터 또 몸을 씻을 때도 손이 필요합니다. 손으로 온종일 일합니다. 그리고 손이 음식을 준비하면 입은 받아먹습니다. 손이 화가 나서 말하기를 '몸이시여, 도대체 당신은 나에게 무엇이기에 나를 이렇게 혹사시키고 당신은 배만 불뚝 나와 있습니까?' 한다 합시다. 그러면 몸이 손에게 무어라 대답하겠습니까? '네가 나를 떠나서 살 수 있을 것 같아? 너는 나의 지체야!' 할 것입니다. 그렇습니다!

예수의 피가 있어 생명 있음을 성령으로 증거 받는 자와 교회는 불가분의 관계입니다. '너희가 내 안에 내가 너희 안에'라고 하신 주님의 말씀처럼 교회가 나인지 내가 교회인지 모를 정도로 완전일체가 되어야 합니다(요14:20). 손과 몸이 한 존재인 것처럼 교회는 나에게 생명이며 나의 존재 자체입니다.

여러분! 예수복음교회는 나에게 무엇입니까? 교회는 나 영혼 자체요, 내 생명입니다. 생명에 대한 애착이 유난한 사람은 열매를 많이 맺습니다. 교회를 생명으로 알고 사랑하는 사람은 입만 열면 '우리 교회! 우리 교회!' 하고 자랑합니다. 하나님은 이런 자들에게 열매를 맺게 해주십니다.

그런데 '이 교회는 좀 문제가 있어~' 하며 교회를 객관시하거나 비판하는 사람은 살았다는 이름은 있으나 죽은 자입니다. 자기 교회에는 전혀 관심도 애착도 없이 '꼭 우리 교회만 교회입니까?'라고 힐문하는 사람은 자기 육체를 미워하는 것과 다름없습니다(엡5:29). 내가 바로 교회의 일부분, 아니 교회이기 때문입니다. 자기 육체 중에 못난 부분이라도 살리기 위해 얼마나 애를 씁니까? 잘 드러나지 않은 부분이라도 곪으면 약 발라주고 붕대를 감아주지 않습니까? 그런데 강 건너 불구경하듯 자기 교회에 대하여는 무관심하면서 '다른 교회는 뭣이 좋고 뭣이 잘 됐고...' 한다면 생명이 빈곤한 증거입니다.

교회는 나의 생명이요, 나의 존재 자체입니다. 교회는 나에게 온 천하보다 귀한 존재입니다. 이렇게 교회를 아는 사람은 교회를 선택할 때 가장 신중을 기합니다. 교회는 사람을 인격이나 육체로 대우해주는 곳이 아니라 영혼으로 대우해주는 교회여야 합니다.

저는 장로교회에 10년이나 다녔지만 '영혼'이라는 말을 별로 들어본 적이 없습니다. '사람'은 이렇게 살아야 한다고 말하지 '영혼'이라고 말하지 않습니다. 우리 교인들이 전도하러 나갈 때 '오늘 영혼을 만나게 해주세요' 하고 기도하면 사람들은 그런 우리를 별난 사람같이 취급합니다. 찬양해도 말씀을 들어도 교회에서도 집에서도 자나 깨나 영혼이라는 말이 뇌리에 박혀 있어야 합니다.

하나님은 독생자의 몸을 찢으면서까지 영혼들을 살리시고 그들을 거룩하게 보존하고 보양하시다가 아버지 집에 데려가시려 합니다. 이를 위해 교회는 존재하고 오늘도 성령님은 교회 안에서 역사하시는 것입니다.

병원에 가면 육체를 대우해주고, 학교에 가면 인격을 대우해주고, 식당에 가면 허기진 배를 채워줍니다. 교회에 오면 영혼에 생명의 꼴을 채워주어야 합니다. 주의 날에 우리 주 예수 그리스도께서 성령으로 모집한 교회에서 나 영혼을 살리는 말씀을 들어야 합니다.

밥을 먹으면 내 육체가 만족을 느끼는 것처럼 교회에 오면 나 영혼이 만족을 느껴야 합니다. 그런데 '교회에 나오면 마음이 불안해요. 이 교회는 문제가 있는 것 같아요~' 한다면 자기가 불안한 것이 아니라 그 안에 있는 귀신이 불안한 것입니다. 교회에 오면 영혼이 만족하고 세상에서의 천 날보다 주의 전에서의 한 날이 나음을 알기에 교회를 사모하고 예배를 사모하는 것입니다.

일주일 동안 어디에서 나 영혼이 영혼으로 대우받습니까? 직장이나 식당이나 학교입니까? 심지어 가족을 위해서 하루 종일 일하고 돈 벌어다 줘도 나 영혼에 무관심하지 않습니까? 천하보다 귀한 나 영혼이 대우받는 곳은 오직 교회밖에 없습니다. 교회에 나오면 나 영혼이 기쁘고 살맛이 나지 않습니까? 생명의 주를 찬양하고 생명의 꼴을 먹기에 나 영혼이 풍성한 생명을 얻는 것입니다.

교회는 성령이 세우신 감독자를 통해 때로는 지팡이로 때로는 막대기로 인도합니다. 그가는 길이 좁고 협착하나 나 영혼을 위해서라면 다 버리고라도 이 길을 가야 합니다.

실제로 어떤 일본 목사님은 교인들을 매로 때렸다고 합니다. 그 교인 중 대학교수가 몇 명인데 그 중 한 분이 저에게 '우리 교인들 중 안 맞은 사람이 거의 없다'고 하며, 그는 고등학교 시절에 한번 호되게 맞았다고 했습니다. 또 어떤 목사님은 교인을 개장에 가두기도 한다는 소리를 들었습니다. 얼마나 영혼을 사랑하면 그렇게 하겠습니까? 저는 아직 개장을 만들어본 적도 매를 들어본 적도 없지만 '너, 지금 살려고 그래? 죽으려고 그래?' 하며 가슴을 주먹으로 치고 싶을 때가 있습니다. 제직회 때는 마음 놓고 마구 야단을 치기도 합니다. 어찌하든 허물과 잘못을 알게 하여 '원수의 목전에서 내게 상을 베푸셨으니 내 잔이 넘치나이다'라는 고백이 나오게 하려는 것입니다.

우리 교회에는 '나 영혼에게 진수성찬을 베풀어 임금대우해주시니 주의 전을 떠나지 않겠나이다' 하는 분들이 꽤 많이 있습니다. 지금 한국에 돌아가야 할 분들도 있고 이미 돌아갔어야 하는 분들도 많이 있습니다. 그들이 부모에게는 불효자식이요, 신분은 불법체류자요, 직업은 막노동자이지만 그들이 미국에 머물러 있는 것은 그들 영혼이 살기 위해 예수복음교회를 선택했기 때문입니다.

'아니~ 한국엔 교회가 없단 말입니까? 예수복음교회만 교회입니까? 도대체 예수복음교회가 무엇이기에 아무런 보장도 기약도 없이 젊은 청춘들을 이곳에 붙잡아 놓고 있는 것입니까?' 하고 저에게 따지는 분이 있습니다. 저의 대답은 간단명료합니다. 교회는 생명입니다. 무조건 생명은 무엇보다 가장 귀한 것입니다. 저는 생명의 의욕으로 충만한 교회에 영혼이 붙어서 생명의 꼴을 먹고 사는 것을 제 눈으로 봐야 안심할 수 있습니다.

저의 딸 주현이는 어제 다섯 시간을 운전해서 교회에 왔다고 합니다. 매사추세츠 보스턴에서 뉴저지 파라무스까지 보통 네 시간 반이 걸립니다. 세상사람 보기에는 당연히 미친 짓이요, 심지어 믿는 자들도 이해하지 못합니다. 제가 주현이와 같이 친척 집에 간 적이 있는데 그 집 식구들은 저에게 너무한다며 왜 딸의 인생을 망치느냐고 합니다. '교회가 그만하면 다른 반주자도 있을 테니 그 애가 빠져도 되는데 왜 아직도 그 교회에 나오게 해서 혹사시키느냐?'며 따졌습니다. 저는 교회에 매주일 안 오면 결혼을 인정하지 않겠다고 말했을 뿐, 그 문제로 더 이상 말한 적이 없습니다.

또 김재화라는 여자집사는 두 시간 반이나 걸리는 필라델피아에서 교회를 오갑니다. 그들에게 교회가 무엇인지 알기 때문에 그들은 힘들고 피곤해도 오는 것입니다.

아무 생각 없이 교회에 오는 것은 이제 끝장내야 합니다. 교회는 나에게 무엇인가? 과연 예수복음교회는 나에게 무엇인가? 왜 꼭 예수복음교회라야 하나? 재삼재사 생각해 봐야 합니다. 이제 권고에 마지못해 오면 안 됩니다. 목마른 사슴이 시냇물을 사모하듯이 교회를 사모하는 마음이 있어야 합니다. 이런 사람은 어떤 이유에서도 교회를 떠나지 않습니다. 죽어 송장을 떠메나가기 전에는 이 전을 떠나지 않겠다는 결심이 생기기를 예수 이름으로 축원합니다.

태풍이 불면 나무는 가지를 붙잡아주고 큰 가지는 작은 가지를 붙잡아 주느라 굉장한 소리를 냅니다. 나무는 가지에게 '가지야, 가지야, 떨어지지 말고 꼭 붙잡아라!' 하며 소리치고, 가지는 나무에게 '엄마, 엄마, 내 손 잡아줘요' 하며 울부짖는 소리가 납니다. 영혼에서 나오는 절규입니다.

가지가 가지를 붙잡듯이 옆 사람의 손을 잡아보시기 바랍니다. 이 가지가 약하면 저 가지가 붙잡아주고, 저 가지가 약하면 이 가지가 붙잡아주어야 합니다. 우리는 예수 생명에서 끊어지지 않으려고 몸부림치는 절대적 관계, 곧 생명관계입니다. 서로 붙잡은 이 손이 약해지지 않고 끝까지 굳세게 붙잡고 우리 모두 아버지 집으로 돌아가시기를 예수 이름으로 축원합니다.

교회는 나에게 무엇인가?

성경본문 (마16:16~18, 행20:28)

하나님은 생명의 주가 되신다(행3:15).
그에게서 생명이 나오고
그는 자기 피로 구속한 영혼을 끝까지 감시, 감독하시는 분이다.

신앙은 그를 믿고 감사함이요,
신앙생활은 그에게 밀착되어 살려고 몸부림치는 생활이다.

'나'를 인간(人間)으로 아는 자는
나라, 직장, 정당, 학교, 동창회, 동우회, 조합, 가정 등
필연(必然), 이권(利權), 취미 등으로 맺은 단체에 소속하여 사나
'나'를 영혼으로 아는 자는 교회에 반드시 속하니
이는 교회와 영혼이 불가분(不可分)의 관계임이다.

아담은 생령으로서 하나님의 말씀을 듣고 살아야 함에도(창2:7, 16~17)
마귀에게 이간당하여 범죄함으로 동산에서 쫓겨났으니(창3:24)
사망에 빠진 자는 생명나무와 무관함이라.

인류를 살리려는 하나님의 뜻이 개진(開陣)되었으니
양의 피로 이스라엘을 애굽에서 구속(救贖)하심으로라(출6:6, 15:13).
그들이 불기둥, 구름기둥을 따라 인도된 곳은 광야인지라(출13:21~22)
목숨을 연장하기 위해 그 대열(隊列)을 떠날 수가 없었다.

성소의 언약궤 안에 만나를 담은 금 항아리를 두게 하사(출16:33~35, 수5:12)
하나님이 그들을 광야에서 40년 동안 먹여 살리셨음을 대대로 기억하게 하셨고
그 후 이스라엘 역사의 흥망성쇠(興亡盛衰)는
때로는 지팡이로, 때로는 막대기로 간섭하신
하나님의 섭리임을 알게 하셨다(시23편).

예수께서 이 성전을 헐라 내가 사흘 동안에 일으키리라 하심은(요2:19)
하늘에서 내렸으나 육체가 먹다가 죽는 만나가 아니라(요6:31~35)

영원히 영혼을 살리는 하늘에서 온 참 떡, 생명의 떡을 주려 하심이라.

그는 음부의 권세가 덮치지 못하는 그의 교회를 세우려 하셨으니(마16:16~18)
그로 말미암아 양들이 구원을 얻고 꼴을 얻게 하심이다(요10:7~11).

그는 몸이 찢겨져 죽으시며 '다 이루었다' 하셨으니(마27:51, 요19:30)
① 자기 피로 영혼들을 사서 아버지께 바치심으로
   생명의 주가 되심(벧전1:18~19, 계5:9).
② 생령을 도적질한 마귀를 정죄하심(요10:8, 요일3:8).
③ 그의 피로 영혼들을 구속하사 정결케 하고 생명을 주심이다(레17:11, 히9:22).

그는 부활승천하사 생명의 주가 되셨고(행3:15)
그가 보내신 성령은 예수 이름으로 영혼들을 불러 모아
그의 교회로, 그의 몸으로 택하시니(엡2:22)
그의 피로 사신 천하보다 귀한 생명을 감시, 감독하사
흉악한 이리 곧 마귀에게 빼앗기지 아니하려 하심이다.

'예수=교회의 머리, 교회=예수의 몸, 나 영혼=그 몸의 지체'라(엡1:22~23, 5:30).
그리스도인에게 교회 소속은 선택의 문제가 아닌 당연지사(當然之事)니
교회는 자기에게 생명이요, 자기 존재 자체임이다(요15:1, 4~6).

교회는 영혼을 영혼으로 대우하며 감시해야 하는바
참 그리스도인은 막대기로 두드려 맞으면서라도
교회에 밀착되어 살려고 죽을힘을 다하는 사람들이다(요15:1, 4~6).

오, 주여!
교회는 나에게 무엇입니까?
나의 생명! 나의 존재 자체!
죽어나갈 때까지
온 힘 다해 붙어있게 하옵소서. 아멘.

2
교회는 구원의 방주

"믿음으로 노아는 아직 보지 못하는 일에 경고하심을 받아 경외함으로 방주를 예비하여 그 집을 구원하였으니 이로 말미암아 세상을 정죄하고 믿음을 좇는 의의 후사가 되었느니라"(히11:7)

"그러나 끝까지 견디는 자는 구원을 얻으리라"(마24:13)

하나님은 구원의 하나님이십니다(시24:5). 그에게서 구원의 계획과 처방이 나오고, 그는 구원을 얻기 위해 몸부림치는 자를 구원하시는 분입니다(히2:3).

신앙은 구원을 가장 중대한 일로 여김이며, 신앙생활은 구원을 얻기 위해 끝까지 견디는 생활입니다. 여기서 끝까지 견딘다는 것은 참을 수 없는 한계를 초월하는 것을 말합니다.

은혜 받고 처음 몇 달 동안은 '할렐루야!' 하며 충만하다가 2~3년 지나면 시들해지는 사람들이 많습니다. 그러다가 어느 날 사라져버립니다. 신앙생활은 눈이 오나 비가 오나, 기쁘거나 슬프거나, 좋은 일이 있거나 나쁜 일이 있거나 끝까지 참고 견디는 생활입니다.

지난 주일에 우리는 '교회는 나에게 무엇인가?'에 대해서 말씀을 나누었습니다. 그것은 교회론의 총론이고 오늘부터는 각론인 셈입니다.

구원이란 말을 평소에 대수로이 여기지 않지만 막상 위기가 닥치면 그 이상 중요한 것이 없습니다. 건강할 때는 병원이나 의사에 대해 별 관심이 없지만 일단 병에 걸리면 유명하다는 병원과 의사를 찾아다닙니다. 병자의 관심은 오로지 병이 낫는 것밖에 없습니다.

집에 불이 나거나 건물이 붕괴되거나 갱에 갇히거나 폭격당하면 오로지 관심은 그곳에서 구조 받는 것밖에 없습니다. 재난에서 극적으로 구조된 이야기들은 언제나 충격과 감동을 줍니다.

질병, 가난, 재난 등 육신의 고난은 육신이 죽으면 그것으로 끝이 납니다. 그러나 영혼의 고난은 끝이 없습니다. 영혼이 영원히 고통 받는 곳이 지옥입니다. 그러므로 지옥에서 구원 받는 것 이상 중요한 것은 없습니다. 지옥이 없다고 생각하는 사람에게는 공갈협박으로 들리겠지만 만일 지옥이 있다면 그 이상 심각한 문제는 없습니다.

기독교인의 60~70% 정도가 지옥의 존재를 부인한다고 합니다. 그들은 지옥을 단지 비유라고 생각하지만 성경은 지옥의 존재를 분명히 말씀하고 있습니다.

"몸은 죽여도 영혼은 능히 죽이지 못하는 자들을 두려워하

지 말고 오직 몸과 영혼을 능히 지옥에 멸하시는 자를 두려
워하라"(마10:28)

　말씀으로 창조된 처음 하늘과 처음 땅 곧 우주는 동일한 말씀으로
불사를 때까지 보존됩니다(창1:1, 벧후3:7). 성경은 언젠가 불구덩이가
될 우주를 '음부'라고 하는데, 범죄한 천사들을 심판 때까지 가두기 위
해 지은 어두운 구덩이입니다(사14:12~15). 사람들은 이곳에서 오래오
래 살기 원하지만, 이곳은 앞으로 영원히 꺼지지 않는 불못이 될 것입
니다.

　　"또 내가 보니 죽은 자들이 무론 대소하고 그 보좌 앞에 섰는
　　데 책들이 펴 있고 또 다른 책이 펴졌으니 곧 생명책이라 죽
　　은 자들이 자기 행위를 따라 책들에 기록된 대로 심판을 받
　　으니 바다가 그 가운데서 죽은 자들을 내어 주고 또 사망과
　　음부도 그 가운데서 죽은 자들을 내어 주매 각 사람이 자기
　　의 행위대로 심판을 받고 사망과 음부도 불못에 던지우니 이
　　것은 둘째 사망 곧 불못이라 누구든지 생명책에 기록되지 못
　　한 자는 불못에 던지우더라"(계20:12~15)

　사람들은 죽으면 자기 존재가 없어진다고 생각하지만, 성경은 죽은
자들이 다시 살아나서 하나님 앞에 선다고 합니다. 생전 행위를 기록한
책이 있는데 그 기록대로 심판받고 불못에 들어가는 것입니다. 불못은

지옥인데 한 번 들어가면 다시는 나올 수 없고 사망이라는 고통과 공포를 영원히 체험하는 곳입니다. 오늘 이 말씀은 처음 나온 새신자나 말썽꾸러기 신자에게 해당되고 나와는 상관이 없다고 생각하시는 분이 있을지 모르겠습니다. 그러나 이 말씀은 우리 모두에게 해당되는 중요한 말씀입니다.

하나님이 흙으로 사람을 지으시고 그 코에 생기를 불어넣어 생령 되게 하셨습니다(창2:7). 흙으로 지어진 육체는 죽어 흙으로 돌아가지만 흙으로 돌아갈 수 없는 항구적인 존재가 있으니 바로 영(靈)입니다. 하나님이 생령 된 아담에게 '선악과를 먹지 말라' 하셨음에도 불구하고 마귀가 뱀을 타고 들어가 여자를 꾀므로 여자가 먹고 남편도 먹게 했습니다. 그 결과 죄와 사망이 영에 들어갔습니다(롬5:12).

그 후 하나님이 그들을 동산 밖으로 내쫓으시고 화염검을 둘러쳐 그들이 다시는 생명나무에 접근하지 못하게 하셨습니다. 범죄한 아담이 생명과 무관한 존재임을 형태로 보여주신 사건입니다.

하나님은 노아 때 홍수사건을 통해 구원의 실상을 보여주셨습니다. 하나님은 세상에 죄악이 관영하므로 사람뿐 아니라 코로 기식하는 모든 생물들을 물로 쓸어버리기로 작정하셨습니다(창6:5~7). 그런데 노아에게는 특별히 그 계획을 알려주시며 '내가 그들을 땅과 함께 멸하리라 너는 잣나무로 너를 위하여 방주를 지으라' 하시고 방주의 식양을 일러주셨습니다(창6:13~16).

노아의 방주는 하나님이 설계하셨습니다. 노아는 하나님이 주신 식양대로 방주를 지었습니다. 그 기간이 대략 70년이나 된다고 합니다.

그가 500세에 세 아들을 낳았고 홍수가 있을 때 600세였습니다. 홍수에 보시 며느리가 있었다고 하였으니, 30세쯤에 장가들었을 것으로 추측하면 70년이라는 계산이 나옵니다. 여덟 식구가 70년 동안 오로지 방주 짓는 일에 전념했던 것입니다. '오늘도 또 그 일 해요?' '암, 해야지' '왜요?' '구원 받아야 하니까!' 했을 것입니다.

자그마치 70년 동안 지었는데 그 크기가 서울 운동장만 했다고 합니다. 그 정도는 되어야 모든 종류의 동물들이 들어갈 수 있었을 것입니다.

드디어 방주를 다 짓고 동물들을 암수 둘씩 들어가게 하고 먹을 양식까지 실었습니다. 노아의 식구들이 다 방주로 들어가자 하나님이 창을 닫으셨습니다.

방주 안에는 창이 위쪽에 하나밖에 없었습니다. 그나마 유리창도 아니었기 때문에 밖을 내다볼 수도 없었습니다. 그런데 그것마저 꼭 닫아 버렸으니 얼마나 답답했겠습니까? 그런 상태에서 비는 7일 동안 한 방울도 오지 않았습니다. 노아의 아들들이 '아버지, 어떻게 된 거예요?' 하고 물었을 때 노아는 '곧 올 거야' 하며 그들을 달랬을 것입니다.

7일이 지나자 드디어 비가 쏟아지기 시작했습니다. 그들은 방주 안에서 쏟아지는 빗소리를 들으며 '할렐루야! 그동안 참고 준비하길 잘했지? 7일 동안 뛰쳐나가지 않고 참길 잘했지?'라며 서로 위로했을 것입니다.

그로부터 40일 동안 비가 내렸고 높은 산들까지 지구는 모두 물로 덮였습니다. 물이 빠지고 다시 마른 땅을 밟기까지 1년 17일이 걸렸습니다. 노아 600세 되던 해 2월 10일에 방주에 들어갔고, 7일 후인 2월 17

일에 비가 오기 시작하여 601세 되던 해 2월 27일에 땅을 밟았다고 했습니다. 그러므로 1년 17일 동안 방주 안에 갇혀 있었던 셈입니다(창 7:9~11, 8:13~14).

한국여행을 하신 분 중 비행기에서 뛰어내리고 싶었다는 사람도 있습니다. 몇 년 전만 해도 20시간을 비행했습니다. 폐쇄된 공간이라 좀 답답하긴 하지만 비행기에는 화장실도 있고 깨끗합니다. 그런데 방주에는 온갖 짐승들이 다 있었으니 냄새가 얼마나 역겨웠겠습니까? 오물 버리는 구멍을 따로 만들었다는 기록이 없었기 때문에 꾹 참고 견뎌야 했습니다. 나 같은 신경질 박사는 차라리 죽는 게 낫다며 밖으로 뛰쳐나갔을 것입니다.

노아 식구들은 끝까지 참고 견디어 마침내 땅을 밟을 수 있었습니다. 다시 밟은 땅은 신천신지 같았을 것입니다. 이것이 바로 구원의 모형입니다. 끝까지 견디는 자는 새 하늘과 새 땅을 바라보는 것입니다.

> "우리는 그의 약속대로 의의 거하는바 새 하늘과 새 땅을 바라보도다"(벧후3:13)

또한 하나님은 이스라엘의 출애굽을 통해 구원의 역사를 보여주셨습니다. 이스라엘 백성이 430년 동안 종살이를 할 때 애굽왕 아래에서 심한 학대를 받았습니다. 그들은 고역을 견디다 못해 하나님께 부르짖었고 그 소리는 하나님께 상달되었습니다(출2:23).

하나님은 모세를 부르시고 이스라엘 백성을 이끌어내도록 하셨습니다. 애굽왕 바로가 이스라엘 자손들을 보내주지 않자 하나님은 이스라엘 자손들에게는 어린 양의 피를 인방과 좌우 문설주에 바르게 하셔서 죽음이 지나가게 하신 후 애굽의 모든 장자와 생축의 처음 난 것들을 다 치셨습니다(출12:29).

열 번째 재앙을 당한 후에야 바로는 손을 들고 이스라엘 백성을 보내주었습니다. 하나님이 애굽을 치시고 이스라엘 자손을 탈출시키신 것을 성경은 '이스라엘 자손의 구원'이라고 말합니다.

이것을 자자손손 기억하게 하려고 하나님은 유월절 제사를 드리게 하셨습니다(출12:24~27). 자손들이 '아버지, 왜 이 제사를 드리나요?' 하면 '하나님이 애굽에서 우리 민족을 구원하셨단다. 하나님은 구원의 하나님이시란다'라고 가르치라는 것입니다.

그들이 홍해에서 다시 한번 구원을 받자 자발적으로 구원의 하나님을 찬양했습니다(출15:1~21).

그래서 모세는 장인 이드로에게 바로를 꺾으시고 애굽의 군마를 꺾으시고 홍해를 통과하게 하시고 광야에서 만나를 내려주신 구원의 하나님을 소개한 것입니다(출18:8~10).

하나님은 그들에게 기념물로 성소를 짓게 하셨습니다. 해마다 성소에서 유월절 제사를 드림으로 하나님이 그들 민족을 구원하셨다는 사실을 기억하게 하셨습니다.

그러나 그들은 가나안 땅에 들어가서 산당을 짓고 이방신을 섬겼습니다. 하나님은 가차 없이 인근 나라를 일으켜서 그들을 징벌하셨습니다. 이방인에게 성전이 훼파당하고 포로로 끌려가면 그들은 또 구원해

달라고 하나님께 부르짖었습니다.

시편 68편 19절에는 '날마다 우리 짐을 지시는 주 곧 우리의 구원이신 하나님을 찬송할찌로다', 시편 14편 7절에는 '이스라엘의 구원이 시온에서 나오기를 원하도다'라고 기록하고 있습니다. 시온 곧 예루살렘 성전에 있는 언약궤나 만나항아리나 양의 피는 하나님이 그들을 구원하셨다는 증표입니다. 어렵고 힘들수록 그들은 성전을 바라보며 구원을 기대했습니다.

그 성전 앞에 예수께서 나타나셔서 '너희가 이 성전을 헐라 내가 사흘 동안에 일으키리라' 하셨습니다(요2:19). 유대인들에게는 하나님의 구원은 더 이상 없다는 말로 들렸을 테지만 그는 자기가 자기 백성을 죄에서 구원할 자로 왔다는 말씀을 한 것입니다(마1:21).

이스라엘 백성들은 전쟁과 질병, 가난과 포로에서 구원받기를 원했지만, 예수께서는 그 원인된 죄에서 영혼을 구원하실 것에 대해 말씀하셨습니다. 그는 육체가 아니라 영혼을, 이스라엘이 아니라 전 인류를 구원하시러 오신 것입니다.

그는 첫 사람을 구원하기 위해 둘째 사람으로 오셨고 생령을 구원하기 위해 살리는 영으로 오셨습니다. 곧 첫째 아담을 구원하기 위해 마지막 아담으로 오신 것입니다(고전15:45). 그는 세상을 심판하러 오신 것이 아니라 구원하러 오셨습니다(요12:31~32, 47).

그가 심판할 대상은 세상임금 마귀입니다. 마귀는 죄의 원흉입니다. 그는 그의 몸을 무기로 삼기 위해 인자로 오신 것입니다.

예수께서는 자신을 '문'이라고 말씀하셨습니다(요10:9). 그는 인간을 결박한 죄의 사슬을 끊어 사망의 울타리에서 나올 수 있게 하시는 문입니다.

그를 임금 삼으려 하는 자들을 외면하시므로 이에 실망한 자들에 의해 그는 죽음에 넘겨지셨습니다. 그러나 그는 죽으시면서 '다 이루었다'라고 말씀하셨습니다(요19:30). 그는 무엇을 다 이루셨습니까?

첫째, 아들은 아버지께 자기 영혼을 의뢰하셨고 아버지는 아들을 구원하심으로 구원의 하나님이심을 확증하셨습니다.

히브리서 5장 7절에 '그는 육체에 계실 때에 자기를 죽음에서 능히 구원하실 이에게 심한 통곡과 눈물로 간구와 소원을 올렸고 그의 경외하심을 인하여 들으심을 얻었느니라'고 했습니다. 그는 최고의 고통스러운 순간에 그를 구원하실 아버지께 '아버지여 내 영혼을 아버지 손에 부탁하나이다'라고 부르짖으셨습니다(눅23:46). 그는 아버지가 구원의 하나님이심을 인정해드리기 위해 육체로 오셨고 죽음이라는 최악의 상태를 기꺼이 맞이하신 것입니다.

둘째, 인류에게 사망을 안겨준 사망권세자 마귀를 정죄하셨습니다.

셋째, 그가 십자가에서 몸을 찢으실 때 죄의 담을 허시고, 그의 피를 묻힌 영혼들을 불타는 우주로부터 탈출하게 하셨습니다. 창세 이전부터 세웠던 인류구원의 계획과 처방을 드디어 다 이루신 것입니다.

그가 죽으실 때 인류를 구속(救贖)하셨습니다. 구속과 구원은 시차가 있습니다. 예수께서 인류의 죗값을 대신 치르신 것을 구속이라 하고, 그 피를 자기 영혼에 받아들이면 구원받습니다.

그는 자기 일을 모두 마치시고 죽으셨고, 아버지는 그를 죽은 지 사흘 만에 살리셔서 하늘보좌에 앉히셨습니다. 그는 구원의 근원(The author of salvation)이 되셨습니다(히5:9). 곧 구원의 창시자(author)라는 말입니다. 그 몸에 있는 못자국과 창자국은 그가 구원을 이루신 것을 영원히 증거하고 있습니다.

성령은 예수 이름을 가지고 오셨습니다. 예수를 믿으면 마음도 편안하고 병도 낫고 집안도 화목해집니다. 그러나 이런 것들은 구원받은 자에게 따라오는 부수적인 양상일 뿐 본질은 아닙니다. 믿음의 본질은 지옥에서 구원입니다.

그러면 어떻게 하면 구원받나요? 로마서 10장 10절에 '사람이 마음으로 믿어 의에 이르고 입으로 시인하여 구원에 이르느니라' 했습니다. 많은 기독교인들이 '주는 그리스도시요 살아계신 하나님의 아들'이라고 마음으로 믿고 입으로 시인했으니 이미 구원을 확보했다고 생각합니다. 그러나 '구원의 확신'과 '구원의 완성'은 다릅니다.

베드로전서 2장 2절에는 '구원에 이르도록 자라게 하려 함이라'고 했고, 빌립보서 2장 12절에도 '항상 복종하여 두렵고 떨림으로 너희 구원을 이루라'고 말씀하고 있습니다. 믿는 자는 구원을 이룬 것이 아니라 구원의 약속을 받고 구원의 관문에 들어선 것입니다. 지성소에 들어간 것이 아니라 성전 마당에 들어선 것에 불과합니다. 다만 입으로 시인했다고 구원이 완성된 것이 아닙니다. 예수께서 일생 구원을 위해 사신 것처럼 우리도 죽는 순간까지 오로지 구원을 위해 살아야 하는 것입니다.

예수 이름으로 구원받은 사람은 예수 이름이 머리가 되는 교회에 속해야 합니다. 그런데 교회에 가봐도 별 도움이 되지 않는다고 혼자 집에서 기도하고 찬양하고 예배를 드린다는 사람이 있습니다.

교회는 구원의 방주입니다. 방주는 홍수에서 구원받게 하는 구조물입니다. 일단 방주에 들어오면 홍수에 휩쓸려 죽을 염려는 없습니다.

'주는 그리스도시요 살아계신 하나님의 아들'이라는 것과 그리스도가 자기 죄를 대속하셨다고 믿는 사람에게는 구원의 약속이 있습니다. 교회는 이 약속을 가진 사람들이 구원의 날까지 믿음을 유지하기 위해 머물러 있는 방주입니다.

교회는 하나님의 집입니다(딤전3:15). 요한복음 15장 4~10절에서 예수께서 자그마치 일곱 번이나 '내 안에 거하라'고 말씀하셨습니다. 이는 '내 집안에 있으라'는 말입니다. 이스라엘 사람들이 유월절 밤에 양의 피를 바른 집안에 있어야 했던 것처럼 교회 안에 거하지 않으면 사람들이 이것을 모아다가 불사른다는 것입니다(요15:6). 절대로 교회를 떠나면 안 되는 이유가 여기 있는 것입니다.

교회는 오로지 구원 때문에 존재하는 기관이요, 교인은 구원에만 관심이 있는 자라야 합니다. '구원에 이르도록'이란 구원에 이르지 못할 수도 있다는 의미를 내포하고 있습니다.

예수를 믿어도 타락할 수 있습니다. 그래서 구원받은 영혼들에게 보호막을 쳐주신 것입니다. 함부로 방주를 떠나지 않게 하시려고 문을 하나만 만드시고 '이제 나가라' 하실 때까지 폐쇄하신 것입니다(창8:16).

그러면 언제까지 이 폐쇄적인 장소에서 참고 살아야 합니까? 언제까지 같은 장소에서 같은 사람들과 같은 말을 들으며 살아야 합니까? 예! 죽을 때까지 있어야 합니다. 신랑 되신 예수께서 구름 타고 오셔서 그의 신부인 교회를 들어 올릴 때까지 있어야 하는 것입니다(엡5:25).

방주는 물이 들어오지 못하도록 잣나무에 역청을 안팎으로 발랐다고 했습니다. 교회는 세상지식과 세상풍조가 들어오지 못하도록 철저하게 막아야 합니다. '우리 목사님은 너무 영적, 영적하면서 현실성 없는 지옥, 천당 얘기만 하고 자녀교육이나 미국생활에 유익한 말은 하지 않는다'고 불평하는 사람이 있습니다. 또 어떤 사람은 자기 아내가 말을 잘 안 들으니 '남편을 공경하라. 시어머니를 공경하라'고 가르쳐달라고 주문하기도 합니다. 그런 것들은 공자도 가르치고 맹자도 가르칩니다. 일주일에 한번밖에 없는 금쪽같이 귀한 시간에 세상교훈이나 지혜를 가르치는 것은 세상물이 침투하게 하는 것입니다. 교회는 세상과 단절되어야 하고 세상과 달라야 합니다.

교회를 다니다가 왜 떠나는지 아십니까? 현실과 맞지 않기 때문입니다. 제대로 신앙생활을 하면 반드시 현실과 충돌합니다. 그래서 몇 달 만에 떠나는 사람도 있고 몇 년 만에 떠나는 사람도 있습니다. 10년을 다니다가도 더 이상은 못 따라가겠다고 떠나는 사람도 있습니다. '이제 가정도 좀 돌아봐야겠고 생활도 안정시킨 후에 다시 오겠다'고 말합니다.

그래서 방주 밖으로 나갑니다. 그런데 발을 내딛은 그곳이 어딥니까? 바다입니다. 처음에는 몸과 마음이 둥둥 뜨는 것 같은 자유를 느낄 것입니다. '아, 이렇게 넓고 좋은 세상이 있는데 내가 그 좁은 곳에서 야단 맞아가면서 뭐 한 거야?' 할 것입니다. 그러나 '꼴깍꼴깍' 하는 것은 순간입니다. 세상은 믿음을 여지없이 삼켜버릴 것이고 다시는 돌아갈 엄두도 내지 못하게 할 것입니다.

방주는 3층으로 짓고 칸을 막도록 했습니다. 거기에는 사람뿐만 아니라 온갖 짐승들이 다 들어갔습니다. 만일 칸과 층으로 구분하지 않았다면 약육강식의 세계가 여지없이 벌어졌을 것입니다. 구원의 방주가 아니라 사나운 맹수만 살아남는 맹수사육장이 되었을 것입니다.

그리스도인은 사회적인 신분이나 지위와 무관하게 일단 교회에 들어오면 교회의 조직과 질서에 순응해야 합니다. 답답하다고 해서 임의로 지위와 처소를 떠나면 흉악한 동물에게 먹힙니다.

로마서 12장 3~4절에 '마땅히 생각할 그 이상의 생각을 품지 말고 오직 하나님께서 각 사람에게 나눠주신 믿음의 분량대로 지혜롭게 생각하라 우리가 한 몸에 많은 지체를 가졌으나 모든 지체가 같은 직분을 가진 것이 아니니'라고 했습니다. 자기도 경험과 아이디어가 있는데 목사 혼자서 다 해먹는다고 교회를 뒤집고 떠나는 사람들이 얼마나 많습니까?

목사는 오직 방주 외에는 다른 것을 생각할 틈이 없습니다. 그러나 교인들은 방주와 세상을 들락날락합니다. 오로지 말씀과 기도에 전념하는 목사가 내린 결정이 최종 결정이 되어야 하는 것은 당연하지 않겠습니까? 목사가 독재하려고 하는 말이 아닙니다. 자기 믿음의 분량 이상을 생각하지 말아야 합니다. 직분 때문에 원망과 불평을 하는 것은 자살행위입니다.

혹이 '우리 교회는 예수! 예수! 하지만 성령의 열매가 없다'고 말하는 사람이 있습니다. 이것은 마치 방주 안에서 옆 사람이 변을 많이 보았다고 홍보는 것과 같습니다. 홍보는 사람은 아예 변을 보지 않습니까? 누구 때문에 시험 들고 누가 싫고 누구를 손가락질하는 사람은 자기가 지금 방주 안에 있는 자인가를 생각해 봐야 합니다.

우리 교회 성도들 중에는 어려운 시험을 거친 사람들이 많이 있습니다. 경제적으로, 사회적으로, 가정적으로 어려운 일을 겪고 '광신도, 이단' 소리를 들으며 핍박과 반대를 무릅쓰고 믿음으로 견뎌왔습니다. 그런가 하면 고비를 넘기지 못하고 중간에 포기하는 사람도 있습니다. 그런 사람들을 보면 너무 가슴이 아픕니다.

교회는 생명이기 때문에 떨어질 수 없고 교회는 구원이기 때문에 한 발자국도 뒤로 물러설 수 없습니다. 구원을 이룰 때까지 세상문화도 초월해야 하고 유혹도 초월해야 하고 사소한 일로 시험 드는 것도 초월해야 합니다. 그리하여 끝까지 교회 안에 머무르시기 바랍니다. 주님은 반드시 다시 오실 것입니다.

동물들이 방주에 들어갈 때 둘씩 들어갔다고 했습니다. 그러므로 어찌하든 가족들도 구원의 방주 안에 머물러 있게 해야 합니다. 방주 안에 있는 영혼들을 하나도 떠나지 않게 해야 합니다. 오히려 그 안에서 번성하여 구원 받는 숫자가 늘어가게 해야 합니다. 우리는 시험을 이기고 승리할 것인지 아니면 지옥에 갈 것인지 생각하고 결정해야 합니다. 구원의 날까지 믿음으로 끝까지 견디시기를 예수 이름으로 축원합니다.

교회는 구원의 방주

성경본문 (히11:7, 마24:13)

하나님은 구원의 하나님이시다(시24:5).
그에게서 구원의 계획도 처방도 나오고
그는 구원을 가장 큰 일로 여기는 자를 끝내 구원하시는 분이다(히2:3).

신앙은 그를 믿음이요,
신앙생활은 구원의 날까지 끝까지 견디는 생활이다.

질병, 천재지변, 조난, 테러, 구금 등 위기가 돌발하면 구원처럼 큰 일이 없다.
끝까지 참고 지옥에서 구원을 받아야 하는 이유는
세상의 고난은 끝이 있으나 지옥의 고통은 끝이 없음이다.

지옥은 음부라 하는 우주 곧 처음 하늘과 처음 땅이
세상 끝 날에 영영히 불살라지는 불못이라(벧후3:7, 계21:1~8).
모든 죽은 자들이 행위대로 심판을 받고 둘째 사망에 던져지는 곳이니
인류 조상 아담이 마귀에게 속아 범죄하므로
모든 사람이 사망 아래 갇혔음이다(롬5:12).

고난 중 끝까지 견딘 자들이 구원받은 예증이 성경에 있는바
노아의 가족은 하나님에게 홍수심판의 경고를 받고 방주를 지었으니(창6:7~22)
건조(建造)기간이 약 70여 년,
승선기간(乘船期間)이 1년 17일로(창5:32, 7:10~11, 8:13)
죽자고 견디어 마침내 구원받고 신천신지에 도달함이라.

이스라엘 유월절 제사는(출12:27)
애굽왕, 애굽인, 홍해 길에서
하나님이 그들을 구원하신 일을 기념하게 함인바(출15:2, 18:8)
포로로 잡혀 가고 나라를 빼앗기고 환난이 오면 올수록
구원이 시온에서 나옴을 믿는 이스라엘은 성소에 대한 집착이 유별났다(시14:7).

그 이름이 구원이신 예수께서 나타나(마1:21)

성전을 헐라는 충격적인 언사로 죽임에 넘기게 되었으나(마26:61, 요2:19)
그가 인자로 오신 목적이(마20:28)
몸을 사망의 문으로 삼아 그 몸을 찢어 육체가 아닌 영혼을 구원하려 하심이라(
요10:9).

남은 구원하되 자신은 구원하지 못한다는 조롱을 받으시면서도(눅23:35)
예수께서 죽으시며 다 이루었다고 하셨으니(요19:30)
① 자기 목숨을 아버지께 맡기며 그가 구원의 하나님이심을 확증하심(히5:7~9).
② 아담을 멸망하게 한 마귀를 심판하심(창3:4~6, 요일3:8).
③ 그 피로 구속하사 인류로 구원받게 하심이다(벧전1:18~19, 롬10:13).

그는 부활 승천 후 보좌에 앉으셨으니 구원의 근원이시라(히5:9).
그가 보내신 성령은 그 이름을 믿는 자들을 모으시니 교회 곧 구원의 방주로다.
신랑 되신 예수 그리스도가 오셔서 들려올라갈 때까지
그 안에 거함으로 구원에 이르도록 자라게 하려 함이다(요15:4~7, 벧전2:2, 빌2:12).

노아의 방주는 교회의 모형이라.
① 잣나무로 짓고 역청 바름 – 세상지식, 사상, 풍조를 차단함.
② 3층 구조물 – 믿음의 분량에 따른 교회의 위계질서 유지(롬12:3).
③ 운전대 없음 – 성령의 역사하심을 따름.
④ 오물 제거 장치 없음 – 사람 냄새로 시험 들면 안 됨이라.

그리스도인은
주 예수 그리스도가 부활하여 구름 타고 우주를 빠져 나간 것같이
그가 두 번째 나타나실 때 불타버릴 우주를 빠져나가기 위해(히9:28)
아무리 괴롭고 힘들어도 끝까지 견디며 구원의 방주 안에 머무는 자들이다.

오, 주여!
너, 지옥 갈래? 참을래?
아무리 화덕증이 많이 나더라도, 백 번 참는 것이 낫죠!
우리 중 방주를 떠나는 우를 범하는 자가 하나도 없게 하소서. 아멘.

3

예수의 교회

" 또 내가 네게 이르노니 너는 베드로라 내가 이 반석 위에 내 교회를 세우리니 음부의 권세가 이기지 못하리라"(마6:18)

"너희는 자기를 위하여 또는 온 양떼를 위하여 삼가라 성령이 저들 가운데 너희로 감독자를 삼고 하나님이 자기 피로 사신 교회를 치게 하셨느니라 내가 떠난 후에 흉악한 이리가 너희에게 들어와서 그 양떼를 아끼지 아니하며"(행20:28~29)

하나님은 주인이 되십니다. 하나님은 말씀으로 만물을 창조하시고 그 소유주가 되시며(시24:1, 100:3), 또 자기 피로 영혼들을 사시고 그 주인이 되십니다(행20:28, 벧전1:18~19).

신앙은 이를 인정하고 그가 주인 되심을 감사하는 것이요, 신앙생활은 주인의식을 가지고 그의 몸 된 교회를 아끼는 생활입니다.

'아끼다(spare)'라는 말에는 '아주 중요하게 여기다', '소중히 여기다

(cherish)'라는 뜻이 있습니다. 도둑은 남의 것을 훔쳐다 자기 집에 갖다 놓습니다. 또 고용인은 주인의 것을 맡아서 보관할 수는 있습니다. 그러나 그들은 그 주인만큼 아끼지 않습니다. 왜냐하면 그들은 그 물건에 대해 대가를 지불하지 않았기 때문입니다. 대가가 크면 클수록 가치도 그만큼 크게 느껴지는 것입니다.

공산주의는 처음부터 망하기로 작정된 이론입니다. 사유재산을 인정하지 않기 때문입니다. 집단이 똑같이 일을 분배 받고 소득도 집단이 소유하고 양식도 똑같이 배분받기 때문에 많이 가진 자나 적게 가진 자의 차별이 없다는 것입니다. 이론적으로 보면 가장 이상적인 사회가 이루어져 인간이 행복할 것 같지만 그렇지 않습니다.

공산주의의 종주국인 소련이 가장 먼저 붕괴된 것은 일에 대한 애착이 없었기 때문입니다. 사유재산을 인정하지 않기 때문에 일에 대한 의욕이 없고, 또 적당히 해도 양식은 나오기 때문에 자발적으로 일하지 않습니다. 그래서 거의 모든 공산국가들이 수정자본주의를 도입하게 된 것입니다.

만물의 주인은 하나님이십니다. 사람도 비싸게 산 자기 소유를 아끼는데 하나님이 자기 피로 사신 교회를 얼마나 아끼시겠습니까? 사람도 삼대독자나 외동딸은 얼마나 아낍니까? 눈에 넣어도 아프지 않다고 하지 않습니까? 성경은 하나님이 아끼시되 '눈동자 같이' 아끼신다고 표현합니다.

"여호와께서 그를 황무지에서 짐승의 부르짖는 광야에서 만

나시고 호위하시며 보호하시며 자기 눈동자 같이 지키셨도다"(신32:10)

"나를 눈동자 같이 지키시고 주의 날개 그늘 아래 감추사"
(시17:8)

눈의 구조를 보면 눈썹은 브러시처럼 이물질을 걸러줍니다. 그리고 눈꺼풀은 얼마나 얇은지 다른 살로 이식수술하기도 어렵다고 합니다. 깜빡이는 속도가 얼마나 빠른지 무엇이 날아오면 삽시간에 닫아버립니다. 속눈썹은 세밀한 브러시 역할을 하고, 눈물샘은 수시로 물을 뿜어서 이물질을 닦아냅니다. 모든 눈의 조직들은 눈동자를 보호하려고 매우 민첩하게 움직입니다. 하나님이 눈동자같이 지키신다는 말을 실감할 수 있습니다.

하나님이 사람을 자기의 형상대로 지으시고 그 코에 생기를 불어넣어 생령 되게 하시고 에덴동산을 다스리며 지키도록 하셨습니다(창2:16). 그리고 영혼이 살도록 계명을 주셨습니다.

"여호와 하나님이 그 사람에게 명하여 가라사대 동산 각종 나무의 실과는 네가 임의로 먹되 선악을 알게 하는 나무의 실과는 먹지 말라 네가 먹는 날에는 정녕 죽으리라 하시니라"(창2:16~17)

그런데 마귀가 뱀을 타고 들어가서 '결코 죽지 않아. 너도 하나님같이 될 수 있어' 했습니다(창3:4~5). 먹으면 죽는다는 경고 사인이 붙어 있음에도 불구하고 따먹게 했습니다. 여자가 먼저 따먹고 남편까지 먹게 했습니다. 그 결과로 그들은 동산에서 쫓겨났고 동산의 모든 소유권도 빼앗겼습니다. 그 후 인류는 마귀의 종으로 전락하고 말았습니다.

자기 소유인 인류를 되찾으시려는 하나님의 작업이 시작되었습니다. 하나님은 이스라엘 백성을 '내 백성'이라고 택하셨습니다(출3:7). 그때 그들은 애굽에서 430년 동안 종살이를 하고 있었는데 '바로의 종'이란 바로의 소유라는 말입니다.

하나님은 모세를 보내서서 바로의 소유된 이스라엘 백성을 해방시키셨습니다. 하룻밤 사이에 바로의 종에서 하나님의 백성이 된 것입니다. 그런데 그들을 이끌어내는 과정에서 많은 어려움이 있었습니다. 바로가 순순히 보내주지 않자 하나님은 여러 가지 재앙을 내리셨습니다.

모든 장자와 짐승의 초태생을 죽이는 마지막 재앙을 보고 바로는 항복하게 되었고 이스라엘 백성을 내주었습니다(출12:29~34).

그때 하나님이 이스라엘 백성에게 죽음을 피하기 위해 각 사람이 양을 한 마리씩 잡도록 하셨습니다. 이스라엘 자손이 애굽에서 나올 때 장정만 60만이었기 때문에 그날 밤에 죽은 양이 아마 60만 마리 이상 되었을 것입니다. 하나님은 그 많은 양들이 죽는 것보다 자기 백성을 구하는 것을 더 귀하게 여기셨습니다.

그들이 애굽에서 나와 광야에 이르렀을 때 황무지의 위협과 짐승의 울부짖음과 대적들로 둘러싸였습니다. 오히려 애굽보다 환경이 더 나

빠진 것입니다. 그러면 그럴수록 하나님은 그들을 호위하시고 보호하셨습니다.

'여호와의 분깃은 자기 백성'이란 이스라엘은 하나님의 재산이라는 뜻입니다. 얼마나 그의 백성을 아끼셨던지 황무지에서, 짐승이 울부짖는 광야에서, 대적들로부터 호위하셨다고 했습니다. 마치 대통령을 물 샐틈없이 경호하듯이 이스라엘 백성을 호위하시고 보호하신 것입니다.

하나님은 이 사실을 그들이 대대로 기억하기 원하셨습니다. 그런데 그들은 자꾸 망각했습니다. 그래서 그 표적물로 성소를 짓게 하셨습니다. 이스라엘이 요단강을 건넌 후에는 성전으로 바뀌었습니다.

열왕기상 8장 29~30절에 '주께서 전에 말씀하시기를 내 이름이 거기 있으리라 하신 곳 이 전을 향하여 주의 눈이 주야로 보옵시며 종이 이곳을 향하여 비는 기도를 들으시옵소서 종과 주의 백성 이스라엘이 이곳을 향하여 기도할 때에 주는 그 간구함을 들으시되 주의 계신 곳 하늘에서 들으시고 들으시사 사하여 주옵소서'라고 했습니다.

이는 솔로몬 왕이 성전을 짓고 낙성식을 할 때 한 기도의 내용입니다. 여기서 하나님은 성전에 대해 '내 이름을 둘만한 집'이라고 하셨습니다 (왕상8:16, 9:3). 하나님이 자기 이름을 얼마나 아끼시는지 밤낮으로 관심을 갖고 성전을 주시하시는 것입니다. 그래서 성전을 여호와의 전(殿)이라고 합니다(왕상9:1). 바로 그 전을 향해 기도할 때 들어주셨습니다.

솔로몬은 하나님이 그토록 아끼시는 성전에 온 나라의 재산을 쏟아 부었습니다. 거기다 수십 년 동안 수많은 공장과 부역자들을 동원해 지었기 때문에 그에 대한 애착은 이루 말할 수 없었습니다. 예루살렘성전은 하나님도 아끼시고 이스라엘 백성도 아끼는 국보 제 1호와 같은 존재였습니다.

그 성전 앞에 예수께서 나타나셔서 '너희가 이 성전을 헐라'고 하셨습니다. 이 발언은 유대인들이 그를 죽일 결의를 하게 된 결정적 동기입니다. 그런데 헐면 사흘 동안에 일으키리라는 성전은 성전 된 자기의 육체를 말합니다(요2:19~22).

여기에는 이제부터 하나님이 사람을 백성으로가 아니라 자식으로 아끼시겠다는 뜻이 내포되어 있었습니다. 백성과 자식은 아끼는 정도에서 비교도 되지 않습니다. 또 과거에는 성전에 여호와 이름을 두었지만, 이제 그의 죽음과 부활로 예수 이름이 있는 성전을 세우겠다는 뜻이었습니다. 이는 그가 앞으로 세우실 자기 교회에 대한 프로젝트인 것입니다(마16:18).

성전을 헐라는 말에 충격을 받은 유대인들에 의해 예수는 죽음에 넘겨졌습니다.

그는 죽으시면서 '다 이루었다' 하셨습니다. 그렇다면 그가 다 이루신 것은 무엇입니까?

첫째, 그는 인류가 원래 자기의 것임에도 불구하고 최고로 비싼 값을 지불하고 사서서 아버지께 드림으로 아버지로 하여금 만유의 소유주가 되게 하셨습니다(마13:46).

요한계시록 5장 9절에 '일찍 죽임을 당하사 각 족속과 방언과 백성과 나라 가운데서 사람들을 피로 사서 아버지께 드리시고'라고 했습니다. 또한 베드로전서 1장 18~19절에는 '너희가 알거니와 너희 조상의 유전한 망령된 행실에서 구속된 것은 은이나 금 같이 없어질 것으로 한 것이 아니요 오직 흠 없고 점 없는 어린양 같은 그리스도의 보배로운 피로 한 것이니라'고 기록하고 있습니다.

하늘과 땅은 어떤 희생을 치르지 않고 말씀으로 지으신 것이라 앞으로 불살라 버려도 전혀 아까울 것이 없지만 독생자의 핏값을 지불하시고 사신 바 된 영혼은 절대로 포기하지 않으십니다.

둘째, 그 와중에서 하나님의 소유를 도적질한 마귀는 심판받았습니다(요10:8, 행20:29, 요일3:8). 마귀는 원래 하늘에서 보좌를 훔치려다 하늘에서 떨어진 천사장으로 심판 때까지 음부에 갇혀있던 자로 예수보다 먼저 와서 영혼을 도적질한 절도요, 강도입니다(요10:8).

셋째, 예수께서는 그의 피로 전 인류를 다 사서서 자기소유로 삼으셨습니다. 앞으로 못된 것은 내버리는 한이 있어도 일단 다 사셨습니다.

"또 천국은 마치 바다에 치고 각종 물고기를 모는 그물과 같으니 그물에 가득하매 물 가로 끌어내고 앉아서 좋은 것은 그릇에 담고 못된 것은 내어 버리느니라"(마13:47~48)

노량진 수산시장에 장보러 가면 싼 맛에 생선을 궤짝째 삽니다. 이미 소매상들이 좋은 것을 다 가지고 갔기 때문에 좋지 않은 것들이 남아있기 일쑤입니다. 그 중에 쓸 만한 것도 있지만 상했거나 너무 작아서 쓸모없는 것들도 섞여 있습니다. 그래도 싸니까 집에 가지고 가서 고르기로 작정하고 일단 삽니다. 이처럼 모든 인류는 예수 그리스도의 피로 사신 바 된 그의 소유입니다. 그렇다고 그가 전 인류를 끝까지 아끼시지는 않습니다. 앞으로 좋은 것만 그릇에 담고 나쁜 것은 풀무불에 던져버리실 것입니다.

그는 죽으신지 사흘 만에 부활하시고 하늘로 올라가셨습니다. 하늘과 땅의 모든 충만한 것들이 다 그의 것이 되었습니다.

성령은 예수 이름을 가지고 오셨습니다. 그 이름을 믿는 자에게는 하나님의 자녀가 되는 권세를 주셨습니다(요1:12). 이제는 하나님의 백성뿐만 아니라 자녀가 되는 신분을 얻은 것입니다. 나 영혼이 그의 자녀가 된 것은 그가 독생자의 피로 사셨기 때문입니다. 금이나 은이나 돈으로는 계산할 수 없는 고가를 치르신 것입니다. 만일 우리 안에 예수의 피가 있다면 우리는 최고의 질로 만든 명품 중의 명품입니다.

성령은 하나님이 우리를 얼마나 아끼시는지, 우리가 싸구려 상품이 아니라는 것을 깨닫게 하시는 영입니다. 마귀는 우리를 노략질하고 학대하지만, 예수는 자기 피로 낳은 영혼이기에 천하보다 더 귀히 여기십니다. 그러므로 나 영혼의 값을 아는 사람은 그분이 나를 얼마나 아끼시는지 압니다.

자기의 가치를 잘 아는 사람은 자기 영혼이 노략질 당하지 않게 잘 보호해주는 곳으로 뛰어 들어가야 합니다. 그곳이 바로 교회입니다. 성령께서는 하나님이 자기 피로 사서 그의 소유 삼으신 심정을 잘 아시기 때문에 교회를 눈동자같이 지키십니다.

무교회주의자들은 자기 영혼을 학대하는 사람들입니다. 교회를 부정하고 모이기를 폐하는 것은 자기 영혼을 자학하는 행위입니다. 미국에서는 아이를 학대하면 경찰이 아이를 빼앗아갈 뿐만 아니라 아이를 만나지도 못하게 합니다. 아동은 부모의 소유이기 전에 미국이라는 나라의 소유이기 때문입니다.

하나님이 용서하지 못하는 죄는 자기 영혼의 가치를 모르는 죄입니다. 하나님이 눈동자같이 지키시는 곳에 자기 영혼을 맡겨야 합니다. 주의 눈이 주야로 감시하는 곳에 들어가는 사람이 결국 아버지 집에도 들어갑니다. 교회의 가치는 나의 존재 그 자체입니다.

교회는 예수 이름으로 불러 모아 택한 무리입니다. 예수께서 '내 교회'라고 하셨으니 그가 끝까지 지키십니다. 금이나 은이나 세상 것이 다 불타도 자기 피로 사신 교회만큼은 끝까지 지키시고 보존하실 것입니다.

에베소서 5장 29절에 '누구든지 언제든지 제 육체를 미워하지 않고 오직 양육하여 보호하기를 그리스도께서 교회를 보양함과 같이 하나니'라고 했습니다. 사람이 자기 육체를 보호하듯이 그리스도께서 교회를 그렇게 보양하십니다. 아무리 못생겨도 자기 육체를 학대하는 사람은 없습니다.

성령 받은 사람은 교회에 대한 예수 그리스도의 애착을 압니다. 만물의 창조주요, 만왕의 왕이 자기 핏값을 치르고 사신 교회를 누가 감히 건드립니까?

마귀는 이미 택한 영혼이라도 속이고 물고 뜯고 갉아먹으려 흉악한 이리같이 배회합니다. 우리 영혼이 교회 안에 있어야 하는 이유가 여기 있는 것입니다.

귀한 보석일수록 집에 두지 않고 경비가 있는 은행의 보안창고(security box)에 넣어서 보관한다고 합니다. 그리고 진짜와 똑같이 생긴 가짜 반지 하나를 사서 그걸 끼고 즐거이 다닌다고 합니다. 진짜가 보고 싶을 때는 은행에 가서 열어 보고 기뻐하며 돌아온다고 합니다.

하나님이 교회를 아끼시는 것을 안다면 우리도 교회를 그렇게 아껴야 합니다. 이렇게 설교하면, 교인들은 '자기는 목사니까... 자기 교회니까...'라고 생각합니다. 아닙니다. 목사의 교회가 아니라 주님의 교회입니다. 저는 은혜를 받자마자 제 모교회를 끔찍하게 사랑했습니다. 누가 교회에 대해 불평하고 목회자를 욕하면 침을 튀기면서 변론했습니다. 담임목사님 다음으로 제가 교회를 제일 사랑한 것을 자타(自他)가 다 인정했습니다. 그러다보니 하나님이 저에게 목회를 맡기신 것 같습니다.

저는 예배 때 대표로 기도하는 자들이 '이 교회를 축복해주옵소서'라고 말하면 당장 소리를 치고 싶습니다. '이 교회'가 아니라 '우리 교회!'라고요. '우리'가 주체가 되어야 합니다. '이 교회' 하다 보면 '저 교회'가 될 수 있기 때문입니다.

그리고 교회를 사랑하는 자는 영혼을 아껴야 합니다. 무식한 자나 유식한 자나, 믿음이 있는 자나 없는 자나, 병든 자나 가난한 자나, 누구든지 교회에 들어오는 자는 무조건 아껴야 합니다.

"내가 하늘로서 내려온 것은 내 뜻을 행하려 함이 아니요 나를 보내신 이의 뜻을 행하려 함이니라 나를 보내신 이의 뜻은 내게 주신 자 중에 내가 하나도 잃어버리지 아니하고 마지막 날에 다시 살리는 이것이니라 내 아버지의 뜻은 아들을 보고 믿는 자마다 영생을 얻는 이것이니 마지막 날에 내가 이를 다시 살리리라 하시니라"(요6:38~40)

영혼을 아끼는 사람은 태도가 다릅니다. 예배가 끝나면 곧장 밖으로 나가지 않고 누구든지 반기며 밝게 웃으면서 인사합니다. 마치 주인같이 행동합니다. 그런데 손님 된 자는 괜히 어색해하고 눈치만 보고 어찌하든 빨리 빠져 나가려고 합니다. 식당주인은 밥을 먹다가도 손님이 들어오면 뛰어나가서 '어서 오세요. 이리 앉으세요' 하며 아양을 떱니다. 그런데 종업원들은 귀찮아하며 고개를 처박고 쳐다보려 하지도 않습니다. 장사에 애착이 없는 것입니다.

우리는 한 영혼이라도 나타났다 하면 어찌하든 붙잡아야 합니다. 새 신자가 눈에 띄면 다음 주에 또 오도록 붙잡고 늘어져야 합니다. 미끼를 물까 말까 하는 물고기를 바라보는 안타까운 심정으로 영혼을 낚아야 합니다. 주님으로부터 아낌 받은 사람이 남을 아낄 줄 압니다. 특히 구역장은 바로 이 일을 위해 직분을 받은 사람입니다.

교회를 아끼는 자는 교회의 기물들도 아낍니다. 교회의 소유를 낭비하거나 허비하면 안 됩니다. 교회에 돈이 있든 없든 주님의 것이기에 아껴야 합니다. 예배가 끝나면 전등, 에어컨도 빨리 꺼야 합니다. 헌금 봉투도 연필을 사용하여 재활용해야 합니다. 종이컵도 씻어서 다시 써야 합니다. 페이퍼 타월도 반장만 찢어 써도 충분합니다. 주님의 것이기 때문에 아껴야 합니다. 성도들의 피땀 흘린 헌금이기 때문에 아껴야 합니다.

대개 부교역자들은 담임목회자와 마음가짐이 다릅니다. 기회만 있으면 언제든지 다른 데로 갈 생각을 해서 그런 것 같습니다. 주님의 마음으로 교회를 보호하거나 영혼들을 양육하려 하지 않습니다.

아무리 작은 것이라도 주님의 심정으로 아낀다면 주님도 그를 아끼실 것입니다. 그런 사람은 이리에게 잡혀 먹지 않도록 눈동자같이 보호해주실 것입니다. 교인들 중에는 이미 주인이 되어 있는 자도 있고, 아직도 눈치나 보는 종 같은 자도 있고, 심지어는 교회를 이용하는 자도 있습니다.

만일 주인의식을 갖고 교회를 사랑하고 아낀다면 주님도 끝까지 우리 영혼을 아끼실 것이고 우리에게 더 많은 것을 맡기실 것입니다. 이런 의식이 없는 자는 마지막 날에 토해버리는 것입니다.

마지막으로 목회자를 아껴야 합니다. 목자를 치면 양이 흩어진다고 했습니다(막14:27). 목사의 명예를 지켜주고 목사의 연약함을 도와주는 일은 교회를 아끼는 사람이 할 수 있는 일입니다.

열왕기상 8장 29절에 '이 전을 향하여 주의 눈이 주야로 보옵시며'라고 했으니 예배당에 와서 기도하면 얼마나 좋겠습니까? '내가 새벽기도에 안 나가면 교회가 얼마나 황량할까?' 하며 걱정하는 사람은 힘들어도 교회로 발걸음을 뗍니다. 주님은 이런 사람을 안심하고 그 기도를 들어주십니다.

한번 주님의 입장에 서보시기 바랍니다. 유복자를 남겨두고 세상 떠나는 어미가 그 자식을 얼마나 사랑하겠습니까? 자기 피로 낳은 교회를 세상에 두고 가신 주님의 심장이 어떠하신지 생각해 보시기 바랍니다.

교회에 대해서 애틋한 마음이 있어야 합니다. 심장이 떨릴 정도로 교회를 사랑해야 합니다.

교회는 주님께서 가장 고귀한 가치를 부여한 곳이기 때문에 나 영혼의 가치도 그와 같이 고귀하게 여겨야 합니다. 나 영혼의 가치와 교회의 가치를 똑같이 귀히 여기고 교회를 아끼시기를 예수 이름으로 축원합니다.

예수의 교회

성경본문 (마16:18, 행20:28~29)

하나님은 주인이시다.
그는 말씀으로 만물을 지으신 소유주시요(시24:1, 100:3),
그는 자기 피로 영혼, 교회를 사신 구속주시다(행20:28, 벧전1:18~19).

신앙은 그를 인정하고 환영함이요,
신앙생활은 주인의식을 가지고 그의 교회를 아끼는 생활이다.

공산주의의 붕괴가 필연(必然)이었던 것은
개인소유를 인정하지 않는데 따른 의욕, 자발성, 주인의식이 없음이라.

어떤 물질을 점유(占有, possession)함에 있어 도둑, 종업원, 주인 중
그것을 가장 아끼는 자는 말할 나위 없이 주인인 이유는
그것을 위해 상당한 대가를 치렀음이라.
하물며 하나님이 자기 피로 사신 교회를
눈동자같이 아끼고 보호하심이랴!

아담은 하나님의 고유(固有)한 형상으로 지음 받고(창1:27)
에덴동산의 모든 것을 누릴 수 있는 권리를 부여받았으나(창2:16)
뱀에게 속아 범죄함으로 마귀의 종으로 전락하게 되었다(창2:17, 3:4~6).
하나님이 자기 것을 되찾으시려는 계획이 개진(開陣)되었으니
이스라엘을 '내 백성'이라 지칭(指稱)하심으로라(출3:7).

하나님이 모세를 보내사 수많은 양들의 피를 흘린 대가로
자기 백성을 바로왕의 손아귀에서 건지시고
황무지와 광야에서 호위하시며 눈동자같이 보호하셨다(신32:9~10).

성소는 그의 이름을 두시고
하나님의 눈이 주야로 지켜보시는 그의 전이라(왕상8:29, 9:3).
이를 기억하는 선민(選民) 된 유대인의 예루살렘성전에 대한 애착은 대단했다.

예수께서 '이 성전을 헐라 내가 사흘 동안에 일으키리라'하심은(요2:19)
'내 백성'이 아니라 그의 몸 된 '내 교회'를 세우려 하심이다(마16:18).

그가 죽으시며 '다 이루었다' 하심은(요19:30)
① 독생자의 값비싼 피로 영혼들을 사서 아버지께 바치심으로
   아버지로 그 주인이 되게 하심(계5:9).
② 영혼을 아끼지 아니하고 노략질한 마귀를 심판하심(요10:8, 행20:29, 요일3:8).
③ 그 피로 아담 안의 모든 영혼들을 구속하사 그 주인이 되심이다(마13:47, 고전15:22).

그는 부활 승천 후 성령을 보내사
그 이름을 환영하는 자를
불러 모아 택하신 그의 교회를 감독하신다(요1:12, 행20:28).

그리스도인은
예수의 보혈로 구속된 자기 영혼의 가치를 아는 자라(벧전1:18~19)
가장 고귀한 가치를 부여하신 예수의 교회에서 보호를 받는바
교회는 가장 귀한 자기 존재의 가치, 그 자체라
교회, 목회자, 영혼들, 교회 재물, 기물들을
주인의식을 가지고 아끼고 보호하니
세상 끝 날에 주 오셔서
자기의 귀한 영혼들을 골라 가실 그날을 기다림이다(마13:47).

오, 주여!
이 세상에서 내 가치를 최고로 알아주는 교회!
예수복음교회! 우리 교회!
교회가 나에게
무엇을 해줄 것인가를 바라기 전에
내가 교회를 위해
무엇을 할까를 고민하게 하옵소서. 아멘.

교회는 진리의 기둥과 터

"만일 내가 지체하면 너로 하나님의 집에서 어떻게 행하
여야 할 것을 알게 하려 함이니 이 집은 살아 계신 하나님
의 교회요 진리의 기둥과 터이니라"(딤전3:15)

하나님은 진리의 하나님이십니다. 그에게서 진리가 나오고 그는 진
리와 함께 영원히 거하시는 분입니다.

신앙은 이를 앎이요, 신앙생활은 진리의 기둥과 터인 살아계신 교회
를 세우고 보전하는 생활입니다.

기둥과 터는 건물의 기초입니다. 건물은 사람이 들어가 거주해야 하
기 때문에 무엇보다도 튼튼해야 하고 사용하기에 편리해야 합니다. 건
물이 튼튼하려면 단단한 터 위에 세워야 하는 것은 기초 상식입니다.
뉴욕 맨해튼에 고층 건물을 세울 수 있는 것은 지반이 단단한 암반이기
때문이라고 합니다. 반면 로스엔젤리스는 지반이 약하여 고층건물을
세울 수 없다고 합니다.

그러나 아무리 잘 지은 건축물도 언젠가는 부서지기 마련입니다. 세계적으로 수백 년씩 된 건축물도 있지만 보통 건물의 평균 수명은 50년 정도이고 콘크리트 건물은 대략 100년 정도인데 그때부터 부식하기 시작한다고 합니다. 그러므로 모든 건물은 처음부터 부서지기로 작정된 것입니다.

교회는 진리의 기둥과 터입니다. 진리란 '변치 않다', '영원하다'라는 뜻이므로 교회는 결코 무너질 수 없는 구조물입니다. 진리란 하나님의 말씀과 예수 자신과 예수의 말씀을 말합니다(요17:17, 14:6, 24). 교회는 변치 않는 하나님의 말씀을 기초로 하기 때문에 영영합니다.

성경에는 하나님이 개입하셔서 사람들이 지은 건물들을 한 순간에 허물어버린 사건들이 있습니다. 이는 조상 아담이 범죄한 후, 죄인의 후예가 무슨 일을 하든지 결국 헛수고로 돌아가게 되어 있음을 보여주는 좋은 예입니다.

창세기 6장 13절에 하나님이 노아에게 '모든 혈육 있는 자의 강포가 땅에 가득하므로 그 끝 날이 내 앞에 이르렀으니 내가 그들을 땅과 함께 멸하리라' 하셨습니다. 그때 이미 세상은 사람들로 가득했고 갖가지 문화와 기술로 건물을 짓고 살았습니다. 그런데 하나님은 노아의 방주만 남겨 두시고 나머지는 모두 물에 수장해 버리셨습니다(창6:17~19).

또한 사람들의 발칙한 발상으로 짓던 건축물을 하나님이 중단시키신 사건도 있습니다. 사람들이 또 있을지 모르는 대홍수를 대비하여 성과 대를 쌓자 하나님은 언어를 혼잡케 하여 분산시킴으로 건축을 중단시키셨습니다(창11:7~8). 하나님의 언약을 믿지 않던 그들의 수고가 수 포로 돌아간 것입니다.

죄악이 관영한 소돔과 고모라 멸망도 마찬가지입니다. 하나님은 천사를 보내어 롯과 그의 가족을 이끌어내시고 아예 성 전체를 유황불로 진멸하셨습니다. 인간의 문명이 순간에 초토화 되어버린 경우입니다(창 19:23~28).

또한 난공불락(難攻不落)의 여리고성은 이스라엘 백성이 하나님의 명령대로 지른 함성에 와르르 무너졌습니다. 여리고는 예루살렘에 가까운 교통요지이기 때문에 언젠가는 재건의 소지가 있는 땅입니다. 그러나 '하나님이 무너뜨린 성을 재건하는 자는 저주를 받으리라'고 한 예언이 있었기에 여리고는 지금도 폐허의 땅으로 남아 있습니다(수6:26, 왕상16:34).

건축물 중 가장 가증스러운 건축물은 산당입니다. 하나님이 모세에게 '가나안 땅에 들어가거든 맨 먼저 산당을 훼파하라' 하셨음에도 불구하고 하나님만 섬겨야 할 이스라엘 백성들이 오히려 산당을 짓고 이방신을 섬겼습니다(민33:51~52). 그들의 끊임없는 민족적 재난은 이것에서 기인했습니다.

하나님은 건축자이십니다. 자기 스스로 설계하시고 지시하셔서 사람으로 짓게 하시는 건축자이십니다. 그 1호가 노아의 방주였습니다.

그리고 제 2호는 모세를 통해 식양과 패턴을 주셔서 짓게 하신 성소입니다. 하나님은 자신을 위해 성소를 짓게 하시고 그들 중에 계시겠다고 약속하셨습니다(출25:8). 우주 만물을 지으신 그 크신 하나님이 어떻게 사람의 손으로 지은 성소 안에 계실 수 있습니까? 이는 다만 그 안에 하나님의 이름을 두시려는 것이었습니다(대하6:5).

예루살렘성전 낙성식에서 솔로몬은 '하늘과 하늘들의 하늘이라도 주를 용납지 못하거늘 사람이 어떻게 하나님이 거하실 집을 지으리까 다만 하나님의 이름을 둘만한 집을 건축할 따름이라'고 기도했습니다(대하6:18). 여기서 '용납하다(contain)'란 무엇을 담는다는 뜻입니다. 과연 하나님을 담을 수 있는 집을 지을 수 있습니까?

솔로몬은 예루살렘성전을 13년 동안 지었는데 돌을 떠오는 담군이 7만이요, 산에서 돌을 떼는 자가 8만이며, 백향목 기둥에는 금을 입혔다고 했습니다. 이렇게 견고하고 화려하고 공교하게 지은 성전이라도 하나님을 용납할 수 없고 다만 그의 이름을 두는 처소일 뿐입니다.

그런데 그 예루살렘성전이 바벨론 왕 느브갓네살에 의해 함락되었습니다. 성전의 기명들은 대부분 빼앗겼고 건물은 불태워지고 많은 백성들이 바벨론에 포로로 끌려갔습니다.

성전은 거룩하신 하나님의 이름을 모시는 곳이기에 성전이 있는 한 그들 민족은 전쟁이나 기근이 와도 구원 받을 수 있다고 생각했는데 이방인들이 와서 그 성전을 마구 짓밟아버린 것입니다. 그들은 성전을 생각하면 마음이 너무 아파 눈물을 흘렸습니다. 그리고 언젠가 돌아가면 다시 지으리라고 생각했습니다.

드디어 바사 고레스왕 때 하나님이 그의 마음을 감동시키셔서 예루살렘성전이 중건되었습니다(스1:1~3). 헤롯왕 때 유대인들의 환심을 사려고 성전을 다시 지었다고 합니다. 그때의 성전은 솔로몬 때보다 몇 배의 시간이 걸렸습니다. 백성들은 다시 지은 예루살렘성전을 바라

보면서 하나님이 자기 성전을 눈동자처럼 지키심을 보고 평안을 얻었습니다.

그 성전 앞에 하나님의 아들이라고 하는 예수가 나타나서서 '너희가 이 성전을 헐라 내가 사흘 동안에 일으키리라' 하셨습니다(요2:19). 이는 국기(國基)를 뒤흔드는 가슴 철렁한 말이었습니다. 그들에게 다시 세운다는 말은 믿기지 않았고, '헐라'는 말 때문에 예수는 민족반역자로 취급받게 되었습니다.

그가 헐라는 성전은 손으로 지은 성전을 말하는 것이 아니라(마24:2, 히9:1),성전 된 자기 육체를 가리켜 말씀하신 것이었습니다(요2:21). 에루살렘성전은 하늘에 있는 것들의 그림자요, 모형일 뿐입니다(히8:5, 9:23~24). 참 것이 나타나므로 모형은 더 이상 가치가 없게 된 것입니다.

마가복음 13장 2절에 '예수께서 이르시되 네가 이 큰 건물들을 보느냐 돌 하나도 돌 위에 남지 않고 다 무너뜨려지리라' 하셨습니다.

그 예언대로 주후 70년에 예루살렘성전이 완전히 초토화되었고 지금은 외곽의 한쪽 담만 남아 있습니다.

예수께서 제자들에게 '사람들이 인자를 누구라 하느냐' 하고 물으셨습니다. 이에 베드로가 '주는 그리스도시요 살아계신 하나님의아들이시니이다'라고 대답했습니다. 그때 예수께서 베드로에게 '내가 네게 이르노니 너는 베드로라 내가 이 반석 위에 내 교회를 세우리니 음부의 권세가 이기지 못하리라'고 말씀하셨습니다(마16:13~18).

가톨릭은 이 말씀을 오해하여 '베드로 위에 세우는 교회'라고 해석하여 베드로를 초대 교황으로 추대했습니다. 그리고 베드로는 로마에 가서 전도하다가 순교했고 그 시신은 베드로 성당 밑에 있다고 주장합니다. 성경은 베드로가 로마에 간 적이 없다고 기록하고 있습니다.

예수에 대한 베드로의 인식은 '예수는 그리스도시요 하나님의 아들'입니다. 이를 요약하면 '예수는 사람이시고 하나님이심'이라는 말입니다. 그러자 예수께서는 '이를 네게 알게 한 이는 혈육이 아니요 하늘에 계신 내 아버지시니라' 하셨습니다(마16:17). 베드로는 자기도 모르게 성령에 의해 말한 것입니다. 하나님이 나귀를 감동시키셔서 선지자 발람에게 말하게 하신 것같이 성령께서 잠시 베드로를 감동시키신 것입니다.

반석은 흔들리지 않고 변하지 않습니다. 그는 '예수는 사람이시요 하나님'이라는 영구불변한 진리 위에 자기 교회를 세우시겠다고 말씀하셨습니다.

예수는 자신을 가리켜 '인자(The Son of Man)'라고 하셨습니다. 그는 사람으로 나서 사람같이 사시다가 사람같이 죽으셨지만 그 본질은 하나님이십니다.

요한복음 1장 1절에 '태초에 말씀이 계시니라 이 말씀이 하나님과 함께 계셨으니 이 말씀은 곧 하나님이시니라' 했고, 14절에는 '말씀이 육신이 되어 우리 가운데 거하시매' 라고 했습니다. 그는 본질이 하나님이신데 인자의 사명을 가지고 오셨습니다. 하나님이 죽으시기 위해 사람으로 오신 것입니다.

어떤 사람들은 예수를 인성(人性)이 50%, 신성(神性)이 50%라고 생각합니다. 그래서 '지저스 크라이스트 슈퍼 스타(Jesus Christ Super-Star)'라는 뮤지컬도 나오게 된 것입니다.

'예수는 100% 하나님이시고 100% 사람'이십니다. 그는 하나님과 사람의 중보가 되시기 위해 사람(인자)으로 오신 것입니다.

진리는 아버지의 말씀, 예수 자신, 예수의 말씀입니다(요17:17, 14:6, 24). 예수께서 베드로의 고백을 인정하셨으니 '예수는 100% 사람이시며 100% 하나님' 바로 이것이 진리입니다.

반석 되는 진리의 터 위에 진리의 기둥을 세운 것이 교회입니다. 흔들리지 않는 반석이란 헬라어로 '페트라(Πέτρα)'이고, 깨지지 않는 반석이란 '페트로스(Πέτρος)'입니다. '예수는 하나님이시고 사람'이라는 만고불변의 진리를 '페트라'로 하고, 그 진리를 알고 믿는 자들이 모인 모임을 '페트로스'라고 하는 것입니다.

제가 얼마 전에 차를 타고 가는데 제 앞에 가는 트럭에 '베드로 수산물 마켓(Petro's Fish Market)'이라는 로고가 적혀 있었습니다. 아마 베드로라는 사람이 경영하는 생선가게를 선전하고자 붙인 것 같습니다. 저는 그걸 보고 '베드로를 팔아먹는 사람이구나' 하고 웃었습니다. 그래도 그것은 애교가 있었습니다. 그 가게에는 진짜 물고기가 있었을 테니까 말입니다.

사실, 베드로를 진짜 팔아먹는 사기꾼들은 가톨릭입니다. 로마에 가지도 않은 베드로의 시체가 거기 있다고 주장하며 교황제도도 만들고 또 지금까지 관광객을 유치하며 우려먹습니다.

오직 예수만이 그리스도시요 왕이십니다. 이것은 만고불변의 진리입니다. 이 진리를 기반으로 하는 모임은 음부의 권세가 이기지 못합니다. 세상이 무너지고 하늘과 땅이 불바다가 되어도 교회만큼은 하나님이 영원히 보존하십니다. 교회는 예수의 부활과 함께 세워진 하나님의 성전입니다.

예수께서는 얼마든지 죽음을 면할 수 있었지만 십자가를 피하지 않으셨습니다. 그가 이루신 것은 첫째, 그는 죽으시면서 '다 이루었다' 하셨습니다(요19:30). 그는 무엇을 다 이루셨습니까?

첫째, 그는 아버지의 말씀대로 죽으심으로 아버지는 진리의 하나님이 되심을 입증하셨고(요10:18), 그 자신은 아버지를 모시는 집의 터가 되셨습니다.

고린도전서 3장 10~11절에 '내게 주신 하나님의 은혜를 따라 내가 지혜로운 건축자와 같이 터를 닦아 두매 다른 이가 그 위에 세우나 그러나 각각 어떻게 그 위에 세우기를 조심할찌니라 이 닦아 둔 것 외에 능히 다른 터를 닦아 둘 자가 없으니 이 터는 곧 예수 그리스도라' 했습니다. 예수는 하늘에 손으로 짓지 아니한 영원한 장막을 지으시기 위해 그 피로 터를 닦으신 것입니다.

둘째, 그 과정에서 거짓말쟁이 마귀를 정죄하셨습니다. 셋째, 그 피로 영혼들을 사셔서 하나님의 집을 짓는 건축자재로 삼으셨습니다. 고린도전서 3장 9절에 '너희는 하나님의 집'이라고 했습니다. 하나님은 모든 인류로 하여금 하나님을 모시는 집이 되게 하기 위해 자기 피를 지불하시고 영혼들을 사셨습니다.

그는 사흘 만에 부활하사 하늘 거룩한 성전에 들어가셨습니다. 그가 승천하신지 몇 날이 못 되어 성령을 보내주셨습니다. 성령이 오시자 예수 이름이 전파되기 시작했습니다.

교회는 예수 이름을 믿고 영접한 자들이 모이는 곳입니다. 그래서 '예수 믿으세요?'라는 말과 '교회에 나가세요?'라는 말은 동격입니다. 믿는 자는 교회 곧 하나님의 집에 모이는 것입니다.

세상의 집은 아무리 잘 지어도 언젠가는 무너집니다. 그러나 살아 계신 하나님의 집은 영원히 무너지지 않습니다. 만일 교회가 한동안 있었는데 그 후 없어졌다면 그것은 하나님이 세우신 적이 없기 때문입니다. 하나님이 진리의 기둥과 터라고 인정하셨다면 음부의 권세가 이기지 못합니다.

세상 끝 날까지 존속되어야 주님이 세우신 교회입니다. 온 세상이 물로 덮여도 노아의 방주는 보존된 것처럼 진리의 기둥과 터는 반드시 하나님이 보존하십니다. 우주가 불바다가 되어도 하나님이 '내 것'이라고 인정하셨기 때문에 교회만큼은 보존하십니다. 하늘나라에 가서도 교회는 영원합니다.

> "또 내가 새 하늘과 새 땅을 보니 처음 하늘과 처음 땅이 없어졌고 바다도 다시 있지 않더라 또 내가 보매 거룩한 성 새 예루살렘이 하나님께로부터 하늘에서 내려오니 그 예비한 것이 신부가 남편을 위하여 단장한 것 같더라 내가 들으니 보좌에서 큰 음성이 나서 가로되 보라 하나님의 장막이 사람들과 함께 있으매 하나님이 저희와 함께 거하시리니 저희는 하나님의 백성이 되고 하나님은 친히 저희와 함께 계셔서"(계21:1~3)

'새 하늘과 새 땅'이라고 한 것은 처음 하늘과 처음 땅은 다 불살라질 것이기 때문입니다(벧후3:10). '새 하늘과 새 땅'은 하늘나라를 말합니다. 새 예루살렘성은 신부가 남편을 위하여 단장한 것 같다고 했으니 그리스도의 신부인 교회를 의미하는 것입니다(엡5:31~32).

'하나님의 장막이 사람들과 함께 있으매 하나님이 저희와 함께 거하시리니' 했는데, 여기서 하나님의 장막이란 새 예루살렘성을 말합니다. 하나님의 장막, 새 예루살렘성, 그리스도의 신부는 모두 동격으로 교회를 지칭하는 말입니다. 하늘에 가서 하나님과 함께 영원히 편안하게 살기 원하는 자가 이 땅에 있는 동안 예수의 교회를 든든히 세워야 하는 이유가 여기 있는 것입니다.

비록 사람들의 눈에는 초라하게 보일지라도 진리의 터와 기둥이 된 교회는 어떠한 핍박이나 환난에도 절대 무너지지 않습니다.

요한계시록 21장 22절에 '성 안에 성전을 내가 보지 못하였으니 이는 주 하나님 곧 전능하신 이와 및 어린양이 그 성전이심이라' 했습니다. 성 안에 성전이 따로 있는 것이 아닙니다. 교회가 성전입니다(고전3:16). 예수께서 '두세 사람이 내 이름으로 모인 곳에는 나도 그들 중에 있느니라' 하셨습니다(마18:20). 진리의 기둥과 터인 교회가 들림받으면 하나님과 어린양을 둘러싸는 성전이 됩니다. 하늘나라에 가 보았다고 간증하는 자들이 무슨 건물이 이렇고 저렇고 하는데, 그건 환상입니다. 거기에는 아예 건물이 없습니다.

사람들은 집에 있는 대부분의 시간을 잠자는데 사용합니다. 그런데 그 집을 유지하기 위한 대가를 치르기 위해서 새벽부터 온종일 밖에서 일합니다. 일을 마치고 집에 들어가면 집 구경도 제대로 못하고 피곤해서 곧 잠들어 버립니다. 집치장하느라 많은 시간과 체력을 낭비하는 것은 어리석은 짓입니다.

아버지 집은 잠자는 곳이 아닙니다. 그곳은 해와 달이 필요 없고 밤낮도 없습니다. 그렇다고 피곤을 걱정할 필요는 없습니다. 피곤은 육체 때문에 오는 것입니다. 그곳은 기쁘고 즐겁고 편안한 곳, 영원히 견고한 성입니다.

하늘에는 성전이 따로 없다고 했습니다. 우리가 성전이기 때문에 우리가 주 예수 그리스도를 둘러싸고 그 분을 모시고 그분의 얼굴을 뵙는 것입니다.

요한계시록 22장 3~4절에 '다시 저주가 없으며 하나님과 그 어린양의 보좌가 그 가운데 있으리니 그의 종들이 그를 섬기며 그의 얼굴을 볼 터이요 그의 이름도 저희 이마에 있으리라'고 했습니다. 하늘에 가면 우리 주 예수 그리스도의 얼굴을 항상 뵙는 것입니다. 할렐루야!

교회는 진리의 기둥과 터, 살아계신 하나님의 집입니다. 이 성전이 하늘에 올라가면 예수님을 모시고 영원히 살기 때문에 교회는 영원합니다. 바로 이런 교회를 세우기 위해서 성령께서 진리를 알게 하시는 것입니다.

'주는 그리스도시요 살아계신 하나님의 아들'이라는 진리의 터 위에 이 진리를 믿는 자들의 모임이 교회입니다. 다시 말해 예수를 그리스도로 인정하고 그 앞에 무릎 꿇는 곳이 교회입니다. 그렇다면 그 이름으로 침례를 받는 것은 당연한 절차입니다(마28:19, 행2:38).

침례는 예수께서 부활하시고 왕 중 왕이 되신 다음에 믿는 자들에게 명령하신 것입니다. 세례도 아니고 영세도 아니고 침례를 명령하셨습니다. 물에 완전히 잠갔다가 건지는 침례를 명하셨습니다. 진리의 교회는 온 세상이 다 변해도 그리스도께서 명한 침례를 시행해야 합니다. 침례를 시행하지 않는 교회는 기초가 없기 때문에 비가 내리고 창수가 나면 무너집니다.

> "그러므로 누구든지 나의 이 말을 듣고 행하는 자는 그 집을 반석 위에 지은 지혜로운 사람 같으리니 비가 내리고 창수가 나고 바람이 불어 그 집에 부딪히되 무너지지 아니하나니 이는 주초를 반석 위에 놓은 연고요 나의 이 말을 듣고 행치 아니하는 자는 그 집을 모래 위에 지은 어리석은 사람 같으리니 비가 내리고 창수가 나고 바람이 불어 그 집에 부딪히매 무너져 그 무너짐이 심하니라"(마7:24~27)

지금 세상에 보수적, 정통적이라고 권위를 자랑하는 교회들이 얼마나 많습니까? 수만 명이 모이는 초대형 교회들도 많고 100년이 넘도록 건재하는 교회들도 많습니다.

침례는 교회를 세우는 기초입니다. 그러므로 침례를 시행하지 않는 교회는 교회가 아닙니다. 그런 교회는 언젠가는 무너지기 때문에 그 안에 있다가 압사 당합니다.

예수는 하나님의 아들입니다. 그러므로 교회는 '예수는 무죄한 분으로 유일하시다'라고 믿어야 합니다(마27:4. 요1:1, 14). 그런데 가톨릭은 마리아도 교황도 무죄하다고 말합니다. 그러므로 가톨릭은 거짓교회입니다. 그런데 기독교 인구보다 가톨릭 인구가 더 많습니다. 지금 기독교와 가톨릭 교인이 인구의 20퍼센트 정도라고 말하지만 성경이 인정하고 성령이 지원하시는 참 교회는 극히 적습니다.

통일교회를 교회라 하지 않는 것은 교주 문선명이 셋째 아담으로서 마지막 아담 예수가 실패한 것을 회복하기 위해 왔다고 말하고 있기 때문입니다. 이렇게 어처구니없이 진리에서 벗어난 거짓 교회들이 얼마나 많습니까?

교회의 기초는 '예수는 하나님이시고 사람'이라고 믿는 데서 출발합니다. 하나님의 아들이 죽으시므로 인류의 죄를 대속하셨습니다. 그리고 그가 부활하심으로 하나님이심을 입증하셨습니다. 이것이 기초가 된 교회는 비록 연약하고 가난할지라도 하나님이 영원히 보전하십니다.

만일 예수복음교회가 이런 교회라고 믿으신다면, 우리는 하나하나 교회를 세우는 기둥이 되어야 합니다. 그리고 아직도 무너질 교회에 속한 자들을 이끌어 들여야 합니다.

저는 우리 교회를 개척할 때 '우리 교회는 과연 진리의 교회인가? 진정으로 진리의 기둥과 터, 살아계신 하나님의 전인가? 세상의 모든 건물이 다 무너지고 조직이 다 와해되어도 우리 교회만큼은 영원히 보존될 구조물인가? 예수께서 다시 오실 때 데려가실 정결한 그리스도의 신부 된 교회인가?'를 수없이, 수없이 생각했습니다.

저는 교회가 너무 어려운 지경을 당해 눈앞이 깜깜할 때마다 '우리 교회가 진리의 기둥과 터가 아니고 성령께서 인정하시는 교회가 아니라면 차라리 이 기회에 박살나게 해주시옵소서'라고 부르짖었습니다.

우리는 교회를 아끼고 사랑해야 합니다. 자기 집은 무너져도 교회만큼은 견고하게 해주시기를 기도해야 합니다.

요한계시록 3장 10~12절에는 '인내의 말씀으로 시험을 이긴 자는 하나님의 성전의 기둥이 되게 하리니 그가 다시 나가지 아니하리라. 그리고 하나님의 이름을 그 위(기둥)에 기록하리라'고 했습니다. 성전의 기둥이 된 자는 어떤 시험이 와도 교회를 떠나지 않습니다. 소위 '기둥집사'라는 사람이 10년을 충성하다 시험이 들어 임의로 교회를 떠났습니다. 그는 사람 보기에는 기둥인 것 같았으나 기둥이 아니었던 것입니다.

저는 누군가 시험이 들었다는 소리가 들리면 안타까워서 밤잠을 못자고 고민합니다. 영혼은 교회와 영원한 운명공동체입니다. 우리가 교회의 지체가 되었다면 하나님은 우리를 영원히 보존하실 것입니다. 우리 모두 환난과 핍박이 있을지라도 진리의 터 위에 교회를 굳건히 세우시는 기둥이 되시기를 예수 이름으로 축원합니다.

교회는 진리의 기둥과 터

성경본문 (딤3:15)

하나님은 진리의 하나님이시다.
그에게서 진리가 나오고(요1:14)
그는 진리와 함께 거(居)하시는 분이다.

신앙은 그를 알고 사모함이요,
신앙생활은 진리의 기둥과 터인 교회를 세우고 보전하는 생활이다.

건축의 기초는 터와 기둥인바
가장 많은 경비와 시간이 소요되나
세상의 모든 건물에는 수명(壽命)이 있다.
그러나 진리의 기둥과 터인 예수의 교회는 영원하니
진리는 변치 않는
하나님의 말씀, 예수, 예수의 말씀임이다(요17:17, 14:6, 24).

성경에는 하나님이 인류의 문화, 건축물을
중단, 파괴하신 역사가 기록되어 있으니
노아 때 세상을 물로 쓸어버리시고(창6:7, 17~19)
홍수 후 바벨탑을 언어 혼잡으로 중단시키시고(창11:2~8)
롯의 때 소돔성을 유황불로 덮어버리시고(창19:23~28)
이스라엘이 함성으로 무너뜨린 여리고성의 재건을 금하시고(수6:26)
가나안 땅 정복 후 그들에게 산당 훼파를 명하심이다(민33:52).

그러나 하나님이 설계하시고 지시하신 건축물이 있었으니
노아에게는 구원의 방주요,
모세에게는 하나님의 이름을 두시고
그들 중에 거할 집, 성소라(출25:8, 대하6:5).

예수께서 나타나사
이방인에게 훼파되었다가 중건된 예루살렘성전을(대하36:19)

헐라 하시므로 유대인을 격동시켰으나(마26:61, 요2:19~20)
이는 손으로 지은 모형을 헐고(마24:2, 히9:1)
손으로 짓지 않은 성전
곧 그의 몸 된 교회를 세우려 하심이었으니(히9:11, 엡1:23)
교회는 '예수는 하나님이시며 사람'이라는 진리의 반석 위에(마16:16~18)
그 믿음을 가진 사람들의 모임 곧 깨지지 않는 반석이다.

그가 죽으시며 '다 이루었다' 하셨으니(요19:30)
① 아버지 집의 터를 세우심(고전3:11).
② 파괴자 마귀를 심판하심(요일3:8).
③ 그의 피로 구속하사 사람들로 하나님의 집이 되게 하심이다(고전3:9).

그는 부활 승천 후 하늘 보좌에 앉으시고
그가 보내신 진리의 성령은
주초를 반석 위에 둔 교회를 세우시니(마7:21~27)
그리스도이신 예수 이름으로 침례를 시행하고(행2:38)
예수 외에는 무죄한 사람이 없음을 주장하는 참 교회라(마27:4, 요1:1, 14).

그리스도인은 핍박이나 환난이 와도
교회를 고수(固守)하고 사수(死守)하니
처음 하늘과 땅이 다 불타 없어질 때(벧후3:7)
새 하늘과 새 땅으로 옮겨(계21:1~5)
영원히 주의 얼굴을 보며 살
그리스도의 신부임이다(계21:22, 22:3~4, 엡5:31~32).

오, 주여!
예수복음교회는 하나님이 참으로 인정하시는 교회인가?
거짓 교회이면 박살나게 하옵시고
참 교회이면 성령이여 후원하사
날마다 모이는 사람이 늘어나게 하옵소서(행9:31). 아멘.

5
교회는 천국문

"또 내가 네게 이르노니 너는 베드로라 내가 이 반석 위에 내 교회를 세우리니 음부의 권세가 이기지 못하리라 내가 천국 열쇠를 네게 주리니 네가 땅에서 무엇이든지 매면 하늘에서도 매일 것이요 네가 땅에서 무엇이든지 풀면 하늘에서도 풀리리라 하시고"(마16:18~19)

"빌라델비아 교회의 사자에게 편지하기를 거룩하고 진실하사 다윗의 열쇠를 가지신 이 곧 열면 닫을 사람이 없고 닫으면 열 사람이 없는 그이가 가라사대 볼찌어다 내가 네 앞에 열린 문을 두었으되 능히 닫을 사람이 없으리라"(계3:7~8)

하나님은 권세의 머리가 되십니다(사40:26). 모든 권세는 그에게서 나오고 그는 모든 권세를 정하시는 분입니다(롬13:1).

신앙은 그를 전폭적으로 시인하고 인정하는 것이며, 신앙생활은 하늘에 있는 거룩한 성 예루살렘에 들어가기 위해 교회의 권위를 존중하는 생활입니다.

하늘에는 죄도 사망도 눈물도 슬픔도 없어 불행의 조건이 하나도 없습니다. 그곳은 기쁨과 안식과 평강과 영광이 가득하기에 우리는 '천국에서 만나보자'는 찬송을 신나게 부릅니다.

그곳이 그토록 좋은 곳이기 때문에 가야하지만, 진짜 천국에 꼭 가야할 이유는 천국에 가지 못하면 지옥에 가기 때문입니다.

예수께서 '내가 이 반석 위에 내 교회를 세우리니 음부의 권세가 이기지 못하리라' 하셨습니다(마16:18). '음부의 권세'란 영어로 'The gates of hades(음부의 문)'입니다. '문'이란 헬라어로 '풀레(πυλη)'인데 권세와 같은 뜻입니다. 교회는 음부의 권세가 침투할 수 없기 때문에 중요하고, 교회는 천국의 열쇠를 쥐고 있기 때문에 중요합니다. 교회는 천국으로 들어가는 유일한 관문입니다.

열쇠를 가지고 있을 때는 그 중요성을 별로 인식하지 못하지만 열쇠가 없으면 그 황당함은 이루 말할 수 없습니다. 저는 열쇠를 집안에 두고 문을 잠갔다가 집에 들어가지 못해 남의 집에서 하룻밤을 잔 적이 있습니다. 아무리 내 집이라 할지라도 열쇠가 없으면 못 들어갑니다. 잠긴 문은 돈도 신분증도 집문서도 안 통합니다. 오직 열쇠만 통합니다. 만일 죽은 후 천국문은 닫히고 지옥문이 열린다면 어떠하겠습니까?

요한계시록 22장 14~15절에 "그 두루마기를 빠는 자들은 복이 있으니 이는 저희가 생명나무에 나아가며 문들을 통하여 성에 들어갈 권세를 얻으려 함이로다 개들과 술객들과 행음자들과 살인자들과 우상 숭배자들과 및 거짓말을 좋아하며 지어내는 자마다 성 밖에 있으리라" 했습니다. 문들을 통과해야 생명나무가 있는 거룩한 성에 들어갈 수 있습니다.

1997년 3월 26일 미국에서 헤븐스 게이트(Heaven's Gate) 사건이 있었습니다. 이 단체는 회원이 약 40명 정도 되었는데 모두가 컴퓨터 전문가였고 천체이동에 관해 조예가 깊은 사람들이었습니다. 그들은 이 세상보다 더 좋은 세상이 우주 어디에 있을 거라고 생각했습니다. 그들이 모여서 연구한 결과는 별들이 수백 년 만에 한 번 겹칠 때 하늘문이 열리는데, 그때 하늘에 들어갈 수 있다는 것이었습니다.

그들은 로스엔젤리스 근교에 좋은 맨션을 빌려 단체로 기숙하다가 두 별이 겹치는 날 밤에 거사하기로 작정하고 그날 낮에 성대한 파티를 열었습니다. 그들은 신랑 신부가 결혼하는 것처럼 호화스러운 드레스를 입고 파티를 했습니다. 밤이 되자 검정 운동복에 검정 나이키 운동화를 신고 서로의 목숨을 앗아버렸습니다.

그들의 신변을 조사한 것이 신문에 났는데, 그들은 너무 착하고 친절하고 교양 있고 평범한 시민들이었다고 합니다. 이렇게 점잖은 사람들이 어떻게 이런 엄청난 일을 저질렀을까요? 그들은 이 세상은 아무것도 아니라고 생각했기 때문입니다. 하늘에 들어가기만 한다면 이 더러운 세상은 언제 떠나도 일말의 후회가 없었던 것입니다.

그러면 과연 그들이 천국에 들어갔을까요? 아닙니다! 교회만이 천국문입니다. 그 문을 통과하지 않고 다른 데로 넘어가는 자는 절도며 강도라고 했습니다(요10:1). 이런 일이 생긴 연유는 이미 하늘에서 있었습니다.

천사장 루시엘이 스스로 하나님 되려고 했는데, 이를 '루시퍼(Lucifer)' 또는 '사단(Satan)'이라고 합니다. 하나님은 그를 음부, 곧 구덩이의 맨 밑에 빠치셨습니다(사14:15). 그러므로 음부는 사단을 영원한 결박으로 가둔 감옥과도 같은 곳입니다(벧후2:4, 유6).

그 후 하나님이 사람을 지으시고 생기를 불어 넣어 생령 되게 하셨습니다(창2:7). 그리고 그를 에덴동산에 두시고 "선악을 알게 하는 나무의 실과는 먹지 말라 네가 먹는 날에는 정녕 죽으리라" 하셨습니다(창2:17). 그런데 마귀가 뱀을 타고 들어가 '결코 죽지 아니하리라' 하므로 여자가 속아서 먹고 남편에게도 주어서 먹게 했습니다(창3:4~6). 그로 인하여 육체는 당장 죽지 않았지만 동산에서 내쫓기고 말았습니다.

그리고 하나님은 두루 도는 화염검을 두어 생명나무의 길을 지키게 하여 에덴동산을 폐쇄시켰습니다(창3:24). 하늘에서 쫓겨난 사단을 음부에 가두시고 영원한 결박으로 두른 것처럼(유6), 아담을 동산에서 쫓아내시고 화염검으로 동산을 둘러쳤습니다. 쫓겨난 곳이 바로 형무소가 된 것입니다. 인류는 아담 이후 우주라는 대형 감옥에 갇히는 신세가 되었습니다(마25:41).

사람들은 한국이나 미국 땅에서 자유민으로 태어났다고 생각합니다. 그러나 인류는 영적으로 감옥에서 태어난 것입니다. 종신형을 사는 산모가 감옥에서 낳은 아이와 같습니다. 요즘은 인권이 발전하여 아이를 별도로 보호하지만, 옛날에는 역적은 삼족(三族)을 멸했습니다. 부모가 사형을 당하게 되면 뱃속의 아이도 같은 신세가 되었습니다.

하나님이 아브라함을 부르시고 복을 약속하셨습니다. 그것은 인류에게 언젠가 감옥을 탈출한다는 희미한 길을 보여주신 것입니다. 하나님은 아브라함에게 '독자 이삭을 번제로 바치라' 하셨고 아브라함은 거침없이 아들을 번제로 바쳤습니다. 하나님은 그에게 "내가 네게 큰 복을 주고 네 씨로 크게 성하여 하늘의 별과 같고 바닷가의 모래와 같게 하리니 네 씨가 그 대적의 문을 얻으리라 또 네 씨로 말미암아 천하 만민이 복을 얻으리라" 하셨습니다(창22:17~18). '네 씨가 대적의 문(The gate of enemy)을 얻는다'는 말은 아브라함의 후손으로 오는 이가 대적의 담을 뚫고 나올 수 있는 문이 된다는 말씀입니다.

이 예언은 이스라엘 자손이 430년 만에 애굽에서 나올 때 일단 이루어졌습니다. 종에게는 자유가 없습니다. 애굽에서의 종살이는 발에 착고가 채워진 삶이었습니다. 그때 하나님이 모세를 부르시고 '내 백성 이스라엘을 애굽에서 이끌어내라' 하셨습니다(출3:10). 그런데 바로가 그들을 보내주지 않자 하나님이 여러 가지 재앙을 내리셨습니다.

마지막 열 번째 재앙은 장자가 죽는 재앙이었습니다. 그때 이스라엘 자손에게는 양의 피를 인방과 좌우 문설주에 바르게 하시고 죽음에서부터 구원하셨습니다(출12:7, 13, 40~41). 집집마다 사망이 이르렀을 때 양의 피를 바른 집은 사망권세가 침투하지 못했습니다.

뿐만 아니라 애굽의 바로가 손을 들 수밖에 없게 되었고 결국 애굽을 빠져나왔습니다. 하나님이 닫으면 열 자가 없고 열면 닫을 자가 없는 것입니다. 이스라엘 민족이 양의 피로 열어 놓은 문을 나올 때 홍해도 그들을 막을 수 없었습니다.

그들이 광야에 있을 때, 하나님은 이를 자손 대대로 기억하게 하기 위해 성소를 짓게 하셨습니다. 출애굽기 26장 36~37절에 "청색 자색 홍색 실과 가늘게 꼰 베실로 수놓아 짜서 성막 문을 위하여 장을 만들고 그 문장을 위하여 기둥 다섯을 조각목으로 만들어 금으로 싸고 그 갈고리도 금으로 만들찌며 또 그 기둥을 위하여 받침 다섯을 놋으로 부어 만들찌니라" 했습니다. 문장은 양탄자나 인디언들이 짠 매트같이 생겼습니다.

성소에는 세 문이 있는데 문을 기점으로 세상과 안뜰, 안뜰과 성소, 성소와 지성소를 구분했습니다. 문에는 열쇠도 없고 빗장도 없습니다. 하지만 아무나 들어갈 수 없습니다. 헝겊으로 만든 허술한 문이지만 권세 있는 문입니다. 권세는 하늘에서 정하셨기 때문에 자격이 없으면 들어가지 못하는 것입니다.

성소의 뜰에는 제사 드리려는 사람과 수종드는 사람들이 들어가고, 성소에는 제사장이 들어가고 지성소 안에는 대제사장만 들어가는데 일 년에 한번밖에 들어가지 못합니다. 만일 아무나 함부로 들어가면 곧바로 죽임을 당했습니다.

유럽의 집들에는 창문마다 철창살로, 한국은 담 위에 유리 조각을 꽂아 놓아 외부인의 무단출입을 막습니다. 그런데 미국은 담도 없고 경계도 없습니다. 그래서 미국 사람들은 참 허술하다고 생각해 무단으로 들어가서 '헬로우(Hello)' 했다가는 총에 맞아 죽을 수 있습니다. 미국사람들은 마당을 울타리라고 생각하는 것입니다.

성소는 빗장도 열쇠도 없지만 함부로 들어갈 수 없습니다. 더구나 예루살렘성전에는 큰 나무로 문을 만들있습니다. 피를 힘입고 들어가는 자만 그 문을 통과할 수 있었습니다(히10:19). 피는 문을 통과하는 권세, 곧 열쇠인 것입니다.

이스라엘 백성들은 성전을 하나님이 계신 전이요, 하늘문이라고 생각했습니다. 그 조상 야곱이 광야에서 돌베개를 베고 잠을 자다 환상적인 꿈을 꾸었습니다. 하늘이 열리고 천사가 오르락내리락 하고 그 위에는 하나님이 서 계셨습니다. 그가 잠을 깬 후에 베개로 썼던 돌을 기둥으로 세우고 그 위에 기름을 붓고 그 이름을 '벧엘'이라 했습니다. 그리고 말하기를 "두렵도다 이곳이여 다른 것이 아니라 이는 하나님의 전이요 하늘문이로다" 했기 때문입니다(창28:17).

그들이 죄를 범했을 때 제물을 가지고 성전에 들어가 죄를 고(告)하므로 사함을 받았기에, 성전을 '하늘창구'라고 생각했고 더구나 예루살렘성전은 매우 공을 들여 지었기 때문에 성전에 대한 그들의 애착은 상상 이상입니다.

그 성전 앞에 예수께서 나타나셔서 '너희가 이 성전을 헐라 내가 사흘 동안에 일으키리라' 하셨습니다(요2:19). 성전을 헐면 문도 헐리는데, 그러면 하늘문이 없어진다는 뜻일까요? 예수의 말씀은 그가 문이 되시겠다는 것입니다.

예수께서 '나는 양의 문'이라고 하셨습니다(요10:7). 과거에는 들어가는 문에 따라 직위가 달랐습니다. 죄인과 수종드는 자가 들어가는 문이 있고, 제사장이 들어가는 문이 있고, 대제사장이 들어가는 문이 있었습니다. 그런데 예수께서는 "내가 문이니 누구든지 나로 말미암아 들어가면 구원을 얻고 또는 들어가며 나오며 꼴을 얻으리라" 하셨습니다 (요10:9). 문으로 들어가지 않고 담을 넘는 도적은 결국 쫓겨날 수밖에 없는 것입니다.

이것을 제도화하여 확실하게 문으로 지정한 곳이 교회입니다. 예수 께서는 자기 교회를 세우시고 교회에 천국 열쇠를 주시고 '음부의 권세 가 이기지 못하리라' 하셨습니다(마16:18~19). 그러므로 천국문을 여는 권세를 묵살하거나 훼방해서는 안 됩니다. 교회가 아무리 허술해 보여 도 교회를 무시해서는 안 됩니다. 세상에는 이 권세를 능가할 권세가 없습니다.

예수께서 그 권세를 교회에 주시기 위해서 세상에 오래 살지 않으셨 습니다. 예수께서는 '내가 가야 보혜사가 올 것이고 보혜사가 오면 너 희 근심이 도리어 기쁨이 되리라' 하셨습니다(요16:7, 20). 그러나 제자 들은 그 말씀을 알아들을 수 없었습니다. 예수는 더 이상 살 생각을 하 지 않으시고 정권자들의 비위를 건드려 그들로 죽이려는 충동을 불러 일으키셨습니다.

예수께서는 그 몸이 십자가에서 달려 찢어져 죽으시면서 '다 이루었 다' 하셨습니다(요19:30). 그때 지성소의 휘장이 위에서 아래로 찢어졌 습니다(마27:51). 그렇다면 그는 무엇을 다 이루셨나요?

첫째, 그는 아버지의 권세 앞에 전폭적으로 복종하기 위해 아버지가 주신 권세를 사용하여 계명대로 죽으심으로 아버지가 권세의 머리가 되심을 인정하셨고 아버지는 그로 인해 영광을 받으셨습니다(요10:18).

둘째, 그는 사망으로 사망권세자를 없이 하셨습니다(히2:14).

셋째, 마귀는 종 된 인류를 지옥에까지 끌고 가려 했는데, 예수께서 그 몸을 터트려 음부의 권세를 찢어버리신 것입니다. 그때 드디어 음부의 문이 열리고 하늘로 가는 문이 열린 것입니다. 할렐루야!

> "자녀들은 혈육에 함께 속하였으매 그도 또한 한 모양으로
> 혈육에 함께 속하심은 사망으로 말미암아 사망의 세력을 잡
> 은 자 곧 마귀를 없이 하시며"(히2:14)

물로 둘러싸인 우주하늘은 천사들이 빙빙 돌며 경계를 치고 있습니다(창1:2). 예수의 몸에 못이 박힐 때 대형 감옥 우주에 구멍이 났습니다. 이것이 바로 예수께서 육체로 오신 목적입니다.

아버지는 그를 죽은 지 사흘 만에 살려내셨습니다. 예수는 아버지가 주신 죽을 권세로 죽으셨고 살 권세로 다시 사신 것입니다(요10:18). 그는 이제 하늘과 땅에 있는 모든 권세를 장악하시고(마28:18), 산 자와 죽은 자를 심판할 권세를 받으셨습니다(요5:27).

그가 보내신 성령은 하나님의 피로 사신 교회에 예수 이름을 가지고 오셨습니다. 예수 이름을 영접하는 자가 교회로 모여야 하는 이유는 교회는 예수께서 지정하신 천국문이기 때문입니다.

어떤 사람들은 말하기를 기독교든 불교든 이슬람교든 결국에는 한 진리 안에서 만나니까 어느 종교든 그 결국은 같다고 합니다. 그러면서 하나님은 그렇게 옹졸하신 분이 아닐 텐데 기독교인들은 왜 그렇게 옹졸하냐고 비난합니다. 세상이 뭐라 하든 하나님은 교회에만 천국 열

쇠를 주셨습니다.

요한계시록 3장 8절에 '내가 네 앞에 열린 문을 두었으되'라는 말씀과 같이 교회는 누구나 들어올 수 있도록 열린 문입니다. 종족도 언어도 과거도 묻지 않습니다. 그러나 교회당에 들어왔다고 무조건 천국에 들어가는 것은 아닙니다. 일단 문에 들어왔다가도 언제든지 나갈 수 있기 때문입니다(요10:9). 다만 천국 로비에 들어온 것이며 아직 거룩한 성에 들어간 것은 아닙니다.

천국 열쇠는 교회에 있습니다. 교회는 영혼을 천국에 들여보낼 수도, 들어가지 못하게 할 수도 있습니다. 땅에서 매면 하늘에서도 매이고 땅에서 풀면 하늘에서도 풀리는 것입니다(마18:18). 구약시대에 양의 피를 힘입어야 성소에 들어갈 수 있었던 것처럼 교회당에 들어왔다 할지라도 예수의 피를 힘입은 사람만 천국에 들어갈 수 있습니다.

교회의 권위는 천국문을 열 수도, 닫을 수도 있습니다. 성령이 오신 다음부터는 예수 이름으로 두세 사람이 모인 곳이 하나님의 전이요, 하늘문이 됩니다. 교회가 남이 보기에는 초라해 보여도 결코 무시할 수 없는 것은 오직 교회에만 영적 권위를 주셨기 때문입니다.

교회의 권위를 잘 보여주신 사건이 초대교회 때 있었습니다. 아나니아는 땅을 팔아서 헌금하기로 작정했습니다. 그런데 땅을 판 다음에 마음이 변하여 헌금의 얼마를 감추고 일부만 교회에 가져왔습니다. 그때 베드로가 말하기를 '아나니아야 어찌하여 사단이 네 마음에 가득하여 네가 성령을 속이고 땅 값 얼마를 감추었느냐' 했습니다(행5:3). 베드로가 거짓을 폭로하는 순간 아나니아는 그 자리에서 죽어버렸습니다.

사람들이 두려워하고 있었는데 몇 시간 후에 그의 아내 삽비라가 '할 렐루야!' 하며 들어왔습니다. 베드로가 '땅 판 값이 이것뿐이냐?' 하자 그렇다고 대답했습니다. 그랬더니 "너희 부부가 어찌하여 성령을 속이 느냐 네 남편을 장사하고 오는 사람들이 저기 왔느니라 너도 메어 내 가리라" 하자 삽비라도 곧 죽고 말았습니다(행5:3). 교회를 우습게 보다가 줄초상이 나버렸습니다. 그때 이를 본 사람들이 크게 두려워했다고 했습니다.

만일 우리 교회에서 남편이 1부 예배를 드리다가 죽고, 아내가 2부 예배에 와서 또 죽었다고 합시다. 사람들이 쉬쉬하며 예수복음교회에 절대로 가지 말라고 하지 않겠습니까? 그럼에도 불구하고 이런 불미스러운 사건이 있었던 것은 교회시대 초장에 교회 경시에 대한 경고를 호되게 내린 본보기입니다. 구약시대에 성소에 함부로 들어가다가 즉사했던 것을 재현한 사건입니다.

고린도전서 5장 1~2절에 "너희 중에 심지어 음행이 있다 함을 들으니 이런 음행은 이방인 중에라도 없는 것이라 누가 그 아비의 아내를 취하였다 하는도다 그리하고도 너희가 오히려 교만하여져서 어찌하여 통한히 여기지 아니하고 그 일 행한 자를 너희 중에서 물리치지 아니하였느냐" 했습니다. 여기서 '아비의 아내'란 친모가 아닌 계모를 말하는 것 같습니다. 교인 중에서 계모를 취하여 음행을 했는데도 그들이 교만하여 쫓아내지 않았다고 말했습니다.

그리고 이어서 말하기를 "주 예수의 이름으로 너희가 내 영과 함께 모여서 우리 주 예수의 능력으로 이런 자를 사단에게 내어주었으니 이는 육신은 멸하고 영은 주 예수의 날에 구원 얻게 하려 함이라" 했습니다(고전5:4~5). 즉 교인들이 모여서 '이 사람은 아무리 권면해도 듣지 않습니다. 이러다가 믿음이 더 떨어져 지옥에 갈 수도 있으니 차라리 지금 데려가시는 것이 낫겠습니다'라고 합심 기도하여 육체의 때를 끝내게 하기도 한 것이 교회의 권위입니다.

세상 사람들은 교회를 핍박하고 사람들을 잡아다가 죽이면 끝날 것이라고 생각하지만 교회는 없어지지 않습니다. 교인이 시험 들면 자기만 시험 드는 것이 아닙니다. 다른 교인들에게도 있는 말, 없는 말을 만들어서 퍼뜨리고 급기야는 목회자를 내쫓기 위해 갖은 음모를 꾸미기도 합니다.

이런 경우, 성경은 처음에 권고하고 만일 듣지 않으면 두세 사람이 가서 사람들로 하여금 증참케 하고 만일 그들의 말도 듣지 않거든 교회에 말하고 교회의 말도 듣지 않거든 이방인과 같이 여기라고 했습니다(마 18:15~17). '이방인같이' 여겨지는 자가 구원을 받겠습니까?

어떤 사람은 심지어 '이 놈의 교회를 부숴버리겠다'고까지 합니다. 도를 지나쳐 교회가 출교를 결의하면 출교당한 자는 다른 교회를 다니거나 심지어 다른 교회를 세웠다 할지라도 구원을 얻지 못합니다. 예수께서는 "진실로 너희에게 이르노니 무엇이든지 너희가 땅에서 매면 하늘에서도 매일 것이요 무엇이든지 땅에서 풀면 하늘에서도 풀리리라" 하셨습니다(마18:18). 이는 교회의 결정이 하늘에까지 효력을 미친다는 말입니다.

교회의 결정이 하나님의 결정입니다. 하늘에 가서 별도로 심판 받는 것이 아닙니다. 그러므로 교회에 100% 순종해야 합니다. 나로 인해 교회가 근심하게 하면 안 됩니다. 시험 들어도 교회에 대해 불평하거나 대항해서는 안 됩니다. 교회는 예수 그리스도의 몸이며 하나님의 권위입니다.

그런데 가톨릭은 이것을 악용합니다. 그들은 하나님이 베드로에게 천국 열쇠를 주었기 때문에 교황이 천국문을 열 수도 있고 닫을 수도 있다고 말합니다. 또한 사제에게도 그런 권위가 있다고 호도하여 그에 따른 횡포가 얼마나 심각한지 모릅니다. 15세기 면죄부 사건이 그래서 일어난 것입니다.

교회는 천국에 가는 유일한 문입니다. 성도의 신앙은 교회에서 인정받아야 합니다. 교회에서 인정하면 하늘에서도 인정합니다. 어떤 성도가 신앙생활을 잘하다가 죽었는데 그가 어떤 사람의 꿈에 나타났습니다. 그 이야기를 들은 성도들은 '그가 구원받지 못하고 귀신이 됐나?' 하며 '열심히 해도 소용이 없다'고 말합니다. 아니, 열심히 해도 소용없다면 어떻게 하자는 말입니까? 꿈에 죽은 사람이 나타났든 말든 교회가 살아생전 그의 구원을 인정했다면 그는 구원받은 것입니다. 또한 목사가 구원받았다고 인정하면 구원받은 것으로 알아야 합니다. 물론 목사가 구원을 결정하는 것은 아니지만 목사는 교인들의 영적 상태를 누구보다 잘 파악하고 있기 때문입니다.

죽은 성도가 꿈에 나타나면 무조건 귀신이라고 생각해서는 안 됩니다. 꿈이 성경을 초월할 수 없습니다. 사람의 감각이나 감정으로 성경의 권위를 무시하면 안 됩니다. 교회가 구원받았다고 인정했다면 꿈이 이상해도 상관없습니다.

새 예루살렘성은 열두 문이 있다고 했습니다(계21:12). 우리는 교회를 통해서 새 예루살렘성에 들어가는 것입니다. 그 문이 비록 좁고 허술해 보여도 교회는 천국문입니다.

> "주의 궁정에서 한 날이 다른 곳에서 천 날보다 나은즉 악인의 장막에 거함보다 내 하나님 문지기로 있는 것이 좋사오니"(시84:10)

천국을 사모하는 사람은 스스로 문지기가 되기를 자청합니다. 문지기는 문 밖에서 비바람과 눈보라를 맞지만 열쇠가 있기 때문에 언제든지 들어갈 수 있습니다. 비록 잔치상좌에 앉지 못해도 결코 주의 전을 떠나지 않습니다.

저는 요즘 2~3일 동안 가슴이 미어질 정도로 아픕니다. 어떤 엄마가 아이 셋을 데리고 아파트에서 투신자살을 한 신문기사를 보았습니다. 남편은 집을 나가 소식이 없고 부인은 화장품 장사를 하며 연명해 왔는데 카드빚이 2천만 원이 넘었다고 합니다. 게다가 곗돈까지 밀려 빚더미에 앉게 되었답니다. 얼마 전엔 아이들이 아파서 자기 언니에게 10만 원만 보내달라고 했는데 언니가 도와주지 못했다고 합니다. 그녀는 살길이 막막해지자 친구들을 만나서 '나는 죽어야 한다'고 말했다고 합니다.

그녀는 그날 집에 돌아와서 오후 6시쯤에 아이 셋과 실랑이를 했습니다. 7살 난 아이가 14층 복도를 지나가던 사람에게 '아줌마, 우리 엄마가 나를 죽이려고 해요. 나는 살고 싶어요' 했다고 합니다. 그러자 엄마가 쉬쉬하며 무슨 말을 하자 아이가 소리를 죽이더랍니다.

그래서 그 아줌마는 아이들이 엄마에게 야단을 맞는 줄로 생각하고 엘리베이터를 타고 아래층으로 내려갔다고 합니다. 그런데 내려가자마자 '쿵' 하는 소리가 나더랍니다. 가서 보니 조금 전에 '아줌마...' 하던 아이가 화단에 떨어져서 피를 낭자하게 흘리고 죽었다고 합니다. 깜짝 놀라 위를 쳐다보니 5살 난 남자 아이가 떨어지고 있었고 그 엄마는 3살짜리 아이를 안고 떨어져 죽어버렸습니다.

저는 상상해 보았습니다. 얼마나 절망적이었으면 자식을 던졌을까? 자기가 떨어지는 것도 무서운데 어떻게 자식을 던질 수 있었을까? '엄마!' 하며 떨어져나갔을 때 얼마나 가슴이 찢어졌을까? 어떻게 하나 던지고 둘을 던지고 마지막까지 던졌을까?

앞이 꽉 막힌 것 같고 돌파구가 없다고 생각했기 때문에 자살을 택한 것입니다. 네티즌들은 '얼마나 암담하고 절망적이었으면 그랬을까요? 이 세상에는 발붙일 곳이 없었을지라도 천국에는 받아줄 곳이 있겠죠? 명복을 빕니다'라고 글을 올렸습니다. 저는 그 글을 보고 더 가슴이 아팠습니다. 만일 천국에서 그들을 받아준다면 얼마나 좋겠습니까? 그는 죽으면 끝이라고 생각했겠지만 그 후에 더 고통스럽고 절망적인 상황이 그들에게 영원히 있으니 얼마나 불쌍합니까? 아이들이 그 어미 밑에서 고생한 것도 불쌍하지만 구원받을 기회조차 잃어버린 것이 너무 안타깝습니다.

누군가가 그들에게 복음을 전했더라면 그 무서운 지옥에 가지 않을 수도 있었을 것입니다. 그녀의 필요를 채워주면서 '예수 믿으세요. 교회에 나오세요. 천국에 함께 갑시다. 이 세상 고생은 끝날 날이 있습니다. 하늘에는 가난도 걱정도 근심도 고민도 없습니다' 하고 눈물을 흘리며 손을 붙잡고 한 고비를 넘기게 했더라면 얼마나 좋았을까?

저에게 십대에 자살한 언니가 있기 때문에 마음이 더 절절합니다. 절망적인 상황을 뚫고 나가는 돌파구가 오직 죽음밖에 없다고 생각한 것이 너무나 안타깝습니다. 누가 우리 언니에게 진작 복음을 전했더라면 얼마나 좋았을까? 그때 그 고비만 넘겼더라면 후에 언니도 구원받을 수 있었을 텐데…. 지금도 가슴이 미어지는 것 같습니다.

교회는 천국문입니다. 우리가 조금만 더 빨리, 더 부지런히 움직이면 천국에 들여보낼 사람이 너무 많습니다. 만일 우리가 이 문으로 들어갈 권세를 얻었다면 나가서 절망에 갇혀 있는 사람들을 교회로 인도하시길 예수 이름으로 축원합니다.

교회는 천국문

성경본문 (마16:18~19, 계3:7~8)

하나님은 권세의 머리가 되신다(사40:26).
그에게서 권세가 나오고(롬13:1)
그는 모든 권세를 정하시는 분이다.

신앙은 그를 전폭적으로 인정함이요,
신앙생활은 하늘나라에 들어가기 위해
천국문인 교회의 권위를 존중하는 생활이다.

열쇠는 문과 같이 권세라는 뜻이 있는바
있을 때는 그 중요성을 의식하지 못하나
없을 때의 그 당황함은 이루 말할 수 없다.
죽은 후 천국문은 닫히고 지옥문이 열리면 어떠할까?

마귀는 스스로 속아 범죄하고 하늘에서 쫓겨나(사14:12~15)
음부 곧 영원한 결박으로 둘러쳐진 거대한 우주 감옥에 갇혔고(벧후2:4, 유6)
아담은 그 마귀에게 속아 범죄함으로
에덴동산에서 쫓겨나(창3:4~6, 24)
화염검으로 둘러쳐진 지옥 될 우주감옥에 갇혔다(마25:41).

그러나 인류에게 탈출할 희망이 보이기 시작했으니
하나님이 아브라함에게 그 씨가 대적의 문을 얻을 것을 예언하심이다(창22:17).
430년 후 그 후손 이스라엘이 애굽의 종살이에서 풀려나왔으니(출12:40~41)
하나님의 지시대로 유월절 밤 양의 피를 문에 바름으로(출12:7, 13)
사망은 닫히고 착고는 열림이라.

광야에서 그들에게 짓게 하신 성소의 문들은
베실로 짠 장(帳)이나(출26:36~37)
함부로 들어갈 수 없었던 것은 하나님의 전, 하늘문이라
그러나 하나님이 정하신 제사장은

피를 가지고 그곳을 통과했다(출29:11~12, 히9:7).

예수께서 성전을 헐라 사흘 만에 일으키리라 하심은(요2:19)
손으로 만든 문이 아닌
그의 몸을 찢어 문을 삼고(요10:7~9, 히9:11~12)
짐승의 피가 아닌 그의 피를 뿌림으로
천국문이 될 그의 교회를 세우려 하심이다(마16:18~19).

그는 죽으시며 다 이루었다 하셨으니(요19:30)
① 아버지께 받은 계명을 따라 죽으심으로 아버지의 권세를 인정하심(요10:18).
② 음부 권세자 마귀를 심판하심(요일3:8).
③ 그 몸을 찢어 문을 여심으로 마귀의 종 된 인류의 탈출구를 만드심이다(히10:19).

이에 아버지께서는 그를 살려
그에게 살 권세와 모든 권세를 주셨으니(마28:18, 요10:18)
하늘보좌에 앉아 죽은 자와 산 자를 심판하실 권세라(요5:22, 딤후4:1).

그가 보내신 성령은 예수 이름으로 죄인들을 부르시니
교회 곧 천국문으로라.

교회는 누구든지 예수의 피를 힘입고 들어가
구원 얻는 열린 문이나(계3:7~8, 히10:19)
성령의 사람은 비록 두세 사람일지라도(마18:18~19)
예수 이름으로 모인 교회의 결의를 존중하며(마16:19, 18:17, 행5:3, 고전5:4)
절망의 늪에 빠진 심령들을 천국문으로 인도하려 나가는 자들이니
이는 땅에 있는 교회를 통해 새 하늘에 들어가려 함이라(계22:14).

오, 주여!
주의 궁정에서 한 날이 세상에서 천 날보다 나은즉
구중궁궐에서 일락하는 것보다
주의 문지기로 있는 것이 좋사옵나이다.
나와 내게 주신 자들
그날에 하나도 빠짐없이
다 천국문에서 만나게 하옵소서. 아멘.

6

교회는 예수 그리스도의 왕국

"그의 힘의 강력으로 역사하심을 따라 믿는 우리에게 베푸신 능력의 지극히 크심이 어떤 것을 너희로 알게 하시기를 구하노라 그 능력이 그리스도 안에서 역사하사 죽은 자들 가운데서 다시 살리시고 하늘에서 자기의 오른편에 앉히사 모든 정사와 권세와 능력과 주관하는 자와 이 세상뿐 아니라 오는 세상에 일컫는 모든 이름 위에 뛰어나게 하시고 또 만물을 그 발아래 복종하게 하시고 그를 만물 위에 교회의 머리로 주셨느니라 교회는 그의 몸이니 만물 안에서 만물을 충만케 하시는 자의 충만이니라"(엡1:19~23)

하나님은 만왕의 왕이십니다(딤전6:15, 계17:14). 주권과 권세가 그에게서 나오고 그는 영영한 나라를 세세토록 다스리시는 분입니다(대상29:11, 시145:13).

신앙은 그를 인정하고 그 나라의 백성 됨을 환영하는 것이며, 신앙생활은 그의 몸 된 교회에서 예수 그리스도의 왕국이 이루어지기 위해 그의 통치를 받는 생활입니다.

왕과 주와 머리는 일방적으로 다스리는 기능이 있습니다. 머리가 판단하고 지시하는 대로 지체들은 따라 움직입니다. 만일 머리의 지시가 통하지 않고 시시각각 썩어간다면 아무리 귀한 지체라 할지라도 잘라 버릴 수밖에 없습니다.

나라의 모든 통치권과 소유권은 왕에게 있습니다. 왕은 세습제이므로 아무리 폭군이라 할지라도 백성들 맘대로 왕을 바꿀 수는 없습니다. 근대에 이르러 인권의 발달로 왕의 권한이 상당히 제한을 받고 있습니다. 영국은 왕이 상징적으로 있고 총리가 나라를 다스리고 있습니다. 그러나 왕국의 본질은 100% 왕에게만 통치권이 있는 것입니다.

나라마다 자유, 민주, 정의, 평등, 평화, 번영 등 국시(國是)가 있고 이념이 있습니다. 미국의 국시는 자유와 민주와 정의입니다. 이것을 개인이 가지고 있을 때 신념이라 하고, 국가권력이 다스릴 때 국가이념이라고 말합니다. 결국 이념이 나라를 다스리는 것입니다.

임금이 이념을 충족시켜 잘 다스려주면 성왕이 되고 그와 관계없이 제멋대로 다스리면 폭군이 되는 것입니다. 비록 후대에 이름조차 지워 버린다 할지라도 그 당시에는 임금으로 대우하고 그의 다스림을 받을 수밖에 없습니다. 그러므로 어떤 임금을 만나느냐에 따라 나라의 운명이 결정됩니다. 임금이 지혜롭고 어질게 잘 다스리면 나라가 태평성대를 누리지만 백성을 무시하고 난폭하게 다스리면 나라는 도탄에 빠집니다. 임금에 따라 나라와 백성의 운명이 결정됩니다. 나라와 백성이 임금을 초월할 수 없습니다. 임금과 나라와 백성은 운명공동체입니다.

역사 이래 수많은 나라가 흥망성쇠를 거듭하며 존재하는 것은 하나님이 나라들을 인정하시고 권세를 주셨기 때문입니다(롬13:1). 그런데 역사적으로 보면, 좋은 왕보다는 나쁜 왕이 훨씬 더 많았습니다. 그런데도 불구하고 하나님은 왜 임금과 나라를 인정하실까요? 하나님 자신이 만왕의 왕이 되시고 그 나라가 임할 때 열렬한 환영을 받으시려는 것입니다.

우주 바깥 영계 하늘에는 하나님의 이름을 둔 보좌가 설치되어 있었습니다. 그런데 천사장 루시엘이 자기가 보좌에 앉아 그 나라를 통치해보려 마음먹는 순간 하나님은 그를 더럽게 여겨 큰 날의 심판 때까지 가두기 위해 음부를 지으셨습니다(사14:12~15). 그것이 바로 우주입니다. 그가 반역하려는 마음을 품었을 때 그를 '루시퍼'라 하고, 그 신분을 '사단'이라고 합니다.

사단이 음부에 들어오므로 음부권세자가 되었고 사단 왕국이 결성되었습니다(벧후2:4, 유6). 그가 하늘에서 쫓겨날 때 '루시엘이시여! 나는 당신이 왕 되는 것을 전폭적으로 지지합니다' 하며 동조하던 하늘의 천사 삼분의 일도 같이 음부로 쫓겨났습니다(계12:4).

그 후 하나님이 흙으로 사람을 지으시고 그 코에 생기를 불어넣어 생령이 되게 하셨습니다. 아담은 하나님으로부터 에덴동산을 다스리는 통치권을 위임받았지만 그가 하나님의 지배를 받고 살아야 하는 존재이므로 '동산 각종 나무의 실과는 네가 임의로 먹되 선악을 알게 하는 나무의 실과는 먹지 말라 네가 먹는 날에는 정녕 죽으리라'는 계명을 받은 것입니다(창2:16~17).

그런데 하나님같이 될 수 있다는 마귀의 말에 속아 아내가 따먹은 선악과를 아담도 먹었습니다. 그들은 동산에서 쫓겨나 사단 왕국의 백성이 되고 말았습니다.

여기서 만왕의 왕이 되시려는 하나님의 의도는 본격적으로 시작됩니다. 먼저 아브라함에게 예언하셨습니다.

> "이제 후로는 네 이름을 아브람이라 하지 아니하고 아브라함이라 하리니 이는 내가 너로 열국의 아비가 되게 함이니라 내가 너로 심히 번성케 하리니 나라들이 네게로 좇아 일어나며 열왕이 네게로 좇아 나리라 내가 내 언약을 나와 너와 네 대대 후손의 사이에 세워서 영원한 언약을 삼고 너와 네 후손의 하나님이 되리라"(창17:5~7)

독자를 번제로 바치라는 섭리에 순종한 아브라함에게 하나님은 "내가 네게 큰 복을 주고 네 씨로 크게 성하여 하늘의 별과 같고 바닷가의 모래와 같게 하리니 네 씨가 그 대적의 문을 얻으리라"고 언약하셨습니다(창22:17). 그 후손 중에서 큰 원수를 쳐부수는 주권자가 나온다는 말입니다.

드디어 그 경륜을 위한 궤도가 깔렸습니다. 그 후손들을 애굽에서 종살이하게 하셨습니다. 430년 만에 하나님은 모세에게 '내 백성 이스라엘을 애굽에서 인도해내라' 하셨습니다(출3:10). '내 백성'이라 하심은 하나님이 그 나라의 왕이 되셔서 그 백성을 통치하시겠다는 것입니다. 당시 80세 된 모세에게 이 일은 청천벽력과 같은 소리였습니다. 그는 애굽에 가기를 꺼려하다가 하나님의 강권에 의해 할 수 없이 떠나가게 되었습니다.

하나님이 내린 10가지 재앙에 애굽 왕이 항복했고 모세는 드디어 백성들을 이끌고 애굽을 빠져나왔습니다.

이스라엘의 출애굽은 그들의 의지나 그들의 힘과 무관했습니다. 그들은 운명을 뒤집을 계획도 용기도 없었습니다. 출애굽은 전적으로 하나님의 개입으로 일어난 사건입니다. 그래서 바다 앞에서 머뭇거리는 백성들을 향하여 모세는 "여호와께서 너희를 위하여 싸우시리니 너희는 가만히 있을지니라" 한 것입니다(출14:14).

그들이 홍해를 건너 광야에 이르렀을 때 하나님은 재확인하셨습니다. 출애굽기 19장 5~6절에 '세계가 다 내게 속하였나니 너희가 내 말을 잘 듣고 내 언약을 지키면 너희는 열국 중에서 내 소유가 되겠고 너희가 내게 대하여 제사장 나라가 되며 거룩한 백성이 되리라' 하셨습니다.

그들은 하나님을 보지는 못했지만 그들이 말씀대로 순종하면 강대한 왕들과 나라들을 이겼습니다. 그들이 처음으로 아말렉과의 전쟁에서 대승하고 '여호와 닛시' 곧 승리의 하나님을 자축했던 것입니다.

하나님이 그들에게 짓게 하신 성소는 그들 배후에 하나님나라 정부(政府)가 있음을 기억하게 하는 장치입니다. 성소 안에 법궤를, 법궤 안에 여호와 이름을 두게 하셨습니다(대하6:5~6). 이는 하나님은 하나님의 법대로 다스리시겠다는 뜻입니다(출25:18~20). 그들은 가나안 땅에 들어간 다음에도 예루살렘성전을 바라보며 그것을 기억했습니다.

그들은 하나님을 '만군의 여호와'라고 불렀습니다(시84:1). 여기서 '군'이란 천사를 말합니다. 하나님은 천사들의 옹위를 받으시고 천사를 통해서 영광을 받으시는 왕이라는 말입니다. 그래서 법궤 양쪽에 날개를 펴고 옹위하는 천사들 형상이 있는 것입니다.

이스라엘 민족은 하나님을 본 적이 없지만 궤를 앞세우고 나아갈 때 대적이 쓰러지는 것을 보았습니다. 그래서 결국 가나안 땅에 정착할 수 있었습니다. 광야에서는 모세가, 가나안 땅에 들어간 후에는 여호수아가, 나중에는 사사들이 이끌었습니다. 사무엘 선지자까지는 여호와 하나님이 그들의 왕이 되셨습니다.

그런데 사무엘 시대에 와서 백성들이 왕을 요구했습니다(삼상8:5). 그들은 전쟁이 날 때마다 앞장서서 싸우는 왕이 없어 항상 불안했고 당시 선지자의 자식들의 행실이 좋지 않았기 때문입니다. 사무엘이 이를 하나님께 아뢰니까 하나님은 기뻐하지는 않으셨지만 이에 허락하시고 왕의 제도에 대해 확실히 알게 하셨습니다.

사울이 초대 왕이 되었는데, 그는 블레셋과의 전쟁에서 패하여 스스로 목숨을 끊었고 그 아들들도 죽고 말았습니다. 그 후 다윗이 왕이 되었고 솔로몬과 그의 아들 르호보암이 왕위를 물려받았습니다. 그런데 르호보암 왕 때 여로보암이 반역함으로 유다왕국과 이스라엘왕국으로 갈리더니 결국 유다왕국의 시드기야 왕을 마지막으로 남북왕국은 다 붕괴해버렸습니다.

왕들의 사적들에 대해서는 열왕기상하, 역대상하에 잘 기록되어 있습니다. 그를 보고 '이런 왕이 우리 왕이 되었으면 좋겠다'는 왕이 있습니까? 그래도 꽤 괜찮은 왕으로 다윗과 솔로몬이 있었지만 그들도 온전하지 못했습니다. 다윗은 유부녀를 데려다가 음행을 했고 그 남편 충신 우리아를 고의적으로 죽게 했습니다. 그리고 말년에는 유다의 인구를 계수하는 바람에 사흘 동안에 백성 7만이나 죽게 했습니다(삼하24:15). 왕의 실수로 애매한 백성들이 재앙을 당한 것입니다. 또 솔로몬은 이방 여인들을 데려다가 산당을 짓고 하나님께 범죄했습니다. 그들은 하나님이 왕 되시는 것을 싫어하여 사람을 왕으로 세웠지만 수천 년 동안 완전한 왕은 하나도 없었습니다. 그렇지만 그들은 주권을 빼앗기고 나라를 빼앗기자 또 왕을 기다렸습니다.

왕은 예루살렘성전 문으로 들어오신다는 예언이 있었습니다(시24:7). 예루살렘성전에 대한 그들의 집착이 남다른 이유는 메시야가 오면 나라와 주권이 회복될 것이기 때문입니다.

그 성전 앞에 예수께서 나타나셔서 '이 성전을 헐라 내가 사흘 만에 일으키리라' 하셨습니다. 이 발언은 끝내 그를 죽음으로 몰아가는 단초였습니다. 그들의 역사적 배경과 정서를 다 아시면서 예수는 왜 이런 위험천만한 발언을 하셨을까요? 도대체 그는 무엇을 헐고 무엇을 일으키겠다는 것일까요? 그는 여호와 이름이 왕이 되고 율법으로 다스리는 나라를 헐고, 예수 이름이 왕이 되고 진리가 다스리는 나라를 세우겠다, 곧 그가 만왕의 왕이 되시겠다는 말씀입니다. 그래서 침례 요한은 예수의 출현을 보고 '천국이 가까웠다', 하늘의 왕권자가 질풍같이 진격해 오고 있다고 소리친 것입니다.

한번은 예수께서 제자들에게 물었습니다. '너희는 나를 누구라 하느냐' 하는 질문에 시몬 베드로는 '주는 그리스도시요 살아계신 하나님의 아들이시니이다'라고 대답했습니다(마16:13~16). 얼마 전까지 목수 일을 하던 자요, 그 추종자 대부분이 어부 등 하층 사람들이 고작인 사람에게 '당신은 하나님의 아들로 그리스도 곧 왕입니다'라고 말한 것입니다. 이에 예수는 전혀 주저 없이 '네가 복이 있도다 이를 네게 알게 한 이는 혈육이 아니요 하늘에 계신 내 아버지시니라' 하셨습니다. 그리고 이어서 '너는 베드로라 내가 이 반석 위에 내 교회를 세우리니 음부의 권세가 이기지 못하리라' 하셨습니다. 앞으로 어떤 나라도 어떤 왕도 처부술 수 없는 나라가 세워진다는 말입니다. 그러나 '아직 내가 그리스도임을 말하지 말라'고 하셨습니다.

또한 '이제 이 세상의 심판이 이르렀으니 이 세상임금이 쫓겨나리라'고 하셨습니다(요12:31). 세상임금은 마귀를 말합니다. 그는 인류를 속여 자기 종으로 만든 자입니다. 그는 세상뿐만 아니라 우주 안에 있는 모든 영적 존재를 다스리고 있었습니다. 그가 곧 쫓겨날 때가 온 것입니다.

예수의 이적을 보고 백성들은 그에게 임금이 돼달라고 했습니다. 그럴 때 그는 피하셨습니다(요6:15). 로마정권에 대항하여 봉기를 일으킬 결정적인 기회를 외면한 그에 대해 유대인들은 실망하게 되었고 결국 그를 죽이도록 넘겨주었습니다.

예수는 유대 총독 빌라도 앞에 끌려가셨습니다. 당시 로마제국은 유럽 전체를 통일한 최강대국이었습니다. 식민지 총독으로 온 빌라도가 반란 음모로 잡혀온 예수에게 '네가 유대인의 왕이냐?' 하고 물었습니다. 그러자 예수는 '내 나라는 이 세상에 속한 것이 아니다'라고 하셨습니다. 그러면서 '네 말과 같이 내가 왕이니라 내가 이를 위하여 났으며 이를 위하여 세상에 왔나니 곧 진리에 대하여 증거하려 함이로다'라고 말씀하셨습니다(요18:36~37).

그는 그의 나라가 있고 또한 자신이 그 나라의 왕이라는 사실을 분명히 하셨지만 그의 나라는 이 세상에 속한 나라가 아님을 명시하셨습니다. 이는 그가 세상나라는 세상나라대로 인정하시되 그의 나라는 세상나라보다 더 높은 수준의 나라, 영원한 나라요, 그는 영원한 왕이심을 선포하신 것입니다. 그는 진리로 세우고 진리로 다스리는 나라의 왕으로 오신 것입니다.

역사적으로 전 세계가 한 나라로 통일된 적이 없습니다. 하나님이 '나라들'을 인정하셨기 때문입니다. 그리스나 로마가 한동안 전 유럽의 패권을 잡았다 해도 전 세계의 통일은 아니었습니다.

빌라도 앞에 끌려 간 예수가 손 한 번 쓰지 않고 시종을 함구로 일관하자, 그에 대한 심한 배신감이 증오로 증폭되어 백성들은 이구동성으로 '저를 십자가에 못 박으소서' 한 것입니다(요19:15).

예수께서는 십자가에서 죽으시면서 '다 이루었다' 하셨습니다. 그는 무엇을 다 이루셨습니까?

첫째, 그는 그리스도로서 아버지 권세 앞에서 죽음으로 승복하여 아버지로 하여금 만왕의 왕이라고 고백하셨습니다(요10:17~18).

둘째, 세상임금 마귀를 정죄하시고 그 권세인 사망을 무력화 시키셨습니다(요10:9, 12:31, 히2:14, 요일3:8). 마귀는 전쟁에서 승리하여 나라와 백성을 얻은 것이 아니라 속임수로 영혼을 갈취한 도둑입니다.

셋째, 예수께서는 모든 족속과 백성과 나라 가운데서 영혼들을 자기 피로 사서 아버지께 드리시고 나라로 삼으셨습니다(계5:9). 그는 이 모든 일을 마치고 죽으셨습니다. 아버지는 그를 죽은 지 사흘 만에 다시 살리시고 생명의 주가 되게 하셨습니다.

주(主)와 왕(王)과 머리는 똑같습니다. 그는 하늘 보좌에 앉으셔서 세세토록 생명의 면류관을 쓰시고 생명으로 다스리는 생명의 왕이 되셨습니다(행3:15). 또한 의로 다스리시는 의의 왕, 평강으로 다스리시는 평강의 왕, 사랑으로 다스리시는 사랑의 왕이 되셨습니다(히7:2, 딤후4:8, 골1:13). 할렐루야!

그가 영계 하늘에 들어가시므로 뜻이 하늘에서 이룬 것 같이 땅에서도 이루어지도록 성령을 보내주셨습니다. 성령이 오시자 예수 이름이 전파되기 시작했습니다. 그래서 그 이름을 영접하는 자는 '주는 그리스도이시요, 만세의 왕이시요, 만왕의 왕'이라고 고백하는 것입니다.

성령이 강림하시자 예수 이름을 머리로 하는 무리, 교회가 탄생했습니다. 곧 예수 이름이 그리스도로 다스리는 나라가 이 땅에 임한 것입니다.

> "또 저희에게 이르시되 내가 진실로 너희에게 이르노니 여기 섰는 사람 중에 죽기 전에 하나님의 나라가 권능으로 임하는 것을 볼 자들도 있느니라 하시니라"(막9:1)

‘여기 섰는 사람’이란 열두 제자를 말합니다. 여기서 ‘하나님의 나라가 권능으로 임하는 것’을 성령 강림으로 보는 것은 가룟 유다는 성령이 강림하시기 전에 자살해버림으로 하나님 나라가 임하는 것을 보지 못했지만 나머지 제자들은 모두 보았기 때문입니다.

예수께서 교회의 머리로, 교회의 왕으로 오심으로 교회는 예수 이름이 통치하시는 나라입니다. 교회는 예수 그리스도의 왕국입니다. 여호와의 증인들은 천사들의 옹위를 받고 천사들로 말미암아 영광을 받으시는 만군의 여호와 이름으로 다스리는 나라가 왕국 회관(Kingdom hall)이라고 합니다. 그러나 천사들이 아니라 ‘만왕’의 옹위를 받으시는 왕이 다스리는 나라가 교회 안에 있는 것입니다. 교회는 예수가 그리스도로 다스리는 나라입니다.

예수를 연상할 때 ‘그는 금발일까? 아니, 중동 사람이니까 검은 머리겠지?’하면 안 됩니다. 흑인들은 검은 피부의 예수를, 한국 사람은 삿갓 쓴 예수를 상상해 보려 애쓰지만 예수는 모든 종족의 하나님이십니다. 우리는 그 모습을 상상할 필요가 없습니다. 우리는 하나님을 뵌 적도 없고 그의 음성을 직접 들은 적도 없지만 예수 그리스도께서 사단 왕국을 쳐부수고 세세토록 다스리시는 왕이라고 알면 됩니다.

교회가 탄생하자 무서운 핍박이 왔습니다. 모이기만 하면 잡아다가 가두고 불에 태워 죽이고 칼로 죽였습니다. 그럼에도 불구하고 무서운 속도로 복음이 확산되었습니다. 세상 나라는 무력과 폭정으로 다스리지만 교회는 하나님의 이름과 생명의 법으로 다스리며 평강과 의와 사랑으로 다스리기 때문입니다. 우리는 이런 임금이 우리를 다스려주기를 사모하기 때문에 교회로 모이는 것입니다. 그분의 통치를 원하지 않는 사람은 다시 마귀의 종이 되는 수밖에 없습니다.

교회는 허술하고 무식하고 가난해도 예수 이름이 임금이 되시는 것을 기뻐하는 무리입니다. 그래서 주기도문에 '하늘에 계신 우리 아버지여 이름이 거룩히 여김을 받으시오며 나라이 임하옵시며' 한 것입니다. 세상의 모든 학문은 이상 국가를 세우려고 노력하지만 어떤 나라든지 완벽하게 통치하는 나라는 없습니다.

요즘 한국 사람들은 국정에 대해 불평이 들끓습니다. 대통령은 대통령대로 못 해먹겠다, 국민은 국민대로 못살겠다고 아우성입니다. 미국은 미국대로 불만이 많습니다. 이상적인 나라는 지구상 어느 곳에도 없습니다. 세상임금 마귀는 심판받았지만 아직도 종의 근성이 남아 있는 자들이 자청해서 죽자고 종노릇하고 있습니다.

넓고 넓은 우주 안에서 예수께서 다스리시는 나라는 교회밖에 없습니다. 하나님은 나라도 인정하시고 백성도 인정하시고 종족도 인정하셨습니다. 세상나라에 속해서 그 육체와 생업과 생활이 다스림 받는다 할지라도 주일에는 만사를 제쳐놓고 교회에 나오는 까닭이 무엇입니까? 나 영혼의 소속은 하늘이요, 나 영혼의 왕은 예수 그리스도요, 나 영혼은 오직 그의 말씀으로만 다스림 받기 원해서입니다.

예수는 평강의 왕이시기 때문에 교회에 나오면 평안함을 느낍니다. 그분이 생명의 왕이시기 때문에 교회에 나오면 영혼이 살아나고 병들었던 몸도 살아납니다. 그분 자신이 법대로 죽으시고 부활하신 의의 왕이기 때문에 그가 무슨 말씀을 하셔도 불만이 없어야 합니다. 우리가 교회에 나오는 것은 그의 통치를 원하기 때문입니다. 이 중, 강제로 그의 백성이 된 사람이 있습니까? 아직까지 교회에 억지로 다니는 사람이 있습니까? 아직도 구역장이나 전도자가 잔소리해서 마지못해 교회에 나온다면 예수가 만왕의 왕이라는 사실을 모르는 것입니다. 만왕의 왕의 권세가 얼마나 크고 그의 영광이 얼마나 크고 그가 무엇으로 다스리는지 모르기 때문입니다. 그는 생명과 평강으로 다스리기 때문에 그 이상의 임금은 과거에도 현재에도 장래에도 없을 것입니다. 그가 의로 다스리시는데 대해서 나는 도무지 불만이 없습니다.

사도 바울은 "내가 모든 사람에게 자유하였으나 스스로 모든 사람에게 종이 된 것은 더 많은 사람을 얻고자 함이라"고 말했습니다(고전 9:19). 누가 예수를 강제로 믿으라고 했습니까? 예수 안 믿으면 잡아갑니까? 우리는 스스로 매임을 받은 자입니다. 예수께서 자기 백성을 사랑하시어 자기 몸을 죽는데 내어주시고 자기 피를 흘려주셨기 때문에 우리는 스스로 그의 포로가 된 것입니다. 예수 그리스도가 아버지의 계명에 스스로 매임을 받아서 죽으신 것처럼 우리도 스스로 매임 받은 것입니다. 만왕의 왕이 되신 그에게 우리의 영혼을 맡긴 것입니다. 그의 나라도 그의 보좌도 그의 권세도 영영하기 때문에 불만이 없는 것입니다.

교회는 예수 이름이 왕이시고 성령이 다스리시는 나라입니다. 그러면 성령이 직접 다스립니까? 어떤 사람은 성령이 일러주시기를 빨간 구두를 신으라고 해서 빨간 구두를 신었고, 다른 교회에 가라고 해서 교회를 떠난다고 말합니다. 교회는 성령이 직접 다스리는 것이 아닙니다.

사도행전 20장 28절에 "너희는 자기를 위하여 또는 온 양떼를 위하여 삼가라 성령이 저들 가운데 너희로 감독자를 삼고 하나님이 자기 피로 사신 교회를 치게 하셨느니라" 했습니다. 여기서 감독자란 목회자를 말합니다. 성령은 왕이십니다. 프로야구팀에 구단주가 감독을 선임하여 팀을 훈련시키는 것같이, 또 황제가 총독을 보내서 식민지를 통치하게 하는 것같이, 하나님은 교회에 감독자를 세우셨습니다. 감독자는 흉악한 이리가 침투해 양을 해치지 못하도록 막는 자입니다.

우리는 앞으로 부활하여 왕이 될 자들입니다. 그런데 왕을 배출하는 곳이 바로 교회입니다. 아버지의 뜻이 하늘에서 이룬 것 같이 땅에서도 이루어져야 하기 때문에 교회를 감독하시고 다스려 왕 될 자를 길러내는 것입니다. 아버지의 뜻이 독생자에게서 이루어진 것처럼 이 땅에서 거듭난 하나님의 자녀들 속에서도 이루어져야 하는 것입니다. 그러므로 감독자에게 순종하고 복종해야 합니다.

하늘나라에는 왕 중 왕이 앉으신 보좌가 있고 그 앞으로 면류관을 쓴 왕들이 들어갑니다(계21:24). 하늘나라는 왕들이 만왕의 왕 예수의 통치를 세세토록 받는 곳입니다. 그러므로 이 땅에 있는 동안 면류관 쓰는 자 되도록 목회자에게 순종하고 훈련받아야 합니다. 그런데 어떤 교인들은 목회자 꼭대기 위에 앉아 이래라 저래라 하며 지시하기를 원합니다. 또 누구 맘대로 직분을 주고 직분을 취소하느냐며 목회자에게 따집니다. 그래서 교회가 사분오열합니다.

교회는 성령께서 사람을 감독자로 세우시고 치시는 곳입니다. 사도 바울은 "이제 내가 사람들에게 좋게 하랴 하나님께 좋게 하랴 사람들에게 기쁨을 구하랴 내가 지금까지 사람의 기쁨을 구하는 것이었다면 그리스도의 종이 아니니라"고 말했습니다(갈1:10). 그가 그리스도의 종인 것은 사람의 눈치를 보지 않고 주님의 눈치만 보기 때문입니다. 그는 직분을 맡기신 만왕의 왕의 눈치만 보고 그를 기쁘게 하기 위해서 그의 뜻대로 행한다고 말했습니다.

'나라이 임하소서'라는 말은 '예수 이름의 권세 앞에 납작 엎드렸으니 인정사정 보지 마시고 압도적으로 밀고 들어오시옵소서'라는 뜻입니다. 옛날 미국의 인디언들은 천막생활을 하면서 울긋불긋한 헝겊, 짐승 가죽 등을 걸어놓고 살았습니다. 신대륙 개척자들이 그 땅을 점령할 때 그들의 천막, 넝마들을 말발굽으로 짓뭉개버렸습니다. 이처럼 '주여, 내 뜻, 내 고집, 내 사정 다 짓뭉개버리시고 나를 압도적으로 통치하여 주옵소서' 하는 것이 주기도문의 큰 제목입니다. 진정 예수께서 만왕의 왕이라고 인정한다면 우리도 왕이 되어야 합니다. 그래야 만왕의 왕이신 그를 볼 수 있습니다.

무교회주의자들에게는 목사가 없습니다. 서로 '형제님, 자매님' 하고 부르니까 아주 겸손하고 자유스러운 것 같지만 그것은 교회가 아닙니다. 교회는 세우신 감독자에 의해 감독과 간섭을 받아야 하는 곳입니다. 차라리 '주여, 나는 아직 고집이 있고 내 주장이 세니 그냥 박살내주시옵소서' 해야 합니다.

제가 알고 있는 어느 일본 목사님은 자기가 개척한 교회에서 50년 동안 목회를 하셨습니다. 그는 실제로 성도들을 몽둥이로 다스렸다고 합니다. 제가 그 교회에 방문했을 때, 어떤 머리가 허연 대학교수는 '저는 우리 목사님에게 매를 맞았어요, 나뿐이 아니에요' 했습니다. 그런데 전혀 시험 든 얼굴이 아닌 것을 보고 나는 큰 충격을 받았습니다. 내가 몽둥이로 다스린다면 우리 교회에 남아 있을 사람이 몇이나 있을까? 매를 맞고도 '목사님, 지당합니다. 저는 맞을 짓을 했으니 더 때려주세요' 할 자가 있겠습니까?

저는 강단에서는 큰소리를 치지만 개인적으로 사랑의 매를 들어본 적이 없습니다. 저는 아직도 교인들이 시험 들까봐 눈치를 보고 있습니다. '말을 듣지 않아도 야단치지 않는 것이 진정으로 영혼을 사랑하는 것인가?' 생각합니다. 만일 이렇게 다스림을 받는다면 사랑으로 서로 하나 되어 교회 안에 완벽한 평화가 있을 것입니다. 교회 안에서 불평과 원망이 없을 것입니다. 세상과 전혀 다른 별개의 왕국이 될 것입니다.

교회 안에 목사, 전도사, 교구장, 구역장, 집사, 교사 등이 있습니다. 예수 그리스도 왕국을 위해 세운 직분입니다. 그들이 잘나서가 아니라 예수 이름 때문에 순종해야 합니다. 예수가 그리스도로 통치하는 나라가 견고하게 세워져야 하기 때문에 복종해야 합니다. 내가 교만해서 그 나라가 압도적으로 통치하지 못한다면 이제라도 만왕의 왕 예수 이름 앞에 무릎 꿇으시기를 예수 이름으로 축원합니다.

교회는 예수 그리스도의 왕국

성경본문 (엡1:19~23)

하나님은 만왕의 왕이시다(딤전6:15, 계17:14).
그에게서 주권과 권세가 나오고(대상29:11)
그는 영영한 나라를 세세토록 다스리시는 분이다(시145:13).

신앙은 그를 인정하고 환영함이요,
신앙생활은 그의 교회에서 그의 왕국이 이루어지도록 통치 받는 생활이다.

왕, 주, 머리는 같은 기능을 가지고 있으니 일방적인 다스림이라.
왕의 지배를 받지 않는 백성은 머리의 지배를 받지 않는 지체와 같이 절단난다.
나라마다 자유, 민주, 정의, 평등, 평화, 번영 등 국시(國是)가 있으나
왕국은 통치권, 소유권, 왕위 세습권 등 주권이 전적으로 왕에게 있는바
어떤 왕을 만나느냐에 따라 나라와 백성의 운명이 결정된다.

하나님은 하늘에서 하나님의 보좌에 도전한 사단을(사14:12~15, 계12:9)
큰 날의 심판 때까지 음부에 가둬 거대한 사단왕국을 이루게 하셨으니(벧후2:4, 유6)
하늘에서 함께 타락한 삼분의 일의 천사들과 인류 조상 아담을 꾀어
모든 인류를 볼모로 잡음으로다(계12:4).

그러나 하나님이 만왕의 왕이심을 나타내시려는 하나님의 경륜이
아브라함에게서 열국과 열왕이 나올 것과
그 씨가 대적의 권세를 얻을 것을 예언하심으로 진수(進水)되었다.

그리고 그 후 종살이하던 이스라엘을 '내 백성'이라 하심으로(출3:10)
여호와가 왕이 되시는 그 백성을 강대국 애굽에서 탈출하게 하셨으며
그 후로 많은 나라들을 쳐부수고 가나안을 정복하게 하셨다.

하나님이 왕이 되심을 싫어한 이스라엘은 왕정을 시작하고(삼상8:5)
사울부터 마지막 시드기야까지
역대 왕 중 온전한 왕은 한 사람도 없었고, 결국 남북왕국은 붕괴하고 말았다.

예수께서 나타나사 '성전을 헐라!' 하심은(요2:19)
천사들의 옹위를 받는 만군의 여호와 이름이
통치하는 나라가 아닌(출25:18~20, 시84:1)
왕들의 옹위를 받는 만왕의 왕 예수 이름이
통치하는 나라를 세우심이다(계22:3~5).

그의 나라는 세상에 세울 나라가 아니신지라(요18:33~36)
그는 왕 될 것을 거절하고 죽으시며 '다 이루었다' 하셨으니(요6:15, 19:30)
① 아버지의 권세 앞에 복종함으로 아버지로 만왕의 왕 되심을 시인하심(요10:18).
② 세상임금을 심판하심(요12:31, 요일3:8).
③ 자기 피로 사람들을 사서 나라와 백성을 삼으심이다(계5:9~10).

아버지는 그를 살리사 하늘 보좌에 앉히셨으니
생명, 평강, 의, 사랑으로 다스리는
만왕의 왕이시다(행3:15, 히7:2, 딤후4:8, 골1:13).

오순절 날 성령이 강림하심으로
하나님의 나라가 이 땅에 임했으니(막9:1, 행2:1~4)
예수 이름을 머리로 하고 모인 그의 몸 된 교회에서라(엡1:22).

그리스도인은
성령이 감독자로 세운 목회자의 채찍도 달게 받으며(행20:28)
교회 안에 이 땅의 것과는 별개의 왕국을 세우려고 노력하니
언젠가 만왕의 왕 예수가 통치하는 하늘나라에
왕으로 들어가려 함이다(계21:24).

오, 주여!
어떤 목사님은 얼마나 영혼을 사랑하면 매로 다스리는지...
성령이시여,
우리 예수복음교회를 압도적으로 통치하여 주옵소서.
예수 이름이 그리스도로 다스리는 나라!
생명과 평안과 의와 사랑으로 다스리는 나라가
우리 교회 안에서 이루어지이다. 아멘.

7

교회는 살아 계신 하나님의 집

"내가 속히 네게 가기를 바라나 이것을 네게 쓰는 것은 만일 내가 지체하면 너로 하나님의 집에서 어떻게 행하여야 할 것을 알게 하려 함이니 이 집은 살아 계신 하나님의 교회요 진리의 기둥과 터이니라 크도다 경건의 비밀이여, 그렇지 않다 하는 이 없도다 그는 육신으로 나타난바 되시고 영으로 의롭다 하심을 입으시고 천사들에게 보이시고 만국에서 전파되시고 세상에서 믿은 바 되시고 영광 가운데서 올리우셨음이니라"(딤전3:14~16)

하나님은 살아 계신 분입니다(히10:31). 그는 전에도 살아 계셨고 지금도 살아 계시고 영원히 살아 계시는 분입니다(계4:8). 또한 그는 자기 존재를 자기 방식대로 나타내주시는 분입니다(요14:8~9).

신앙은 하나님의 살아계심과 나타나시는 방법을 그대로 환영하고 수납하는 것이며, 신앙생활은 살아 계신 하나님의 집인 교회에서 하나님의 현재성을 드러내며 사는 생활입니다.

종교는 어떤 초월적인 존재가 있다고 전제하고 신은 이러할 것이고 이런 곳에 있을 것이라고 추측하여 사람이 고안한 방법대로 신당을 짓고 우상을 만들어서 경배합니다. 종교가 생긴 연유는 인간이 영물이기 때문입니다. 옛날에는 고양이도 영물이라고 생각해서 고양이를 죽이면 그 원수를 갚는다고 생각했습니다. 그러나 고양이는 영물이 아닙니다. 하나님이 사람에게만 생기를 불어넣어 생령 되게 하셨기 때문에 영적 존재는 사람밖에 없습니다.

사람은 기본적으로 신적 존재를 느끼는 영적 감각이 있기 때문에 신을 느끼지 못하면 공허합니다. 그 공허함을 스스로 해결하려고 으슥한 바위에 뻘건 띠를 두르고 고사떡을 갖다 놓고 절하고 목상이나 금상을 만들어 놓고 절합니다. 이런 행위에 하나님은 감동받지 않으십니다. 인간이 하나님의 계시 방식을 배제하고 인간 스스로 우상을 만들고 거기에 절하는 것을 절대로 인정하시지 않습니다.

집은 사람이 살고 있을 때 집이라고 합니다. 죽은 사람이 있다는 집을 '유령의 집' 또는 '사당(祠堂)'이라고 합니다. 과거 임금이 살던 궁궐을 '고궁'이라고 합니다. 유럽에 가보니 과거에 휘황찬란한 왕궁들은 지금 모두 박물관으로 변했습니다.

집은 살기에 편해야 합니다. 사람이 집을 위해서 있는 것이 아니라 집이 사람을 위해서 있는 것입니다. 아무리 허름한 집이라도 자기 집이 좋습니다. 자기 집이 가장 좋다고 느껴질 때는 먼 여행에서 돌아온 때입니다. 집이 좁고 초라해도 자기 집에 들어가기만 하면 편안합니다.

제가 조에(Zoe) 때 한국에 가면 집사님들이 좋은 집에 좋은 이불을 준비하고 저를 주님 모시듯이 섬깁니다. '여기가 좋으시지요? 여기 계속 사세요' 하지만 저는 그리 편하지 않습니다. 또 조에 행사시에 김대중 대통령, 조용기 목사가 묵었다는 특실에 묵은 적도 있습니다. 아무리 특실이라도 저는 침대를 싫어해서 이불을 모두 바닥에 내려놓고 잡니다. 저 같은 사람에게는 좋은 침대도 특급 호텔도 소용이 없습니다. 하루만 지나면 어서 내 집으로 돌아가고 싶은 마음뿐입니다. 집에 돌아가면 편안한 처소가 있고 익숙한 침구가 있습니다. 발 쭉 뻗고 자면서 이를 갈든 코를 곯든 내 맘대로 합니다. 누가 뭐랩니까? 눈치 볼 일이 하나도 없기 때문에 자기 집이 편한 것입니다.

집은 살고 있는 주인에 따라 그 호칭이 다릅니다. 임금이 살면 궁궐, 대통령이 살면 대통령관저, 재벌이 살면 저택, 도둑놈이 살면 소굴, 죄수가 살면 형무소라고 합니다. 그 집에 누가 사는지에 따라 집의 품격이 결정됩니다.

임금은 임금이 사는 집에서 최고 대우를 받습니다. 그 집은 모든 가구, 장식이 다 임금의 위상에 걸맞게 비치됩니다. 어느 나라든 임금의 궁궐 이상 화려하게 지은 집이 없습니다.

세상 임금도 이처럼 자기 궁에서 최고의 대우를 받거늘, 만일 교회가 살아계신 하나님의 집이라면 하나님이 최고 대우를 받아야 하지 않겠습니까?

예배는 하나님의 현재성, 살아 계신 하나님 앞에 나타남이기 때문에 최고의 예우를 갖추고 공경해야 하는 것입니다. 교회에 와서 땀을 뻘뻘 흘리면서 찬양하고 눈물을 흘리면서 기도하는 이유는 하나님이 바로 이 현장에 계시기 때문입니다. 만일 주님이 안 계시다면 찬양도 경배도 기도도 모두 미친 짓입니다. 다만 종교행위일 뿐입니다.

예배당에 들어오는 순간 주님의 임재 안으로 들어오는 것입니다. 눈에 보이지 않고 영감이 없어서 느끼지 못한다 할지라도 주님이 여기에 계시다고 믿기 때문에 온 것입니다. '주님, 내 눈을 열어 주옵소서. 내 귀를 열어 주옵소서. 나 영의 감각이 살아나게 하옵소서. 나 영혼은 기필코 주님을 만나기 전에는 돌아가지 않겠습니다'라는 결단과 소망으로 예배에 임해야 합니다.

인류의 조상 아담은 에덴동산에서 만물을 다스리며 누렸습니다. 생령 된 아담은 '동산 각종 나무의 실과는 다 먹어도 좋으나 선악을 알게 하는 나무의 실과는 먹지 말라'는 하나님의 음성만 들었습니다(창 2:16~17).

그런데 마귀가 뱀을 타고 들어와 하와를 유혹했습니다. 마귀의 소리가 하나님의 음성보다 더 크게 들리자 하와는 선악과를 따먹고 남편도 먹게 하였습니다. 그래서 그들은 동산에서 내쫓기고 말았습니다(창 3:4~6, 24).

그 후 인류는 하나님의 존재를 느낄 수 없었기 때문에 제멋대로 살았습니다. 공허한 심령에 우상을 만들어 섬기게 되었습니다.

아브람이 하나님의 말씀대로 본토를 떠나 마므레 수풀에 장막을 치고 있을 때, 사람 셋이 나타났습니다(창18:1~2). 한 분은 여호와이고 나머지 둘은 천사였습니다. 아브람은 달려 나가 맞이했습니다. '주께서 내게 은혜를 베푸셔서 오셨으면 그냥 지나가지 마옵소서'라고 말하고 송아지를 잡아서 진수성찬을 차렸습니다. 그러자 여호와가 '기한이 이를 때에 내가 정녕 네게로 돌아오리니 네 아내 사라에게 아들이 있으리라'고 말씀했습니다. 사라는 장막 문에서 그것을 들었습니다(창18:10). 그때 아브라함의 나이 99세였고 사라의 나이는 89세였습니다. 경수가 끊어진 지 수십 년이 지난 사라는 '나도 내 남편도 늙었는데 어찌 이런 일이 있겠는가?'라며 웃었습니다. 그때 여호와는 '여호와께 능치 못한 일이 있겠느냐? 기한이 이를 때에 내가 네게로 돌아오리니 사라에게 아들이 있으리라'고 거듭 말씀하셨습니다(창18:13~14). 이제 사라가 아들이 있으면 이는 하나님이 그들 가정으로 돌아왔다는 표증이 되는 것입니다.

그들이 바랄 수 없는 중에 바라고 믿은 결과 이듬해에 아들을 낳았습니다. 이를 보자 그들은 진짜 웃었습니다. 그들은 아들을 보고 웃은 것이 아니라 그들 혈통 속에 임하신 하나님의 임재를 보고 기뻐한 것이었습니다(창21:5~6).

그 후손들이 어쩌다가 애굽에 들어가서 종이 된 지 어언 430년 만에 하나님이 모세에게 나타나셨습니다. 호렙산 위에서 불붙은 떨기나무 광경을 정신없이 보고 있는 모세를 부르셨습니다. '나는 네 조상의 하나님, 아브라함의 하나님, 이삭의 하나님, 야곱의 하나님이니라'하셨습니다(출3:1~6). 아브라함도 죽었고 이삭도 죽었고 야곱도 죽었지만 지금도 살아 있는 하나님이 '내 백성 이스라엘 자손을 애굽에서 인도해 내라'고 말씀하셨습니다.

모세는 '내 나이도 늙었고 내가 누구관대 바로에게 가며 이스라엘 자손을 애굽에서 이끌어내겠습니까?' 하며 망설였습니다(출3:11). 그러자 하나님은 '이제 가라 내가 네 입과 함께 있어서 할 말을 가르치리라 하리라... 너는 네 형 아론에게 말하라... 그리하면 너는 그에게 하나님 같이 되리라' 하셨습니다(출4:12~16).

수백 년 동안 하나님을 망각하고 살았던 이스라엘 민족에게 백발의 노인이 지팡이를 들고 나타났습니다. 그가 10가지 재앙으로 이적과 기사를 행하자 애굽왕 바로는 이스라엘 백성을 놓아주었고 백성들은 모세를 따라 애굽에서 나오게 되었습니다.

그들이 광야에 있을 때, 모세가 시내산 위에 올라가 40일간 하나님의 계시를 받는 동안, 산 아래 백성들은 우상을 만들고 단을 쌓으며 범죄했습니다(출32:1~6). 모세가 잠시 자리를 비우는 사이에 백성들은 '우리를 인도하는 사람이 어딜 갔느냐? 우리를 인도하는 신을 만들자' 하며 금패물들을 빼서 송아지를 만들었던 것입니다. 우상이라도 만들어서 위로를 받으려는 인간의 본성이 발동한 것입니다.

하나님이 모세를 통해 주신 계명은 이를 죄악시했습니다.

> "너를 위하여 새긴 우상을 만들지 말고 또 위로 하늘에 있는 것이나 아래로 땅에 있는 것이나 땅 아래 물 속에 있는 것의 아무 형상이든지 만들지 말며 그것들에게 절하지 말며 그것들을 섬기지 말라 나 여호와 너의 하나님은 질투하는 하나님인즉 나를 미워하는 자의 죄를 갚되 아비로부터 아들에

게로 삼사 대까지 이르게 하거니와"(출20:4~5)

옛날에 한국에서는 여인의 질투를 칠거지악(七去之惡)의 하나로 여겼는데, '아니. 하나님이 질투하시다니?'라고 생각할 것입니다. 하나님은 자기의 살아계심을 자기 방식대로 나타내주시는 분인데, 이를 초월하여 인간이 신을 우상화하는 것을 하나님은 견디지 못하시는 것입니다.

오관으로 신의 존재를 감각하기 원하는 사람들에게 하나님은 성소를 짓게 하셨습니다. 모세를 신같이 여기며 따르던 이스라엘 백성에게 성소로 모세를 대신하게 하고 하나님의 임재를 그 후손들에게도 느끼게 하신 장치입니다.

하나님께 받은 식양과 재료로 짓고 나니 회막이 구름으로 덮이고 여호와의 영광이 충만했습니다(출40:34). 그들은 그들이 지은 성소에서 하나님의 임재를 느끼고 하나님을 더욱 경외하게 되었습니다.

그 후 그들이 요단강을 건너서 가나안 땅에 들어가자 하나님은 솔로몬에게 예루살렘성전을 짓게 하셨습니다. 그때는 광야에서보다 더 좋은 재료로 더 크고 웅장하게 지었습니다. 다 지은 성전에 구름이 가득한지라 제사장이 그 영광으로 인하여 능히 서서 섬기지 못했습니다(왕상8:10~11). 제사장이 쓰러져 버릴 정도로 하나님의 임재에 압도당한 것입니다. 이리하여 이스라엘사람들은 성전을 경외하는 사상을 갖게 되었습니다.

그 후 계속해서 제사를 드렸지만 구름이 매번 피어오르거나 영광이 나타났다는 말이 없습니다. 그러다 보니 제사가 점점 형식으로 전락해 버렸습니다. 그것이 말라기 선지자 시대에 와서 극에 달했습니다. '뭐 하나님이 제물에 관심이 있으시랴? 어차피 형식인걸…' 하며 저는 것과 병든 제물을 드렸습니다(말1:6~10). 성전은 사람이 만들어 놓은 공간이요, 없는 것보다는 있는 것이 나은 정도의 우상으로 전락해버렸습니다.

이 성전 앞에 예수께서 나타나셨습니다. '너희가 이 성전을 헐라 내가 사흘 만에 일으키리라' 하셨습니다. 이는 '너희는 이 성전을 하나님의 전이라고 말하면서도 너희 마음은 하나님과 멀도다. 너희가 이 성전을 헐면 내가 성전 곧 살아계신 하나님의 본체를 보여주리라'는 뜻으로 말씀하신 것입니다.

예수는 태초부터 계시는 하나님이십니다(요1:1). 그는 영원부터 영원까지 계신 말씀이 육신으로 오신 분입니다(요1:14). 아버지 품속에 계시던 하나님의 본체가 육신으로 나타나신 것입니다(요1:18, 빌2:6). 예수는 하나님이 살아 계심을 완벽하게 보여주는 방식입니다. 예수 이전에 아브라함 집에 나타난 여호와는 하나님의 일을 대행한 천사의 현현입니다(창18:2, 16~17, 19:1). 예수는 하나님의 본체의 현현입니다.

제자 빌립이 '아버지를 우리에게 보여 주옵소서 그리하면 족하겠나이다' 하자 예수께서는 '내가 이렇게 오래 너희와 함께 있으되 네가 나를 알지 못하느냐 나를 본 자는 아버지를 보았거늘 어찌하여 아버지를 보이라 하느냐' 하셨습니다(요14:8~9). '보았다고 간주하자'는 말이 아니라 예수는 눈에 보이는 하나님의 실존입니다. 그래서 삼위일체 중 성자를 존재위, 본체위라고 합니다. 예수는 하나님을 존재로 알 수 있는 유일한 방법입니다.

3년간 예수를 따라다니던 제자들은 그리 행복할 수가 없었습니다. 영문도 모르고 얼떨결에 따라나서 가출까지 한 그들 중, 도중 돌아간 사람이 하나도 없는 것을 봐서도 알 수 있습니다. 예수님이 가시는 곳마다 각색 병든 자가 낫고 귀신이 쫓겨나고 죽은 자가 살아나고 오병이어 등 수많은 이적이 일어나니 얼마나 신났겠습니까? 그의 말씀은 일개 목수의 말이라고 생각할 수 없을 정도로 지혜와 권위가 있었습니다. 성품도 얼마나 온유하시고 얼마나 사랑이 많으신지 정도 듣고 재미도 있어서 집안 식구들의 구박도 개의치 않았습니다.

그런데 예수께서는 '나를 보내신 이에게로 간다'는 것입니다(요16:5). 이에 제자들은 마음에 근심이 생겼습니다. 예수께서는 '내가 너희에게 실상을 말하노니 내가 떠나가는 것이 너희에게 유익이라 내가 떠나가지 아니하면 보혜사가 너희에게로 오시지 아니할 것이요 가면 내가 그를 너희에게로 보내리니' 하셨습니다(요16:7). '내가 간 후 보혜사 성령이 오시면 너희의 근심이 도리어 기쁨이 되리라'고 하시는 것입니다(요16:20).

예수의 예언대로 제자 중 하나가 그를 정권자들에게 팔아 넘겼고 그는 결국 죽는 자리에 넘겨지게 되었습니다.

예수는 죽으시면서 '다 이루었다' 하셨습니다. 그는 무엇을 다 이루셨습니까?

첫째, 그는 계명대로 죽음을 택하사 아버지가 살아계심을 증거하신 것입니다. 그는 죽음으로 아버지의 살아 계심을 증거하셨습니다. 만일 그를 죽은 자 가운데서 살리실 아버지가 살아계시지 않았다면, 죽은 자도 살리는 능력을 가지고 그 젊은 나이에 그리 무참하게 죽지 않으셨을 것입니다. 그는 창세전 아버지께 받은 계명대로 목숨을 버리시되 스스로 버리셨으니 자기를 다시 살리실 아버지가 살아 계신 것을 알기 때문입니다(요10:17~18).

둘째, 하나님의 존재를 망각하게 하여 아담으로 범죄케 한 마귀를 심판하셨습니다(요일3:8). 마귀는 '아담'에게 '선악과를 먹으면 죽으리라'고 하신 하나님의 말씀을 망각하게 했으나, 예수는 '마지막 아담'으로 죽으시므로 하나님의 말씀이 살아있음으로 입증하셨습니다(고전15:45, 히4:12).

셋째, 그의 찢어진 몸으로 베일을 벗기시고 그 피로 인간들의 눈을 씻어 살아 계신 하나님을 보게 하신 것입니다(요9:7). 예수께서 죽으실 때 몸이 찢어지는 순간 예루살렘성전의 휘장이 찢어졌습니다. 그 휘장은 예수의 육체이기도 하고 죄의 담이기도 합니다(히10:20). 하나님이 육체로 오셨건만 세상은 죄로 인하여 눈이 가려져 있어 그를 알아보지 못했습니다(요1:10). 그는 그의 흘린 피로 영혼들의 눈을 씻어 열어주셔서 하나님의 실존을 보게 하신 것입니다.

아버지는 그를 죽은 지 사흘 만에 살리시고 하늘로 올리셨습니다. 예수 그리스도는 한번 육체로 나시고 죽었다가 부활하심으로 이제 다시 죽을 수 없는 영원히 살아 계신 주로서 보좌에 앉아계십니다.

성령이 오시자 예수 이름이 전파되기 시작했습니다. 성령은 예수 그리스도는 살아 계시고 앞으로 다시 오실 것을 증거하십니다. 그는 죄와 상관없이 자기를 바라는 자들에게 두 번째 나타나실 것입니다(히9:28).

그분은 반드시 살아계셔야 합니다! 만일 그가 살아 계시지 않는다면 우리의 믿음은 헛것입니다. 절망입니다. 주님이 살아 계셔야 우리에게 살 용기와 살 소망이 있습니다. 예수는 그가 살아 계심을 믿는 자들에게 그의 실존을 보여주시려 두 번째 나타나실 것입니다. 할렐루야!

교회는 예수 이름으로 모인 모임이며 살아 계신 하나님의 집입니다(딤전3:15). 예수 그리스도의 살아 계심을 나타내는 공간이요, 실체가 교회인 것입니다. 성령은 살아 계신 예수를 교회에 나타내려고 오신 영이십니다. 살아 계신 하나님을 느끼며 함께 숨 쉬고 기뻐하고 울고 뛰는 현장입니다.

성령이 오신 다음부터 오늘까지 교회는 계속 존재하고 있습니다. 주님이 가신 다음에 예루살렘교회에 '예수 이름으로 말하지도 말고 전하지도 말고 모이지도 말라'고 위협과 핍박이 있었지만 교회가 없어 진 적은 한 번도 없습니다.

너무 심한 박해로 교회가 말살위기를 당했지만 지하 동굴 카타콤에 들어가기도 하고 바위산에 숨어 들어가기도 하며 생존했습니다. 터키에 가면 사막 가운데에 바위산이 있습니다. 멀리서 보면 바위에 구멍이 숭숭 뚫려 있는 것처럼 보이는데 가까이 찍은 사진을 보면 그것들이 창문들입니다. 당시 기독교인들이 박해를 피해 아무도 오지 않는 광야의 바위산을 뚫어 살 공간을 만든 것입니다. 지하 6층 정도 깊이의 땅굴을 팠는데 그 안에 예배를 드릴 수 있는 넓은 공간이 있고 침례탕도 있었습니다.

저는 그 사진을 보고 눈물을 흘렸습니다. 마실 물도 귀한 사막에서 침례를 준 것입니다. 이들은 환경을 초월하여 교회를 이루고 예배를 드리며 살아 계신 하나님의 존재를 증거한 사람들입니다.

지금도 교회가 존재하는 것은 예수 그리스도가 살아 계시다는 증거입니다(행2:32~33). 교회는 박해가 오고 핍박이 있을수록 생명력이 더욱 왕성합니다. 비 온 땅에 새싹이 나듯, 핍박을 받을수록 교회는 더욱 생존력이 왕성해집니다. 주님이 살아 계시기 때문입니다.

교회는 살아 계신 예수 그리스도의 형상입니다. 교회는 사람들의 모임이지만 예수 그리스도가 그 가운데에 계십니다(마18:20). 그래서 교회를 보면 예수가 보여야 하고 교인을 보면 교회가 보여야 합니다. 성도를 보면 교회가 무엇을 하는 곳인지 보여야 합니다.

우리 교회 어떤 구역장이 얼마 전에 중고급 중고차를 샀습니다. 그런데 그 차를 타고 교회에 들어오는 순간 갑자기 부끄러워서 교회를 들어올 수가 없었다고 합니다. 그래서 고민하다가 다시 자동차 딜러로 가서 차를 다시 무르겠다고 했더니 세일즈맨이 그렇게 하면 많은 손해를 본다며 그 이유를 묻더랍니다. 그래서 '나는 이 차를 타고 우리 교회에 들어갈 수 없습니다. 우리 교회는 모두 세상을 초월하고 믿음으로 살려고 몸부림치는데, 내가 잠시 정신없이 이런 차를 샀습니다'라고 말했다고 합니다. 그러자 그 세일즈맨이 '나는 장로인데 당신은 어느 교회에 다니십니까?' 하고 묻더랍니다. 그래서 '예수복음교회'라고 했더니 '나는 예수복음교회가 이단인 줄 알았는데 당신을 보니 이단이 아니군요' 하더랍니다.

우리는 세상에 흩어져 살면서 나를 통해 우리 교회가 어떤 교회인지 알게 해야 합니다. 아니! 나를 통해 그리스도의 참 형상이 나타나야 합니다. 그러기 위해서 성령이 압도하시는 교회, 하나님의 영광으로 압도당하는 교회가 되어야 합니다. 나의 이론도 성질도 정욕도 꿈도 완전히 그 앞에 압도당해야 합니다. 나는 온데간데 없어져야 합니다. 성령님이 마음껏 나타날 수 있는 공간을 마련해 드려야 합니다.

근년 한국에서 '목사가 죽어야 예수가 산다'는 책이 베스트셀러랍니다. 목사 때문에 예수를 믿지 못한다는 것입니다. 예수도 좋고 복음도 좋은데 목사를 보니 '하나님이 없다'는 것입니다. 이 얼마나 무서운 말입니까?

내가 죽어야 예수가 살고 내가 죽어야 교회가 삽니다. 성령으로 말미암아 나를 죽이고 살아 계신 예수를 실생활에서 나타내시기를 예수 이름으로 축원합니다.

교회는 살아 계신 하나님의 집

성경본문 (딤전3:14~16)

하나님은 살아 계신 분이다(히10:31).
그는 전에도 지금도 장차도 살아 계시고(계4:8)
자신의 존재를 자기 방식대로 나타내시는 분이다(요14:8~9).

종교는 인간이 자신의 공허(空虛)함을 메우려는 본능에서 출발하여
사당(祠堂), 신당, 우상을 만드나
신앙은 하나님의 나타내주신 대로 믿고 환영함이요,
신앙생활은 살아계신 하나님의 집, 교회에서
그의 현재성을 드러내며 사는 생활이다.

집은 사람이 살기에 편안해야 하니 뭐니 뭐니 해도 내 집이 최고라.
집은 임금, 대통령, 재벌, 도둑 등 누가 사느냐에 따라
그 집의 품격이 달라지는데
만일 교회가 살아 계신 하나님이 사시는 집이라면
하나님은 교회에서 어떠한 예우를 받으셔야 할까?

아담은 에덴동산에서 다만 하나님의 음성을 들었던바(창2:16~17, 3:8)
마귀에게 유혹을 받아 하나님의 말씀을 범하고
동산에서 쫓겨나게 되었다(창3:4~6, 24).

아브라함이 하나님의 약속대로 100세에 얻은 아들을 보고 기뻐한 것은
이삭이 약속대로 그 혈통에 하나님이 임재하신 증거임이다(창21:5~6).

모세는 그 후손 이스라엘을
하나님의 이적으로 애굽에서 인도하여 낸지라.
이스라엘에게 하나님같이 보였다(출4:16).
그들에게 짓게 하신 성소에 구름과 영광이 가득하게 하심으로
하나님은 그의 임재를 보여주시고
우상시하던 모세를 대체(代替)하게 하셨다(출40:34, 왕상8:10~11).

세월이 가면서
성전도 제사도 점점 형식화되어 우상으로 전락(轉落)했으니
심지어는 제사장들에게로라(말1:6~10).

예수께서 이 성전을 헐라 내가 사흘 동안에 일으키리라 하심은(요2:19)
우상으로 전락한 성전을 헐면 살아계신 하나님을 보여줄 것을 말씀함이니
독생하신 하나님이신 그가 보이는 사람으로 나타나심이다(요1:18, 14:8).

그가 죽으시며 다 이루었다 하심은(요19:30)
① 그가 계명대로 죽음을 택하사 아버지가 살아계심을 증거하심(요10:18).
② 하나님의 존재를 망각하게 하여 아담으로 범죄케 한 마귀를 심판하심(요일3:8).
③ 그의 찢어진 몸으로 베일을 벗기시고 그 피로 인간들의 눈을 씻어
   살아계신 하나님을 보게 하심이다(요9:7, 히10:20).

역사적으로 수많은 환난, 곤고, 핍박, 기근, 적신, 위험, 칼이 있었어도
교회가 현존하는 것은
예수 그리스도가 부활하사 하늘에 살아계신 증거요,
그가 약속하신 성령이 임재하신 증거다(행2:4, 32~33).

교회를 보면 예수가 보이고 교인을 보면 교회가 보이는지라
그리스도인은 성령께서 자기 마음대로 자신을 장악하시도록 몸부림치니
어찌하든지 예수께서 살아계심을 보여주고 싶어함이다.

오, 주여!
'목사가 죽어야 예수가 산다!'라는 비아냥거림은
가히 충격적입니다.
내가 죽어 예수가 산다면?
내가 죽어 교회가 산다면?
오, 주여!
나를 죽여주소서, 죽여주소서! 아멘.

8

교회는 하나님의 비밀

"누구든지 언제든지 제 육체를 미워하지 않고 오직 양육하여 보호하기를 그리스도께서 교회를 보양함과 같이 하나니 우리는 그 몸의 지체임이니라 이러므로 사람이 부모를 떠나 그 아내와 합하여 그 둘이 한 육체가 될찌니 이 비밀이 크도다 내가 그리스도와 교회에 대하여 말하노라"(엡5:29~32)

"만일 내가 지체하면 너로 하나님의 집에서 어떻게 행하여야 할 것을 알게 하려 함이니 이 집은 살아 계신 하나님의 교회요 진리의 기둥과 터이니라 크도다 경건의 비밀이여, 그렇지 않다 하는 이 없도다..."(딤전3:15~16)

하나님은 계시의 하나님이십니다. 그는 자기 때에 자기 방법대로 나타나시고 자기가 원하는 자에게 자기의 비밀을 공개하시는 분입니다.

신앙은 하나님으로부터 계시 받기에 합당한 자로 선택된 것을 감사하는 것이며, 신앙생활은 하나님의 비밀인 교회와 자기 일생을 바꾸는 생활입니다.

사도 바울은 '그리스도의 남은 고난을 그의 몸 된 교회를 위하여 내 육체에 채우노라'고 고백했습니다(골1:24). 이는 육체가 죽는 한이 있어도 그리스도의 몸 된 교회를 위해 살겠다는 단호한 결의를 말한 것입니다.

종교는 초월적인 신을 숭상하여 명상이나 고행을 통해 신의 경지에 이르고자 노력하는 생활입니다. 불교에서는 온갖 잡념과 공상을 떨쳐 버리고 무아지경이 되는 것을 '해탈(解脫)'이라 하고 신의 경지에 이르는 것을 '열반(涅槃)'이라고 합니다. 이것은 인간이 고안한 것이고 인간의 노력으로 얻는 것이지 하나님의 계시와는 무관합니다.

우리 신앙은 인간이 찾지도 않고 바라지도 않았을 때 하나님이 계시해 주시므로 하나님을 알게 되는 것이고, 신앙생활은 그것이 감사하여 그를 위해 사는 생활입니다.

비밀은 모르는 자에게는 신비해 보이지만 아는 자에게는 별것 아닙니다. 사람들은 쓸데없는 남의 비밀에 대해서는 알려고 하면서 하나님의 비밀에 대해서는 알려고 하지 않습니다. 모르는 대로 사는 것이 속이 편하기 때문입니다.

하나님이 사람에게 가르쳐주고 싶은 비밀이 있습니다. 그것을 아는 자에게 엄청난 신분의 변화가 옵니다. 그런데 하나님은 그 비밀을 자기 마음에 드는 자에게만 가르쳐 주십니다. 하나님의 비밀을 모른다는 것은 하나님의 마음에 들지 않는다는 말입니다.

'몬테크리스토 백작'이라는 영화로도 만들어진 유명한 소설이 있습니다. 주인공 에드몽 당테스는 억울한 누명을 쓰고 '불혈'이라는 지하 바위 감옥에 갇혔는데 옆방 죄수가 탈출하려고 벽에 구멍을 뚫다가 주인공의 방에 들어오게 됩니다. 옆방 죄수는 전직 신부였는데 에드몽에게 칼싸움 등 여러 가지 기술을 가르쳐줍니다. 그는 탈출을 시도하다가 잡혀서 죽게 되는데 죽기 직전에 에드몽에게 보물섬 지도를 일러주었습니다. 그는 에드몽을 오랫동안 지켜보고 테스트한 후에 '이 사람이라면 아깝지 않겠다'는 확신이 들자 그 지도를 맡긴 것이었습니다. 에드몽은 감옥에서 탈출하여 보물섬을 찾고 이름을 바꾸고 백작이 되어 원수까지 갚는다는 내용입니다.

세상에서도 비밀번호를 아느냐 모르느냐에 따라 결과는 엄청난 차이가 있습니다. 국가의 비밀정보도 아는 수준에 따라 직급과 대우와 권한이 다릅니다. 하다못해 우리 교회당도 정문 비밀번호를 모르면 들어올 수 없지 않습니까?

교회가 하나님의 비밀이라는 사실을 깨닫는 자와 모르는 자의 차이는 하늘과 땅 정도가 아니라 천국과 지옥의 차이입니다. 그러므로 우리 모두 예배 중에서 하나님의 비밀을 해독하시기를 예수 이름으로 축원합니다.

인류 조상 아담이 죄를 범한 후 두려운 나머지 나무 사이에 숨었을 때 하나님이 먼저 부르셨습니다. 그의 부름에 응답한 그들에게 하나님은 가죽옷을 입혀주셨습니다(창3:8~9, 21). 아담이 먼저 명상이나 고행을 하면서 신을 찾은 것이 아닙니다.

하나님은 아브라함을 부르시고 '본토 친척 아비 집을 떠나 내가 네게 지시할 땅으로 가라' 하셨습니다(창12:1). 아브라함이 순종하여 즉시 떠나자 하나님은 절제하지 못하시고 다시 '나의 하려는 것을 아브라함에게 숨기겠느냐'라고 하시면서 소돔과 고모라의 멸망계획을 일러주셨습니다(창18:17). 아브라함이 가르쳐달라고 조르지도 않았는데 말입니다.

성경을 보면 여기저기에 '눈을 밝히사', '귀를 여사'라는 구절이 나옵니다. 이는 사람에 의해서가 아니라 하나님의 계시에 의해 알게 해주심을 말하는 것입니다.

아브라함에게 '하갈'이라는 여종이 있었습니다. 그녀가 여주인 사라에게 구박을 받고 도망가다가 물이 없어서 죽게 되었습니다. 하나님은 하갈의 눈을 밝혀 샘물을 보여주셨습니다(창21:19). 또 아람 군사들이 성을 포위했을 때도 엘리사가 '사환의 눈을 열어서 보게 하옵소서'라고 기도하자 하나님이 사환의 눈을 여시므로 불말과 불병거가 있는 것을 보았습니다(왕하6:17). 이처럼 하나님은 합당한 자에게 보거나 듣게 하시면서 자신을 계시하셨습니다.

출애굽시 이스라엘 백성들은 많은 기사와 이적을 보았습니다. 이스라엘 역사를 통해 하나님은 어떠한 일을 행하셨고 왕들을 어떻게 굴복시켰는가를 충분히 보여주셨습니다. 그러나 그들에게 완전히 깨닫는 마음과 보는 눈과 듣는 귀는 아직 허락하지 않으셨습니다(신29:4). 하나님의 완전한 비밀은 여전히 베일에 가려져 있었습니다.

성소는 하나님의 비밀의 압축판입니다. 성소는 입면으로 세마포장,

앙장, 휘장으로 되어 있고 또 세 겹의 덮개로 되어 있습니다. 휘장 뒤에는 지성소가 있고 그 안에 하나님의 궤가 있습니다. 이는 하나님의 비밀은 겹겹이 싸여 있고 덮여 있다는 뜻입니다.

가장 깊은 곳인 지성소까지 들어갈 수 있는 유일한 사람은 대제사장이었습니다(히9:25). 그에게 하나님은 '속죄소 위에서 내가 너와 만나리라'고 말씀하셨습니다(출30:6). 그런데 그 비밀한 장소는 피를 힘입어야만 들어갈 수 있었습니다. 피는 바로 하나님의 비밀코드였습니다. 또 그 핏길은 언젠가는 그 비밀이 공개되리라는 예시이기도 합니다.

유월절 밤에 애굽 전역에 사망이 이르렀습니다. 그런데 하나님은 이스라엘 백성에게는 사망이 덮치지 않도록 비밀 약조를 하셨는데 좌우 문설주와 인방에 피를 바르게 하신 것입니다. 그들이 죽음을 면할 수 있는 유일한 방법은 어린 양의 피였습니다.

하나님은 선지자들에게 꿈이나 환상으로 크고 비밀한 일을 말씀하셨습니다(렘33:3). 미리 알고 있다는 뜻에서 '선지자(先知者)', 미리 보았다는 뜻에서 '선견자(先見者)'라고 합니다. 아모스 3장 7절에 "주 여호와께서는 자기의 비밀을 그 종 선지자들에게 보이지 아니하시고는 결코 행하심이 없으시리라" 했습니다. 선지자들은 죽음의 위협을 무릅쓰고 도망을 다니면서 하나님의 말씀을 전했습니다.

성소는 현재 하나님의 비밀이 감추어 있음의 계시요, 언제인가 공개될 비밀임에 대한 계시입니다.

예수께서 예루살렘성전 앞에 나타나셔서 '너희가 이 성전을 헐라 내가 사흘 동안에 일으키리라' 하셨습니다(요2:19). 그러자 유대인들은 '이 성전은 46년 동안 지었는데 네가 3일 동안에 일으키겠느냐?'고 반문했습니다(요2:20). 유대인들에게 도무지 납득되지 않는 이야기였습니다. 그러나 예수의 부활 후 제자들은 그가 지칭한 성전은 성전 된 예수의 육체라는 것을 깨달았습니다. 그가 '헐라'고 하신 것은 첩첩이 싸인 성소의 비밀을 완전히 공개해주시겠다는 사인(sign)이었던 것입니다.

예수께서는 제자들을 데리고 다니시면서 귀신도 쫓고 대중집회도 하셨습니다. 그런데 대중집회 때는 비유로 말씀하셔서 사람들이 무슨 말씀인지 알 수 없게 하시고 제자들에게는 따로 자세히 설명해주셨습니다.

> "제자들이 예수께 나아와 가로되 어찌하여 저희에게 비유로 말씀하시나이까 대답하여 가라사대 천국의 비밀을 아는 것이 너희에게는 허락되었으나 저희에게는 아니되었나니 무릇 있는 자는 받아 넉넉하게 되되 무릇 없는 자는 그 있는 것도 빼앗기리라 그러므로 내가 저희에게 비유로 말하기는 저희가 보아도 보지 못하며 들어도 듣지 못하며 깨닫지 못함이니라 이사야의 예언이 저희에게 이루었으니 일렀으되 너희가 듣기는 들어도 깨닫지 못할 것이요 보기는 보아도 알지 못하리라 이 백성들의 마음이 완악하여져서 그 귀는 듣기에 둔하고 눈은 감았으니 이는 눈으로 보고 귀로 듣고 마음으로 깨달아 돌이켜 내게 고침을 받을까 두려워함이라 하였느니라 그러나 너희 눈은 봄으로, 너희 귀는 들음으로 복이 있도다

내가 진실로 너희에게 이르노니 많은 선지자와 의인이 너희

보는 것들을 보고자 하여도 보지 못하였고 너희 듣는 것들을

듣고자 하여도 듣지 못하였느니라"(마13:10~17)

왜 많은 사람들에게 알아들을 수 없게 비유로 말씀하셨을까요? 왜 알아듣도록 자세히 설명하시지 않았을까요? 이는 '너희가 듣기는 들어도 깨닫지 못하고 보기는 보아도 알지 못하리라 이 백성들의 마음이 완악하여져서 그 귀는 듣기에 둔하고 눈은 감았다'고 한 이사야의 예언대로 된 것입니다(사6:9~10).

바리새인들은 자칭 의인으로서 율법을 잘 지키는 사람들이었습니다. 그들은 천국이 있다면 자신들이 그곳에 제일 먼저 들어갈 것이라고 자부했습니다. 사두개인들은 물질이 많아 가난한 자를 구제하며 이 땅에서 잘 살면 그만이라고 생각했습니다. 그들에게 부활과 천국은 관심 밖의 이야기입니다. 서기관들은 지식이 머리 꼭대기까지 차서 예수의 말씀을 들으려 하지도 않았습니다. 그래서 주님은 제자들에게 '의인과 선지자가 있다 할지라도 그들에게는 나타내주지 않았지만 너희에게는 허락되었다'고 말씀하신 것입니다.

예수는 자기의 원하는 자들을 제자로 부르셨습니다(막3:13). 열두 제자 중 하나는 예수를 팔기로 작정된 사람이고 나머지 열한 명은 모두 마음이 어린아이 같은 사람들이었습니다. 예수께서 어부였던 베드로에게 '나를 따라 오라' 하시자 그는 곧 그물을 버리고 따랐습니다(마4:19~20). 세리였던 마태에게도 '나를 좇으라' 하시자 모든 것을 버리고

즉시 따랐습니다(눅5:27~28). 그래서 예수께서 '천국은 오히려 세리와 창기가 먼저 간다'고 말씀하신 것입니다.

> "그때에 예수께서 대답하여 가라사대 천지의 주재이신 아버지여 이것을 지혜롭고 슬기있는 자들에게는 숨기시고 어린 아이들에게는 나타내심을 감사하나이다 옳소이다 이렇게 된 것이 아버지의 뜻이니이다 내 아버지께서 모든 것을 내게 주셨으니 아버지 외에는 아들을 아는 자가 없고 아들과 또 아들의 소원대로 계시를 받는 자 외에는 아버지를 아는 자가 없느니라"(마11:25~27)

하나님이 자기 비밀을 가르쳐줄 대상은 어린아이 같은 자입니다. 우리가 성경을 많이 읽고 기도를 많이 했기 때문에 예수를 아는 것이 아니라 아버지와 아들이 원해서 계시해주셨기 때문입니다. 그래서 우리 믿음을 계시의 믿음이라고 하는 것입니다(갈3:23). 아버지의 뜻은 자기 때에 자기 방법대로 자기가 원하는 자에게 자기 비밀을 공개하시는 것입니다.

그런데 유대인들은 마음이 완악하여 예수의 인품과 능력과 영광을 보고 그에게 심취될까봐 오히려 경계했습니다. 그러면서도 한편으로는 그가 그들을 다스려주면 좋겠다고 생각해서 자기들의 왕이 돼달라고 요청했습니다. 예수께서 그 요구를 배격하자 실망한 나머지 그를 죽음에 넘겨주었습니다.

예수께서는 십자가에서 죽으시면서 '다 이루었다'고 말씀하셨습니다(요19:30). 그는 무엇을 다 이루셨을까요?

첫째, 창세 이전에 자기 때에 자기 방법대로 공개하시고자 하신 아버지의 뜻이 아들을 통해서 이루어진 것입니다. 예수의 영혼이 떠나시는 순간 예루살렘성전의 휘장이 위로부터 아래로 찢어졌습니다(마27:51).

성전의 가장 깊은 곳에 있는 마지막 장인 휘장이 찢어졌으니 예루살렘성전은 더 이상 비밀이 아닙니다(시27:5~6). 예수의 몸은 휘장입니다(히10:20). 아들은 아버지의 비밀을 완전히 공개하셨고 아버지는 계시의 하나님임을 나타내셨습니다.

둘째, 예수는 사망의 세력을 잡은 자 앞에서 사망하심으로 사망권세를 무력화시키셨습니다. 마귀는 가룟 유다에게 악한 생각을 넣어 예수를 팔아 죽음에 넘겨주게 한 자입니다. 예수만 제거해 버리면 사단왕국은 영원할 것이라고 생각했던 마귀는 참패한 것입니다. 예수의 죽음은 마귀를 멸하시는 하나님의 비밀작전이었습니다.

> "자녀들은 혈육에 함께 속하였으매 그도 또한 한 모양으로 혈육에 함께 속하심은 사망으로 말미암아 사망의 세력을 잡은 자 곧 마귀를 없이 하시며"(히2:14)

예수의 무기는 사망이요 마귀의 권세도 사망입니다. 예수의 무기와 마귀의 권세가 십자가에서 충돌한 것입니다. 예수는 사망으로 사망권세를 폭파시킴으로 사망을 무력화시키셨고 부활하심으로 승리하신 것입니다. 그 후로 마귀는 온 천하를 꾀는 자가 되었습니다(계12:9).

예수 그리스도가 여인의 후손으로 오셔서 마귀를 멸하실 것에 대해서는 "내가 너로 여자와 원수가 되게 하고 너의 후손도 여자의 후손과 원수가 되게 하리니 여자의 후손은 네 머리를 상하게 할 것이요 너는 그의 발꿈치를 상하게 할 것이니라"라고 예언하셨습니다(창3:15).

> "여호와께서 환난 날에 나를 그 초막 속에 비밀히 지키시고
> 그 장막 은밀한 곳에 나를 숨기시며 바위 위에 높이 두시리
> 로다 이제 내 머리가 나를 두른 내 원수 위에 들리리니 내가
> 그 장막에서 즐거운 제사를 드리겠고 노래하여 여호와를 찬
> 송하리로다"(시27:5~6)

하나님의 비밀작전이 하나님의 비밀 장소인 성소에서 이루어졌습니다.

셋째, 마귀 아래서 종노릇 하던 자들을 자유케 하시고 그의 흘리신 피로 사람들의 눈을 씻어주고 열어주어 하나님의 비밀인 예수를 보게 하셨습니다.

예수께서는 날 때부터 소경인 자에게 '실로암 못에 가서 씻으라'고 하셨습니다. 실로암 못은 15마일이나 되는 거리에 있는데 성한 몸으로도 가기 힘든 매우 가파른 길입니다. 그런데 소경이 말씀대로 순종하자 볼 수 있게 되었습니다(요9:1~7). 물이 특별해서 나은 것이 아닙니다. '실로암(שׁלח)'이란 히브리어로 '보냄을 받았다'는 뜻으로 '보냄을 받은 자

'에 의해서 고침 받은 것입니다.

요한복음 17장 3절에 "영생은 곧 유일하신 참 하나님과 그의 보내신 자 예수 그리스도를 아는 것이니이다"라고 했습니다. 예수는 하나님의 비밀작전을 수행하려고 보냄 받은 '실로암'이요, 그의 피는 '실로암 샘물'입니다. 그의 샘물에 영혼을 씻은 자는 하나님의 비밀을 볼 수 있게 되는 것입니다.

예수 그리스도는 그 일을 다 이루셨으므로 유감없이 죽으셨고, 아버지는 그를 사흘 만에 다시 살리시고 보좌에 앉히셨습니다. 예수는 성소 안에 숨어들어가 죽으시고 부활하심으로 하나님의 비밀작전을 성공적으로 완수하셨습니다. 예수의 시체가 없어지자 대제사장들과 장로들은 제자들이 훔쳐갔다고 거짓 소문을 퍼뜨렸습니다(마28:11~15). 지금도 세상 사람들은 예수의 부활과 승천을 믿지 않습니다.

성령을 받은 제자들은 '너희가 죽인 예수는 지금 살아계시어 하늘 보좌에 앉으셔서 임금과 그리스도가 되셨다'고 선포했습니다(행2:36, 5:31). 성령을 받으면 하나님의 비밀을 알게 됩니다. 그래서 예수의 증인들을 '하나님의 비밀을 맡은 자'라고 하는 것입니다(고전4:1).

교회는 하나님의 비밀입니다. 정리해서 말하면 하나님의 비밀은 예수 그리스도이며 예수 그리스도의 비밀은 교회입니다(골1:27, 2:2). 하나님이 자기를 계시하시고 피조물을 다스리는 영원한 법을 세우시려고 그 아들을 육체로 보내주셨습니다. 하나님이 사람같이 여인의 후손으로 역사 속에 끼어드신 것 자체가 하나님의 비밀작전입니다. 마귀는 이 비밀작전에 말려들어 망해버린 것입니다.

예수 이름을 영접한 자들이 모인 교회는 하나님의 비밀을 간직한 곳입니다. 성령을 받은 사람은 이 사실을 확실히 아는 것입니다(고전 2:11~14). 비밀 코드가 딱 맞기 때문입니다.

예수 그리스도께서 유감없이 세상을 떠나신 것은 이 땅에 하나님 나라의 일을 맡은 비밀결사대가 있기 때문입니다. 교회는 예수 그리스도의 비밀 결사대입니다. 미국에 'Task Force'라는 비밀작전을 수행하는 특수부대가 있습니다. 그들은 강도 높은 훈련을 받는데 전쟁이 발발하기 수개월 전 적국에 침투해서 비밀리에 작전을 수행한다고 합니다. 이처럼 하나님은 세상에 교회를 두시고 그의 비밀작전을 수행하게 하십니다.

> "이러므로 사람이 부모를 떠나 그 아내와 합하여 그 둘이 한 육체가 될찌니 이 비밀이 크도다 내가 그리스도와 교회에 대하여 말하노라"(엡5:31~32)

결혼주례사로 흔히 이 구절을 인용합니다. 이 말씀에는 큰 비밀이 담겨 있습니다. 그리스도께서 교회에 대해 품은 마음과 생각이 담겨 있는 것입니다. 결혼은 하나의 그림자요, 비유입니다. 남녀가 결혼하면 뜻과 경제권이 하나로 통일되어 삽니다. 남편이 아내를 보호하고 책임지는 것은 교회를 향한 그리스도의 마음입니다.

왜 '이 비밀이 크도다'라고 할까요? 세상은 예수가 죽어 사라져버렸다고 생각합니다. 그러나 그리스도께서는 성령으로 교회 안에 잠입하셨습니다. 그는 다시는 사람들의 눈에 띄거나 잡혀가거나 고난 받지 않으십니다. 이제는 교회가 그리스도의 작전을 수행하는 것입니다.

교회가 그러하다면 어떤 사람을 집사로 세워야 할까요? 깨끗한 양심에 믿음의 비밀을 가진 자라야 합니다(딤전3:9). 어린아이 같이 심령이 깨끗해서 빨간색을 칠하면 빨갛게 그려지고 검정색을 칠하면 검게 그려지는 사람이라야 합니다.

'비밀'은 히브리어로 '소드(חוֹס)'라고 하는데 서로 통하는 사람들끼리만 주고받는 '은밀한 대화'라는 뜻이 있습니다. 오늘 설교가 여러분에게 은혜가 되는 것도 서로 통한다는 뜻입니다. 그렇지 않으면 설교를 들어도 무슨 소린지 모르거나 불만이 부글부글 끓어올라와 교회를 떠나고 싶은 마음이 듭니다.

그리고 '비밀을 진지하게 대화할 수 있는 집단'이라는 뜻이 있습니다. 예수복음교회는 하나님의 비밀에 대해 진지하게 대화를 나눌 수 있는 집단입니다.

하나님이 자기를 아끼지 않으시고 활짝 열어 보여주셨습니다. 우리가 예수를 만났다, 혹은 교회를 안다는 말은 하나님이 자기를 모조리 공개해주셨기 때문입니다. 누구보다 많이 노력한 결과가 아니라 우리에게 어린아이 같은 심령이 있었기 때문입니다.

하나님이 자기 의(義)로 살려고 하는 사람을 가장 싫어하십니다. 자기 것으로 꽉 차 있는 자에게는 더 이상 공개해 줄 것이 없는 것입니다.

교회 안에 예수 그리스도가 계시고 하나님의 비밀이 있습니다. 예수는 성전과 함께 죽으시고 살아나서서 하늘 성전에 들어가셨습니다. 교회와 함께 일하다가 죽는 사람에게는 하늘 성전이 열리는 것입니다.

예수께서는 "천국은 마치 밭에 감추인 보화와 같으니 사람이 이를 발견한 후 숨겨 두고 기뻐하여 돌아가서 자기의 소유를 다 팔아 그 밭을 샀느니라"고 말씀하셨습니다(마13:44). 다른 사람은 잡풀이 무성하고 폐허 같은 땅이기에 별거 아니라고 생각했지만 그 땅속에 보화가 있다는 것을 안 사람은 기뻐하여 자기 소유를 다 팔아서 그 땅을 샀습니다.

마귀는 사람을 속여서 자기 종으로 만들었지만 예수 그리스도는 죽으시면서 자기 피로 마귀의 종 된 사람들을 다시 사셨습니다. 이것은 그리스도의 비밀거래입니다.

그리스도인은 보화가 담긴 밭을 산 사람들입니다. 교회가 무엇인지 아는 사람은 자기 소유를 다 팔아서 교회와 맞바꿉니다. 직장 잃고 사업 망하고 일가친척 다 떨어져나가고…. 일생을 결산한 결과 교회만 남았다면 그는 비밀을 해독한 사람입니다.

성경도 많이 알고 기도도 많이 하면서 교회의 가치를 모르고 교회에 대한 사랑이 없다면 이는 하나님의 비밀을 깨닫지 못한 사람입니다. 아직도 하나님이 그에게 이 큰 비밀을 공개하기를 꺼려하고 계시다는 것을 알아야 합니다. 이는 보통 심각한 문제가 아닙니다.

이 비밀을 안 자는 삶이 변합니다. 교회와 내 일생을 바꿔 가집니다. 나를 버리고 교회를 얻어야 합니다. 그래야 이 세상 떠날 때 예수 그리스도와 코드가 맞아서 하늘 문이 열립니다. 우리 모두 교회의 비밀을 깨달은 자 되시기를 예수 이름으로 축원합니다.

교회는 하나님의 비밀

성경본문 (엡5:29~32, 딤전3:15~16)

하나님은 계시의 하나님이시다(마11:25).
그는 자기 때에 자기 방법대로 나타나시고
그가 원하시는 자에게 자기 비밀을 공개하시는 분이다.

종교는 인간이 고안한 방법대로 신비(神秘)를 풀어보려고 하나
신앙은 하나님으로부터 받은 계시를 감사하고 사모함이요,
신앙생활은 그의 비밀인 교회를 자기 일생과 바꾸는 생활이다(엡5:32).

비밀이란 알고 나면 너무 쉬운데 모르면 깜깜하다.
세상의 코드도 아느냐 모르느냐는 하늘과 땅 차이인바
하나님의 비밀을 아느냐 모르느냐는 지옥과 천당 차이다.

하나님이 최초에 명상에 잠겨 있는 인간을 찾으신 것이 아니라
범죄하고 숨어 있는 자를 부르사 가죽옷을 입히는 은혜를 베푸셨다(창3:8~9, 21).

하나님은 아브라함의 단순한 순종을 보시고
자기의 경륜까지 숨기지 않고 알려 주신 분이시라(창18:17).
때로는 사람의 눈을 밝히사 보게 하신다(창21:19, 왕하6:17).

하나님이 이스라엘에게 출애굽으로부터
많은 이적과 기사를 통해 신기한 능력을 보게 하셨지만
아직까지 완전히 깨닫는 마음을 주지 않으신바(신29:4)
그들에게 성소를 짓게 하셨다.

성소는 하나님의 비밀 압축판인 바
여러 겹의 장들, 덮개 등 베일로 싸여 있음이라.
그러나 대제사장이 홀로 일 년 일차씩
짐승의 피를 보이고 들어가는 길이 있음은(히10:19)
언제인가 그 비밀이 완전 공개될 날이 있음을 계시하고(히9:25)
선지자는 앞으로 공개될 장막에 감춘 큰 비밀을(시27:5~6)

희미하게 미리 보았다(암3:7, 렘33:3).

예수께서 '너희가 이 성전을 헐라 내가 사흘 동안에 일으키리라' 하심을
당시에는 아무도 몰랐으나(요2:19~22)
그는 몸이 찢겨 죽으시며 '다 이루었다' 하심으로(요19:30)
성전에 감추인 비밀을 공개하셨으니(시27:5~6)
① 자기 목숨을 드리는 순종으로 아버지를 나타내심(요10:17~18, 14:9).
② 사망의 무기로 사망권세자 마귀진멸작전을 완수하심(히2:14).
③ 자기 피로 사람의 눈을 씻기고 여시사 하나님을 보게 하심이다(요9:7, 히9:22).

그는 부활 승천하사 주와 그리스도가 되셨고(행2:36, 5:31)
그가 보내신 성령은 이 비밀을 알게 하시니(고전2:11~14)
어린아이와 같은 자에게라(마19:14).

하나님의 비밀은 예수요, 예수의 비밀은 교회라(골1:27, 2:2).
교회는 세상이 알지 못하는 은밀한 대화를 하고
은밀한 일을 하는 집단인바(고전4:1)
천국복음을 전하여 세상임금 하의 영혼구출작전을 수행한다.

성령으로 제자 된 자는(마13:10~17, 눅8:16)
천국보화가 감춰진 밭, 곧 교회와 자기 일생을 맞바꾸는 자라(마13:45).
이는 마지막 날 가장 깊은 하늘성소에 들어가려 함이다(히9:24, 계22:14).

오, 주여!
내 인생 결산하는 마지막 날!
경제적, 사회적, 가정적으로 적자(赤字)가 나도
교회 하나만 남는 자가 되게 하옵소서.
우리 중에
마음이 완악하여
깨닫지 못하는 자가 없게 하옵소서. 아멘.

9
교회는 하나님의 밭

"우리는 하나님의 동역자들이요 너희는 하나님의 밭이요 하나님의 집이니라"(고전3:9)

하나님은 언약의 주가 되십니다(창17:2). 그의 말씀은 세세토록 변함이 없고, 그는 언약하신 바를 반드시 이행하시는 분입니다(벧전1:25, 민23:19).

신앙은 이 사실을 전폭적으로 신뢰하는 것이며, 신앙생활은 하나님의 밭인 교회에 자기 보화를 투자하는 생활입니다.

장사꾼은 장사에 투자하고 농사꾼은 농사에 투자하고 도박꾼은 도박에 투자하고 부모는 자식에게 투자합니다. 100% 이익을 보장받지 못하지만 그래도 투자하는 이유는 성공할 확률이 있기 때문입니다.

요즈음은 기업가들이 기업의 경영을 전문경영인에게 맡깁니다. 혈연과 관계가 없지만 전문가에게 맡기는 것은 실적이 좋고 평판이 좋기 때문입니다. 유명한 경영인이 회사의 CEO(Chief Executive Officer)가 되면 주가도 올라갑니다. 얼마 전에는 iPod을 내놓아 대단한 선풍을 일으킨 애플사(Apple)의 CEO 스티브 잡스(Steve Jobs)의 전립선암 소식이 전해지자 그 회사의 주가가 곤두박질쳤습니다. 왜냐하면 그의 탁월한 경영실력을 믿고 투자했던 많은 사람들이 그 주식을 매도했기 때문입니다. 그래서 최고경영자의 연봉은 수천 만 불이나 하는 천문학적인 숫자입니다. 그러나 한 해를 결산하여 실적이 좋지 않으면 여지없이 해고당하기도 합니다.

얼마 전, 일본에서는 매우 유명한 회사의 CEO가 자살했습니다. 사람들이 그를 믿고 투자했는데 적자가 많이 나자 죄책감에 시달려 자살을 택한 것입니다. 근래 한국에서도 투자상담사 2명이 폭락한 주가 때문에 투신자살했다고 합니다. 아무리 유능한 전문가라도 이익을 보장할 수는 없습니다.

그래도 땅은 정직하여 심는 대로 거두기 때문에 농부는 땅을 신뢰하고 농사에 투자합니다. 밭과 농부는 절대 불가분의 관계입니다. 밭은 있어도 농부가 무시하면 소용이 없고 농사할 마음이 있어도 밭이 없으면 소용이 없는 것입니다. 포도 씨 하나를 심었는데 50송이가 열렸고 한 송이에 50알 열린다면 2,500알이 되는 셈입니다. 그런데 이듬해에도 또 열립니다. 씨 하나가 제대로 심겨져 제대로 열매를 내면 내 평생뿐만 아니라 후손들까지도 먹을 수 있습니다. 그래서 농부는 매해 밭에 씨를 뿌립니다.

농부에게 있어서 밭은 확산의 기회입니다. 밭과 농부의 관계는 신뢰

관계입니다. 인간이 가꾸는 밭의 소산도 이러할진대 하나님이 경영하시는 밭의 소산은 어떠하겠습니까?

성경은 하나님의 경영백서(經營白書)입니다. 하나님은 손을 댔다 하면 반드시 성공한다는 것을 창세 때부터 보여주셨습니다. 하나님이 물고기와 새와 사람에게 복을 주시자 번성하여 물과 공중과 땅에 충만하게 되었습니다(창1:22, 28). 지금까지 사람이 물고기를 아무리 많이 잡아먹어도 멸종하지 않고 계속 번성합니다. 하나님이 경영하시기 때문입니다.

인류의 조상 아담이 에덴동산에 있을 때 하나님이 "동산 각종 나무의 실과는 네가 임의로 먹되 선악을 알게 하는 나무의 실과는 먹지 말라 네가 먹는 날에는 정녕 죽으리라" 하셨습니다(창2:16~17). 그런데 마귀가 뱀을 타고 들어가 여자를 꾀었습니다. "너희가 결코 죽지 아니하리라 너희가 그것을 먹는 날에는 너희 눈이 밝아 하나님과 같이 되어 선악을 알 줄을 하나님이 아심이니라" 하므로 여자가 하나님의 말씀을 의심하기 시작했습니다(창3:4~5). '설마 하나님이 죽이기야 하겠어?' 하며 용감하게 선악과를 따먹고 남편에게도 주어서 먹게 했습니다. 그 결과 그들은 동산에서 내쫓김을 당했고 그들 앞에 고생문이 활짝 열리고 말았습니다.

하나님은 "내가 너더러 먹지 말라 한 나무 실과를 먹었은즉 땅은 너로 인하여 저주를 받고 너는 종신토록 수고하여야 그 소산을 먹으리라" 하셨습니다(창3:17). 심는 대로 거두는 것이 아니라 가시덤불과 엉겅퀴가 나게 된 것입니다. 그 이후로 인류는 수고를 해도 헛수고로 돌아가게 되었습니다.

하나님이 아브라함을 부르셨습니다. "너는 너의 본토 친척 아비 집을 떠나 내가 네게 지시할 땅으로 가라" 하시자 아브라함은 그 말씀을 좇아 갈 바를 알지 못하고 떠났습니다(창12:1).

그를 보신 하나님은 그의 아내 사라에게 아들을 주실 것을 약속하셨습니다(창18:10). 그들은 처음에 의심했지만 나중에는 하나님의 말씀이 이루어질 것을 믿었습니다. 그랬더니 때가 되어 아들을 얻었습니다. 그때 아브라함의 나이 99세였고 사라의 나이 89세였습니다. 죽은 자와 방불한 사람이 자손을 얻게 된 것입니다(히11:12).

그런데 하나님은 아브라함에게 '네 자손이 이방에서 객이 되어 그들을 섬기다가 4대 만에 돌아올 것'을 예언하셨습니다(창15:13). 그 말씀대로 이스라엘 백성들은 애굽에 들어가서 종살이를 하게 되었습니다. 종은 아무리 수고해도 자기 소유가 없습니다. 처음에 70여 명이 애굽에 들어갔지만 430년 동안에 남자 장정만 70만 명이 넘었습니다(민1:46~47). 여자와 어린아이까지 합하면 200만 명은 족히 되었을 것입니다. 하늘의 별, 땅의 모래와 같을 것이라는 예언이 성취된 것입니다.

애굽의 바로는 이스라엘 백성들의 산아를 제한하려고 했지만 생육이 중다하여 크게 번성했습니다(출1:15~16, 20). 아이를 낳았다 하면 쌍둥이였거나 병도 걸리지 않아 장수했던 모양입니다.

430년을 마치는 날, 애굽을 빠져나올 때는 애굽의 보화를 다 가지고 나왔습니다(출12:35~36). 하나님은 이것을 자손 대대로 기억하도록 하기 위해 성소를 짓게 하셨습니다.

"여호와께서 모세에게 일러 가라사대 이스라엘 자손에게 명하여 내게 예물을 가져오라 하고 무릇 즐거운 마음으로 내는 자에게서 내게 드리는 것을 너희는 받을찌니라"(출25:1~2)

예물을 받되 '즐거운 마음으로 내는 자'에게 받으라고 했습니다. 종살이 후 한 몫 잡은 것이 하나님이 주셨기 때문으로 알고 아낌없이 드리는 자의 예물을 받으라는 것입니다.

그들은 하나님이 그들 종족을 번성케 하신 것에 감사했고 하나님의 전에 드리면 영원히 보존될 것이기 때문에 기쁜 마음으로 드렸습니다. 오히려 그들이 너무 많이 가져와서 중단시킬 정도였습니다(출36:2~7). 이 모든 사실의 압축판인 언약궤를 둔 성소는 그들로 이를 기억하게 하였습니다.

열왕기상 17장 8~16절을 보면 선지자 엘리야와 사르밧 과부의 이야기가 있습니다. 오랜 기근으로 양식이 없어서 많은 사람이 굶어 죽어가고 있는 때에, 엘리야가 과부 집에 들어가 떡을 구했습니다. 그러자 과부는 '나는 떡이 없고 다만 통에 가루 한 움큼과 병에 기름 조금밖에 없어 이제 그것으로 음식을 만들어서 아들과 같이 먹고 죽으렵니다'라고 말했습니다. 그러자 엘리야가 '떡을 만들어 나로 먼저 먹게 하라'고 말했습니다. 아니, 이런 얌체가 어디 있습니까? 어려울 때는 남의 집에 가지도 않을 뿐만 아니라 가도 자기 먹을 것은 싸가지고 가야 하는 판국에 이 무슨 몰염치입니까? 이 과부가 얼마나 어이없었겠습니까? 그런데 그녀는 떡을 만들어서 엘리야에게 드렸습니다. 그를 하나님의 사람으로 본 것입니다.

엘리야는 음식을 먹은 후 '기근이 끝날 때까지 통의 가루가 차고 병의 기름은 없어지지 아니하리라'고 예언했고 그가 말한 대로 되었습니다. 하나님의 사람이 손을 대니 운명이 바뀐 것입니다.

예수께서 예루살렘성전 앞에 나타나셔서 '너희가 이 성전을 헐라 내가 사흘 동안에 일으키리라'고 말씀하셨습니다(요2:19). 그들은 하나님이 광야에서 그들 조상들을 먹이신 것도, 종살이 끝에 애굽에서 보화를 이끌고 나온 것도 기억하고 있었습니다. 그래서 전쟁이 나고 기근이 와도 성전이 있는 한 하나님이 책임지신다고 믿고 있었습니다.

그런데 '성전을 헐라니!' 이는 그들의 마지막 희망마저 깨겠다는 말입니다. 예수께서는 '헐라'고만 하신 것이 아니라 '다시 일으키리라'고 말씀하셨습니다. 지금까지는 육체를 위해서 번성하고 충만케 했지만 이제는 그 위에 영혼에 영생을 주겠다는 말씀인 것입니다. 그러나 그들은 귀가 막혀있던 터라 그 말은 들으려 하지도 않았습니다. 그래서 예수가 무슨 말씀을 하시든지 책을 잡으려고만 하였습니다.

마가복음 10장 29~30절에 "예수께서 가라사대 내가 진실로 너희에게 이르노니 나와 및 복음을 위하여 집이나 형제나 자매나 어미나 아비나 자식이나 전토를 버린 자는 금세에 있어 집과 형제와 자매와 모친과 자식과 전토를 백배나 받되 핍박을 겸하여 받고 내세에 영생을 받지 못할 자가 없느니라" 했습니다. 복음을 위하여 집을 심으면 집을 받고, 전토를 심으면 전토를 받되 100배나 받는다는 말입니다. 만 불을 투자하면 100만 불이 된다는 것입니다. 만일 투자유치가 '이익 10배 보장!' 하면 '이거, 사기꾼 아냐?' 할 판국인데, '100배'라니 이건 도무지 믿어지지 않는 것입니다.

요즘에 상인들은 수십만 불을 투자한 업소에서 자기 주급만 남아도 다행이라고 말합니다. 아니, 주급만 남기려면 무엇 때문에 장사합니까? 그래도 잘될 날을 바라보고 끌고 가는 것입니다. 예수는 백배를 남긴다고 하셨으니, 그는 정녕 사기꾼이 아니면 하나님입니다.

예수께서 광야에 계실 때 수천 명이 따랐습니다. 설교를 하고 귀신을 쫓다보니 사흘이나 지나 먹을 것이 없었습니다. 그래서 제자들이 '마을에 들어가 먹을 것을 사먹게 하소서' 했습니다. 예수께서는 '갈 것 없다' 하시며 그들에게 있는 것을 가져오게 하셨습니다. 마침 가져온 떡 5개와 물고기 2마리에게 복을 불어넣으시니 5천 명이 먹고도 12 광주리가 남았습니다(마14:15~21).

또 베드로는 밤새도록 수고했지만 물고기 한 마리도 잡지 못하고 그물을 거두고 있었습니다. 그때 예수께서 배에 오르시고 '그물을 깊은 곳에 던지라' 하셨습니다. 베드로가 그 말씀에 의지하여 그물을 내리자 물고기가 서로 다투어서 그물 안으로 들어갔습니다(눅5:3~6).

예수께서는 "너희를 위하여 보물을 땅에 쌓아 두지 말라 거기는 좀과 동록이 해하며 도적이 구멍을 뚫고 도적질하느니라 오직 너희를위하여 보물을 하늘에 쌓아 두라 거기는 좀이나 동록이 해하지 못하며 도적이 구멍을 뚫지도 못하고 도적질도 못하느니라" 했습니다(마6:19~20). 보물을 세상 밭에 심으면 반드시 실망할 것이나 하늘 밭에 심으면 절대 보장이 있다는 말입니다.

여기에 더 중요한 것은 '네 보물 있는 그 곳에는 네 마음도 있느니라' 하신 말씀입니다(마6:21). 보물을 쌓은 그 하늘에 기필코 네 영혼이 간 다는 말씀입니다. 즉 영생이 보장된다는 말씀입니다. 예수와 복음을 위 해서 소중한 것들을 그가 지정한 곳에 맡기면 이 땅에서 백배 받고 영 생을 얻지 못할 자가 없는 것입니다. 와! 이처럼 신나는 투자가 어디 있 습니까? 할렐루야!

그런데 사람들은 매우 실망했습니다. 예수의 말은 현실성이 없다고 판단한 것입니다. 게다가 임금이 돼달라는 그들의 요청을 예수께서 회 피하시자 예수는 그들의 미움을 받아 결국 죽음에 넘겨졌습니다.

그는 죽으시면서 '다 이루었다' 하셨습니다. 그러면 그는 무엇을 다 이루셨습니까?

첫째, 그는 죽음으로 아버지가 언약의 하나님이심을 증거하신 것입 니다. 아버지의 말씀은 결코 변함이 없으시고 반드시 실행하시기 때문 에, 아버지의 명하신 축복의 기회를 돌이키지 않으신 것입니다. 창대 하고 번성하고 충만케 하는 기회를 놓치지 않으려고 자기 목숨을 심으 신 것입니다.

예수는 "아버지께서 나를 사랑하시는 것은 내가 다시 목숨을 얻기 위 하여 목숨을 버림이라" 하셨습니다(요10:17). 여기서 '버린다'는 말은 '심 다(lay down)'는 말입니다. 'lay down'에는 '새가 알을 까다'는 뜻도 있습 니다. 그가 목숨을 심으심은 영생의 부활을 얻고자 함입니다. 그는 아 버지의 약속을 절대적으로 믿으셨기에 아버지는 그를 통해 영광을 받 으셨습니다(빌2:11).

둘째, 하나님의 언약을 믿지 못하게 한 마귀를 정죄하셨습니다(요일3:8).

셋째, 예수께서는 자기 피를 뿌려 영혼들을 사셨습니다(계5:9~10). 그의 피를 세상 밭에 투자하신 것입니다. 앞으로 많은 하나님의 자녀들을 추수하여 하늘나라로 데려가시기 위해 피를 뿌리신 것입니다.

예수는 자기 일을 마치시고 죽으셨고 아버지는 그를 부활시키시고 하늘 보좌에 앉히셨습니다. 이제, 예수 그리스도는 하늘과 땅을 영원히 경영하시는 최고의 경영자가 되신 것입니다(마28:18). 할렐루야! 그런 CEO의 몸값이 어느 정도인지 이제 아시겠습니까? 성령을 받은 사람은 이 사실을 압니다.

교회는 하나님의 밭입니다. 내게 가장 소중한 것을 투자할 밭입니다. 예수께서는 백배에다 영생까지 보장하신다고 하셨습니다. 아니, 세상에 이런 수지맞는 장사가 어디 있습니까? 우리 각 사람에게 물질, 시간, 재능, 경험 등 보화가 있습니다. 이 보화를 교회에 투자하라는 것입니다.

예배에서 중요한 부분이 헌금입니다. 예전에는 '예수 믿으면 복 받습니다. 교회 한 번 와 보세요'라고 전도했습니다. 그러니 '복을 주시려면 양복을 주시고 양복을 주시려면 두 벌을 주시옵소서'라는 농담까지 있었습니다. 실제로 가난한 시절, 교회에 오면 뭘 얻어 갔습니다. 몇 십 년 전만 해도 한국 교회가 미국 교회들로부터 많은 도움을 받았습니다. 옷, 신발, 연필, 초콜릿 등 많은 구제품들이 교회를 통해 들어왔습니다. 그러다보니 교회에 오면 으레 뭔가를 얻어간다고 생각했습니다. 그런데 막상 와보니 매미채 같이 생긴 헌금 주머니가 앞에 오는 것이었습니다. 질겁해서 도망가며 '복 준다고 왔더니 매미채를 내밀며 돈 내놓으라 하더라' 하는 우스개노래를 지어 불렀습니다. 그러다 보니 부흥회에 가려는 며느리에게 시어머니는 '며늘애야! 교회는 가더라도 금반지는 빼놓고 가거라'고 엄중히 경고합니다. 교회에 가면 물질적으로 손해 본다고 생각한 것입니다.

성령 받은 사람은 예배도 기회요, 헌신예배도 기회요, 성전건축도 기회라고 생각합니다. 씨를 뿌릴 때가 온 것입니다. 눈을 질끈 감고 허리띠를 졸라매기로 작정하고 심는 것입니다. 때가 되면 백배의 열매를 얻습니다. '아니, 그런데 그렇게 열심히 헌신한 저 집사는 왜 저렇게 삽니까?' 하고 비아냥조로 묻는 교인이 있습니다. 이런 부정적인 사람은 평생 주께 얻을 것을 기대하지 말아야 합니다. 믿음은 현상을 보지 않고 진리의 말씀을 붙드는 것입니다. 반드시 그 결과를 보는 날이 옵니다.

어떤 사람은 자기 교회 목사님은 아주 신사적이라고 말합니다. 헌금 얘기는 한 번도 안하시니 부담이 없어서 좋다는 것입니다. 저도 헌금 설교를 거의 하지 않았습니다. 그렇다고 눈치를 봐서 하지 않는 것은 절대 아닙니다. 다만 '예수가 누구신가?' '그가 무슨 일을 하셨는가?' '그의 약속이 어떻게 이루어졌는가?'를 말해 왔을 뿐인데 우리 교회는 재정이 차고 넘칩니다. 한 번도 물질 때문에 걱정해 본 적이 없습니다. 저는 예수복음교회 위임 CEO로 20여 년 경영한 결과를 가지고 당당하게 컨설팅하고 있는 것입니다.

"이것이 곧 적게 심는 자는 적게 거두고 많이 심는 자는 많이 거둔다 하는 말이로다 각각 그 마음에 정한 대로 할 것이요 인색함으로나 억지로 하지 말찌니 하나님은 즐겨 내는 자를 사랑하시느니라 하나님이 능히 모든 은혜를 너희에게 넘치게 하시나니 이는 너희로 모든 일에 항상 모든 것이 넉넉하여 모든 착한 일을 넘치게 하게 하려 하심이라 기록한바 저가 흩어 가난한 자들에게 주었으니 그의 의가 영원토록 있느니라 함과 같으니라 심는 자에게 씨와 먹을 양식을 주시는 이가 너희 심을 것을 주사 풍성하게 하시고 너희 의의 열매를 더하게 하시리니 너희가 모든 일에 부요하여 너그럽게 연보를 함은 저희로 우리로 말미암아 하나님께 감사하게 하는 것이라 이 봉사의 직무가 성도들의 부족한 것만 보충할 뿐 아니라 사람들의 하나님께 드리는 많은 감사를 인하여 넘쳤느니라 이 직무로 증거를 삼아 너희의 그리스도의 복음을 진실히 믿고 복종하는 것과 저희와 모든 사람을 섬기는 너희의 후한 연보를 인하여 하나님께 영광을 돌리고 또 저희가 너희를 위하여 간구하며 하나님의 너희에게 주신 지극한 은혜를 인하여 너희를 사모하느니라 말할 수 없는 그의 은사를 인하여 하나님께 감사하노라"(고후9:6~15)

적게 심는 자는 적게 거두고 많이 심는 자는 많이 거두는 것은 당연한 이치입니다. 하나님의 법칙은 심는 자에게 씨와 양식을 주시는 것입니다. 계속해서 뿌릴 씨와 일용할 양식을 주시는 것입니다. 할렐루야!

성도의 봉사는 믿음의 증거입니다. 다시 말하면 그리스도의 복음을 진실로 믿는지의 여부가 심는 것으로 결판난다는 말입니다. 그런데 기도는 열심히 하면서 헌금에는 인색한 사람이 있습니다. 이 믿음에는 진실이 없습니다. 우리는 하나님의 저울을 속일 수 없습니다. 어떤 과부가 헌금한 두 렙돈이 그녀의 전 재산인 줄 아무도 몰랐지만 예수께서는 아셨습니다.

그러므로 헌신할 때가 되면 드디어 왕창 씨를 뿌릴 때가 되었다고 생각해야 합니다. 그러면 일생 동안 양식 때문에 걱정하지 않고 살고 건강도 보장받습니다. 과거에는 물질을 쌓아서 행복해 보려 했지만 이제는 물질이 없는데 백배 이상 행복합니다. 오히려 삶의 용기와 의욕이 백배나 더 합니다.

헌신 때, 저는 성도들이 얼마큼 최선을 다했는가 유심히 봅니다. 청소년 아이라고 예외가 아닌 것은 오병이어의 이적이 어린아이를 통해 나타났습니다. 장년부도 최선을 다해야 합니다. 혹 와병을 염려하여 깊이 감추어둔 돈이 있을지 모릅니다. 그것을 주님께 내놓아야 합니다. 그리고 '주여, 죽는 날까지 건강을 주옵소서. 내가 자식들의 짐이 되지 않게 하옵소서' 해야 합니다. 저는 심은 것에 대해 이미 이 땅에서 백배 이상 받았습니다. 거기다가 앞으로 영생이 보장된다니, 아니 이런 투자를 어찌 안 한단 말입니까?

성도들이 처음에 은혜 받을 때는 힘껏 심는데 세월이 가면서 조금씩 힘이 빠지는 것을 봅니다. 남들처럼 자기도 집도 사고 집도 늘려가고 싶은 것입니다. 그래서 예전에 교회에 쏟았던 열심을 이제는 세상에 쏟습니다.

밤새도록 물고기를 잡지 못한 베드로는 예수의 지시한 대로 그물을 내려 물고기를 잡았습니다. 그는 '주여, 나는 죄인이로소이다' 하고 예수 앞에 무릎을 꿇었습니다. 그의 눈에는 물고기가 아니라 주님이 보인 것입니다.

세상 일이 잘 되면 잘 될수록 신앙은 위태해집니다. 기도 응답도 받고 형편이 풀리면 성도는 그때가 바로 위기인 것을 알아야 합니다. 100불이 있을 때는 내놓기 쉽지만 만 불을 내놓으려면 손이 떨리고 10만 불을 내놓기는 더 어렵습니다.

처음 미국에 왔을 때에 비해 지금 훨씬 나아진 형편이 주님의 축복으로 말미암는 것이라고 생각한다면 그것을 경계하고 무서워해야 합니다. 그런데 계속해서 세상으로 나간다면 주님은 축복의 손을 거두실 것입니다. '어디 네 맘대로 해봐라' 하실 것입니다. 물질적으로 여유가 생기면 생길수록 더욱 정신 차리고 하늘나라에 더 많이 심어야 합니다. 하나님은 그런 자에게 계속 심을 것과 먹을 것을 주시고 영생까지 주십니다.

춘궁기에 농부는 자식이 배고파 울어도 볍씨를 논에 뿌립니다. 심은 후에는 '아들아, 이제 심었으니 기다리자. 여름이 가고 가을이 오면 배꼽살이 뒤집어진단다' 하고 우는 아이를 달래며 추수를 기다립니다. 철 없는 아이의 눈에는 양식을 땅에 버리는 것처럼 보일 것입니다. 주님께 드리려 하면 제일 걸리는 것이 자식입니다. 그래서 하나님은 믿음의 조상 아브라함에게 자식부터 드리라고 하신 것입니다.

우리는 어렵다고 좌절하지 말고 어려우면 어려울수록 더욱 심어야 합니다. CEO 예수께서 여러분의 가정을 경영해주실 것입니다. 내 손에 있는 시간, 재능, 물질을 내 가족 위해 쓰기에도 모자라지만 최고경영자 예수의 손에 올려놓으시기 바랍니다.

교회는 하나님의 밭

성경본문 (고전3:9)

하나님은 언약의 주시다(창17:2).
그의 말씀은 세세토록 변함이 없고(벧전1:25)
그는 언약하신 바를 반드시 이행하시는 분이다(민23:19).

신앙은 그를 신뢰함이요,
신앙생활은 그의 밭, 교회에 자기 보화를 투자하는 생활이다.

장사꾼은 사업에, 도박꾼은 도박에, 농사꾼은 농사에
수확을 바라고 투자하나
그 이익이 반드시 보장되는 것은 아니다.

그래도 밭과 농부의 관계는 가장 든든한 신뢰관계이니
밭은 농부에게 다수확을 보장해주어 왔기 때문임이라.
자연도 그러하다면 하나님의 밭은 어느 정도로 신뢰해야 할까?

성경은 하나님의 경영백서(經營白書)라.
창세로부터 그가 물고기, 새, 사람에게 복을 주시니
번성, 충만하게 되었다(창1:22, 28).

인류는 조상 아담이 마귀에게 속아 범죄 후(창2:17, 3:4~6)
땅이 저주를 받으므로 심는 대로 되지 않게 되었다(창3:17).

그런데 아브라함은 하나님이 지시하신 대로 본토를 떠남으로
복의 근원이 되어 창대케 되었으니(창12:1~2)
죽은 자와 방불한 한 사람으로 허다한 후손의 약속을 얻음이다(히11:12).

그의 후손 이스라엘이 하나님이 430년 간 온상(溫床)으로 사용하신(출12:40)
애굽의 종살이를 마치고 나올 때 장정(壯丁)만 70여 만 명이 되었고(민1:46~47)
애굽의 금, 은, 보화를 이끌고 나온바
하나님은 그 보물로 성소를 짓게 하셨으니

이를 대대로 기념하게 하심이다(출12:35~36).

또한 선지자를 하나님의 사람으로 알고
마지막 것으로 그를 대접한 과부 집에
하나님은 기근이 끝날 때까지 기름과 가루가 계속 채워지게 하셨다(왕상17:8~16).

이를 기억케 하는 성전을 향해
예수께서 너희가 헐면 내가 다시 일으키리라 하셨으니
성전 된 자기 육체의 죽음과 부활로(요2:19~21)
육신을 위한 것 위에 영생을 채워주려 하심이었다.

그와 복음을 위하여 자기 보화를 하늘에 심는 자는(마6:19~21)
금세에 백배, 내세에 영생을 얻는다 하신바(막10:29~30),
그는 오병이어로 오천 명을 먹이고,
빈 배에 물고기를 채우신 분임이라(마14:19~21, 눅5:4~5).

그를 왕 삼으려 했던 자들을 실망시키므로 죽음에 넘겨졌으나
그는 죽으시면서 다 이루었다 하셨으니(요19:30),
① 목숨을 얻고자 목숨을 심으심(요10:17, 빌2:11).
② 말씀을 의심하게 한 마귀를 심판하심(창3:4~6, 요일3:8).
③ 많은 영혼들을 얻고자 세상 밭에 그 피를 뿌리심이다(계5:9).

그는 부활 승천하사 보좌에 앉으셨으니
하늘과 땅의 최고경영자(CEO)시라(마28:18)
그가 그의 이름으로 모인 교회에 성령을 보내신바
그리스도인은 자기의 귀중한 시간, 재물, 재능 등을
그의 몸 된 교회에 즐거운 마음으로 투자하니(고후9:5~15)
최고경영자께서 심는 자에게 심을 것, 먹을 것을 보장해 줌을 믿음이라.

오, 주여!
기도 응답도 이적도 체험한 우리 중에
어리석어 돌이켜 땅에 심는 자 없게 하옵소서.
최고경영자, 예수여!
나와 나의 자녀들의 일생을 경영하여 주옵소서. 아멘.

10
교회는 하나님과의 만남의 장소

"우리 조상들은 이 산에서 예배하였는데 당신들의 말은 예배할 곳이 예루살렘에 있다 하더이다 예수께서 가라사대 여자여 내 말을 믿으라 이 산에서도 말고 예루살렘에서도 말고 너희가 아버지께 예배할 때가 이르리라 너희는 알지 못하는 것을 예배하고 우리는 아는 것을 예배하노니 이는 구원이 유대인에게서 남이니라 아버지께 참으로 예배하는 자들은 신령과 진정으로 예배할 때가 오나니 곧 이때라 아버지께서는 이렇게 자기에게 예배하는 자들을 찾으시느니라 하나님은 영이시니 예배하는 자가 신령과 진정으로 예배할 찌니라 여자가 가로되 메시야 곧 그리스도라 하는 이가 오실 줄을 내가 아노니 그가 오시면 모든 것을 우리에게 고하시리이다 예수께서 이르시되 네게 말하는 내가 그로라 하시니라"(요4:20~26)

"그러므로 형제들아 내가 하나님의 모든 자비하심으로 너
희를 권하노니 너희 몸을 하나님이 기뻐하시는 거룩한 산
제사로 드리라 이는 너희의 드릴 영적 예배니라"(롬12:1)

하나님은 생존하시는 분입니다. 그는 지금 살아 계시고 장차 우리를
만나 주실 분입니다.

신앙은 이 사실을 믿고 살아 계신 그의 얼굴 뵙기를 사모하는 것이며
(시42:2), 신앙생활은 생명수 강가에서 그의 얼굴을 보며 영원히 살 날
을 위해 하나님과의 만남의 장소인 교회에서 예배에 성공하는 생활입
니다(계22:1~5).

일반 종교와 다른 기독교의 특징은 하나님의 얼굴을 뵙는다는 약속을
가지고 있는 것입니다. 예배는 헬라어로 '프로스퀴네오(proskunevw)'
인데 '하나님과의 만남', '얼굴과 얼굴을 맞대다', '입 맞추다' 등 아주 친
밀한 만남을 의미하는데 '하나님과의 거룩한 입맞춤'이라고도 합니다.

예전에 한국에는 '만나리 다방', '만나리 제과점' 등이 데이트 장소로
인기가 좋았습니다. '만남'이라는 단어는 사람들에게 소망과 설렘과 기
쁨을 가져다줍니다. 인생에서 가장 큰 기쁨은 사랑하는 사람과의 만남
이요, 가장 큰 슬픔은 사랑하는 사람과의 사별(死別)입니다. 다시는 생
존세계에서 그 얼굴을 볼 수 없기 때문입니다. 아들을 전쟁터에 보낸 부
모의 바람은 그저 병신이 되더라도 좋으니 살아 돌아오는 것이었습니
다. 그러다가 전사자 통보를 받으면 오열하고 절망합니다. 만남은 이처
럼 슬픔과 기쁨, 절망과 살 의욕의 사이를 갈라놓습니다.

만남의 중요한 요소는 시간과 장소와 대상입니다. 그리운 사람을 만날 때, 그 날을 손꼽아 기다리며 약속한 장소를 연상합니다. 어떤 사람은 연습 삼아 미리 가보기도 합니다.

몇 해 전 6.25전쟁 이산가족이 40~50년 만에 재회하는 장면을 텔레비전에서 방영했습니다. 그 장면을 보며 눈시울을 적시지 않는 사람이 없었습니다. 당시 폭격으로 온 집들이 다 폐허가 되고 가족들은 뿔뿔이 흩어졌습니다. 갑자기 하루아침에 당한 일이었기 때문에 가족들끼리 한마디 말도 나누지 못한 채 피난길에 오른 사람들이 많았습니다. 그래서 '아무개야, 꼭 살아 있다가 전쟁이 끝나면 서울역 앞에서 만나자'라는 쪽지를 집 앞 전봇대에 붙여 놓고 떠난 가정들이 많았습니다. 그 후 만난 사람도 있지만 만나지 못한 사람들도 많았습니다.

어떤 아버지는 속 썩이는 아들을 정신 좀 차리라고 집에서 내쫓은 그 다음날 전쟁을 맞았습니다. 그래서 아들에게 '꼭 살아서 서울역에서 만나자'는 쪽지를 써놓고 집을 떠났습니다. 그 후 전쟁이 끝난 뒤에도 돌아오지 않는 아들을 만나기 위해 아버지는 십여 년을 하루도 거르지 않고 서울역 앞에 나갔습니다.

당시 아들은 집에 돌아와 보니 집은 폐허가 되었고 가족은 다 떠났는데 다행히 기둥에 남긴 쪽지를 발견했습니다. 그래서 부랴부랴 서울역을 향하여 걸어가는데 뜻밖에 강제징용을 당해 전쟁터로 끌려가게 되었습니다. 그는 전쟁 중 뇌에 심한 부상을 입어 기억력을 상실하고 입원해 있었습니다.

그러던 중 전쟁은 끝났고 세월은 십여 년이 흘렀습니다. 그러다가 그는 기적적으로 제 정신이 들어 과거사를 기억하게 되었습니다. 아버지의 쪽지가 기억났습니다. 그는 혹시나 하는 맘으로 서울역으로 갔습니다.

그런데 아버지는 아! 그날도 변함없이 이른 아침부터 서울역 앞에서 배회하고 있는 것이었습니다. 오랜 병치레로 늙어버린 아들을 아버지는 본능적으로 알아보았습니다. 아버지는 멀리서 걸어오는 아들에게 '아들아!' 소리치며 달려갔습니다. '네가 살아있었구나' 아들의 수척해진 얼굴을 만지는 아버지의 주름진 얼굴은 눈물로 범벅이 되었습니다. 옆에서 이 장면을 지켜보는 사람들도 다 눈물을 흘리며 기뻐했습니다.

예배는 바로 이런 것입니다. 하나님과의 만남인 예배가 충격적이어야 하는 이유는 '헤어짐'이 있었기 때문입니다. 인류는 하나님과 헤어진 적이 있습니다. 인류의 조상 아담이 에덴동산에 살고 있을 때 하나님은 '선악과를 먹지 말라 먹는 날에는 정녕 죽으리라'고 말씀하셨습니다(창2:17). 그런데 마귀가 뱀을 타고 들어가 이간질을 했습니다. 뱀이 '결코 죽지 아니하리라' 하고 여자를 꾐으로 여자가 먼저 선악과를 먹고 남편에게도 주어서 먹게 했습니다(창3:4~6).

선악과를 먹은 그들은 하나님의 음성을 듣고 동산 나무 사이에 숨었습니다. 하나님은 그들을 부르시고 추궁 끝에 가죽옷을 지어 입혀 동산에서 내쫓으셨습니다. 그 후 인류는 하나님의 환경에서 쫓겨나 하나님의 음성을 들을 수 없는 유리방황하는 신세가 되었습니다.

이 상태에 대해 가인이 말합니다. 가인은 동생 아벨을 죽인 후 하나님에게 발각된 것을 알고 '주께서 오늘 이 지면에서 나를 쫓아 내시온

즉 내가 주의 낯을 뵈옵지 못하리니 내가 땅에서 피하며 유리하는 자가 될찌라'고 했습니다(창4:14). 죄의 대가는 하나님의 낯을 뵙지 못하는 것입니다.

하나님이 아브라함을 부르셨습니다. 그리고 '네게 지시하는 산에 가서 네 독자를 번제로 드리라' 하셨습니다(창22:2). 아브라함은 이삭을 데리고 가 번제로 드리려 나뭇단 위에 놓고 칼을 번쩍 빼들었습니다(창22:9~10). 하나님을 경배하기 위해 지정한 날, 지정한 곳에서, 지정한 예물을 드리려 한 것입니다. 그때 하나님께서 '그 아이에게 네 손을 대지 말라…. 네가 네 아들 네 독자라도 내게 아끼지 아니하였으니 내가 이제야 네가 하나님을 경외하는 줄을 아노라' 하셨습니다(창22:12). 아브라함이 눈을 들어보니 수양 하나가 수풀에 뿔이 걸려 있어 아들을 대신하여 번제로 드렸습니다(창22:13).

제사와 경배와 만남은 동격입니다. 아브라함은 생존하신 하나님을 뵙기 위해 경배를 드렸습니다. 그는 하나님을 뵙지는 못했지만 수양을 보았고 그 수양으로 아들을 대신하여 번제로 드렸습니다. 수양은 그 후손을 통해 오실 메시야, 결박당하고 대신 죽는 제물, 하나님의 독생자에 대한 예표입니다. 경배의 성공은 메시야를 보는 것입니다.

그 후손 야곱이 삼촌 집에서 20년 동안 종살이를 하다가 많은 재물을 이끌고 고향으로 돌아가게 되었습니다. 그가 얍복강가에서 형 에서의 보복이 두려워 밤새도록 기도했습니다. 그런데 그때 어떤 사람을 만났습니다. 야곱은 그에게 '나를 축복하소서. 나를 축복하소서' 하며 매달렸습니다. 야곱은 환도뼈를 상하면서까지 붙들고 늘어졌습니다. 그러자 '네 이름이 무엇이냐' 하고 물으니 '야곱'이라고 했습니다. 그랬더니 '네 이름을 다시는 야곱이라 부르지 말고 이스라엘이라 하라' 했습니다 (창32:24~30). '이스라엘'은 '하나님과 겨루어 이기다'라는 뜻입니다. 그래서 야곱은 그곳의 이름을 '브니엘'이라고 했는데 이는 '하나님과 대면하다'는 뜻입니다. 야곱은 애걸복걸한 결과로 하나님의 얼굴을 본 것입니다(I have seen God face to face.).

　그러면 그가 진짜 하나님의 얼굴을 본 것일까요? 그가 거기서 하나님을 보았다면, 그럼 하늘에는 하나님이 안 계시는 것 아닌가요? 아닙니다! 그는 천사를 본 것입니다.

　출애굽기 33장에 '여호와께서는 모세와 대면하여 말씀하셨다'고 기록되어 있는가 하면(11절), '여호와께서... 네가 내 얼굴을 보지 못하리니 나를 보고 살 자가 없음이니라... 네가 내 등을 볼 것이요 얼굴은 보지 못하리라'고 기록되어 있습니다(19~23절). 그러니까 모세는 하나님의 얼굴을 직접 본 것이 아니라 그 등을 본 것, 곧 하나님의 일을 대행한 천사를 본 것입니다.

　이스라엘 백성으로 짓게 한 성막은 회막(會幕, The tabernacle of meeting)이라고 하는데 이는 '만남의 장소'라는 뜻으로 하나님과 사람이 만나는 장소입니다. 하나님은 모세에게 "거기서 내가 너와 만나고 속죄소 위 곧 증거궤 위에 있는 두 그룹 사이에서 내가 이스라엘 자손을 위하여 네게 명할 모든 일을 네게 이르리라"고 했습니다(출25:22). 예배와 제사와 만남은 같은 뜻입니다. 제사의 요소는 성소와 제물과 제사장입니다. 일 년에 일 차씩 제사를 드리는 속죄일(7월 10일)에 대제사장이 홀로 일 년 된 흠 없고 점 없는 짐승의 피를 가지고 지성소에 들어가 속죄소 위에 나타나신 하나님을 뵙는다고 하지만 날개를 펴고 있는 천사의 형상 밖에는 보지 못했습니다(레23:27).

이스라엘 민족이 가나안에 들어간 후 솔로몬 왕 때 13년에 걸쳐서 더 크고 화려하게 성전을 지었습니다. 솔로몬 아들 르호보암 왕 때 '이 백성을 어떻게 치리할꼬' 하고 물었더니, 늙은 신하들은 '부왕이 계실 때 성전을 짓느라 고생을 많이 했으니 이제 멍에를 가볍게 하소서'라고 조언했습니다. 그러나 젊은 신하들은 '이 백성은 목이 곧아서 풀어주면 안됩니다. 고삐를 더욱 바짝 죄어야 합니다'라고 답했습니다. 젊은 르호보암 왕은 젊은이들의 말을 들었습니다. '내 부친은 채찍으로 너희를 징치하였으나 나는 전갈로 너희를 징치하리라' 했습니다(왕상12:11). 이에 유다와 베냐민 지파만 남고 나머지 열 지파는 모두 북으로 올라갔습니다.

그래서 르호보암은 예루살렘에 머물면서 남왕국 유다를, 여로보암은 북쪽 벧엘을 중심으로 북왕국 이스라엘을 다스리게 되었습니다. 그때 레위 지파들도 여로보암을 따라갔다가 제사를 드리기 위해 다시 예루살렘으로 내려왔습니다. 여로보암은 백성들이 유다왕국으로 돌아가는 것을 막으려고 산당을 짓고 우상을 세우고 아무나 제사장으로 뽑아서 제사를 드리게 했습니다(대하10:1~11:16).

'하나님은 영이시니까 아무데서나 제사만 드리면 된다'라고 생각한 것입니다. 그러다가 전쟁이 나서 포로가 되어 이방으로 끌려가자 그들은 잘못을 뉘우치며 옛 성전을 그리워했습니다. 시편에 보면 성전에 대한 그리움이 잘 기록되어 있습니다. 그러던 중 선지자 아모스는 '이스라엘아 네 하나님 만나기를 예비하라'고 말했습니다(암4:12).

이러한 역사를 배경으로 갖고 있는 성전 앞에 예수께서 나타나 '너희가 이 성전을 헐라 내가 사흘 동안에 일으키리라' 하셨습니다. 성전은 하나님과 만남의 장소입니다. 그러나 뽑고 뽑은 대제사장이 지정한 날, 지정한 장소에 들어가 천사의 형상만 보고 나오는 곳입니다. 그는 죽었다가 사흘 만에 일어날 자기 육체로 하나님의 얼굴을 직접 보여주시려 한 것이었습니다(요2:19~22).

> "빌립이 가로되 주여 아버지를 우리에게 보여 주옵소서 그리하면 족하겠나이다 예수께서 가라사대 빌립아 내가 이렇게 오래 너희와 함께 있으되 네가 나를 알지 못하느냐 나를 본 자는 아버지를 보았거늘 어찌하여 아버지를 보이라 하느냐"(요14:8~9)

하나님은 영이시기 때문에 볼 수 없습니다. 그뿐 아니라 하늘에 가서도 하나님을 볼 수 없습니다. 그는 만유보다 크서서 피조물의 시야를 가지고 영원히 볼 수 없는 분입니다(요10:29). 하늘에 가서 볼 하나님은 예수 그리스도입니다. 예수는 하나님의 본체(The Image of God)입니다(요14:9, 빌2:6). 하나님을 볼 수 있는 방법은 오로지 예수밖에 없습니다.

요한계시록 22장 3~4절에 '하나님과 그 어린양의 보좌가 그 가운데 있으리니 그의 종들이 그를 섬기며 그의 얼굴을 볼 터이요 그의 이름도 저희 이마에 있으리라'고 했습니다. 하나님도 앉아계시고 예수님도 앉아계시고, 그러면 두 분이 각각 보좌에 앉아 계실까요? 그런데 자세히 읽어보면 '그의 얼굴(His face)' 곧 단수로 기록되어 있습니다. '그의 얼굴'은 예수의 얼굴을 의미합니다. 하나님과 어린양이 각각 앉아 계시는 것이 아니라 한 보좌에 같이 앉아 계신 한 분입니다. 그래서 '나를 본 자는 아버지를 보았다' 고 하신 것입니다.

유대인들은 성전에서 드리는 예배를 통해 하나님을 만나는 것으로 알고 극진히 섬겼는데 '성전을 헐라' 하지 않나, 또 '나를 본 자는 하나님을 보았다' 하지 않나 하니 그들은 도저히 참을 수 없었습니다. 그래서 예수를 죽는 자리에 넘겨주었습니다.

예수는 죽으시면서 '다 이루었다' 하셨습니다(요19:30). 그는 무엇을 다 이루셨습니까?

첫째, 그가 성소, 대제사장, 제물이 되어 단번에 제사를 완성하심으로 아버지와의 만남을 이루신 것입니다(히9:23~28). 예수께서 십자가에 달려 그의 몸이 찢어질 때 성소의 휘장이 찢어졌습니다(마27:51). 베일이 벗겨짐으로 그가 하나님의 본체시라는 사실이 공개된 것입니다. 이제 더 이상 성전은 존재할 필요가 없어진 것입니다. 그는 생존세계의 마지막 순간을 아버지께 영광을 돌리심으로 마치셨습니다.

둘째, 하나님과 인간을 이간시킨 마귀를 정죄하셨습니다(요일3:8).

셋째, 그 피로 영혼의 죄를 씻어 정결케 하사 하나님의 얼굴을 볼 수 있게 하셨습니다.

그는 사흘 만에 부활하여 하늘에 오르시고 보좌로부터 성령을 보내주셨습니다. 성령은 예수 이름을 가지고 오셨습니다. 성령이 오시자 곧 교회가 탄생했습니다. 교회는 예수 이름을 영접한 자들이 모인 모임 곧 생존하신 예수의 몸입니다(요1:12, 엡1:22~23).

"두세 사람이 내 이름으로 모인 곳에는 나도 그들 중에 있느니라"고 하신 말씀같이 성령이 강림하심으로 드디어 하나님과의 만남이 이루어진 것입니다(마18:20). 예수께서 이 세상에 육체로 오셨을 때는 인간의 영혼은 죽어 있었고 그 눈은 가려져 있었습니다. 그런데 그의 피를 받아 살아난 영혼들이 모인 교회에 성령이 들어오시니 생존하시는 예수의 영과 믿는 자의 산 영이 만나게 된 것입니다(행16:7).

예배는 지금 생존하시는 주 예수 그리스도와의 만남입니다. 창조주 하나님 여호와가 계시다고 믿는 자들은 안식일이라고 하는 한 주의 마지막 날 토요일을 지켜야 한다고 주장합니다. 그러나 그리스도인은 '주의 날'이라고 하는 한 주의 첫 날에 모여 예배합니다. 사도행전 20장 7절에 '안식 후 첫날에 우리가 떡을 떼려 하여 모였더니' 또 고린도전서 16장 2절에 '매주일 첫날에 연보하러 모였다'라고 했습니다. 주(主)의 날은 한 주(週)의 머리 날로 예배하는 날입니다(계1:10).

요한복음 17장 3절에, '영생은 창조주 하나님과 그가 보내신 자 예수 그리스도를 아는 것'이라 했으니 우리가 오늘날 알아야 하고 만나야 하는 분은 창조주 하나님이 보내신 예수 그리스도입니다.

예배의 요소는 대상과 시간과 장소입니다. 주일에 성령이 감독하시는 주님의 몸 된 교회에서 예수의 피로 산 영혼과 살아계신 예수의 영이 만나는 현장이 예배입니다. 비록 오늘 이 자리에 있다 할지라도 예수의 피와 무관한 사람은 예배를 보는 것이 아닙니다. 예수의 피로 죄 씻음 받고 살아난 영혼만이 지금 살아계신 예수의 얼굴을 보는 것입니다.

예수께서 사마리아 여행 중 우물가에서 어떤 여자와 대화를 나누셨습니다(요4:7~26). 사마리아인은 이스라엘 사람과 인근 이방족속 블레셋이 통혼하여 나온 혼혈족입니다. 그 여인이 '우리 조상들은 이 산에서 예배를 드려도 된다고 하는데 유대인들은 오직 예루살렘에서 예배를 드려야 한다고 합니다. 도대체 어디서 예배를 드려야 합니까?'라고 물었습니다. 예수께서는 '여자여 내 말을 믿으라 이 산에서도 말고 예루살렘에서도 말고 너희가 아버지께 예배할 때가 이르리라… 하나님은 영이시니 예배하는 자가 신령과 진정으로 예배할찌니라' 하셨습니다. 이에 여자가 '메시야가 오시면 그가 모든 것을 우리에게 말씀하시리라' 고 하니까 예수께서는 '지금 네게 말하는 내가 바로 그로라' 하셨습니다. 그녀가 보고 있는 이 얼굴은 그녀가 그토록 보고 싶어하던 하나님의 얼굴인 것입니다. 여자는 너무 놀라서 동네에 들어가서 사람들에게 그리스도께서 오셨다고 전했습니다(요4:28~29).

하나님은 영이시니 예배하는 자는 신령과 진정으로 예배해야 합니다. 과거의 제사는 예루살렘성전에서 짐승의 제물을 가지고 대제사장에 의해 드려졌습니다. 그러나 이제 지정한 한 장소에서 지정한 예물을 가지고 지정한 사람에 의해 드리던 제사시대는 끝났습니다.

그렇다고 아무 곳에서나 혼자서 찬양하고 기도하고 말씀을 상고하며 예배한다는 사람들이 있습니다. 그들은 예수는 구약 예배의 개혁자이기 때문에 이제 예배가 따로 필요 없고 교회도 갈 필요가 없다고 주장합니다. 이들은 '신령'은 알지만 '진정'을 모르는 자들 즉 '영'(in spirit)은 알아도 '법'(in truth)을 모르는 '신령당 당수들'입니다.

예배를 부정해서는 안 됩니다. 로마서 12장 1절에 '너희 몸을 하나님이 기뻐하시는 거룩한 산 제사로 드리라 이는 너희의 드릴 영적 예배니라'고 했습니다. 여기서 '산 제사로 드리라'는 말은 죽은 제사를 드리지 말라는 말입니다. 이는 짐승의 죽은 피 가지고 드리는 제사가 아니라 예수의 산 피로 드리는 산 제사, 예배를 드리라는 것입니다.

기독교는 유대교를 바탕으로 시작되었습니다. 유대교는 율법에 따른 성소와 제사장과 제물로 드리는 예배를 드렸습니다. 그러나 예수께서는 법칙과 예배 자체를 없앤 것이 아니라 그가 보완해서 예배를 완전케 하셨습니다. 진리는 율법을 폐하는 데 목적이 있는 것이 아니라 보완하는 데 있습니다. "내가 율법이나 선지자나 폐하러 온 줄로 생각지 말라 폐하러 온 것이 아니요 완전케 하려 함이로라"고 말씀하신 것처럼 복음은 율법의 부족한 점을 보완합니다(마5:17).

기독교는 유대교의 예배 형식을 보완하고 대체한 것이지 없애는 것이 아닙니다. 예수 자신이 대제사장, 제물, 성소가 되심으로 완성하신 것입니다. 혈통에 따른 대제사장 대신 그가 영원한 대제사장이 되시고 짐승의 피 대신 예수의 피가 제물이 된 것이며 흙으로 된 성소 대신 그의 육체가 장막이 되신 것입니다(히7:27, 9:11~12).

이제 성도는 이 땅에 있는 동안 만인제사장이 되어 예수의 피를 힘입어 성전 된 교회에서 예배하는 것입니다. 예배를 무시하거나 소홀히 하는 자는 신앙의 기초가 잘못되었거나 뿌리가 없기 때문입니다.

하나님은 참으로 예배하는 자를 찾으십니다. 그의 얼굴 뵙기를 사모하는 자를 찾으십니다. 이 시간에도 불꽃같은 눈으로 찾고 계십니다. "너희가 전심으로 나를 찾고 찾으면 나를 만나리라"고 했습니다(렘29:13). 그러므로 예배는 사모하고 사모하는 것입니다. 예배는 주의 첫날 예수 이름으로 모인 교회에서 생존하시는 그리스도의 얼굴을 뵙는 것입니다.

하나님도, 성령도 영이시기에 볼 수 없습니다. 그러나 영이 살아서 성령에 감동된 사람은 예배 중에 하나님과의 만남의 충격이 있고 기쁨과 환희와 눈물이 있습니다. 탕자가 돌아올 때 아버지는 아직도 상거가 먼데도 아들을 보고 측은히 여겨 달려가 목을 안고 입을 맞추었습니다(눅15:20). 바로 이것이 예배입니다.

누가 여러분을 예배에 초청했습니까? 목사입니까? 아닙니다. 저도 하나님을 만나러 왔습니다. 그분의 얼굴 뵙기를 사모하기 때문에 한 주간 동안 허리가 부러지고 무릎이 깨질 정도로 기도하며 이 순간을 위해 준비합니다. 나뿐만 아니라 내게 주신 자 모두 아버지를 만나게 하려고 몸부림치는 것입니다. 이 시간에 우리를 부르시고 만나는 이는 생존하시는 우리 주 예수 그리스도이십니다.

우리가 예배에 나온 것도 우리가 예수를 믿게 된 것도 다 그분이 먼저 불러주셨기 때문입니다. 서울역에서 아들을 만나기 위해 비가 오나 눈이 오나 십여 년을 기다렸던 아버지와 같이, 2000년 전부터 이날이 오기를 기다리시던 하나님 아버지가 나를 만나려고 부르신 것입니다.

내가 세상에서 방황하고 있을 때 누군가에 의해 내 아버지가 살아 게

시다는 소식이 들려왔습니다. 그것이 믿어지는 순간, 나는 비로소 하늘을 향해 아버지를 부르게 되었습니다. 내가 먼저 아버지를 부른 것이 아닙니다. 그가 먼저 나를 '아들아~' 하고 불러주셨기 때문에 내가 '아버지~' 하고 부른 것입니다. 아버지와의 만남이 이루어지는 순간, 우리는 얼싸안고 입 맞추고 눈물 흘리며 기뻐하는 것입니다.

예배에는 충격과 환희와 감격과 눈물이 있어야 합니다. 아버지의 열렬한 환영이 있고 한없는 용서가 있고 이 불효자식에게 하늘보화를 준비해 두신 것이 그리 충격이 되는 것입니다.

우리 교회에 처음 오신 분들은 한결같이 '이 교회 사람들은 왜 이렇게 웁니까?' 하고 묻습니다. '무슨 죄를 그리 많이 지었나요?', '무슨 딱한 사정이 그리 많은가요?' 하고 묻습니다. 나를 기다리시고 기다리시던 아버지가 나를 불러주셔서 그 피로 살아난 내 영이 지금 살아계신 우리 아버지 주 예수 그리스도를 만나게 되었다는 사실이 너무 감격스럽지 않습니까? 예수 이름만 들어도, 예수 이름을 찬양만 해도 눈물이 나는 것입니다.

예배에 성공해야 합니다. 그래야 한 주간 세상에 나가서 믿음으로 살 수 있습니다. 교회에 와 있는지, 극장에 와 있는지, 절간에 와 있는지 모르는 사람은 예배에 실패한 것입니다.

그런데 예배를 부정하는 신학자들이 있습니다. 저는 한번 묻고 싶습니다. 예수를 믿은 이후 내 스케줄에 예배가 없다면 오늘날 이 믿음을 유지할 수 있겠습니까? 저는 자신이 없습니다. 이렇게 충격적이고 감격적이고 기쁨이 있는 예배가 없다면 어떻게 이 믿음을 유지할 수 있습니까?

저는 조에 인터내셔널(Zoe International) 행사를 한국에서 한 후, 주일에 현지 교회에 가서 예배를 드립니다. 눈물 한 방울 없이 산송장처럼 앉아있다 돌아가는 사람들을 보면 너무 안타깝습니다. 우리 교회가 그렇게 그리울 수가 없습니다. 우리 교회 성도들이 그렇게 보고 싶을 수가 없습니다. 감격이 있고 기쁨이 있는 곳, 눈물이 있는 현장으로 어서 돌아가고 싶습니다.

예배 없이 기독교가 존재할 수 있을까요? 종교는 마귀가 지배하기 때문에 존재할 수 있지만 우리의 신앙은 불가능합니다. 심한 박해 속에서도 기독교가 유지된 비밀스런 힘은 예배에서 비롯되었습니다. 그리스도인들은 예배드리다가 발각되어 잡혀가고 죽임을 당했어도 모였습니다. 영혼이 살아 있는 자들은 살아계신 아버지를 만나기 위해 죽음도 불사했습니다.

영혼이 살아 있는 자라면 예배 중에 살아계신 주님을 느낄 수 있을 것입니다. 아버지의 부르시는 음성이 들리는 현장, 아버지의 품이 느껴지는 현장이 바로 예배에서 이루어지기를 바랍니다. 생명수 강가에서 우리 아버지 얼굴을 뵐 때까지, 이 땅에 있는 동안 그의 교회에서 예배에 성공하시기를 예수 이름으로 축원합니다.

교회는 하나님과의 만남의 장소

성경본문 (요4:20~26, 롬12:1)

하나님은 생존하시는 분이다(시42:2).
그는 현재 살아 계시고 장차 얼굴과 얼굴로 대면할 분이시다.

신앙은 하나님의 얼굴 뵙기를 사모함이요,
신앙생활은 생명수 강가에서
그의 얼굴을 보며 영원히 살 날을 위해(계22:1~5)
예배에 성공하는 생활인바
예배란 하나님과의 만남이란 뜻이다.

인생의 가장 큰 기쁨은 헤어졌던 사랑하는 사람과의 만남이요,
가장 큰 슬픔은 사랑하는 사람과의 사별(死別)이니
그 얼굴을 다시 보지 못함이라.

인류는 그 조상 아담이 마귀의 꾐에 빠져 범죄한 후(창2:17, 3:4~6)
하나님과 헤어지게 되었고 유리방황하게 되었다(창3:24, 4:14).

하나님이 아브라함에게
지시하신 산에서 독자를 드리며 경배하게 하신 것은(창22:2, 5)
장차 인류를 만날 예표(豫表) 곧 희생양을 보여 주심이라(창22:12~13).

이스라엘은 그 후손 야곱이 하나님과 대면하여 얻은 이름이나(창32:24~30)
하나님의 얼굴을 직접 뵌 것은 아니니
하나님이 만남의 장소로 지정하신 회막(會幕, The tabernacle of meeting)에서
속죄소 위 두 천사의 형상을 볼 뿐인 것은(출25:22)
하나님의 얼굴을 보고 살 자가 없기 때문이라(출33:19~23).

그러나 성소에서, 제물로, 제사장을 통해
하나님과 만남의 언약의 제사는(히9:1~10)
남북왕국으로 갈라진 후에도 각각 드렸으니(대하10:1~11:16)
유다왕국(남) – 예루살렘성전 중심 – '법대로'

이스라엘왕국(북) – 벧엘 산당 중심 – '신령으로'다(요4:20).

예수께서 성전을 헐라 사흘 만에 일으키리라 하심은(요2:19)
그는 찾고 찾는 자에게 만나주시는
하나님의 본체이심이다(렘29:12~13, 요14:8, 빌2:6).

그의 몸이 휘장같이 찢겨 죽으시며 다 이루었다 하셨으니(마27:51, 요19:30)
① 그가 성소, 대제사장, 제물이 되심으로
　단번에 제사를 완성하사 아버지와의 만남이 이루어짐(히9:23~28).
② 이간자 마귀를 심판하심(요일3:8).
③ 그 피로 인간의 죄를 사하여 주심으로 만날 길을 열어 주심이다(히9:22, 10:20).

하나님은 신령과 진정으로 참으로 예배하는 자를 찾으시니(요4:23)
① 주의 날에(행20:7, 고전16:2, 계1:10)
② 주의 이름으로 모인 몸 된 교회에서(마18:20, 엡1:23)
③ 생존하신 예수의 영 곧 성령이 그의 피로 산 영혼들과 만남이라.

예배는
집 나간 아들과 기다리던 아버지와의 만남이라(눅15:20~24).
용서와 감격과 충격과 환희와 눈물이 있는바
예배에 성공한 자들은 어떤 핍박, 환난, 박해도 넉넉히 이길 수 있다 .

오, 주여!
독생자의 몸을 찢어가며,
그토록 우리를 만나기를 원하시는 우리 아버지!
이 못난 자식,
그토록 오래 기다려 주신 우리 아버지, 예수여!
아버지 품에 안겨 목놓아 울고 싶습니다.
내 평생에
감격과 충격과 환희와 눈물이 있는 예배를 보게 하옵시고
독수리 날개 치듯 치솟아 올라가게 하옵소서. 아멘.

11

교회들이여, 예수 이름을 찬양하라

"이르시되 내가 주의 이름을 내 형제들에게 선포하고 내가
주를 교회 중에서 찬송하리라 하셨으며"(히2:12)

하나님은 지극히 높으신 분(The Most High)입니다(시57:2). 그는 모든 신들 중의 신이 되시고, 그는 가장 뛰어난 이름을 가지고 계시는 분입니다(단11:36, 시148:13).

신앙은 그를 인정하고 높이는 것이며, 신앙생활은 내 평생 호흡이 끊어지는 순간까지 그 이름을 높이고 찬양하는 생활입니다(시146:2, 히2:12).

찬양은 하나님의 이름을 높이며, 그의 성품을 기리며, 그가 하신 일을 칭송하고, 그와 나의 관계를 노래하는 것입니다. 곧 그가 나의 하나님이 되시고 나의 주가 되시고 나의 왕이 되시고 나의 아버지가 되신 것을 찬양하는 것입니다.

'기독교' 하면 찬송가를 연상할 만큼 교회와 예배의 첫 인상은 찬양입

니다. '찬양' 하면 보통 가톨릭성당에서 나는 은은한 오르간 소리나 성가를 연상합니다. 그런 사람들이 우리 교회 예배에 왔다가 질겁합니다. 온갖 악기를 동원하여 큰 소리를 내고 손뼉을 치고 춤추며 찬양하는 걸보고 큰 충격을 받습니다. 보통 교인들은 자기 마음에 위로가 되는 찬송가를 부르기 좋아합니다. 요즘에는 불교도들도 '찬불가'를 만들어 부르며 마음의 위로를 받는답니다.

찬양은 하나님의 이름을 높이며 하나님의 마음을 위로해드리는 것입니다. 왜냐하면 하나님이 피조물을 지으신 목적이 찬양이기 때문입니다. 시편에 수없이 '온 땅이여 여호와를 찬양하라 물들도 여호와께 노래하라'고 선포하고 있지 않습니까?

모든 만물은 말할 것도 없고 그 중 특별히 찬양을 위해 지음 받은 영적 존재가 있었으니 하늘에 천사와 땅위에 사람입니다.

> "이 백성은 내가 나를 위하여 지었나니 나의 찬송을 부르게
> 하려 함이니라"(사43:21)

하나님이 사람을 지으시고 이스라엘을 택하신 것, 그리고 특별히 그의 피로 교회를 사신 것은 찬양을 위한 것입니다. 하나님을 찬양하는 것은 교회의 사명입니다.

하나님이 태초에 영계 하늘을 지으시고 그 안에 하나님의 보좌와 하나님의 이름과 하나님의 영광을 두셨습니다. 거기에 천사를 있게 하신 것은 하나님의 이름을 찬양하게 하신 것입니다.

그를 위해 천사에게 기름을 붓고 재능도 부여하셨는데 그 대표가 천사장 루시엘입니다. 그는 아주 아름다웠고 악기를 잘 다루고 노래를 잘했습니다(겔28:12~18). 다른 천사들이 그를 칭찬하고 부러워한 나머지 그는 교만해져 마침내 '내가 왜 하나님을 찬양하랴? 내가 찬양을 받으리라'고 마음을 먹었습니다.

> "너 아침의 아들 계명성이여 어찌 그리 하늘에서 떨어졌으며
> 너 열국을 엎은 자여 어찌 그리 땅에 찍혔는고 네가 네 마음
> 에 이르기를 내가 하늘에 올라 하나님의 뭇별 위에 나의 보좌
> 를 높이리라 내가 북극 집회의 산 위에 좌정하리라 가장 높은
> 구름에 올라 지극히 높은 자와 비기리라 하도다 그러나 이제
> 네가 음부 곧 구덩이의 맨 밑에 빠치우리로다"(사14:12~15)

여기서 천사를 별에 비유했습니다. 천사장 루시엘이 변질되어 '루시퍼'(계명성)가 되면서 영계 하늘 성소를 더럽혔습니다. 그가 '지극히 높은 자와 비기리라(I will be like God.)' 하며 하나님같이 되리라고 도전했을 때, 하나님은 그를 더럽게 여겨 음부를 창설하시고 큰 날의 심판 때까지 가두셨습니다(벧후2:4). 음부는 처음 하늘과 처음 땅, 즉 우주로 범죄한 천사장을 가둔 형무소입니다.

"나는 여호와니 이는 내 이름이라 나는 내 영광을 다른 자에게, 내 찬송을 우상에게 주지 아니하리라"는 말씀 같이, 찬양은 오로지 하나님의 독점물입니다(사42:8).

하나님이 땅위에 사람을 지으시고 생기를 불어넣어 생령 되게 하시고 그를 에덴동산에 살게 하셨습니다. 그에게 동산의 모든 실과는 임의로 먹도록 허락하셨으나 선악과만큼은 금하셨습니다. '네가 먹는 날에는 정녕 죽으리라'고 하셨습니다(창2:17). 그런데 마귀가 뱀을 타고 들어가 여자를 꾀었습니다. 마귀와 사단은 동일한 인물입니다. 루시퍼가 하나님을 대적했을 때는 사단(Satan), 사람을 대적했을 때는 마귀(Devil)라고 합니다. 여자가 유혹을 이기지 못하여 그 실과를 따먹고 남편에게도 주어서 먹게 함으로 그들은 동산 밖으로 내쫓김 당했습니다. 그로 인하여 땅이 저주를 받고 그들은 종신토록 수고해야 그 소산을 먹을 수 있게 되었습니다(창3:17). 그뿐 아니라 마귀와 함께 지옥에 갈 운명에 빠졌습니다.

죄의 결과는 저주입니다. 이를 현상화한 것이 이스라엘의 종살이입니다. 그들은 애굽인들에게 채찍으로 맞으며 흙 이기기와 벽돌 굽기 등 여러 가지 힘든 일을 했습니다. 430년 동안 고역이 턱에 찼을 때 하나님이 모세를 보내셨습니다. 하나님이 열가지 재앙으로 치신 후에 그들은 애굽을 빠져 나올 수 있었습니다.

이스라엘인들은 홍해바다를 육지같이 통과했는데 추격하던 애굽 군사들은 모두 수장 당했습니다. 그러자 이스라엘 백성들의 입에서 찬양이 터져 나왔습니다.

"여호와는 나의 힘이요 노래시며 나의 구원이시로다 그는 나의 하나님이시니 내가 그를 찬송할 것이요 내 아비의 하나님이시니 내가 그를 높이리로다 여호와는 용사시니 여호와는 그의 이름이시로다 그가 바로의 병거와 그 군대를 바다에 던지시니 그 택한 장관이 홍해에 잠겼고 큰 물이 그들을 덮으니 그들이 돌처럼 깊음에 내렸도다"(출15:2~5)

그러면서도 그들이 광야에 이르러 먹을 것이 떨어지자 하나님을 원망했습니다. 그러나 하나님은 하늘에서 만나를 내려주시고 반석을 쳐서 물을 내게 하심으로 그들을 먹고 마시게 하셨습니다.

하나님이 그들에게 짓게 한 성소 안에 지성소가 있고, 지성소 안에 궤가 있는데 그 궤 덮는 판을 속죄소 또는 시은좌(施恩座 Mercy Seat)라고 합니다(출25:8, 21). 궤 안에 하나님의 이름을 둠으로 시은좌는 하나님의 보좌가 되는 곳입니다(대하6:5). 그들은 성소에서 하나님의 이름을 찬양했는데 그 이름은 '여호와'입니다.

그런데 레위인과 제사장만이 성소에 들어가 찬양할 수 있었습니다. 악기를 다루는 자도 노래하는 자도 모두 제사장이었습니다. 곧 성별된 사람만 하나님을 찬양할 자격이 있었습니다(대하30:21).

그들은 만물을 창조하신 이가 '나의 하나님 되심', '나의 주 되심', '나의 왕 되심', '그의 구원하심', '그의 거룩하심', '인자하심' 등을 찬양했습니다.

시편 22편 3절에는 "이스라엘의 찬송 중에 거하시는 주여 주는 거룩하시니이다" 라고 했습니다. 하나님은 찬송의 보좌에 앉으시고 찬송의 울타리 안에 거하시는 분입니다. 지성소 시은좌 양 옆에 천사들이 날개를 펴고 있는 것은 하나님은 천사들이 옹위하는 가운데 천사들의 찬양 중에 거하심을 상징하는 것입니다.

찬양의 위력이 나타났습니다. 여리고성 함락 때, 나팔 잡은 제사장들이 언약궤 앞에서 행하며 일곱 바퀴를 돈 후, 백성들이 함성을 지르자 성이 무너져 내리는 이적이 일어났습니다(수6:4, 20).

또 유대 왕 여호사밧 때, 암몬 자손과 모압 자손과 세일산 거민이 예루살렘 성을 포위한 적이 있습니다. 왕이 두려워 금식하며 그들의 선조가 하나님의 이름을 위하여 성소를 건축한 일을 놓고 하나님께 신원했습니다. 하나님은 '이 큰 무리로 인해 두려워하거나 놀라지 말라 이 전쟁은 하나님께 속한 것이니라 너희는 저희를 마주 대하여 나가라 여호와가 함께 하리라' 하셨습니다. 이에 여호사밧 왕은 노래하는 자를 택하여 거룩한 예복을 입히고 악기를 동원하여 군대 앞에서 여호와를 찬송하게 했습니다. '♬~ 여호와께 감사하세 그 자비하심이 영원하도다 ♪~' 찬양이 시작될 때에 암몬 자손과 모압 자손과 세일산 사람이 서로 치기 시작했고 찬양이 끝나자 그들은 모두 전멸되었습니다(대하20:1~23).

그런 역사를 갖고 있는 예루살렘성전에 예수께서 나타나 '너희가 이 성전을 헐라 내가 사흘 동안에 일으키리라' 하셨습니다. 지금까지 손으로 지은 성전에서 특정인들만이 여호와의 이름을 찬양하던 시대는 끝났다는 말씀입니다. 이제는 손으로 짓지 않은 성전에서, 누구든지 아버지의 이름 곧 예수 이름을 찬양하는 시대가 열린 것입니다.

예수 그리스도는 대적의 손에서 육체의 목숨을 구원하실 뿐만 아니라 죄와 사망, 지옥 형벌에서 영혼을 구원하시는 분입니다. 이제 하나님이 '나의 주', '나의 왕'일 뿐만 아니라 '나의 아버지'가 되시는 것입니다. 그 아버지의 이름이 '예수'입니다. 그는 예수 이름을 가지고 태어나셨습니다(마1:21). 그는 아버지의 이름을 세상에 알리기 원하셨습니다(요17:26).

> "나는 내 아버지의 이름으로 왔으매 너희가 영접하지 아니
> 하나..."(요5:43)

구약시대 하나님은 여호와 이름으로 기사와 이적을 행하고 전쟁에서 이기셨습니다. 이제는 아들로 오셔서 예수 이름으로 온갖 이적을 행하실 뿐 아니라 귀신을 쫓으셨습니다. 예수 이름은 영적인 세계까지도 제어하는 아버지의 이름입니다.

사람들이 예수의 행하신 표적을 보고 그를 임금 삼으려 했지만 그는 오히려 산으로 피하셨습니다(요6:15). 결국 사람들에게 미움을 산 나머지 그는 잡혀서 죽음에 넘겨졌습니다.

예수께서는 죽으시면서 '다 이루었다' 하셨습니다. 그는 무엇을 다 이루셨습니까?

첫째, 그는 본디 하나님과 동등된 하나님의 본체로서 자기를 낮추시되 죽기까지 낮추심으로 아버지를 높이시고 영광돌리셨습니다. 그는 자기 몸으로 아버지를 높이신 것입니다.

> "그는 근본 하나님의 본체시나 하나님과 동등 됨을 취할 것
> 으로 여기지 아니하시고 오히려 자기를 비어 종의 형체를 가

져 사람들과 같이 되었고 사람의 모양으로 나타나셨으매 자

기를 낮추시고 죽기까지 복종하셨으니 곧 십자가에 죽으심

이라"(빌2:6~8)

그는 아버지 품속에 계시던 독생하신 하나님이십니다. 말씀 곧 하나님이 육신으로 오신 분이시니 그가 바로 창조주이십니다(요1:1~3, 18).

구약성경에는 여호와가 만물을 지으셨다고 기록되어 있습니다. '여호와'란 '스스로 계신 이' 또는 '창조주'라는 뜻으로 천사가 전해준 하나님의 이름입니다(출3:2~5, 14). 창조주 하나님의 본체이신 아들이 아버지의 이름을 가지고 오셨는데 그 이름이 바로 '예수'입니다.

그는 아버지의 이름을 높이기 위해 자기를 비어 종의 형체를 가져 사람의 모양으로 나타나시고 죽기까지 복종하시며 자기를 낮추셨습니다. 이에 아버지는 그를 높이사 그에게 모든 이름 위에 뛰어난 이름 예수를 영원한 기업으로 주셨습니다.

"이러므로 하나님이 그를 지극히 높여 모든 이름 위에 뛰어

난 이름을 주사 하늘에 있는 자들과 땅에 있는 자들과 땅 아

래 있는 자들로 모든 무릎을 예수의 이름에 꿇게 하시고 모

든 입으로 예수 그리스도를 주라 시인하여 하나님 아버지께

영광을 돌리게 하셨느니라"(빌2:9~11)

둘째, 그 발이 십자가에 못 박히실 때, 높아지려던 마귀의 머리를 박

살내셨습니다(창3:15).

셋째, 그의 피를 뿌려 영혼들에게 구속의 은총을 베푸셨습니다(엡 1:6~7).

이에 아버지는 그를 죽음에서 일으켜 하늘로 올리우사 보좌에 앉게 하시므로 예수 그리스도는 지극히 높으신 주가 되셨습니다.

그는 몇 날이 못 되어 예수 이름으로 성령을 보내주셨습니다(요 14:26). 그 이름은 아버지의 이름이요, 아들의 이름이요, 성령의 이름이요, 모든 이름 중에 뛰어난 이름입니다.

이제 그 이름을 영접한 자들이 교회에 모였습니다. 예배의 절정은 예수 이름을 찬양하는 순간입니다. 아직도 여호와 이름을 찬양하고 있는 교회가 있습니다. 손으로 지은 성전과 함께 여호와 이름은 사라졌습니다. 신약성경 어느 곳에도 '여호와'란 이름은 찾아볼 수 없습니다.

이제 예수 이름이 머리 된 교회에서는 누구든지 찬양할 수 있고 하나님과 만나는 절정에 이를 수 있습니다.

> "찬송하리로다 하나님 곧 우리 주 예수 그리스도의 아버지
> 께서 그리스도 안에서 하늘에 속한 모든 신령한 복으로 우리
> 에게 복 주시되 곧 창세전에 그리스도 안에서 우리를 택하사
> 우리로 사랑 안에서 그 앞에 거룩하고 흠이 없게 하시려고
> 그 기쁘신 뜻대로 우리를 예정하사 예수 그리스도로 말미암
> 아 자기의 아들들이 되게 하셨으니 이는 그의 사랑하시는 자
> 안에서 우리에게 거저 주시는바 그의 은혜의 영광을 찬미하

게 하려는 것이라"(엡1:3~6)

　'은혜의 영광을 찬미'란 피 흘려 죽으시면서까지 죄를 사해주시고 마귀의 손에서 건져주신 그리스도의 은혜를 알고 찬미하는 피조물의 탄생을 말하는 것입니다. 구약시대에는 아무도 하나님을 아버지라고 부르지 못했습니다. 그러나 은혜시대에는 독생자의 피로 거듭난 하나님의 자녀가 하나님을 아버지라 부를 수 있게 되었습니다. 천사나 종이 부르는 하나님의 이름은 여호와요, 자녀가 부르는 하나님의 이름은 예수입니다.

　과거에 하늘의 천사들 그리고 레위인들도 찬양했지만 그들은 진짜 하나님의 은혜를 알고 찬양한 것이 아닙니다. 다만 그 일을 위해 지음 받고 택함 받아 의무적으로 한 것입니다. 하나님은 종들이 억지 찬양하는 것을 원치 않으시고 은혜 받은 자녀들이 '우리 아빠 최고야!' 하며 울어가면서 그 영광을 찬미하는 것을 듣기 원하십니다.

　에베소서 1장 9절에 '그 뜻의 비밀을 우리에게 알리셨으니 곧 그 기쁘심을 따라 그리스도 안에서 때가 찬 경륜을 위하여 예정하신 것'이라고 한 것은 바로 이것이 창세전에 작정된 하나님의 의도임을 말하는 것입니다.

　천사가 아름답게 지어져 교만함으로 타락하게 되고 결국 음부에 떨어져 인간을 범죄하게 했습니다. 이에 하나님의 본체가 사람으로 오사 죽기까지 자기를 낮추시어 아버지의 이름을 높이심으로 피조물의 원형을 보여주셨습니다. 이제 은혜 받은 피조물은 세세토록 그 이름을 찬양하게 된 것입니다.

그러면 찬양은 어디에서 해야 할까요? 은혜 받은 자들이 언제 어디서 찬양해도 하나님께서 들으십니다. 그러나 특히 하나님이 그의 핏값으로 사신 교회는 오늘날 하나님이 찬양 받으시기 위해 지어진 성전입니다. 그러므로 교회의 본연의 임무는 예배인 동시에 찬양입니다. 그런데 찬양이 무엇인지도 모르고 무턱대고 아무 것이나 몇 곡 부르는 교회가 있는가 하면, 찬양 시간에는 입을 다물고 있다가 겨우 설교나 듣다가 가는 교인이 있습니다. 그런 사람들은 예배에 실패한 것입니다.

과거 성전에서 예배드릴 때 성소와 지성소 사이의 휘장이 열려야 대제사장이 피를 가지고 들어가 시은좌에 나타나시는 하나님을 만날 수 있었습니다. 지성소에 들어가기 전 먼저 분향하여 향연으로 시은좌를 가리운 후 휘장을 열고 들어가야 죽임을 면할 수 있었습니다. 분향은 찬송을 의미합니다.

"여호와 앞에서 분향하여 향연으로 증거궤 위 속죄소를 가
리우게 할찌니 그리하면 그가 죽임을 면할 것이며"(레16:13)
"...분향하는 것은 우상을 찬송함과 다름이 없이..."(사66:3)

구약의 예배와 제사는 오늘날 우리가 드려야 하는 예배의 그림자입니다. 대제사장이 짐승의 피를 힘입고 성소에 들어가지만 향연이 지성소에 가득할 때 휘장이 열려져 하나님을 뵙는 것같이 오늘날 예수의 피를 힘입고 지성소에 들어갈 때, 예수 이름의 찬양의 향연이 보좌에 가

득 찰 때, 하늘 휘장이 열리는 것입니다. 곧 찬양은 하나님으로 그 얼굴의 베일을 벗으시게 하는 것입니다. 찬양은 예배의 절정입니다. 나 영혼이 보좌에 앉으신 그분의 얼굴을 뵙는 순간이기에 눈에서 눈물이 나는 것입니다.

이 땅에서 은혜 받은 찬양대들이 몰려가서 눈물을 흘리고 춤을 추며 찬양하므로 하늘에 있는 천사들이 '와, 이거 큰 일 났네. 이제부터 정신 차려야겠다. 우리도 이제 더욱 열심히 찬양해야겠다' 할 것입니다.

예배 중에 어느 순간이 가장 행복합니까? 저는 찬양하는 시간입니다. 그 시간에는 걱정과 염려와 두려움이 사라집니다. 몸과 마음이 공중에 붕 뜨는 것 같지 않습니까? 마음을 다하고 힘을 다하고 목청을 높이고 모든 악기를 총동원해서 찬양해야 합니다.

> "나팔 소리로 찬양하며 비파와 수금으로 찬양할찌어다 소고 치며 춤추어 찬양하며 현악과 퉁소로 찬양할찌어다 큰소리 나는 제금으로 찬양하며 높은 소리 나는 제금으로 찬양할찌 어다"(시150:3~5)

그런데 일체의 악기 사용을 배제하는 무악기 교회가 있습니다. 악기를 사용하던 시대는 지났고 또 하나님은 거룩하신 분이신지라 세속악기를 사용해서는 안 된다고 주장합니다. 루시퍼가 하늘에서 떨어질 때 비파소리까지 떨어져서 악신이 음악의 귀재도 세속 악기도 만들었기 때문이라고 합니다.

찬양은 모두 시로 되어있습니다. 그분의 높으심과 거룩하심과 하신 일과 이름을 시로 노래하는 것입니다. 시에 곡조를 붙이면 노래가 되는 것입니다. 에베소서 5장 19절에 "시와 찬미와 신령한 노래들로 서로 화답하며 너희의 마음으로 주께 노래하며 찬송하며"라고 했습니다.

중세에는 오르간도 세속적이라며 예배에 사용하는 것을 정죄했습니다. 그런데 기타를 치고 드럼을 두드리면 이건 선정적으로 생각합니다. 디모데전서 4장 4~5절에 "하나님의 지으신 모든 것이 선하매 감사함으로 받으면 버릴 것이 없나니 하나님의 말씀과 기도로 거룩하여짐이니라"는 말씀이 있습니다. 구약시대에 금하던 음식도 지금은 말씀과 기도로 거룩해집니다. 악기나 리듬이 세상적이라 할지라도 말씀과 기도로 거룩해집니다.

어떤 목사님은 모세가 호렙산에 올라가 있는 동안 이스라엘 백성들이 우상을 만들어 놓고 뛰어놀았다는 것을 예를 들며, 찬양을 너무 오래 하거나 춤추며 찬양하는 것은 자기도취에 빠진 행위라고 말합니다.

시편의 시를 읽기만 하면 진한 감동이 오겠습니까? 여기에 곡조를 붙이고 악기를 동원하면 심정이 무너집니다. 음악이 감성을 극대화하기 때문입니다.

하나님이 왜 천사들에게 악기를 주셔서 찬양하도록 하셨습니까? 인격 중에서 감성이 발동해야 찬양하는 마음이 극대화되기 때문입니다. 노래가 있어야 데모도 되고, 응원가가 있어야 운동회도 신나고, 배경음악이 있어야 영화도 됩니다. 이것이 인간의 본성입니다. 본성이 죄가 아니라 본성을 악한 목적으로 사용하니까 죄가 되는 것입니다. 성욕도 번성하라는 말씀대로 사용할 때는 죄가 아니지만, 악한 데 쓰면 죄의 씨가 되는 것과 같습니다.

우리는 호흡이 있는 마지막 순간까지 모든 이름 위에 뛰어난 예수 이름을 높임에 있어 손뼉치고, 춤추고, 악기를 총동원하며 혼신의 힘을 다해야 할 것입니다.

시편 42편 5절에 "내 영혼아 네가 어찌하여 낙망하며 어찌하여 내 속에서 불안하여 하는고 너는 하나님을 바라라 그 얼굴의 도우심을 인하여 내가 오히려 찬송하리로다"라고 했습니다. 옥에 갇혀 있던 바울과 실라가 기도하고 하나님을 찬미하자 착고가 풀어졌습니다. 찬양에 성공하면 낙망과 불안이 물러가고, 환경을 이기고, 귀신의 억압에서 자유케 됩니다.

저는 새벽 기도에 나와 무릎을 꿇는 순간 찬양부터 시작합니다. 예수 이름 앞에 무릎 꿇고 그 이름을 높일 때 하늘 문이 열립니다. 기도문이 열립니다. 내 평생 예수 이름을 찬양하다가 호흡이 끝나는 순간, 하늘 문이 열리는 축복이 있기를 축원합니다.

교회들이여, 예수 이름을 찬양하라

성경본문 (히2:12)

하나님은 지극히 높으신 분이다(시57:2).
그는 모든 신들 위에 계시고(단11:36)
그의 이름이 홀로 높으신 분이다(시148:13).

신앙은 그를 알고 존중함이요,
신앙생활은 생전에 교회에서나 어디서나 그 이름을 찬양하는 생활이다(시146:2, 히2:12).

'기독교' 하면 찬송을 연상하리만큼 찬송은 교회와 예배의 첫 인상이라.
① 하나님의 이름을 높이며
② 그의 속성(屬性)을 기리며
③ 그의 하신 일을 칭송하며
④ 그와 나와의 관계를 노래함이니
이는 모든 산들, 바다들, 별들, 천사들, 사람들도
그를 찬송하기 위하여 지은 피조물임이다.

천사장 루시퍼는 자기 지위를 망각하고
하늘 성소를 더럽힘으로(사14:12~15, 겔28:12~18)
영계 하늘에서 음부로 떨어져 큰 심판을 받게 되었으니(벧후2:4, 유6)
하나님을 찬양해야 할 자가 지극히 높은 자와 비기려 하였음이다.
그에게 속은 아담도 하나님같이 되려고 범죄함으로(창3:4~6)
에덴동산에서 쫓겨나 도탄에 빠지게 되었다(창3:16~18, 24).

이스라엘은 하나님의 찬송을 위해 지음 받은 자니(사43:21)
애굽의 기나긴 종살이 고역에서 마침내 구출받았음이라(출15:1).

성소는 하나님의 이름을 두는 집으로 이를 대대로 기억하게 하는바(대하2:5)
레위인, 제사장들이 궤 앞에서 찬양했으니(대하7:6)
① 여호와 이름
② 인자하심
③ 적군섬멸

④ 그들의 주, 왕, 하나님이 되심이라.

예수께서 나타나사 이러한 예루살렘성전을 헐라 하심으로
그들을 격동시켜 죽게 되셨으나 (요2:19, 마26:61)
그는 죽으시며 '다 이루었다' 하셨으니 (요19:30)
① 하나님과 동등된 하나님의 본체로서 사람같이 죽기까지
　　자기를 낮추심으로 아버지를 높이고 영광 돌리심 (빌2:6~11).
② 하나님같이 되려던 사단을 정죄하심 (요일3:8).
③ 그 피로 구속하사 영혼들로 은혜의 영광을 찬미케 하심이다 (엡1:6~7).

이에 아버지는 그를 높여 하늘보좌에 앉히시고
가장 뛰어난 이름을 주셨으매 (빌2:9)
그가 보내신 성령은
그 피로 사신 교회 중에서 찬양하게 하시니 (행20:28, 히2:12)
① 예수 이름
② 은혜로우심
③ 죄와 사망에서 구원
④ 왕, 주, 하나님, 아버지시라 (요17:11).

이는 창세 전부터 작정하신 하나님의 경륜에 따라
하늘의 천사들과 땅에서 구원받은 영혼들을
그리스도 안에서 통일하심이다 (엡1:3~13).

찬양의 사람은 살아생전 낙심하지 아니하며,
흉악의 결박이 풀어지며 (시42:5, 행16:25~26, 대하20:19~22)
죽어 하늘 성소에 들어가서 영원히 예수 이름을 찬양한다 (히9:24, 빌2:10~11).

오, 주여!
나는 내가 봐도
예수 이름에 대하여 열심이 특심입니다.
누가 미쳤다 해도 눈물을 흘리며, 소리 높여 그 이름을 찬양하며
마지막 호흡까지도 오직 그 이름을 선포할 것입니다.
예수복음교회가 세계에서 가장 열렬히,
진심으로 예수를 찬양하는 교회가 되게 하옵소서. 아멘.

12

교회는 지상낙원

"사람마다 두려워하는데 사도들로 인하여 기사와 표적이 많이 나타나니 믿는 사람이 다함께 있어 모든 물건을 서로 통용하고 또 재산과 소유를 팔아 각 사람의 필요를 따라 나눠주고 날마다 마음을 같이하여 성전에 모이기를 힘쓰고 집에서 떡을 떼며 기쁨과 순전한 마음으로 음식을 먹고 하나님을 찬미하며 또 온 백성에게 칭송을 받으니 주께서 구원 받는 사람을 날마다 더하게 하시니라"(행2:43~47)

하나님은 행복의 근원이십니다. 그에게는 모든 것이 풍성하고 그에게는 아무 제한도 없으신 분입니다.

신앙은 그를 사모하는 것이며, 신앙생활은 하나님의 행복으로 행복해 하는 생활입니다.

사람이면 누구나 행복을 추구합니다. 많은 사람들이 행복한 세상 이른바 지상낙원을 건설해 보려 애를 써왔습니다. 그러나 그 길은 묘연하기만 합니다. 이 세상은 마귀의 지배를 받고 있기 때문입니다.

낙원은 근심, 걱정, 두려움, 고독, 고민, 절망, 질병, 죽음 등이 없는 곳입니다. 지상 어느 곳에도 이런 낙원이 있을 수 없습니다. 그런데 그리스도 교회 안에 있습니다. 이는 하나님의 행복으로 행복하기 때문입니다.

어떤 사람은 '교회에 갔더니 거기에 사기꾼도 부조리도 많다'고 말합니다. 물론 그런 교회도 있습니다. 그러나 교회의 참 모형은 기쁘고 즐겁고 행복한 곳입니다. 문제가 있다면 하나님에게 있는 것이 아니라 사람에게 있는 것이고 자기 자신에게 있는 것입니다.

행복은 상대적입니다. 다시 말하면 마음먹기에 달려 있는 것입니다. 모든 것을 다 갖추어 남 보기에 행복한 것 같지만 행복하지 않은 사람이 있고 가난하고 병들어 남 보기에 불행해 보여도 행복한 사람이 있습니다.

요즈음 세계적으로 자살 바이러스가 급속도로 퍼지고 있습니다. 문명이 발달하여 살기 좋은 세상이 되었는데도 상대적 가난, 자기상실, 자괴감 등으로 삶을 포기하는 사람이 점점 늘고 있습니다. 그래서 세계보건기구(World Health Organization)에서는 9월 10일을 '세계 자살방지의 날'로 정했습니다. 세계적으로 40초당 한 명 꼴로 자살한다는데 작년 한 해 동안 8백 5십만 5천 명이 자살했습니다. 그런데 자살미수자는 그보다 훨씬 많고 그들 대부분이 자살을 재시도한다고 합니다.

일본은 경제 대국이지만 하루에 100명 이상 자살한다고 합니다. 한국도 일본 못지 않습니다. 이는 생활고 때문이 아닙니다. 저개발 국가보다는 국민소득이 2만 불 이상 되는 복지국가의 자살률이 더 높다고 합니다. 자기가 설정한 자기 기준에 미치지 못하면 우울증에 빠지게 되고 그것이 자살을 유도한다고 합니다. 생각이 많으면 번민이 많고 번민이 많으면 우울증에 빠지기 마련입니다.

세계적으로 가장 자살하지 않는 민족은 이스라엘 민족입니다. 그들은 역사적으로 많은 고난이 있었지만 자살하지 않습니다. 그런데 그들보다 더 자살할 생각을 하지 않는 사람들은 그리스도인들입니다. 그들에게는 남모르는 행복이 있기 때문입니다. 앞으로 천국에 갈 소망이 있기 때문입니다. 그곳은 고통도 좌절도 절망도 없는 곳입니다.

인류의 불행은 조상 아담으로부터 시작되었습니다. 그는 에덴동산에서 수고하지 않고 풍요로운 삶을 살았습니다. 그런데 하나님이 먹으면 죽으리라고 금하신 선악과를 먹어버렸습니다. 마귀가 뱀을 타고 들어가 여자를 꾀었습니다. '너희가 먹어도 결코 죽지 아니하리라 그것을 먹는 날에는 너희 눈이 밝아 하나님과 같이 될 줄을 하나님이 아심이니라'고 했습니다. 하와는 그 말에 눈이 번쩍 뜨여 선악과를 따먹고 남편에게도 주어서 먹게 했습니다. 그들은 행복의 절정에 오를 줄 알았는데 동산에서 내어 쫓기고 생활고가 밀려왔습니다. 급기야는 그 맏아들이 동생을 죽이는 최대의 불행을 맞게 되었습니다.

하나님이 아브라함을 부르시고 '너는 행복의 근원이 되리라' 하셨습니다. 그리고 그에게 '본토 친척 아비 집을 떠나 내가 지시할 땅으로 가라'고 말씀하셨습니다(창12:1). 당시 유브라데강 주변 비옥한 땅에 살고 있던 그는 부르심을 받자 그곳을 유감없이 떠났습니다.

역사적으로 볼 때 이스라엘 민족처럼 고난 많은 민족은 없습니다.

430년 동안 애굽의 종살이, 주변 국가들과의 쉼 없는 분쟁, 그리고 포로 생활 등입니다. 또 2차 대전 때는 나치에 의해서 6백만 명이 학살을 당했습니다. 가스실에 들어가면 죽는 줄 알면서도 자살하지 않는 것은 그들이 하나님의 백성이라는 자부심과 하나님이 그들 민족을 반드시 구원하신다는 믿음이 있었기 때문입니다.

탈무드에 '구사일생(九死一生)'이라는 말이 많이 나옵니다. 90% 죽을 수밖에 없는 상황에서 하나님이 그들을 살려주신 수많은 증거를 갖고 있습니다.

유월절 밤 애굽의 모든 생물의 초태생을 치실 때, 이스라엘 자손에게는 인방과 좌우 문설주에 어린 양의 피를 바르게 하시고 죽음에서 구원하셨습니다. 애굽의 군마는 모두 홍해에 수장되었지만 이스라엘 자손은 육지같이 걸어서 건넜습니다.

이스라엘 백성은 세상에서 가장 생명력이 강하고 절망하지 않는 민족입니다. 독수리가 날개로 제 새끼를 보호하듯이 하나님이 그들을 보호하신 것입니다(신32:11). 그러므로 그들은 절망할 수밖에 없는 상황에서도 절망하지 않았고 말살 직전에도 자포자기하지 않았습니다.

하나님은 이를 기억하도록 성소를 짓게 하셨습니다. 그들은 성소를 바라볼 때마다 '구사일생'을 회상하고 그로 행복해 했습니다.

그 성소 앞에 예수께서 나타나서서 '너희가 이 성전을 헐라 내가 사흘 동안에 일으키리라' 하셨습니다(요2:19). 이 발언으로 예수는 그들의 증오의 대상이 되었습니다. 그는 성전 된 자기 육체의 죽음과 부활로 이스라엘뿐만이 아니라 그를 믿는 모든 자의 영혼을 하나님의 행복으로 행복하게 하겠다는 말씀이었습니다. 그는 손으로 지은 성전보다 더 행복하게 해줄 수 있는 성전, 그의 교회를 주실 것을 약속하신 것입니다.

"심령이 가난한 자는 복이 있나니 천국이 저희 것임이요"라는 말씀이 있습니다(마5:3). 원문을 직역하면 '심령이 가난한 자는 복 받은 자니 천국을 소유한 자임이라'입니다. 천국을 앞으로 '소유할 것'이 아니라 이미 '소유했다'는 말입니다. 다른 수단이 없기 때문에 하나님만 바라보는 자는 이미 천국을 소유한 자요, 그로 인해 행복한 자인 것입니다.

광야 40년 동안 이스라엘 백성을 누가 먹이셨습니까? 하나님이십니다. 먹을 것을 염려하는 것은 믿음이 없는 것입니다. 사람들은 적금, 주식투자, 부동산투자 등 장래 일을 염려하여 준비하지만 오늘밤에 하나님이 데려가시면 이 모든 것은 나와 아무런 상관이 없는 것이 되고 맙니다. 그러므로 하루 이상을 계획하고 그것 때문에 고민할 필요가 없는 것입니다. 이 복음이 진짜 믿어진다면 행복하겠지요?

예수는 육체로 오실 때 모든 불행의 조건을 다 가지고 오셨습니다. 가난한 집에 태어나 목수 일을 하셨고 과부 어머니와 어린 동생들을 돌봐야 했습니다. 그는 수중에 돈 한 푼이 없어서 물고기의 입을 열어서 반 세겔 되는 성전세를 내시기도 하셨습니다. 그러나 그는 전혀 불행해 하지 않으셨습니다. 오히려 부자 청년에게 '네 소유를 다 팔아 가난한 자들에게 주고 너는 나를 따르라' 하셨습니다(막10:21, 눅18:22).

그 청년이 자기 소유를 가지고 따르면서 예수를 도와 성전세도 내주고 식대도 내주면 좋지 않겠습니까? 그러면 남 보기에도 좋았을 터인데, 예수는 전혀 생각이 달랐습니다. 오히려 '나의 양식은 나를 보내신

이의 뜻을 행하며 그의 일을 온전히 이루는 이것이니라'고 하셨습니다(요4:34). 그는 아버지의 이름으로 오셔서 아버지의 일을 하는 것으로 행복하셨고 아버지가 그를 사랑하시는 것으로 행복해 하셨습니다.

그는 죽으실 때 '다 이루었다' 하셨습니다. 도대체 무엇을 다 이루었다고 하시는 걸까요?

첫째, 그는 아버지의 계명대로 죽으심으로 아버지를 행복하게 해드리고 아버지의 행복을 보는 그 행복의 절정에서 죽으셨습니다(요10:18, 빌2:6~11). 그는 후회하거나 아버지를 원망하지 않으셨습니다. 오히려 행복의 절정을 누리신 것입니다. 아버지는 아들이 죽기까지 순종하시는 것을 보시고 최고의 행복을 누리셨습니다.

둘째, 그는 사람에게 불행의 씨를 뿌린 마귀를 심판하셨습니다(창3:16~19, 요일3:8). 하나님 안에서만 행복할 수 있는 피조물의 위치를 망각하고 인간 스스로 행복할 수 있다고 속인 죄를 정죄하신 것입니다.

셋째, 구속의 피를 뿌리사 그를 믿는 자의 죄를 씻어주시고 영생과 하나님의 자녀가 되는 권세를 선물로 주셨습니다(벧전1:18~23).

아버지는 그를 사흘 만에 살리시고 하늘 보좌에 앉히셨습니다. 하늘은 오직 행복으로 가득한 곳입니다. 인간이 상상할 수 있는 그 이상의 기쁨이 있는 곳입니다.

그는 보좌로부터 하나님의 행복을 성령에 담아서 보내주셨습니다. 그가 승천하신 지 며칠이 못 되어 성령이 오셨습니다. 처음에는 500명이 모여서 약속하신 성령을 기다리고 있었습니다. 그런데 하루 이틀 지나면서 하나둘씩 떠나기 시작하더니 결국 120명만 남았습니다(고전

15:3~8). 남은 자들은 불안한 가운데서도 기도에 전념했습니다.

드디어 열흘 만에 약속하신 성령이 오셨습니다. 그들이 성령을 받자 갑자기 방언을 말하기 시작하고 너무나 기뻐했습니다. 주님이 살아계신 것을 다시 한 번 확인하니 두려움과 공포가 사라지고 행복으로 충만해 졌습니다. 이렇게 교회는 탄생부터 기쁨의 도가니가 된 것입니다. 교회는 지상 천국인 것입니다.

유대인들은 그들이 새 술에 취했다고 조롱하고 위협했지만 그들이 기쁨을 상실하지 않은 것은 이적과 기사가 나타났기 때문입니다(행 2:43). 예수 이름으로 앉은뱅이가 일어나고 소경이 눈을 뜨고 귀신이 나가므로 너무 신난 것입니다. 그래서 믿는 사람들이 서로 물건을 통용하고 재산과 소유를 팔아 각 사람의 필요에 따라 나눠 주고 날마다 마음을 같이 하여 성전에 모이기를 힘쓰며 하나님을 찬양했습니다(행 2:44~47). 혼자라도 믿어야 하는데 믿는 자들이 함께 했으니 얼마나 든든했겠습니까?

그들이 예수를 증거하기 시작하자 많은 사람들이 주님께 돌아오는가 하면, 한편으로 유대인들의 핍박이 심해졌습니다. 그 당시 모임은 곧 죽음으로 연결되었습니다. 그들이 죽음을 불사하고 모임을 계속한 것은 서로 위로 받고 힘을 얻으며 믿음의 실체를 확인할 수 있었기 때문입니다. 이것이 바로 주님이 교회를 세우신 목적입니다. 만약에 교회가 없다면 그 많은 유혹과 박해 속에 오늘까지 그리스도인들이 믿음을 유지할 수 있었을까요?

저는 목사지만 혼자서는 절대 믿음 지키기가 어려울 것이라고 생각합니다. 그래서 모이기에 힘쓰는 것이고 모이자고 권하는 것입니다. 초대교회 때는 날마다 모였습니다. 거기다 재산과 소유를 나누다보니 평등한 사회가 이루어졌습니다. 역사상 세상에서 가장 행복한 사회가 만들어진 것입니다.

공산주의 이론의 발상지는 사도행전 2장 44~45절이라고 합니다. '믿는 사람이 다 함께 있어 모든 물건을 서로 통용하고 또 재산과 소유를 팔아 각 사람의 필요를 따라 나눠 주고'라는 말씀입니다. 신학생이던 마르크스와 레닌은 인간사회가 행복하지 않은 이유를 재산유무로 인한 신분격차 때문으로 보고 '무산무계급 평등사회' 이론을 정치에 적용한 것입니다. 그런데 가장 이상적인 이론으로 장구할 것 같던 공산주의가 불과 70여 년 만에 붕괴했습니다. 이는 그들이 성경에서 성령을 보지 못했기 때문입니다.

성령은 예수의 영이십니다(행16:7). 지금 살아서 하늘 보좌에 앉아계신 예수 그리스도가 누리시는 행복과 기쁨을 성령이 가지고 임하시니 믿는 자들이 자기 소유를 포기하고도 진정한 행복과 기쁨을 누린 것입니다. 이는 인간이 지배하는 사회가 아니라 성령이 감독하시는 교회이기 때문에 가능한 것입니다. 음부의 권세가 이기지 못하는 교회에서만 가능한 것입니다. 마귀가 지배하고 있는 세상에서는 어떤 사상이나 이론이나 체제로도 불가능한 것입니다.

사도행전 2장 46절의 '마음을 같이 하여'란 말은 언젠가 주 예수 오시면 하늘나라에 갈 한 소망을 가진 자들이 무재산이 되어 서로를 이해하는 마음, 한 마음 됨을 말합니다. 그들은 다시 오실 예수만 생각하고 매일 일용할 양식으로 만족하며 살기 때문에 행복했던 것입니다.

광야생활이 단조로웠던 것처럼 신앙생활은 단순해야 합니다. 오로지 예수 이름만 찬양하고 말씀 듣고 기도하며 일용할 양식의 이적을 날마다 경험하는 생활이 신앙생활입니다.

초대교회는 한 마음으로 하나님을 찬양하는 기쁨으로 충만했습니다. 교인들의 행복한 생활이 온 백성에게 칭송의 대상이 되었습니다. 그들은 가난과 핍박에도 상실하지 않는 기쁨과 생명의 비결을 갖고 있었습니다. 그 사실을 이상히 여기고 궁금해하는 사람들이 교회로 나오게 되었고 구원받는 사람의 수가 날마다 더하게 된 것입니다(행2:43~47).

교회의 원형은 예수 그리스도이십니다. 그는 하나님의 아들이라는 것만으로 행복하셨습니다. 아버지의 일을 하시므로 행복하셨고 아버지의 이름으로 죽는 것을 행복해 하셨습니다. 그 일생은 행복 자체입니다.

이스라엘의 광야 생활도 교회의 모형입니다. 그들은 40년 동안 만나를 먹고 똑같은 옷을 입고 텐트생활을 하며 유랑민으로 살았지만 내일 일을 염려하지 않고 하늘만 바라보며 살았습니다.

교회는 오직 하나님의 행복에 편승하고 싶은 사람들이 모인 무리입니다. 예수 외에 아무 바라는 것 없이 오직 하늘양식으로 살고 주 얼굴 뵙는, 행복의 절정의 날을 바라보고 사는 자들입니다.

부자들이 오면 부끄러워지는 교회! 밍크코트 입고 보석으로 장식한 자들이 좌불안석하는 교회! 이런 교회가 진정한 교회입니다. 성도들에게 '자기 것을 포기하고 하나님의 행복으로 바꿔가지세요'라고 호통칠

수 있는 목회자가 진정한 목회자입니다. 오직 아버지 일만 생각하고 하늘만 바라보며 교회 전체를 행복하게 해주는 성도가 진짜 성도입니다.

우리는 함께 모였을 때 행복하고 서로 교제할 때 행복해야 합니다. 내일 일은 내일 염려할 것이요 오늘은 아버지의 일만 생각하고 아버지께서 주신 양식으로 만족해야 합니다. 이런 행복으로 충만해야 핍박을 이길 수 있고 세상유혹도 이길 수 있습니다. 그렇다면 주께서 구원 받는 사람을 날마다 더하게 하실 것입니다. 그러다가 주 예수 그리스도께서 오시는 날, 최고 행복의 나라, 하늘나라로 우리를 초대하실 것입니다. 할렐루야!

교회는 지상낙원

성경본문 (행 2:43~47)

하나님은 행복의 근원이시다(시133:3).
그에게는 모든 것이 풍성하고
그는 아무 일에도 제한을 받지 아니하신다.

신앙은 걱정, 두려움, 고독, 고민, 절망, 질병, 죽음 등이 없는
낙원에 가기를 사모함이요,
신앙생활은 지상낙원인 교회에서 하나님의 행복으로 행복한 생활이다.

'교회가 지상낙원'이라 할 때
악인, 가난뱅이, 죄인, 부조리 등의 이유로 반감이 올라오는 사람이 있는데
문제가 있다면 하나님도 아니고, 성경도 아니고 그 자신이라.
왜냐하면 행복이란 절대적이 아니라 상대적 곧 자기 마음에 달렸기 때문이다.

근자에 자살 바이러스가
문명의 발전과 비례하여 급속도로 퍼지는 주원인은
상대적 빈곤, 자기상실, 자괴감(自愧感)이다.

인류는 조상 아담이 마귀에 속아
하나님에게서 분리된 행복을 추구했던바
지상낙원 에덴동산에서 쫓겨나게 되었으나(창3:4~6, 24)

아브람은 하나님의 축복의 언약을 믿으므로
그 지시대로 본토를 떠나 유랑민이 되었다(창12:1~4).

그 후손 이스라엘은
종살이, 포로생활, 유랑생활, 분쟁, 박해 등으로
세계에서 가장 고난 많은 역사 중에도
세상에서 가장 자살하지 않는 민족인 것은
선민의식과 구사일생(九死一生)으로
잘 훈련된 가장 강한 민족임이다(신32:11, 시23편).

이를 기억하게 하는 성전을
예수께서 헐라 사흘 동안에 일으키리라 하시므로(요2:19)
유대인들의 증오로 죽음에 넘겨졌으나(마26:61)
그는 죽으시며 다 이루었다 하심은(요19:30)
① 아버지의 계명대로 죽으심으로 아버지를 행복하게 하시고
　　그 행복을 보는 행복의 절정에서 죽으심(요10:18, 빌2:6~11).
② 사람에게 불행의 씨를 뿌린 마귀를 정죄하심(창3:16~19, 요일3:8).
③ 그 피로 죄인을 구속하사 생명을 주시고
　　하나님의 자녀로 낳으심이다(벧전1:18~23).

그는 부활승천 후 하늘보좌에 앉으셨으니
아버지 집이라(막16:19, 요14:2).
그가 보내신 성령이 교회에 임하사
예수 그리스도의 행복을 알게 하시니(행2:4, 33)
교회는 지상의 낙원이라.

믿는 자들이 기사와 표적으로
질병도 죽음도 두려워하지 않고 함께 있어(행2:43~47)
무산(無産), 무계급, 평등으로 한 마음이 되니
모임을 사모하고 하나님을 찬미하며
하늘에서 내리는 하루치 양식으로
아버지 일만 생각하고(마6:25~34)
앞으로 갈 하늘만 바라보고 사는 단조로운 생활로 행복이 넘치는지라
불신자들이 그를 부러워하여 구원 받는 자들이 더해 갔다.

오, 주여!
어떤 사상가도, 철학가도, 정치가도
이루지 못한 지상낙원이
예수 그리스도의 피로 사신 교회에서 이루어지다니요!
우리 교회는 부자가 부끄러워하고
가난뱅이가 어깨를 펴고
행복해 하는 교회가 되게 하옵소서. 아멘.

13

교회는 사랑의 집

"사람마다 두려워하는데 사도들로 인하여 기사와 표적이 많이 나타나니 믿는 사람이 다 함께 있어 모든 물건을 서로 통용하고 또 재산과 소유를 팔아 각 사람의 필요를 따라 나눠 주고 날마다 마음을 같이 하여 성전에 모이기를 힘쓰고 집에서 떡을 떼며 기쁨과 순전한 마음으로 음식을 먹고 하나님을 찬미하며 또 온 백성에게 칭송을 받으니 주께서 구원받는 사람을 날마다 더하게 하시니라"(행2:43~47)

하나님은 사랑이십니다(요일4:8). 그에게서 참 사랑이 나오고 그는 고귀한 희생을 통해 자기의 사랑을 확증하시는 분입니다(롬5:8).

신앙은 그 사랑에 감복하고 그를 사모하는 것이며, 신앙생활은 그의 몸 된 교회에서 사랑의 빚을 갚는 생활입니다.

나라를 사랑하는 것을 애국(愛國)이라 하고, 민족을 사랑할 때 애족(愛族)이라 하고, 회사를 사랑하는 것을 애사(愛社)라고 하고, 학교를 사랑하는 것을 애교(愛校)라고 말합니다. 사람들은 누구나 사랑을 말하고 사랑에 대해 듣기를 좋아합니다. 영화, 미술, 시, 음악 등 모든 예술의 주제가 사랑입니다. 자기 가족을 사랑하는 것은 사람의 본능이기 때문에 별 뉴스거리가 못 되지만 생면부지의 사람을 위해 희생한 사랑에 대해서는 두고두고 감격합니다. 타인에게 피를 나누어주거나 장기를 떼어주며 목숨을 구하는 일은 사람만이 할 수 있는 일입니다.

사랑의 본질은 한마디로 희생입니다. 가장 귀한 것을 희생할수록 그 사랑은 고귀하게 여겨집니다. 하나님은 자신을 희생하셔서 우리에게 자신의 사랑을 보여주셨습니다. 사람의 신체 일부를 나누어주는 것도 귀하게 여기거늘, 하나님이 피조물을 위해 자기 목숨을 버리신 사랑은 어떤 언어로 형용해도 부족합니다. 교회는 하나님의 사랑에 감동된 사람들이 모여서 그 사랑을 노래하며 실천하는 곳입니다. 가장 고상한 사랑을 체험하는 곳이 교회인 것입니다.

어떤 강도가 범행 중 총에 맞아 죽게 되었습니다. 당장 수혈을 하지 않으면 목숨이 위태한데 하필 그 혈액형이 희귀한 Rh-형입니다. 그때 마침 어떤 사람의 헌혈로 간신히 목숨을 건졌습니다. 그 후 건강을 회복한 강도가 또 다시 강도짓을 하려할까요? 그 은인의 피가 자기 몸에 돌고 있음을 잊지 못한다면 다시는 죄를 짓지 못할 것입니다. 하나님의 사랑을 아는 자는 그의 피로 사신 교회에서 사랑을 실천하며 삽니다. 교회는 사랑의 집입니다.

대개 부모의 사랑을 받지 못하고 자란 사람들은 애정 결핍증으로 많은 사람에게 어려움을 주고 자신도 많은 어려움을 겪습니다. 그러나 아무리 부모, 가족, 연인의 사랑을 충분히 받았다 해도 인간의 사랑에는 한계가 있어서 영원하지도 완전하지도 못합니다. 하나님의 사랑은 시간도 공간도 초월하기 때문에 완전하고 온전하고 영원합니다. 이 사랑이 교회 안에 있습니다.

아담은 에덴동산에서 하나님이 지으신 풍성한 환경에서 아무런 제한 없이 자유롭게 살고 있었습니다. 이를 시기한 마귀가 뱀을 타고 들어가 이간질했습니다(창3:1~5). 하나님이 금하신 선악과를 '먹어도 죽지 않을 뿐더러 먹으면 하나님같이 된다'고 하와를 꾀었습니다. 하와는 '아, 하나님도 아끼시는 것이 있구나. 왜 우리를 하나님처럼 되지 못하게 하지?' 하며 선악과를 따먹고 남편에게까지 주어 먹게 했습니다.

죄를 범한 그들이 마귀의 종이 됨으로 전 인류는 하나님의 원수가 되고 말았습니다. 그들은 동산 밖으로 내쫓기고 동산은 화염검으로 둘러쳐져 다시는 돌아갈 수도 하나님의 음성을 들을 수도 없는 신세가 되고 말았습니다.

그러나 하나님은 자기 형상대로 짓고 생기를 불어넣어 생령 된 사람을 여전히 사랑하셨습니다. 하나님은 모세를 보내 애굽에서 종살이 하던 이스라엘 민족을 이끌어내시고 광야에 이르자 율법을 주셨습니다.

율법은 크게 두 가지로 나눌 수 있는데, 첫째 강령은 "너는 마음을 다하고 성품을 다하고 힘을 다하여 네 하나님 여호와를 사랑하라"는 것입니다(신6:5, 마22:37~38).

율법의 둘째 강령은 '네 이웃을 네 몸과 같이 사랑하라'는 것입니다(마22:39~40). 사랑의 대상은 자기 혈육뿐만 아니라 모든 이웃을 다 포함하는 것입니다. 곡물을 벨 때 밭모퉁이까지 다 베지 말고 이삭을 다 줍지 말고 가난한 자나 객을 위해 남겨둬야 합니다(레23:22). 부모를 잘 섬기는 것은 물론 간음, 도둑질, 거짓말도 하지 말아야 하고 도무지 남을 해치는 짓을 하면 안 되는 것입니다. 그러나 남에게 상해를 당하면 직접 보복하는 법조항이 있었습니다. 이를 상하게 한 자의 이를 부러뜨리고 눈을 상하게 한 자의 눈을 상하게 하는 법입니다.

종 되었던 그들을 애굽에서 건져주신 하나님을 기억하고 사랑하도록 그들에게 성소를 짓게 하셨습니다. 성소 안에는 법궤를 두고 법궤 안에 돌비가 있게 했는데, 돌비에는 십계명이 기록되어 있습니다.

십계명의 제1 계명부터 제4 계명까지는 하나님을 사랑하라는 계명이고, 제5 계명부터 제10 계명까지는 사람을 사랑하라는 계명입니다. 즉 성소 안에 '사랑하라'는 계명을 두신 것입니다. 그들은 성소를 바라볼 때, 율법을 기억하며 하나님을 사랑하면 어떠한 환난에서도 건져주실 것을 믿었기에 억지로라도 지키려 애를 써왔습니다.

그런데 그 성소 앞에 예수께서 나타나셔서 '너희가 이 성전을 헐라 내가 사흘 동안에 일으키리라' 하셨습니다. 이는 옛 계명을 폐하고 새 계명을 주실 것에 대한 예시입니다. 곧 과거에는 성소 안에 둔 여호와 이름을 사랑했지만 이제는 예수 이름을 사랑하게 되리라는 예고입니다.

율법에 하나님을 사랑하고 이웃을 자기 몸처럼 사랑하라는 계명은 완전합니다. 그러나 원수를 보복하는 법은 완전한 사랑이라 할 수 없습니다.

그래서 예수께서는 "새 계명을 너희에게 주노니 서로 사랑하라 내가 너희를 사랑한 것같이 너희도 서로 사랑하라" 하신 것입니다(요13:34). 이제 내가 원수 되었던 너희를 사랑함 같이 너희도 원수를 사랑하라는 말씀인 것입니다. 새 계명에는 원수가 없습니다. 새 계명은 선인이든지 악인이든지 차별 없이 사랑하는 법입니다.

> "또 네 이웃을 사랑하고 네 원수를 미워하라 하였다는 것을 너희가 들었으나 나는 너희에게 이르노니 너희 원수를 사랑하며 너희를 핍박하는 자를 위하여 기도하라 이같이 한즉 하늘에 계신 너희 아버지의 아들이 되리니 이는 하나님이 그 해를 악인과 선인에게 비취게 하시며 비를 의로운 자와 불의한 자에게 내리우심이니라 너희가 너희를 사랑하는 자를 사랑하면 무슨 상이 있으리요 세리도 이같이 아니하느냐 또 너희가 너희 형제에게만 문안하면 남보다 더 하는 것이 무엇이냐 이방인들도 이같이 아니하느냐 그러므로 하늘에 계신 너희 아버지의 온전하심과 같이 너희도 온전하라"(마5:43~48)

'원수를 사랑할 뿐만 아니라 너희를 핍박하는 자를 위해서 기도하라' 곧 '축복하라'는 예수의 말씀은 나름대로 율법을 지키느라 애써온 유대인들의 심정을 부글부글 끓어오르게 했습니다. 예를 들어 삼대독자 외아들을 죽인 자라도 용서하고 그 정도가 아니라 그 아들에게 줄 유산까지도 주며 축복하라는 말에 그들의 혈압이 오르지 않을 수 없었던 것입니다.

자! 한 번 물어 봅시다. 율법을 지키기 쉽습니까? 예수의 계명을 지키기 쉽습니까? 사랑에 관한 한 율법을 지키는 게 훨씬 더 쉽겠지요? 율법은 어느 정도 노력하면 지킬 수 있지만, 예수의 새 계명은 아무도 지킬 수 없는 무거운 계명입니다. 이는 예수께서만 지킬 수 있는 계명입니다. 사실은 그가 지키실 계명이었습니다.

유대인들은 자기들의 행위를 무위로 돌리는 예수를 증오했고 결국 그를 죽음에 넘겼습니다. 예수는 전혀 억울해 하시거나 아무도 원망하시지 않고 죽으시면서 '다 이루었다' 하셨습니다.

첫째, 독생자를 화목제로 주신 아버지의 사랑을 확증하셨습니다(마 27:46, 요일4:9~10). 그는 죽음으로 '하나님은 사랑이시다'라고 증거하신 것입니다. 유대인들도 하나님의 사랑에 대해 알고 있었지만 '죄인에게는 벌을, 원수에게는 보복을 허락하는 하나님'으로 알았기에 늘 두려움이 있었습니다. 죽은 자도 살리시는 이가 아들의 죽음을 막을 수는 없었겠습니까? 처참하게 죽어가는 아들을 끝까지 지켜보고 계신 아버지의 사랑을 나타내신 것입니다. 예수는 극한의 고통을 받으면서 아버지의 참사랑을 나타낸 것입니다. 하나님은 가장 고귀한 희생을 통해서 자기의 사랑을 확증하셨습니다.

둘째, 하나님과 사람을 이간시킨 마귀를 정죄하신 것입니다(요일 3:8). 자기 피로 하나님과 인류의 화목제물이 되셔서 이간자를 정죄하신 것입니다. 하나님과 인류와의 사랑이 회복되는 현장에서 마귀는 추락했습니다.

셋째, 예수의 죽음은 율법의 완성이었습니다. 그는 아버지를 사랑하되 자기 목숨을 드리면서 사랑하셨고 이웃을 사랑하되 자기 몸 같이 사랑하신 것입니다. 그는 이웃의 고통을 자기 것으로 만드셨으니 자기 피로 죗값을 대신 갚아주시고 마귀의 손아귀에서 인류를 구속하심으로 율법을 완성하신 것입니다(벧전1:18~19, 계5:9). 율법을 완성하신 이는 오로지 예수밖에 없습니다. 아버지를 사랑하되 완전하게 사랑하신 이도 오직 예수, 이웃을 사랑하되 완전하게 사랑하신 이도 오직 예수밖에 없습니다. 원수를 사랑하며 자기를 핍박하는 자를 위하여 기도하신 이는 오직 예수뿐입니다(마5:44). 그는 언젠가 때가 되면 그 사랑을 아는 자가 나오기를 기대하며 사랑의 씨를 뿌리고 가셨습니다.

아버지는 그를 다시 살리셔서 사랑의 아들의 나라로 옮기셨습니다(골1:13). 우리가 갈 하늘은 사랑의 나라입니다. 아들을 통해 나타내주신 하나님의 사랑의 현장이 바로 하늘나라입니다. 하나님은 사랑하는 자를 위해 보좌를 예비해두셨습니다. 하늘은 오직 사랑으로 다스리는 곳입니다. 형법도 민법도 조세법도 없는 나라입니다. 사랑만이 지배하는 곳입니다.

예수 승천 후 몇 날이 못 되어 성령이 오셨습니다. 성령은 영혼 속에 오시고 교회에 오셨습니다. 하나님의 사랑을 알고 환영한 자들에게 그 사랑이 기름 붓듯이 들어오게 됩니다.

성령 받은 사람에게 하나님의 첫 인상은 사랑입니다. 그 사랑이 세월이 가면서 점점 약화되는 것이 아니라 가면 갈수록 더 깊어지고 절실해집니다. 하나님의 사랑의 크기와 높이와 깊이가 더해 가는 것입니다. 하나님이 나를 사랑하시되 어떠한 희생을 치렀는가, 어떠한 대가를 지불했는가를 가슴이 저리도록 아는 것입니다.

저는 '예수의 피!' 소리만 들어도 가슴이 저미는 것 같고 그의 못 박힌 손을 생각하면 무릎 꿇고 목 놓아 울고 싶습니다. 성령 받은 사람이라면 눈물 없이 보혈 찬송을 부를 수 없습니다. 이 사랑을 아는 자는 사랑에 빚진 자가 됩니다. 스스로 그리스도의 노예가 되는 것입니다.

구약인들은 형벌이 무서워 억지로 계명을 지켰지만 그리스도의 사랑을 아는 자는 스스로 그의 사랑의 포로가 되는 것입니다. 이 사랑을 가진 사람끼리 서로 처지를 이해하고 돕는 것입니다. 보복이나 징계가 두려워서 억지로 하는 것이 아니라 긍휼과 사랑으로 자원해서 하는 것입니다. 그 사랑의 모임이 바로 교회입니다.

먼저 우리는 이웃의 영혼을 사랑해야 합니다. 하나님이 인류를 사랑하시되 육체나 환경을 부유하게 해주시려는 것이 아니라 영혼을 구원하려는 것이기 때문입니다(벧전1:9). 무엇보다 영혼을 지옥에서 건져내는 것이 사랑입니다. 어찌하든지 불신자에게 복음을 전하고 믿음이 없는 자에게 말씀을 가르쳐서 진리로 인도하는 것이 사랑입니다.

그렇다고 말씀을 잘 가르치는 것으로 끝나면 안 됩니다. 실질적으로 사랑을 실천해야 합니다. 사랑은 나눠주는 것입니다. 복음도 나눠주고 진리도 나눠주고 생명도 나눠주고 육신에 필요한 것도 나눠주는 것입니다. "믿는 사람이 다 함께 있어 모든 물건을 서로 통용하고 또 재산과 소유를 팔아 각 사람의 필요를 따라 나눠주고"라고 했습니다(행 2:44~45).

바울의 서신서에는 '이웃'보다는 '형제'라는 단어를 많이 쓰고 있습니다. 형제란 동기간을 말합니다. 한 피 받아 한 형제 된 자들은 다 사랑에 빚진 자들입니다. 서로 사랑해야 할 의무가 있습니다. 형제의 어려움이 나의 어려움이 되고 그의 가난이 나의 가난이 되고 그의 배고픔이 나의 배고픔이 되어야 합니다.

사랑은 느낌이나 말로만 하는 것이 아니고 실천해야 합니다. 성경은 "자녀들아 우리가 말과 혀로만 사랑하지 말고 오직 행함과 진실함으로 하자"라고 했습니다(요일3:18). 예수께서는 자기 몸을 내어주면서까지 사랑을 실천하셨습니다. 신앙생활은 교회라는 울타리 안에서 한 형제, 한 자매 된 자들이 영혼을 사랑하고 필요한 것들을 나누는 생활입니다. 자기희생이 있어야 참 사랑입니다. 콩 한 톨도 반으로 나누어 먹는 것입니다. 이렇게 교회가 진정으로 형제우애가 깊어질 때 복음이 전해지는 것입니다. 그런 교회에 사람들이 모이고, 모이면 떠나지 않는 것입니다. 우리 교회는 이런 교회가 되어야 합니다.

이는 아버지의 온전하신 사랑이 기름 부어져야 가능합니다. 인간의 능력으로는 불가능합니다. 성령의 기름 부음이 충만하면 사람을 외모로 보지 않습니다. 남자든지 여자든지, 부자든지 가난한 자든지, 유식하든지 무식하든지, 믿음이 있든지 없든지, 나를 선대했든지 홀대했든지, 아버지의 사랑이 자기 안에 있는 자는 편견 없이 골고루 사랑할 수 있습니다.

부모는 자식에게 편견이 없습니다. 자식이 아무리 속을 썩이고 재산을 탕진해도 자식을 원수 삼는 부모는 없습니다. 자식이 못난 짓을 해도 철들 때를 기다립니다. 아버지의 사랑으로 기름부음을 받은 사람은 원수도 편견도 선입견도 없습니다. 사람을 외모로 보지 않고 그리스도의 피로 난 영혼으로 봅니다.

맏이와 막내의 나이 차이가 십년 훨씬 넘는 남매가 있었습니다. 늙은 어머니는 막내 동생을 낳자마자 죽었습니다. 그래서 큰 누나가 그 동생을 자식같이 길렀습니다. 자기 젖으로 자기 자식과 자기 동생을 같이 먹여 길렀습니다. 이런 경우에 자기가 낳은 자식과 조금도 다름없다고 합니다. 고등학생 시절 제 친구는 자기 이모와 같은 반에서 공부했습니다. 그 친구 어머니는 이모의 큰 언니였는데 자기 딸과 동생에게 무엇이든 똑같이 해주었습니다. 반찬도 똑같이 싸주고 가방도 항상 똑같은 것으로 사주었습니다. 나중에 시집을 갈 때도 딸과 똑같이 혼수를 해주었습니다. '어떻게 저럴 수 있을까' 하고 놀랄 정도였습니다. 세상에서도 낳은 정이나 기른 정이나 똑같다고 하지 않습니까? 우리는 성령으로 예수 그리스도의 피를 받아 형제자매가 되었습니다. 이제 누구라도 보살핌이 필요한 자를 돌봐줄 책임이 있습니다. 이것은 비단 목회자만 해야 할 일이 아니고 누구든지 해야 합니다. 예수 그리스도의 피로 죄사함 받고 지옥에서 건짐 받은 것을 믿는 자라면 예외가 없습니다.

'서로 사랑하라'는 말은 서로 불쌍히 여기라는 말입니다. 목사는 평신도를, 평신도는 목사를 불쌍히 여겨야 합니다. 구역장은 구역원을, 구역원은 구역장을 서로 긍휼히 여겨야 합니다.

그런데 시험이 들면 '우리 교회는 사랑이 없다'고 말합니다. 그럴 때 저는 너무 가슴이 아픕니다. 물론 그런 말을 듣지 않고 온전하게 사랑할 수 있으면 얼마나 좋겠습니까? 그런데 사랑이 없다고 정죄할 수 있는 사람은 오직 예수밖에 없습니다. 사랑은 허물을 덮어주는 것입니다 (벧전4:8). 자식이 간음을 하고 돌아와도 부모는 다른 사람들에게 말하지 않고 허물을 덮어줍니다. 믿음의 사람은 그런 소문이 나지 않도록 덮어주어야 합니다.

실제로 우리 교회에는 눈물겨울 정도로 사랑을 실천하는 성도들이 있습니다. 어느 구역모임에 갔더니 고등어조림을 한 솥단지 끓여놨습니다. 구역장에게 구역원이 얼마나 된다고 이렇게 많이 끓였느냐고 물었더니 남는 것은 구역원들에게 싸주려 한다는 것입니다. 그런데 그날만 그런 것이 아닙니다. 매주 그렇게 구역원들을 섬겼습니다. 저는 그의 경제사정을 뻔히 알기 때문에 너무 안쓰러웠습니다. 어떤 구역장은 새신자를 좁은 자기 집에 데리고 살면서 엄마처럼 일일이 돌봐주기도 합니다. 그들의 믿음이 자라서 홀로 서는 날을 기다리며 영적으로 경제적으로 희생합니다. 그리스도의 희생을 알기 때문입니다.

예수는 죽으실 필요가 없는 영생하신 하나님이요, 얼마든지 죽음을 피하실 수 있는 능력 있는 분입니다. 그러나 변명 한 마디 하지 않으시고 우리의 죄와 부끄러움을 담당하셨습니다. 주님은 우리로 그 사랑의 빚을 형제에게 갚도록 하셨습니다. '내 형제 중에 지극히 작은 자 하나에게 한 것이 곧 내게 한 것'이라고 말씀하셨습니다(마25:40).

교회는 사랑을 실천하는 현장입니다. 교회는 하나님의 사랑의 집입니다. 에베소서 4장 16절에 "그에게서 온 몸이 각 마디를 통하여 도움을 입음으로 연락하고 상합하여 각 지체의 분량대로 역사하여 그 몸을 자라게 하며 사랑 안에서 스스로 세우느니라"고 했습니다. 교회 성장의 토대는 사랑입니다. 이 사랑 안에서 서로 사랑하는 것이 교회를 세우는 일입니다. 서로 사랑하면서 영혼을 살리고 키워가는 것입니다. 사랑은 논하는 것이 아닙니다. 사랑은 정죄하는 것이 아닙니다. 내가 먼저 실천하고 희생하는 것입니다. 내 귀한 것을 아낌없이 나누어 주는 것입니다. 이 사랑을 생활에서 나타냄으로 하나님에 대한 오해를 풀어드리는 자가 되시기를 예수 이름으로 축원합니다.

교회는 사랑의 집

성경본문 (행2:43~47)

하나님은 사랑이시다(요일4:8).
그에게서 참 사랑이 나오고
그는 고귀한 희생으로 자기의 사랑을 확증하시는 분이다(롬5:8).

신앙은 그 사랑을 액면 그대로 받아들임이요,
신앙생활은 그의 몸 된 교회에서 사랑의 빚을 갚는 생활이다.

인간은 가족, 연인, 민족, 국가 등에 대한 자기의 사랑을
보화, 청춘, 목숨까지도 희생하여 바치는바
동물에게 없는 인간의 특성이다.

아담은 마귀의 꾐에 빠져 하나님의 총애를 저버리고
하나님이 되려다가 하나님과 원수지간이 되었다(창3:4~6, 24, 벧후2:19).

도탄에 빠진 이스라엘을 애굽에서 구원하신 후
하나님이 그들에게 주신 율법의 강령은(신6:5, 마22:37~40)
첫째, 하나님을 마음, 목숨, 뜻, 힘을 다해 사랑하라 하심이요,
둘째, 네 몸과 같이 네 이웃을 사랑하라 하심이나
단 원수는 보복하라 하셨다(출21:24~25, 마5:43).

예수께서 이를 기억하게 하는 법궤가 있는 성전을(신6:12)
헐라 내가 사흘 동안에 일으키리라 하심으로
유대인들을 격동케 하였으나(요2:19, 마26:61)
그는 첫 계명을 폐하고 새 계명을 주려 하심이었는바(요13:34, 15:12)
이스라엘 혈통뿐 아니라 누구든지 사랑하심이다(마5:46~48, 요3:16).

예수께서 죽으시며 '다 이루었다' 하셨으니(요19:30)
① 독생자를 화목제로 주신
　　아버지의 사랑에 감탄하시고 확증하심(마27:46, 요일4:9~10).
② 이간자 마귀를 정죄하심(요일3:8).

③ 피로 값 주시고 사람들을 마귀의 손아귀에서 사심으로(벧전1:18~19, 계5:9)
　목숨을 다해 하나님을 사랑하고
　이웃을 내 몸같이 사랑하라 하신 율법을 그가 완성하심이다.

그는 부활하사 하늘에 오르셨으니
아들의 사랑으로 다스리시는 나라라(골1:13).
거기로서 오신 성령을 그 마음에 부음 받은 자는(롬5:5)
그가 어떠한 대가를 치르고 나를 사랑하셨는가를 아는지라
스스로 그 사랑의 노예가 됨으로 서로 사랑하라는 새 계명을 지키되
사랑의 집 곧 교회에서라.

장성한 그리스도인은
어미가 자식에게 하듯 편애(偏愛)하지 않고
허다한 허물을 덮으며(벧전4:8)
형제의 영혼을 위해 진리를 칼같이 전하며
형제의 육신을 위해 말과 혀로만이 아니라
가진 것을 나누어주되 헌신적으로 하는바
하나님 아버지의 사랑을 확증하는 자다.

오, 주여!
Thank You for the cross, Lord.
Thank You for the price You paid.
가슴이 저며 오는 그 사랑 앞에
한 피 받아 한 형제 된 자들의 목을 껴안고
목 놓아 울고 싶습니다.
우리의 사랑 없음으로
세상이 하나님을 오해하지 않도록
우리 서로 사랑하자고 부르짖겠나이다. 아멘.

14

교회는 만물을 충만케 하시는 자의 충만

"또 만물을 그 발 아래 복종하게 하시고 그를 만물 위에 교회
의 머리로 주셨느니라 교회는 그의 몸이니 만물 안에서 만물
을 충만케 하시는 자의 충만이니라"(엡1:22~23)

하나님은 충만케 하시는 분입니다(사33:5). 그는 천지에 충만하시고
만물을 충만케 하시는 분입니다(렘23:24, 엡1:23).

신앙은 그를 인정하고 환영하는 것이며, 신앙생활은 그의 몸 된 교회
에서 그의 충만을 누리는 생활입니다.

충만(fullness)이란 '꽉 차다'라는 뜻입니다. 요즘은 '살과의 전쟁시대
'라 배불리 먹으려 하지 않지만 '배꼽살이 뒤집어지도록 먹었으면' 하
던 시절도 있었습니다. 그때는 냉수로라도 허기진 배를 채우며 만복감
을 느끼려 했습니다. 한국에서는 자동차에 기름을 넣을 때 '만땅꼬'라
는 일본말을 쓰곤 합니다. 이는 '탱크에 가득 채운다'는 말인데, 차에 기
름을 가득 채우고 나면 기분도 좋아지고 어디든지 갈 느긋함이 생깁니

다. 그런데 연료가 부족하다는 사인이 들어오면 불안해집니다.

한국 속담에 '달도 차면 기운다'는 말이 있습니다. 크고 시원한 보름달도 하루만 지나면 줄어듭니다. 세상만사가 다 그렇습니다. 세상 물질은 아무리 채워도 언젠가는 줄어듭니다. 밥을 가득 먹고 '언제 소화가 되려나?' 하지만 몇 시간 지나지 않아 몸무게를 재보면 줄어든 것을 확인할 수 있습니다. 그러나 하나님의 충만으로 충만하면 그 충만함은 빠져 나가지 않습니다. 영원한 행복으로 만족합니다.

만물을 충만케 하시는 하나님의 실력이 창세기 1장에 나타납니다. 하나님은 우주를 지으시고 그 공간을 엿새 동안 채워가는 작업을 하셨습니다. 먼저 어두운 공간은 빛으로, 땅에는 초목으로, 하늘에는 해와 달과 별들로 채우셨습니다. 그리고 바다에는 물고기, 하늘에는 새들로 충만히 채우셨습니다. 그리고 지구상에는 각종 동물들과 사람으로 채우셨습니다.

창세기의 내용을 보면 하나님이 어떤 분인지 잘 알 수 있습니다. 하나님은 빈 공간을 채우지 않으면 못 견디시는 분입니다. 채우시되 아주 충만하게 채우시는 분입니다. 하늘의 별들도 셀 수 없을 정도로 가득합니다. 은하계 하나에도 별들이 1천억 개 정도가 있다고 하는데, 그런 은하계가 또 수없이 있다고 합니다. 그러면 왜 그렇게 많은 별들을 지으셨습니까? 하나님의 속성, 곧 충만을 나타낸 것입니다.

네이처(Nature)라는 텔레비전 채널을 보면 어마어마한 자연계를 볼 수 있습니다. 바다 속에는 각양의 물고기와 해초와 미물들이 얼마나 많은지 모릅니다. 옛날에는 물고기의 종류와 계통을 공부하려고 보았지만 신앙을 가지면서부터는 '만물을 충만케 채우시는 분의 충만이 바로 여기에 있구나!'라고 감탄하면서 보게 되었습니다. 하나님은 이를 보여 주시기 위해 엿새 동안 우주를 꽉 채우신 것입니다.

하나님은 흙으로 지으신 사람의 육체 안에 생기를 불어넣어 사람을 생령이 되게 하셨습니다(창2:7). 육체라는 공간 속에 생기를 불어 넣어 영적 공간을 만들어 생령 되게 하신 것입니다. 언젠가 가장 좋은 것으로 그 공간을 채우시려는 하나님의 계획 속에서 사람을 생령 되게 하신 것입니다.

그런데 그곳을 선점(先占)한 자가 있었으니 마귀입니다. 하나님이 아담에게 '동산 각종 나무의 실과는 네가 임의로 먹되 선악을 알게 하는 나무의 실과는 먹지 말라 네가 먹는 날에는 정녕 죽으리라' 하셨음에도 불구하고 마귀의 사주를 받은 뱀은 '너도 하나님 같이 될 수 있다'고 하와를 꾀어 선악과를 먹게 했고 아담도 먹고 말았습니다(창2:16~17, 3:4~6). 그래서 아담의 영적 공간에 죄와 사망이 들어왔고 하나님이 더 이상 채울 수 없게 되고 말았습니다.

하나님은 아담을 에덴동산에서 내쫓으신 후 영적 공간을 거룩하게 하는 작업을 시작하셨습니다. 하나님이 아브라함을 부르시고 하나님의 속성을 하나씩 가르치셨습니다. 하나님이 아브라함에게 "내가 너로 큰 민족을 이루고 네게 복을 주어 네 이름을 창대케 하리니 너는 복의 근원이 될찌라" 하셨습니다(창12:2). 그때까지는 아브라함에게 자식이 없었습니다. 말씀에 순종하여 그가 하나님이 지시하시는 땅으로 가자 '네 후손이 하늘의 별과 같이 많을 것이라'고 재차 약속하셨습니다(창

15:5). 하나님이 축복하시므로 이삭을 낳았고 이삭은 야곱과 에서 쌍둥이를 낳았고 그리고 야곱은 열두 아들을 낳았습니다.

그런데 요셉 때 애굽으로 들어간 이스라엘은 그 후에 종살이를 하게 되었습니다. 그들은 이른 아침부터 해질 때까지 고역으로 시달렸습니다. 그럼에도 생육이 중다하여 번성했습니다(출1:7). 야곱의 가족들이 애굽에 들어갈 때는 70여 명에 불과했지만 나중에는 애굽 사람들보다 더 많아졌다고 했습니다. 그래서 애굽 사람들은 '이러다가 적이 쳐들어오면 그들이 이스라엘과 합세하여 우리를 멸할지도 모른다'고 우려했습니다. 그래서 애굽 왕은 산파에게 이스라엘 사람들이 아들을 낳으면 죽이라고 명령했습니다. 그럼에도 불구하고 이스라엘 자손은 계속 번성했습니다(출1:9~22).

이스라엘 민족이 애굽에 들어간 지 430년이 될 즈음에 하나님이 모세를 보내 그들을 구원하셨습니다. 그들이 광야에 도착하자 하나님은 모세에게 인구조사를 하게 하셨습니다. 그때 20세 이상으로 싸움에 나갈 만한 남자의 수가 603,550명이었습니다(민1:46, 2:32). 이 숫자는 레위인을 뺀 숫자입니다. 레위인이 십이분의 일을 차지했으니 모두 어림잡아 70만 명 정도는 되었을 것입니다. 게다가 여자와 어린아이들을 합하면 200만 명이 넘었을 것입니다. 엄청난 번성입니다. 하나님이 아브라함에게 후손을 충만케 하시기로 약속하신 결과입니다.

하나님은 이스라엘 자손이 충만한 민족이 되어 애굽에서 나왔다는 것을 기억하게 하는 기념물로 성소를 짓게 하셨습니다. 그들이 애굽에서 배웠던 고도로 발달된 기술로 성소를 지은 것이 아닙니다. 하나님의 신을 충만케 받은 자들을 불러 지혜와 총명과 지식과 여러 가지 공교한 재주로 지은 것입니다(출31:3, 35:31). 드디어 그 일을 마쳤을 때 구름이 회막을 덮었고 여호와 하나님의 영광이 성막에 충만했습니다(출40:35). 그들은 성소를 바라보며 하나님은 거룩한 공간을 자기 영광으로 충만케 하시는 분이라고 기억했습니다.

하나님의 사람이라는 선지자도 하나님과 같은 일을 했습니다. 이스라엘에 기근이 들었을 때 사르밧 과부 집에는 딱 한 끼 분량의 가루 한 움큼과 약간의 기름밖에 없었습니다. 그때 선지자 엘리야가 그 집에 가서 '그것을 나로 먼저 먹게 하라. 하나님이 말씀하시기를 기근이 끝날 때까지 기름병과 가루통이 마르지 않으리라 하셨느니라' 했습니다. 과부가 그의 말대로 대접했더니 기근이 끝날 때까지 기름병과 가루통이 채워지는 역사가 일어났습니다(왕상17:8~16).

또 엘리사가 어떤 선지자의 집에 들어갔는데 남은 것이라고는 기름 한 병밖에 없었습니다. 빚도 많았는데 갚을 능력이 없었고 아무런 대책이 없었습니다. 그때 엘리사가 여자에게 동네에 가서 빌릴 수 있는 대로 그릇을 빌려오도록 했습니다. 그리고 빈 그릇에 기름을 붓자 그릇마다 채워지는 역사가 일어났고 더 이상 채울 공간이 없자 기름이 그쳤습니다(왕하4:1~7).

성소는 바로 이것을 기억하게 했습니다. 하나님은 천지를 충만하게 채우셨기 때문에 전쟁이 나서 포로로 잡혀가도 그들은 멸종당하지 않을 것이라고 생각했습니다. 성소는 이스라엘에게 매우 중요한 존재였습니다.

그 성전 앞에 예수께서 나타나셔서 '이 성전을 헐라' 하셨습니다. 이에 유대인들은 분노했습니다. 그러나 예수는 '헐라'만 하신 것이 아니라 '헐면 내가 사흘 동안에 일으키리라' 하셨습니다. 이제는 보이는 것으로 보이는 곳에 채우는 성전을 헐어버리고 보이지 않는 영혼에 신령한 것으로 채우시겠다는 말씀인 것입니다. 그러나 그들은 성전과 하나님의 언약만 기억하며 살았기 때문에 반발할 수밖에 없었습니다.

예수는 과연 누구시기에 그런 말씀을 하실 수 있습니까? 요한복음 1장 1절에 "태초에 말씀이 계시니라 이 말씀이 하나님과 함께 계셨으니 이 말씀은 곧 하나님이시니라" 했습니다. 그러므로 하나님과 말씀은 동격입니다. 말씀(Logos)은 하나님의 자현으로 하나님이 자신을 나타내주시는 방법입니다. 하나님은 영원 전부터 말씀으로 계셨습니다.

그리고 만물이 말씀으로 말미암아 지은 바 되었고 지은 것이 하나도 말씀 없이 된 것이 없습니다(요1:3). 하나님은 말씀으로 우주뿐만 아니라 영계 하늘에도 천군 천사로 꽉 채우셨습니다.

그런데 그 '말씀이 육신이 되어' 오신 것입니다. 그가 예수 그리스도이신데, 그는 은혜와 진리로 충만하셨습니다(요1:14). '만물을 충만케 하시는 자의 충만' 자체가 나타나신 것입니다. 그의 육체는 말씀 그 자체요, 그 육체라는 공간 안에 또 성령으로 충만함을 받으셨습니다.

예수 그리스도는 요단강에서 침례를 받으실 때 성령의 충만함을 입고 공생애를 시작하셨습니다(눅4:1). 말씀 곧 하나님이신 그분이 성령까지 받으셨습니다. 그러므로 그의 신성의 충만함이 어느 정도인지 짐작할 수 있을 것입니다(골2:9).

실제로 예수께서 가시는 곳마다 채워지는 역사가 있었습니다. 베드로는 밤새도록 그물을 내렸지만 아무것도 잡지 못했을 때 예수께서는 깊은 데로 가서 그물을 내리라 하셨습니다. 베드로가 말씀에 의지하여 그대로 순종했더니 두 배에 고기가 충만하게 채워졌습니다(눅5:4~7).

또 예수께서 광야에서 사흘 동안 군중집회를 하셨습니다. 무리가 말씀에 도취되어 충만해졌지만 먹지 못해서 허기를 느꼈습니다. 그때 제자들이 '이미 날이 저물었으니 무리를 보내어 마을에 들어가 먹을 것을 사먹게 하소서' 했습니다. 그러자 예수께서 '갈 것 없다. 너희가 먹을 것을 주어라' 하셨습니다. 제자들이 '우리에게 있는 것은 떡 다섯 개와 물고기 두 마리 뿐입니다'라고 말하자 '그것을 내게 가져오라' 하시고 떡 다섯 개와 물고기 두 마리를 가지고 축사하시므로 여자와 아이 외에 5천 명이 배불리 먹고 열두 광주리를 거두었습니다(마14:15~21).

그런데 그는 이 땅에 계실 때 돈 한 푼 없는 빈털터리셨습니다. 평상시 그 수중에는 돈이 없었지만 필요할 때는 물고기 입을 열어서라도 채우시는 능력이 있었습니다.

그는 빈 배도 채우시고 5천 명이 넘는 사람들의 허기진 배와 열두 광주리도 채우셨습니다. 예수는 만물을 충만케 하시는 하나님, 만물을 충만케 하시는 충만 그 자체가 육체로 오신 분입니다. 그는 충만 자체이시기에 그가 접근하시면 충만의 역사가 나타나는 것입니다. 할렐루야!

"아버지께서는 모든 충만으로 예수 안에 거하게 하시고"(골1:19)

"그 안에는 신성의 모든 충만이 육체로 거하시고"(골2:9)

이는 하나님의 속성이 예수의 육체 안에 충만하다는 말씀입니다. 그의 육체는 영계 하늘과 우주 공간을 꽉 채우신 말씀이요, 만물을 충만케 하시는 자의 충만입니다.

이를 본 유대인들은 예수를 왕으로 삼으려 했습니다. 그가 왕이 되면 농림부 장관도 수산부 장관도 경제부 장관도 필요가 없는 것입니다.

그러나 예수께서는 배나 채우려는 사람들의 속셈을 아시고 오히려 피하셨습니다. 그는 육체의 배가 아니라 영적 공간인 영혼을 채우러 오신 분입니다.

백성들은 자기의 소원을 들어 주지 않자 예수를 미워한 나머지 그를 잡아 죽는 자리에 넘겨주었습니다. 예수는 죽으시면서 '다 이루었다' 하셨습니다. 그러면 무엇을 다 이루셨을까요?

첫째, 아버지께 영광 돌릴 하늘 성소, 참 장막을 그의 피로 깨끗하게 청소하신 것입니다. 구약시대에는 대제사장이 성소의 벽과 속죄소 위와 앞에 피를 뿌림으로 지성소를 거룩하게 했습니다(레16:14~15). 예수께서는 루시퍼가 반역함으로 죄가 발생해 더렵혀진 하늘 성소를 그의 피로 깨끗이 청소하신 것입니다. 하늘 성소, 즉 참장막은 주께서 베푸신 것이요, 사람이 지은 것이 아닙니다(히8:1~2).

> "그러므로 하늘에 있는 것들의 모형은 이런 것들로써 정결
> 케 할 필요가 있었으나 하늘에 있는 그것들은 이런 것들보
> 다 더 좋은 제물로 할찌니라 그리스도께서는 참 것의 그림
> 자인 손으로 만든 성소에 들어가지 아니하시고 오직 참하

늘에 들어가사 이제 우리를 위하여 하나님 앞에 나타나시
고"(히9:23~24)

예수께서 죽으시면서 뿌리신 피는 영계 하늘을 정결케 하셨습니다.
그곳은 거룩한 공간이 되었고 이제 그곳을 충만하게 채울 일만 남은 것
입니다.

둘째, 하늘 성소를 이탈하여 그곳을 더럽힌 마귀는 정죄 받았습니다.
그는 영계 하늘에서 하나님의 영광을 채워야 할 신분이었음에도 불구
하고 자기 처소를 떠난 자입니다. 그가 자기 처소, 자기 지위를 떠나자
하늘에 빈 공간이 만들어진 것입니다.

셋째, 예수의 피로 영혼들을 정결케 하신 것입니다. 하나님의 것으로
채워야 할 아담의 영이라는 공간에 마귀가 먼저 와서 죄와 사망으로 채
웠습니다. 그곳을 예수께서 자기 피로 깨끗이 씻어 거룩한 공간을 만
드신 것입니다.

이 일들을 다 이루셨기 때문에 아버지는 예수를 죽은 자 가운데서 다
시 살리시고 하늘 보좌에 앉히셨으니 만물을 충만케 하려 하심입니다.

"내리셨던 그가 곧 모든 하늘 위에 오르신 자니 이는 만물
을 충만케 하려 하심이니라"(엡4:10)

예루살렘성전을 지은 다음에 제물의 피를 뿌리고 하나님의 영광으
로 가득 채운 것처럼, 예수는 하늘 성소를 자기 피로 깨끗케 하신 후에

독생자의 영광으로 가득 채우셨습니다. 할렐루야! 이는 영원 전부터 계획하신 하나님의 의도입니다. 만물을 충만케 하시는 이의 충만이 이 사건을 통해 다 이루어진 것입니다.

그리고 그가 승천하신지 몇 날이 못 되어 성령을 보내주셨습니다. 성령은 예수의 피로 죄사함 받아 정결케 된 영혼들의 모임인 교회에 임하셨습니다.

> "오순절날이 이미 이르매 저희가 다 같이 한곳에 모였더니 홀연히 하늘로부터 급하고 강한 바람 같은 소리가 있어 저희 앉은 온 집에 가득하며 불의 혀같이 갈라지는 것이 저희에게 보여 각 사람 위에 임하여 있더니 저희가 다 성령의 충만함을 받고 성령이 말하게 하심을 따라 다른 방언으로 말하기를 시작하니라"(행2:1~4)

예수 그리스도께서 하늘에 오르시고 하늘 성소를 독생자의 영광으로 가득 채운 다음에 성령이 교회 안에 들어오신 것입니다. 그러므로 교회는 예수의 피로 정결케 된 공간이며 그리스도인들은 예수의 피로 영적 공간이 깨끗해진 사람들입니다.

주기도문에서 '뜻이 하늘에서 이룬 것 같이 땅에서도 이루어지이다'는 말씀은 하늘 성소를 독생자의 영광으로 가득 채운 것처럼 영혼들과 교회 속에 예수 이름으로 충만케 하신다는 뜻입니다. 그러므로 교회는 우리 영혼이 예수의 것으로 충만하게 채움을 받는 곳입니다. 예수 그리스도는 만물 위에 계셔서 보이는 물질계나 보이지 않는 영계의 천사들도 다 그의 발아래 복종하게 하셨습니다(엡1:22~23).

예수는 만물 위에 교회를 세우시고 그 교회의 머리가 되셨습니다. 모든 만물, 즉 보이는 것들이나 보이지 않는 것들 위에 교회를 세우시고 예수는 그 교회의 머리가 되셨습니다. 다시 말해 만물 위에 교회, 교회 위에 예수, 이것이 만물의 질서입니다.

예수는 모든 신성의 충만이 육체로 거하신 분입니다. 예수의 몸 자체가 만물을 충만케 하시는 충만입니다. 그러므로 그의 몸 된 교회는 만물을 충만케 하시는 충만입니다. 교회는 충만 자체입니다.

오순절날 120문도에게 성령이 임하시자 충만함을 받았습니다. 이것이 바로 교회의 시작입니다. 교회는 시작 자체가 충만이었습니다. 충만에서 시작하여 충만으로 가는 것입니다. 그러므로 교회는 항상 충만해야 하는 것입니다. 할렐루야!

교회는 만물 위에 있고 만물을 충만케 하시는 이가 그 머리가 되시기 때문에 교회는 만물 앞에 위축되지 않습니다. 만물 앞에 기죽지 말아야 합니다. 만일 지식과 명예와 돈과 권력이 충만한 사람이 교회에 왔다 할지라도 교회는 당당해야 합니다. 비록 교인들이 가난하고 무식하고 출세한 사람이 별로 없다 할지라도 교회는 만물을 충만케 하시는 충만 그 자체입니다. 오히려 세상 것으로 충만한 사람이 교회에 와서 기가 죽고 쪼그라들어야 정상입니다.

그런데 이와 반대로 교회가 어쩌다 그런 사람이 오니까 '선생님, 나리님, 오셨습니까?' 하며 호들갑을 떨고 높은 자리를 권하고 있습니다. 그런 사람이 그들의 교회를 찾아와 준 것에 대해서 영광스럽게 생각하는 것입니다. 선거철이 되면 표를 얻으려고 교회를 찾아오는 국회의원 후보들이 있습니다. 표를 구걸하려는 속셈이 뻔히 들여다보이는데도 지역구 국회의원님이 우리 교회를 찾아오셨다며 선전하는 것은 세상 앞에 교회의 위상을 떨어뜨리는 것입니다.

세상 것으로 어깨에 힘이 들어간 사람들이 교회에 와서 자신이 갖고 있는 모든 것이 거짓된 것이라는 사실을 깨달아야 합니다. 아예 박살이 나야 합니다. 자신의 것을 다 내려놓고 예수 그리스도 앞에 무릎을 꿇게 해야 합니다. 예수의 옷자락을 붙잡고 영원하고 완전한 것으로 채워 달라고 간구하도록 해야 합니다. 아무것도 없는 사람은 이런 말을 들어도 부담스럽지 않습니다. 우리 교회는 대다수가 그렇기 때문에 모두들 '아멘' 하며 웃습니다.

우리 교회에도 가끔 높은 사람들이 옵니다. 그러면 혹(惑)이 와서 저에게 '아무개가 온다'고 말합니다. 금딱지 롤렉스 시계를 차고 비서관을 데리고 들어오면 저는 속으로 '오늘 너 잘 만났다' 하고 그날따라 더 쎄게 말합니다. 어떤 때는 설교 끝에 '모두 다 땅바닥으로 내려 앉아 예수 이름 앞에 무릎을 꿇으라'고 호통 칩니다. 처음에는 주저하다가 모두 다 내려앉은 것을 보면 자기도 할 수 없이 내려앉습니다. 할렐루야!

그렇다고 원수처럼 미워한다는 말이 아닙니다. 육체는 헛된 것으로 가득 차 있으면서 영적 공간을 예수로 채우지 못한 것을 불쌍히 여겨 충격요법을 써서라도 깨우려는 것입니다. 언젠가는 소멸될 것을 위해 살고 있다는 것을 알게 하려는 것입니다. 우리는 만물을 충만케 하시는 자의 충만으로 채워야 합니다. 예수의 몸 안에 있는 모든 신성의 충만으로 채워야 합니다. 예수의 피와 살로 채워야 하는 것입니다. 이것이 교회의 사명입니다.

예배를 드리는 목적은 성령 충만함을 받으려는 것입니다. 예배하고 성령으로 충만하여 '할렐루야!' 하며 세상으로 나가는데, 몇 시간이 못 되어 타이어에 바람이 빠지듯 점점 충만이 빠져나갑니다. 남편이 술을 마시고 들어와서 욕을 해대면 갑자기 충만함을 쏟아버립니다. 예수는 자기를 죽이는 자 앞에서도 쏟지 않으셨는데 우리는 왜 그리 쉽게 쏟아버릴까요? 아직도 내 것으로 차있기 때문입니다.

한 주의 첫 날을 택하여 교회로 모이게 하신 것은 예수의 것으로 충만함을 받아 한 주를 살게 하려하심입니다. 그러므로 예배시간에 '주여, 나는 거룩한 공간임을 알았습니다. 예수의 피로 거룩해진 살아있는 영인 것을 알았습니다. 나 영혼, 예수의 것으로 채워주시옵소서' 하고 부르짖어야 합니다. 헌금은 성령의 기름 부음을 받기 위해서 내는 기름값입니다. 그런데 세상 것들이 내 속에 조금이라도 남아있으면 성령의 충만함을 받지 못합니다.

예수에게 가까이만 가도 물고기가 채워지고 열두 광주리가 채워졌습니다(마14:13~21). 뿐만 아니라 여러 해 동안 혈루증을 앓던 여인이 아무도 모르게 그의 옷자락에 손을 대었을 때 혈루의 근원이 말라버렸습니다(막5:25~29). 예수 몸의 신성의 충만이 그 옷자락만 만져도 영혼에 생명을 채웁니다.

교회에 와서 예배에 성공한 자는 생명과 평안과 기쁨과 소망과 담력을 충만히 가지고 세상으로 나갑니다. 세상에 나가서도 빼앗기지 않도록 기도하고 나가는 것입니다. 회개하고 기도하는 이유는 자기를 비워 성령께서 채우실 공간을 마련하려는 것입니다. 내가 없어져야 예수의 신성의 모든 충만이 내 속에 거할 수 있기 때문입니다.

예수 그리스도께서 부활 후 빨리 하늘로 올라가신 것은 그가 가야 보혜사가 오실 것이고 보혜사가 오시면 기쁨으로 충만해질 것이기 때문입니다. 실제로 성령을 받으면 기쁨이 충만해집니다. 예배 성공하면 기쁨이 충만해집니다. 기도하면 기쁨이 충만해집니다.

유대의 관원들이 사도들을 위협하며 예수 이름으로 말하지도 말고 가르치지도 말라고 했습니다(행4:17~18). 그 당시에는 모이기만 해도 신변이 위험했습니다. 그런데 성도들이 모여서 기도할 때 모인 곳이 진동하더니 성령의 충만함을 받았습니다(행4:31).

왜 교회에 모여 기도하고 예배를 드려야 합니까? 모임 속에 성령이 충만하시기 때문입니다. 교회는 만물을 충만케 하시는 충만이기 때문입니다. 내 영혼의 갈급함을 예배에서 채울 수 있기 때문입니다.

예수의 성품이 나 영혼에 충만해야 병자에게 손을 얹을 때 나을 수 있습니다. 전도는 불신자의 영혼에 예수의 생명과 거룩함을 채워주려는 것입니다.

아직도 충만하지 않은 것은 나 자신에게 문제가 있는 것입니다. 아직도 내 것이 있기에 하나님의 것을 담을 수 없는 것입니다. 내 것이 없는 자가 충만할 수 있습니다. 쓰레기 같은 내 지식과 경험을 쓸어내고 예수로 충만하시기를 예수 이름으로 축원합니다.

교회는 만물을 충만케 하시는 자의 충만 설교요약

성경본문 (엡1:22~23)

하나님은 충만케 하시는 이다(사33:5).
그는 천지에 충만하시고(렘23:24) 만물을 충만케 하시는 분이다(엡1:23).

신앙은 그를 인정하고 사모함이요,
신앙생활은 그의 몸 된 교회에서 그의 충만을 누리는 생활이다.

사람은 배(胃), 지갑, 창고 등 모든 것이 충만한 상태에 잠시 행복을 느끼나
채워도 채워도 한없이 허전함을 느끼니
달도 차면 기울듯 만물은 언젠가는 소진(消盡)되고 소멸(消滅)됨이라.

창조는 하나님이 공간을 만드시고 만물을 채우시는 작업이었으니
보이지 않는 세계 곧 영계 하늘에 천사들을,
보이는 세계 곧 우주 하늘에 모든 물질들이라(창1장).

하나님은 흙으로 사람을 지으시고
육체라는 물리적인 공간에
생기를 불어 넣으사 생령이라는 영적 공간을 만드셨다(창2:7).

그런데 마귀는 생령을 선점(先占)하여
죄와 사망으로 채웠으니(창2:17, 3:4~6)
아담을 속여 하나님의 금한 선악과를 먹고 범죄케 함으로라.

하나님이 아브람에게 복 주시매
하늘에 뭇별 같은 후손의 약속을 하셨던바(창12:2, 15:5)
그 후손 이스라엘은 종살이의 간고와 멸종의 위기에도
생산이 중다하고 번식함으로(출1:7, 9~22)
출애굽시 장정남자의 수만 70여만 명에 이르렀다(민1:46, 2:32).

하나님의 신이 충만한 사람들에게 짓게 하신 성소가 완공된 후(출31:3, 35:31)
하나님의 영광이 그 안에 충만하게 채워졌다(출40:35).

14. 교회는 만물을 충만케 하시는 자의 충만 233

한편 하나님의 사람이라는 선지자들이 이른 곳에(왕하4:9)
기름병, 가루통에 채워지는 역사가 있었다(왕상17:8~16, 왕하4:1~7).
하나님을 기억하게 하는 성전을 예수께서 헐라 하심은(요2:19)
보이는 성전을 헐면 보이지 않는 성전을 세우시려 하심인즉
그는 만물을 채우신 말씀이 육신으로 오신 하나님이시라(요1:1~3, 14).
그 안에 모든 신성의 충만이 육체로 거하시는바(골1:19, 2:9)
빈 배에 물고기를, 빈들에 먹고도 남은 떡 열두 광주리를,
그 몸에 손을 대는 자에게 생명으로 채우셨다.

그가 죽으시며 다 이루었다 하심은(요19:30)
① 아버지께 영광 돌릴 하늘 성소, 참 장막을
　　그의 피로 깨끗하게 하심(히8:1~2, 9:23~24).
② 하늘 성소를 이탈하여 더럽힌 마귀를 정죄하심(사14:12~15, 유6, 요일3:8).
③ 그의 피를 영혼들에게 뿌려 깨끗한 공간을 만드심이다(히9:22).

그가 부활 승천하사
하늘은 독생자의 영광으로 가득 차게 되었고
오순절 날 예수의 피로 소제된 영혼들과 교회에
성령이 충만하게 임하셨으니(행2:1~4)
아버지의 뜻이 하늘에서 이룬 것같이 땅에서도 이루어짐이라.

예수의 몸 된 교회는
만물을 충만케 하는 자의 충만이니 영권, 인권, 물권이라 .
아무리 어려워도 세상 것으로 가득한 자 앞에서 쪼그라들지 아니하며
모여서 예배 성공하고 기도하니(행4:29~31)
참 기쁨, 평안, 생명, 능력의 충만함을 받는바
세상 사람에게 없는 예수 이름으로다.

오, 주여!
성령이여, '나'가 없어진 그 공간에 충만하옵소서.
담대히 나가 말씀을 전하고
병든 자에게 손 얹어 병을 낫게 하옵소서 .
만나는 자에게 예수 이름을 채우게 하옵소서. 아멘.

15

교회는 화해의 장

"그러므로 생각하라 너희는 그때에 육체로 이방인이요 손으로 육체에 행한 할례당이라 칭하는 자들에게 무할례당이라 칭함을 받는 자들이라 그때에 너희는 그리스도 밖에 있었고 이스라엘 나라 밖의 사람이라 약속의 언약들에 대하여 외인이요 세상에서 소망이 없고 하나님도 없는 자이더니 이제는 전에 멀리 있던 너희가 그리스도 예수 안에서 그리스도의 피로 가까와졌느니라 그는 우리의 화평이신지라 둘로 하나를 만드사 중간에 막힌 담을 허시고 원수 된 것 곧 의문에 속한 계명의 율법을 자기 육체로 폐하셨으니 이는 이 둘로 자기의 안에서 한 새사람을 지어 화평하게 하시고 또 십자가로 이 둘을 한 몸으로 하나님과 화목하게 하려 하심이라 원수 된 것을 십자가로 소멸하시고 또 오셔서 먼 데 있는 너희에게 평안을 전하고 가까운 데 있는 자들에게 평안을 전하셨으니 이는 저로 말미암아 우리 둘이 한 성령 안에서 아버지께 나아감을 얻

게 하려 하심이라"(엡2:11~18)

하나님은 화평의 하나님이십니다(고전14:33). 그는 지극히 높은 곳에서 화평을 베푸시고(욥25:2) 그는 화평케 하는 자에게 평안으로 갚으시는 분입니다(시37:37).

신앙은 하나님과 화목하기를 사모하는 것이며, 신앙생활은 새 예루살렘성에 들어가 하나님과 평안을 누리며 살기 위하여 이 땅에 있는 동안 교회에서 화목의 직책을 감당하는 생활입니다.

예루살렘이란 히브리어로 '이레 살롬(יראה שלום)'인데 약속된 평화라는 뜻입니다. 영원한 평안을 향하여 가는 사람은 이 땅에 있는 동안 교회를 초월할 수 없습니다. 교회는 하나님과 화해하는 장소입니다. 화해가 필요한 이유는 과거에 인간이 하나님과 원수지간이었기 때문입니다.

화해란 친구, 연인, 부부, 민족, 나라 등이 분쟁하고 결별하던 중, 누군가 먼저 화친의 사인(sign)을 보내어 다시 교류하는 상태를 말합니다.

우리 민족은 6. 25 전쟁이라는 동족상잔(同族相殘)의 뼈아픈 기억을 갖고 있습니다. 남한에서만 무려 3백만의 사람이 죽었습니다. 3년의 치열한 공방전 끝에 참전 유엔군의 중재와 감시 하에 휴전협상을 맺고 정전상태에 들어갔습니다. 휴전선을 기준으로 비무장지대(DMZ)를 만들고 판문점에 회의장소를 만들었습니다. 양측 대표가 만나 정기적으로 회의하는 장소입니다. 군대 막사처럼 생긴 회의장 한 가운데에 긴 회의 탁자가 있고 남북 양측과 유엔군이 대치해서 앉는 자리가 있습니다.

긴 탁자 위 한 가운데 가로로 길게 흰 금이 그어져 있는데 그 선이 실제로 국경선입니다.

분단 당시, 남북간의 왕래는 영원히 불가능하다고 생각했습니다. 그런데 그로부터 50년이 지난 지금은 남북이 더 이상 적이 아니라며 서로 왕래합니다. 이산가족이 상봉을 하지 않나, 올해는 한국 관광단이 평양까지 다녀왔습니다. 올해만 해도 북한을 방문한 남한 사람이 수만 명에 이른답니다. 50년 전에는 상상도 할 수 없는 일이었습니다. 대치 중에서도 판문점에서 회의를 거듭하더니 마침내 거기서 화해의 장이 열린 것입니다. 지금은 남북통일의 날을 바라보고 있는 상황입니다.

가까운 사람끼리 사소한 일로 잘 싸웁니다. 싸우고 나면 자존심 때문에 서로 얼굴을 보지 않으려고 합니다. 그러다가 세월이 흘러 감정이 누그러지고 누군가 한쪽이 먼저 사과하면 기다렸다는 듯이 모든 감정은 봄눈 녹듯이 녹아집니다.

어떤 연인은 자기의 잘못을 분명히 알면서도 사과하지 않고 상대방이 먼저 다가올 것을 기다리다가 영원히 헤어져 버리기도 합니다. 먼저 '미안하다'고 한마디만 했더라면 얼마든지 회복할 수 있는 가정이 깨어져 버린 경우도 너무 많습니다. 이것은 인간의 비극입니다.

성경은 하나님이 먼저 사람에게 화해의 사인을 보내신 이야기입니다. 하나님과 원수 된 사람에게 하나님이 먼저 '우리 그만 하자. 이제 화평하자' 하시고 제의하신 것입니다. 요한일서 4장 19절에 "우리가 사랑함은 그가 먼저 우리를 사랑하셨음이라"고 했습니다. 우리가 먼저 하나님을 사랑한 것이 아니요, 그가 우리와 가까이하고 싶어서 아들을 화목제로 내어주시며 다가오신 것입니다.

인류 조상 아담이 에덴동산에 있을 때 하나님의 명령을 어기고 죄를 범했습니다. 하나님이 "동산 각종 나무의 실과는 네가 임의로 먹되 선악을 알게 하는 나무의 실과는 먹지 말라 네가 먹는 날에는 정녕 죽으리라" 하셨습니다(창2:16~17). 그런데 마귀가 뱀을 타고 들어가 여자를 꾀었습니다. 마귀는 하늘에서 하나님을 반역한 사단, 천사장으로 하나님의 원수입니다. 원수에게 속은 것도 밉지만 그보다 더 분한 일은 인간이 원수편이 된 것입니다. 진 자는 이긴 자의 종이기 때문입니다(벧후2:19).

하나님은 아담을 동산에서 내쫓으시고 그곳을 화염검으로 두르셨습니다. 분계선을 그은 것입니다. 그 분계선은 하나님과 사람 사이의 분단된 상태를 말하는 것입니다.

그 후 가인이 동생 아벨을 죽인 것은 하나님과의 불화가 인간에게 미치는 결과를 현상으로 나타낸 것입니다. 사람과 사람이 불화하고, 만물이 사람과 갈등하는 관계가 된 것입니다. 땅은 저주를 받고 씨를 뿌려도 가시덤불과 엉겅퀴를 내게 되었습니다(창3:18).

사람과 화해하시려는 하나님의 의도는 이스라엘 백성을 택하시고 애굽에서 나오게 하심으로 본격적으로 시작되었습니다. 그들에게 성소를 짓고 제사를 드리도록 하셨습니다. 화해의 현장을 모형적으로 만들게 한 것입니다.

성소는 하나님과 사람의 화해장소입니다. 성소 안에 휘장이 있고 휘장 안에는 지성소가 있습니다. 성소는 사람이 들어갈 수 있는 최전방이며 지성소는 하나님이 나오시는 최전방입니다. 휘장이 그 둘 사이를 가르고 있습니다.

하나님과 사람 사이의 벽을 허무는 수단으로 화목제물을 사용하게 하셨습니다. 제사에는 번제, 소제, 화목제, 속죄제, 속건제 등이 있는데 양이나 소를 화목제물로 드리게 했습니다. 대제사장은 하나님과 사람 사이의 중보 곧 화목케 하는 직책을 가진 자로 지성소까지 들어갈 수 있는 유일한 사람이었습니다.

종교인들도 그들의 신을 위로하려고 방법을 강구합니다. 가뭄에 비를 내려달라며 '하느님'이든 '하늘님'이든 신에게 기우제(祈雨祭)를 지냅니다. 심청전에서 심청이가 인당수에 몸을 던진 것도 용왕신을 달래기 위한 것이었습니다. 그러나 하나님은 이런 인간의 방법에 감동받으시지 않습니다.

하나님은 화평의 하나님으로서 하나님 안에서 화평이 제시되어야 합니다. 하나님이 먼저 화평의 사인을 보내신 것이 바로 성막입니다. 출애굽기 20장 24절에 "내게 토단을 쌓고 그 위에 너의 양과 소로 너의 번제와 화목제를 드리라 내가 무릇 내 이름을 기념하게 하는 곳에서 네게 강림하여 복을 주리라"고 했습니다.

이스라엘 자손이 요단강을 건너 예루살렘에 들어가자 하나님은 솔로몬에게 성전을 짓도록 하셨습니다. 그 낙성식에서 '내가 내 백성 이스라엘을 애굽에서 인도하여 낸 날부터 내 이름을 둘 만한 집을 건축하기 위하여 이스라엘 모든 지파 가운데서 아무 성읍도 택하지 아니하고 다만 다윗을 택하여 내 백성 이스라엘을 다스리게 하였노라' 하신 하나님의 말씀이 선포되었습니다(왕상8:16).

예루살렘성전은 성막보다 규모를 더 크게 확대하고 화려하게 지었습니다. 낙성식 때 드린 소가 2만 2천이요 양이 12만이었습니다(왕상8:63). 엄청난 소와 양이 죽었습니다. 하나님께 성전을 봉헌하고 낙성식이 끝나자 백성들은 고기를 먹으며 기뻐하고 즐거워했습니다. 이제 하나님과 화해했으니 드디어 우리는 살판났다고 생각한 것입니다. 이에 솔로몬은 이렇게 기도했습니다.

> "종과 주의 백성 이스라엘이 이곳을 향하여 기도할 때에 주
> 는 그 간구함을 들으시되 주의 계신 곳 하늘에서 들으시고
> 들으시사 사하여 주옵소서"(왕상8:30)

예루살렘성전은 하나님과 화해하는 장소입니다. 드디어 하나님과 화해의 장을 열어놓고 화목 제물까지 드렸으니 이제 '우리의 기도를 들어주옵소서' 한 것입니다. 그 화해의 현장에서 드린 기도 중 대표적인 두 가지 내용은 첫째, '우리의 기도를 들어주옵소서' 둘째, '우리가 범죄하거든 용서해주옵소서'라는 것입니다.

한편 하나님은 그들에게 율법을 주셨습니다. 율법은 의문(儀文)에 속한 계명입니다(엡2:15). 그들은 계명을 범하면 당장 형벌을 받았습니다. 율법은 죄가 하나님의 원수임을 알게 하는 법입니다. 죄와 형벌로 두려워하는 그들에게 숨통을 틀 수 있는 길이 있었으니, 일 년에 한 차례씩 드리는 화목제입니다. 율법이 없었으면 죄도 하나님과 원수인

것도 몰랐을 것인데, 율법으로 말미암아 죄를 깨닫고 성전에 가서 화목제를 드려 하나님과 화해합니다. 그러니 성전은 이스라엘 백성에게 매우 중요합니다.

그 성전 앞에 예수께서 나타나셔서 '이 성전을 헐라 내가 사흘 동안에 일으키리라' 하셨습니다. '이 성전이 없으면 어떻게 하나님과 화해하며 어떻게 재앙을 피할 수 있겠는가?'라고 생각한 그들이 예수를 증오한 것은 당연합니다. 예수께서는 '내가 다시 세우리라'고 하셨습니다. 이는 '눈에 보이는 성전에서 화목 제물을 드리는 것을 그치라. 이제 내가 눈으로 보이지 않는 성소에서 하나님과 완전한 화해의 장을 열어 주리라'는 뜻으로 말씀하신 것입니다.

그는 많은 사람을 위하여 자기 목숨을 대속물로 주려고 오셨기에 자신을 '인자(人子, The Son of Man)'라고 하셨습니다(마20:28). 디모데전서 2장 5절에 "하나님은 한 분이시요 또 하나님과 사람 사이에 중보도 한 분이시니 곧 사람이신 그리스도 예수라"고 했습니다.

예수는 태초에 하나님과 동등하신 말씀이셨습니다(요1:1). 영원 전부터 하나님과 함께 계시던 말씀은 하나님의 자현(自顯), 즉 하나님이 피조물에게 자기를 계시해주시는 방법입니다. 하나님은 너무 크시기 때문에 피조물이 그를 눈으로 볼 수 없습니다. 그런데 그는 말씀이 육신 되어 오신 분입니다(요1:14). 그를 하나님은 '하나님의 아들'이라고 하시고, 예수는 자신을 인자(사람의 아들)라고 하셨습니다.

예수께서 침례를 받으시고 물에서 올라오실 때 아무도 그를 알아보지 못했습니다. 그런데 하늘에서 '이는 내 사랑하는 아들이요 내 기뻐하는 자라' 하시는 소리가 있었습니다(마3:17).

그의 제자 베드로가 '주는 그리스도시요 살아계신 하나님의 아들'이라고 고백했을 때도 자기가 그리스도라는 사실을 아무에게도 말하지 못하게 하셨습니다(마16:16, 20). 그러면서 자신을 '인자'라고 여러 번 말씀하셨습니다.

예수는 하나님의 아들, 곧 하나님이십니다. 그런데 여인의 몸을 통해 사람으로 오셨습니다. 예수는 하나님이기도 하시고 사람이기도 하십니다. 그러면 50%는 하나님이고 50%는 사람이라는 말일까요? 아닙니다! 그는 100% 하나님이시고 100% 사람이십니다. 태어난 날이 있고 죽은 날이 있는 사람이지만, 그는 사람에게서 1%도 유전 받은 것이 없는 질적으로 100% 하나님이십니다. 그러면 왜 사람으로 나시고 사람같이 죽으셨을까요? 그가 화목제물이 되어 하나님과 사람 사이의 중보가 되시기 위해서입니다.

예수는 하나님 편에서 볼 때는 사람이시고 사람 편에서 볼 때는 하나님이십니다. 그래서 성령에 감동된 베드로가 '주는 살아 계신 하나님의 아들'이라고 고백했을 때 예수께서 칭찬하신 것입니다(마16:16~17).

예수는 하나님이시기도 하고 사람이기도 하시기 때문에 중보가 될 수 있는 것입니다. 그래서 그가 하나님 앞에서는 '사람의 죄는 내가 대신 갚겠으니 저들을 용서하여 주옵소서' 하시고, 사람들 앞에서는 '너희 아버지가 너희를 너무 사랑하신단다' 하시면서 화해시키려 화목제물이 되신 것입니다.

그는 자기를 '십자가에 못 박으소서!'라고 아우성치는 군중들을 증오하지 않으시고 오히려 '아버지여, 저들을 사하여 주옵소서 자기의 하는 것을 알지 못함이니이다' 하셨습니다. 그리고 마지막 숨을 거두시며 '다 이루었다' 하셨습니다. 무엇을 다 이루었다 하셨을까요?

첫째, '아버지는 독생자를 희생시키면서까지 그토록 인간과 화목하시기 원하십니까? 아버지는 과연 화평의 하나님이십니다' 하고 인정하신 것입니다. 그는 화평케 하는 직책을 감당하셨기 때문에 '내 영혼을 아버지께 맡기나이다' 하셨습니다.

둘째, 이간자 마귀는 최고 화평의 장에서 정죄를 받았습니다.

셋째, 그의 피로 하나님과 사람, 사람과 사람, 사람과 만물을 화평케 하셨습니다(골1:20). 예수께서 십자가에서 그 몸이 찢어지는 순간, 예루살렘성전의 휘장이 찢어졌습니다. 분계선이 찢어지는 바람에 원수의 담이 무너지고, 의문에 속한 계명의 율법도 폐하심으로 하나님과 사람 사이에 화해의 장이 열린 것입니다.

> "이제는 전에 멀리 있던 너희가 그리스도 예수 안에서 그리스도의 피로 가까와졌느니라 그는 우리의 화평이신지라 둘로 하나를 만드사 중간에 막힌 담을 허시고 원수 된 것 곧 의문에 속한 계명의 율법을 자기 육체로 폐하셨으니 이는 이 둘로 자기의 안에서 한 새사람을 지어 화평하게 하시고"(엡 2:13~15)

이방인이란 하나님도 약속도 없어 절망적이며 짐승 같은 사람들이라는 뜻입니다. 과거에는 이스라엘과 이방인 사이에 성별이라는 금이 있어 상종도 동석도 왕래도 하지 않았습니다. 그런데 예수께서 죽으시는 순간 이스라엘의 성별의식이 종식된 것입니다.

그리고 "그의 십자가의 피로 화평을 이루사 만물 곧 땅에 있는 것들이나 하늘에 있는 것들을 그로 말미암아 자기와 화목케 되기를 기뻐하심이라"고 함과 같이 이제 인간은 다시 만물을 정복하고 다스릴 수 있게 되었습니다(골1:20). 할렐루야!

아버지는 사흘 만에 그를 다시 살리시고 하늘 보좌에 앉히셨습니다. 그를 '보좌에 앉으신 어린양'이라고 합니다. 보좌에 앉으신 '하나님의 아들'이라 말하지 않고 왜 꼭 '어린양'이라고 할까요? 어린양이란 일찍 죽임을 당하신 흔적을 가졌다는 말입니다. 예수 그리스도는 부활하신 다음에도 손에 못자국과 옆구리에 창자국이 있었습니다. 이것은 인자로 오신 흔적이요, 죽임을 당하신 흔적입니다. 그 흔적은 그가 하나님과 인간의 영원한 화해자이심을 말하고 있습니다. 다른 말로 영원한 대제사장이심을 말합니다. 히브리서 6장 20절에 "그리로 앞서가신 예수께서 멜기세덱의 반차를 좇아 영원히 대제사장이 되어 우리를 위하여 들어가셨느니라"고 말씀했습니다.

사람들이 아직도 얼마나 하나님을 모독합니까? 그때마다 하나님이 진노를 퍼부으시고 싶을 것입니다. 그러면 어린양 예수는 '아버지여, 내 손의 못자국을 보시옵소서' 하시는 것입니다. '그래, 맞다. 네가 저 짐승 같은 인간들과 나를 화해시켰지. 그래, 너를 봐서 내가 참지' 하시는 것입니다. 그는 영원한 화해자로 하늘에 계시고 우리는 성령으로 이 사실을 깨닫는 것입니다.

그가 하늘에 오르신지 몇 날이 못 되어 성령을 보내주셨습니다. 성령은 예수 이름을 머리로 모인 교회에 임하셨고 교회로 아버지 앞에 담대히 나아가게 하십니다. 에베소서 2장 18절에 "이는 저로 말미암아 우리 둘이 한 성령 안에서 아버지께 나아감을 얻게 하려 하심이라"고 했습니다.

교회는 예배드리는 곳입니다. 예배는 부르심으로 시작합니다. 하나님이 먼저 보내신 화평의 사인을 받은 사람들이 예배에 나오는 것입니다. 혹 이 사실을 모르고 온 사람이라도 예배에 들어온 자는 하나님과 화해하는 장소에 들어온 것입니다. 내가 예배에 온 것은 그분이 먼저 나를 불러주셨기 때문입니다. 나 영혼이 은총을 입은 것입니다. 내가 예수를 알기 전에 하나님이 먼저 나를 사랑하신 것입니다. 성령은 예수 이름으로 우리를 불러주시고 이 사실을 깨닫게 해주셨습니다.

천사와 사람은 다릅니다. 천사는 한 번 범죄만으로도 영원히 용서받지 못합니다. 그러나 사람들을 위해서는 아들을 화목제물로 내주시면서까지 죄를 사하셨습니다. 사람을 화해의 대상으로 지으셨기 때문입니다. '아이고, 나는 더 이상 너와 원수가 되고 싶지 않다. 더 이상 불편한 관계를 계속할 수가 없다'고 하신 것입니다. 부모 자식이 심하게 다툰 후, 서로 다시는 안 보겠다고 다짐합니다. 그러다 시간이 가면 자식이 먼저 사과하는 것이 상례입니다. 그러나 성경은 그 반대입니다. 하나님이 피조물에게 '더 이상 못 견디겠어!' 하고 먼저 백기를 드신 것입니다. 그 백기가 독생자의 희생입니다.

예배에 절대적으로 필요한 것은 회개입니다. 이 시간까지도 예수를 믿지 않는 불신자는 하나님과 불편한 관계에 있었던 것을 회개해야 합니다. '나는 죄인입니다'라고 고백해야 합니다. 믿음이 없었던 것을 회개해야 합니다. 잘못했다는데 죽이겠습니까? 내쫓겠습니까? 벌써 부모의 마음은 눈 녹듯이 녹아져버린 것입니다.

또 한 주 동안 세상에 나가 하나님의 자녀답게 살기는커녕 원수짓 한 것밖에 없었음을 회개해야 합니다. 세상적, 마귀적, 정욕적, 육체적인 것들은 다 원수 짓입니다. 예배에 돌아와서 진심으로 '아버지, 제가 잘못했어요. 저의 어리석음을 회개합니다. 마귀에게 속은 것을 회개합니다'라고 진심으로 한 마디만 해도 아버지는 '그래, 알았어. 다시는 그러지 마' 하시며 또 선물을 주시되 풍성히 주십니다.

회개는 막힌 담을 여는 것입니다. 하나님이 귀가 둔하여 우리의 기도를 듣지 못하심도 아니요, 손이 짧아서 구원치 못하심도 아닙니다. 죄악이 하나님과 우리 사이를 내었고 그 얼굴을 가렸기 때문입니다(사 59:1~2).

회개하지 않는 자는 예배에 성공할 수 없습니다. 비록 예수 그리스도의 피로 하나님의 자녀가 되었다 할지라도 그 기도를 들어줄 수 없습니다. 믿는 사람이 기도하지 않거나, 기도해도 응답받지 못하는 것은 저주입니다. 우리는 육체의 약점 때문에 평생 하나님의 도움을 받아야 합니다. 예배를 통해, 회개를 통해, 기도를 통해, 하나님과 화목하지 않고 우리는 도저히 살 수 없습니다.

회개로 막힌 담을 뚫으면 기도가 상달됩니다. 진심으로 잘못을 고백하면 무슨 죄라도 용서해주시고 어떠한 기도라도 응답해주십니다. 그리고 성령이 충만해집니다. 그때는 만물이 내 말을 듣게 되어 있습니다. '건강아, 돌아오라!' 하면 건강이 돌아오고 '돈아, 돌아오라!' 하면 돈이 돌아오고 '땅아, 돌아오라!' 하면 땅이 돌아옵니다. 아직 돌아오지 않는 것은 아버지의 심기를 불편하게 해드렸기 때문입니다.

예배를 통하여 하나님과의 진실한 만남이 이루어지고 기도가 상달되고 만물을 다스릴 권세를 얻었다면, 세상에 나가서 화목케 하는 직책을 감당할 수 있습니다. 화평의 복음을 전하기 위하여 산을 넘고 물을 건너는 발이 아름답다고 했습니다.(롬10:15)

교회 안에서 성도들끼리도 화목해야 합니다. 이방인과도 화목해야 하는데 교회 안에서 형제자매가 서로 화목하는 것은 너무 당연하지 않습니까? 사람들은 너무나 작은 일로 시험이 듭니다. 아무개가 교회에 나오는 한 자기는 안 나오겠다거나 어떤 교인과의 만남도 동석도 꺼리기도 합니다. 바로 이것이 아버지와 나 사이의 불목인 것을 알아야 합니다. 그러니까 기도가 불통인 것입니다.

창조주가 무엇이 부족하여 피조물에게 화해의 사인을 보내셨겠습니까? 그런데 내가 무엇이 잘나서 화친의 손을 내밀지 못합니까? 만일 믿음이 장성한 사람이라면 내가 먼저 잘못했다고 말해야 합니다. '잘못했어요. 실수했어요. 용서해주세요.'라고 말 한마디만 하면 마음이 녹아지고 그 다음에 교회생활은 즐거워집니다. 그런데 기회를 놓쳐버리면 화해하기가 점점 더 어려워집니다. 그러다가 교회를 떠나게 되는 비극이 발생하는 것입니다. 교회에서는 이런 일이 절대로 있어서는 안 됩니다.

믿음의 가정은 다른 가정보다 더 화목해야 합니다. 부부사이에 좀 어긋나는 일이 있어도 '여보, 내가 잘못했어요' 하고 한 마디만 하면 화목해집니다. 부자지간도 '아들아, 내가 너무 심했나보다. 네 마음을 너무 아프게 했나보다. 내가 잘못했다' 하면 '아니에요. 아버지, 제가 잘못했어요. 용서해주세요' 하면서 얼싸안는 가정이 천국입니다.

우리는 모두 화목케 하는 직분을 가진 자들입니다. "화평케 하는 자는 복이 있나니 저희가 하나님의 아들이라 일컬음을 받을 것임이요"라는 말씀이 있습니다(마5:9). 아직 예수를 모르는 자를 찾아 산 넘고 물 건너 화평의 복음을 전하고, 핍박이 있고 위험이 있을지라도 하나님과 원수 된 자들을 찾아가 평화의 사신이 되는 자는 끝내 하나님의 아들이라고 일컬음을 받게 될 것입니다. 할렐루야!

교회는 화해의 장

성경본문 (엡2:11~18)

하나님은 화평의 하나님이시다(고전14:33).
그는 지극히 높은 곳에서 화평을 베푸시고(욥25:2)
그는 화평케 하는 자에게 평안으로 갚으신다(시37:37).

신앙은 그와 화목케 됨을 사모함이요,
신앙생활은 새 예루살렘성에서 영원한 평안을 누리기 위해
이 땅에 있는 동안 교회에서 화목케 하는 직책을 감당하는 생활이다.

화해란 친구, 연인, 부부, 민족, 나라 등 분쟁 후 결별하던 중에
누군가 먼저 화친(和親)의 사인(sign)을 보냄으로
분단의 담을 헐고 다시 교류함이라.

성경은 하나님이 그 아들을 화목제물로 주심으로(요일4:10)
원수지간이었던 인간에게 그가 먼저 화평을 제의한 이야기니
인류 조상 아담이
하늘에서 하나님 되려고 범죄한 천사장(창2:17, 3:4~6)
곧 하나님의 원수, 마귀의 꾐에 빠져 그의 종이 되었음이다(벧후2:19).

광야에서 하나님이 이스라엘에게 짓게 하신 성소는(출25:8)
하나님과 화해의 장이 열림에 대한 신호였으니(히9:9, 23, 10:1)
휘장 안 지성소에서 대제사장의 중보로 화목제물을 받으심이라(히9:1~10).

솔로몬에 의해 하나님의 이름을 둘 집으로 건축된 예루살렘성전은
그 낙성식에서 수많은 화목제물의 희생으로 드려진바(왕상8:16, 63)
기도가 상달되는 곳이요, 죄사함 받는 곳이다(왕상8:30, 35~36).

율법은 죄로 인해 하나님과의 원수 됨을 알려줌인바(엡2:15)
화목제를 드리는 성전은 이스라엘에게 중요한 의미를 갖고 있었다.

예수께서 성전을 헐라 사흘 만에 일으키리라 하심은(요2:19)

성전 된 자기 육체의 죽음과 부활로
하나님과 사람 사이의 중보가 되려 하심인바(마20:28, 딤전2:5)
그는 말씀이 육신으로 오신
하나님이기도 하시고 사람이기도 하심이다(요1:1, 14).

그는 몸을 휘장같이 찢겨 죽으시며
다 이루었다 하셨으니(마27:51, 요19:30, 히10:20)
① 독생자를 내놓고 화친을 베푸신 아버지이심(롬5:10).
② 이간자 마귀를 정죄하심(요일3:8).
③ 그의 피로 하나님과 사람, 사람과 사람, 사람과 만물을 화평케 하심이다(골1:20).

그는 부활 승천하여 보좌에 앉으사 평강의 왕이 되셨으니(사9:6)
화평케 하는 직책의 결국이다(시37:37).
성령이 예수 이름으로 교회에 임하신바
교회는 아버지와 자녀들의 화해의 장이라.

원수 짓하던 과거를 회개함으로 막힌 담이 헐어지니
예배성공한 자들은 기도가 상달되고,
성령이 교통하고, 만물과 화친하게 되며
형제지간에 서로 화목하고
아직도 하나님과 불화한 자를 찾아
화친의 대사로 세상에 나아간다(고후5:18~20).

오, 주여!
I am sorry, so sorry!
진심으로 하는 이 한마디 말로
아버지의 분을 녹이게 하옵시고
내가 먼저
가족, 친구, 성도간의 담을 헐게 하옵소서. 아멘.

16
교회는 예수의 몸

"또 만물을 그 발 아래 복종하게 하시고 그를 만물 위에 교회
의 머리로 주셨느니라 교회는 그의 몸이니 만물 안에서 만물
을 충만케 하시는 자의 충만이니라"(엡1:22~23)

"누구든지 언제든지 제 육체를 미워하지 않고 오직 양육하
여 보호하기를 그리스도께서 교회를 보양함과 같이 하나니
우리는 그 몸의 지체임이니라 이러므로 사람이 부모를 떠나
그 아내와 합하여 그 둘이 한 육체가 될찌니 이 비밀이 크도
다 내가 그리스도와 교회에 대하여 말하노라"(엡5:29~32)

하나님은 한 분 하나님(One God)이십니다(신6:4). 그의 존재가 한 분
이시고, 그와 같은 속성과 권세와 영광과 능력을 가진 이는 그밖에 없
고, 그와 사람 사이의 중보도 하나입니다(딤전2:5).
신앙은 유일하신 하나님과 그 유일한 중보이신 예수를 아는 것입니

다(요17:3). 유대교와 이슬람교도 유일신을 믿습니다. 그런데 우리 신앙은 유일하신 하나님과 그가 보내신 유일하신 중보 곧 사람이신 예수 그리스도를 믿는 점에서 그들과 구별됩니다.

신앙생활은 중보이신 예수 그리스도의 몸 된 교회에 붙어서 사는 생활입니다(요15:4~6).

예수는 교회의 머리요, 교회는 그의 몸입니다. 머리와 몸은 분리될 수 없는 하나입니다. 형태와 기능은 다르지만 생명공동체요, 운명공동체입니다. 생명공동체란 머리가 살면 몸도 살고, 머리가 죽으면 몸도 죽는다는 뜻입니다. 또 운명공동체란 머리와 몸이 똑같은 대우를 받는다는 뜻입니다. 머리가 영광을 받으면 몸도 영광을 받고 머리가 고난을 받으면 몸도 고난을 받습니다. 머리는 몸에 비해 아주 작지만 지시를 보내 온 몸을 다스립니다. 머리에 의해 몸의 속성과 위격이 결정됩니다.

성경이 주고자 하는 사실은 하나님은 한 분이라는 것입니다. 유교에서 군사부일체(君師父一體)는 임금과 스승과 아비는 하나밖에 없음을 말하지만, 한 분 하나님에 관해서는 말하고 있지 않습니다. 성경 전체는 하나님이 한 분이심과 하나님과 인간 사이에 중보도 한 분이심을 각인시키고 있습니다.

창세전 영계 하늘에서 천사장 루시엘의 반역이 있었습니다. 그는 아름답고 재주가 많다 보니 마음이 교만해졌습니다. 그래서 '내가 하늘에 올라 하나님의 뭇별 위에 나의 보좌를 높이리라 내가 북극 집회의 산 위에 좌정하리라 가장 높은 구름에 올라 지극히 높은 자와 비기리라'고 마음먹었던 것입니다. 그래서 하나님이 그를 더럽게 여겨 큰 날의 심판 때까지 음부 맨 밑에 가두셨습니다(사14:12~15). 그가 바로 사단입니다.

그런 가운데서 하나님이 흙으로 사람을 지으시고 생기를 불어넣어 생령이 되게 하셨습니다(창2:7). 하나님은 영이 유여하실지라도 아담 하나만 생령 되게 하신 것은 경건한 자손 하나를 얻고자 함이었습니다 (말2:15). 곧 예수 그리스도를 마지막 아담으로 보내실 계획이 있었던 것입니다. 아담과 하와는 몸은 각각이지만 하와의 영은 아담으로부터 분리된 것으로 하나입니다.

하나님은 그들에게 '선악을 알게 하는 나무의 실과는 먹지 말라 네가 먹는 날에는 정녕 죽으리라'는 계명을 주셨습니다(창2:17). 그런데 마귀가 뱀을 타고 들어가 하와에게 '너희가 결코 죽지 아니하리라 너희가 그것을 먹는 날에는 너희 눈이 밝아 하나님과 같이 되어 선악을 알 줄을 하나님이 아심이니라'고 꾀었습니다(창3:4~5).

하와는 자기도 하나님 될까 하여 선악과를 따먹고 아담에게도 주어서 먹게 했습니다. 그들은 하나님이 되기는커녕 동산에서 쫓겨났고 마귀의 종으로 전락했습니다. 그 후 육체가 고난 받는 것은 말할 것 없고 영에 죄와 죗값 사망을 갖게 되었습니다.

지금 세상은 말할 것도 없고 기독교 안에서까지도 한 분 중보를 부인하는 것은 마귀의 미혹을 유산으로 물려받았기 때문입니다.

대홍수 후 하나님이 노아에게 복 주시고 '생육하고 번성하여 땅에 충만하라'고 하셨습니다(창9:1). 다시 지상에 충만하게 된 인류가 원래는 모두 한 족속이었습니다. 지금은 지구상에 2백 여 민족이 살고 있고 언어도 7천 가지라 소통이 어려워졌지만 그때는 언어가 하나라 한 마음이 되어 성과 대를 쌓으며 하나님의 분산섭리를 대적했습니다. 그러나 하나님은 인류를 온 지면에 흩으셨습니다. 이것이 바벨탑 사건입니다 (창11:1~9).

하나님이 이스라엘 백성을 택하시고 그들을 애굽에서 빼내신 것은 하나님은 한 분이심을 알게 하시려는 것이었습니다(신4:34~35). 이를 위해 그들에게 주신 십계명 중 제1 계명은 '너는 나 외에는 다른 신들을 네게 있게 말찌니라'는 것이었습니다(출20:3). 이는 다른 신적 존재를 부인한 것이 아니라, 하나님은 모든 신들보다 뛰어난 신이심을 알게 하시는 것입니다. 그래서 신명기 4장 39절에 '그런즉 너는 오늘날 상천하지에 오직 여호와는 하나님이시요 다른 신이 없는 줄을 알아 명심하라'고 하신 것입니다.

하나님은 이 사실을 성소를 지어 보이는 표적물로 삼게 하셨습니다. 이사야 37장 16절에 "그룹 사이에 계신 이스라엘 하나님 만군의 여호와 여 주는 천하만국의 유일하신 하나님이시라 주께서 천지를 조성하셨나이다" 했습니다. 하나님이 성소를 지으시고 지성소 안에 법궤를 두시고 두 그룹 사이에 계신다고 하신 것은 하늘에도 계시고, 땅에도 계시고, 성소 안에도 계신 이는 오직 한 분 하나님이심을 주지시키려는 것입니다.

그런데 이스라엘 백성들은 이 사실을 망각하고 다른 신들과 일월성신을 섬겼습니다. 또 철이나 나무로 만든 우상에 절했습니다. 그래서 하나님은 "네가 만일 네 하나님 여호와를 잊어버리고 다른 신들을 좇아 그들을 섬기며 그들에게 절하면 내가 너희에게 증거하노니 너희가 정녕히 멸망할 것이라"고 경고하셨습니다(신8:19).

출애굽 당시에 애굽 사람들이 무수히 죽었는데 그 후에는 이스라엘 백성 중에서도 우상을 섬기고 다른 신들에게 절하는 자들이 무수히 죽었습니다. 신명기는 물론 여호수아, 사무엘 상하, 열왕기 상하 등 이스라엘 역사를 통해 '하나님은 한 분'임을 못 박으셨습니다.

또한 하나님과 사람 사이의 중보로 대제사장을 세웠습니다. 대제사장은 속죄제물의 피를 증거로 가지고 지성소에 들어가 하나님께 죄사함을 신원하고 하나님의 죄사함의 메시지를 가지고 나와서 백성들에게 전해주는 유일한 사람이었습니다.

그러니까 율법이나 성소나 대제사장은 하나님은 오직 한 분이라는 것을 그들에게 일깨우는 장치였던 것입니다. 그래서 이스라엘 사람들은 자식을 낳으면 '나 외에 다른 신이 없다'는 계명을 제일 먼저 가르친답니다. '하나님은 한 분밖에 없다'는 것이 그들 민족의 첫 언어입니다. 한국 사람들은 제일 먼저 '엄마'를 가르치고 그 다음에는 '아빠'를 가르치고, 그 다음에 '까까'를 가르친다고 합니다.

그들이 하나님을 잘 섬기고 율법을 잘 지키면 그들이 온역에 들지 않고 전쟁에서 이기게 해주셨습니다. 또 그들은 대제사장을 통해 제사를 드리면서 하나님과 관계를 유지했습니다. 그들과 하나님과의 유일한 접촉점은 성소와 대제사장이기에, 그들에게 성전은 너무나 큰 의미를 지니고 있었습니다.

그 성전 앞에 예수께서 나타나 '너희가 이 성전을 헐라'고 말씀하셨습니다. 또한 '나를 본 자는 아버지를 보았느니라' 하셨고(요14:9) '나와 아버지는 하나이니라'라고까지 하셨습니다(요10:30). 하나님은 한 분이라는 사상이 뼈에 쩌들어 있는 그들이 예수를 죽여 없애야 한다고 생각한 것은 당연했습니다. 그들의 신앙은 이를 어기는 자는 자식이라도 쳐 죽여야 했습니다.

예수께서는 성전을 '헐라'고만 하신 것이 아니라 '너희가 헐면 내가 사흘 동안에 일으키리라'고 하셨습니다. 아니, 46년 동안에 지은 성전을 어떻게 사흘 동안에 일으킵니까? 이는 '성전 된 자기 육체'를 가리켜 말씀하신 것임을 예수께서 부활하신 다음에야 그의 제자들이 깨달았습니다(요2:19~22).

예수는 하나님의 독생자, 곧 하나님이십니다. 하나님을 볼 수는 없지만 하나님이 자신의 존재를 보여주기로 작정하시고 육체로 오신 분이 예수입니다.

그는 자신을 '인자(人子)'라고 하셨습니다. 그는 역사 속에 사람의 몸으로 나시고 사람같이 먹기도 하시고 주무시기도 하시고 죄인같이 잡혀서 죽기까지 하셨습니다. 그는 분명히 사람이셨습니다.

그가 '하나님'이심에도 불구하고 '사람'으로 오심은 하나님과 사람 사이에 중보가 되려 하심이었습니다. 보이지 않는 하나님에게 접근할 수 있는 유일한 접촉점은 인자 예수 그리스도이십니다.

> "하나님은 한 분이시요 또 하나님과 사람 사이에 중보도 한
> 분이시니 곧 사람이신 그리스도 예수라"(딤전2:5)

기독교뿐만 아니라 유대교와 이슬람교도 하나님이 한 분밖에 없다

고 믿습니다. 그들이 우상을 철저히 배격하며 계율을 철저히 지키지만 그들에게는 영생이 없습니다. 영생은 유일하신 하나님만 믿어서는 안 되고, 그 하나님이 보내신 자 예수 그리스도를 믿어야 하기 때문입니다(요17:3). 구원과 영생을 얻는 유일한 신앙은 기독교밖에 없습니다.

예수는 유일신사상에 투철한 유대인들에 의해서 죽게 되었습니다. 그는 죽으시면서 '다 이루었다'라고 말씀하셨습니다(요19:30). 그가 무엇을 다 이루셨습니까?

첫째, 그가 하나님의 본체시요, 아들일지라도 아버지의 계명대로 죽으심으로 아버지는 상천하지에 유일하신 하나님이라는 것을 증거하셨습니다(요10:18).

둘째, 피조 세계에 '피조적'으로 나타나신 하나님이 피조물같이 죽으시며 오직 하나님은 한 분이심을 못 박는 순간, 피조물로서 하나님같이 되려고 한 마귀를 정죄하신 것입니다(요일3:8). 하나님은 한 분밖에 없다는 것을 법으로 제정하는 순간이었습니다.

셋째, 그 몸을 단번에 드리심으로 아담 안의 전 인류를 하나님과 중보하셨습니다(히10:10). 한 하나님과 한 생령 사이의 중보도 하나인 것입니다.

> "기록된바 첫 사람 아담은 산 영이 되었다 함과 같이 마지막
> 아담은 살려주는 영이 되었나니 그러나 먼저는 신령한 자가
> 아니요 육 있는 자요 그 다음에 신령한 자니라 첫 사람은 땅
> 에서 났으니 흙에 속한 자이거니와 둘째 사람은 하늘에서 나

셨느니라"(고전15:45~47)

하나님이 한 사람을 생령 되게 하셨다고 했습니다(창2:7). 아담과 하와의 영혼은 각각 존재하므로 영혼은 둘입니다. 그러나 하와는 아담의 몸에서 나왔기 때문에 '영'은 하나입니다. 영은 유전됨으로 그 후에 인구가 수십 억이 되었다 할지라도 아담, 즉 생령은 하나입니다.

또 다른 아담, 마지막 아담이 오셨는데 둘째 사람이라고 하는 예수이십니다. 예수의 육체는 흙으로 된 육체가 아니요, 하늘에서 나셨기 때문에 '신령한 자' 곧 영입니다. 그의 육체는 혈통과 전혀 관계없습니다. 만분의 일도 아브라함이나 다윗이나 마리아의 피와 관계없습니다. 그는 '말씀이 육신이 되어', '하나님이 육신이 되어', '영이 육신으로' 오신 분입니다(요1:1, 14).

그의 육체는 '살려주는 영'이기 때문에 마지막 아담이라고 합니다. 죄로 인하여 첫 아담이 가지고 있는 죽음을 마지막 아담이 죽으심으로 죗값을 갚아주신 것입니다.

그때 뿌린 피를 '아들의 영', '그리스도의 영'이라고 합니다(갈4:6, 롬8:9). 그 피를 영혼에 받아들인 자는 그리스도와 동격인, 하나님의 자녀로 신분이 격상됩니다. 첫째 아담이 마지막 아담의 피를 받음으로 예수 그리스도와 동일한 후사가 되는 것입니다(롬8:17). 첫 아담이 그리스도와 똑같은 왕의 신분으로 태어날 수 있도록 예수께서 피 흘려주신 것입니다.

예수는 자기 일을 마치시고 죽으셨고 아버지는 그를 다시 살리셔서 하늘 보좌에 앉히셨습니다.

구약시대에 하나님에 대한 개념은 하나님도 하나요, 주도 하나요, 왕도 하나입니다. 예수께서 한 가지 더 추가하신 것은 아버지도 하나라는 것입니다. 아브라함을 아버지라고 생각하는 유대인들에게 예수께서는 "땅에 있는 자를 아비라 하지 말라 너희 아버지는 하나이시니 곧 하늘에 계신 자시니라"고 하셨습니다(마23:9). 예수는 영혼을 그의 피로 거듭나게 하신 아버지가 되신 것입니다. 예수는 부활 승천하여 보좌에 앉으셔서 우리의 한 주, 한 왕, 한 하나님, 한 아버지가 되셨습니다(계22:3~4). 할렐루야!

하나님은 성령을 보내셔서 이 사실을 알게 하셨습니다. 예수 이름을 영접하는 자는 하나님의 자녀가 됩니다. 이를 믿는 자들은 교회로 모입니다. 성령이 오시자마자 세상에 탄생한 거룩한 조직입니다.

교회는 그리스도의 몸, 예수의 몸이라고 말합니다. 예수는 교회의 머리요, 교회는 예수의 몸이요, 성도는 그 몸의 지체입니다(엡1:22~23, 5:30).

머리와 몸은 생명공동체로 하나입니다. 믿는 자가 교회의 지체가 되려면 머리와 함께 죽었다가 다시 사는 경험이 있어야 합니다. 그래서 침례를 받는 것입니다(롬6:3~8). 침례는 옛 사람을 물에 장사지내고 그리스도와 함께 다시 사는 경험을 하는 것입니다. 과거에 마귀의 종으로 첫 아담에 속했던 영이 죽고, 부활하신 그리스도를 머리로 하여 새롭게 태어나는 것입니다. 머리가 죽었는데 몸이 살아 있는 사람이 있습니까? 그러므로 그리스도의 지체(member)가 되기 위해서 침례를 받는 것입니다.

머리와 몸은 운명공동체이므로 동질의 영광과 권세와 사명을 가집니다. 교회의 지체가 된 자는 머리가 핍박을 받으면 나도 핍박을 받는 것이고 머리가 이단이라고 오해를 받으면 나도 오해를 받는 것입니다.

저는 이단 시비를 두려워하지 않습니다. 머리 되신 예수께서도 이단이라고 정죄 받으셨으니 그리스도인이 이단이라고 오해받는 것은 너무나 당연하지 않습니까? 어쩌다 '이 교회의 좋은 소문을 듣고 왔다'고 하는 사람을 보면 저는 놀랍니다. 예수께서는 "내가 너희더러 종이 주인보다 더 크지 못하다 한 말을 기억하라 사람들이 나를 핍박하였은즉 너희도 핍박할 터이요 내 말을 지켰은즉 너희 말도 지킬 터이라" 하셨습니다(요15:20).

과거에는 이스라엘이라는 한 민족을 택하셨지만 이제는 하나님의 자녀들을 교회로 불러 모으셨습니다. 지구상에 많은 인구가 있지만 우리는 한 아담입니다. 첫 아담이 마지막 아담에 의해 죄사함 받았다고 믿는 사람은 하나님과 사람 사이의 중보이신 예수 그리스도 앞에 나와야 합니다.

예수 그리스도는 지금 어디 계십니까? 그의 머리는 하늘에 계시고, 그의 몸은 땅에 있습니다. 곧 그리스도는 하늘보좌에 앉아계시고 예수이름을 머리로 모인 그의 몸 된 교회는 세상에 있습니다. 예수께서도 '하늘은 하나님의 보좌요... 땅은 하나님의 발등상이라'고 표현하셨습니다(마5:34~35).

하늘에서 그리스도와 동일한 영광을 받기 위해서는 이 땅에서 그리스도와 동일한 고난을 받아야 합니다(롬8:17). 신앙생활은 고난도 핍박도 받는 생활입니다. 누가 우리 교회를 '광신도 집단'이라고 하면 창피합니까? 오히려 '우리 교회를 제대로 알아보는구나' 하고 영광스럽게 생각해야 합니다. 머리와 몸은 삶의 질이 같아야 합니다.

교회는 그리스도의 몸입니다. 몸은 하나입니다. 교회가 전 세계적으로 하나라는 말이 아닙니다. 성경은 '교회들'이라고 말씀하고 있습니다(계2:7, 11, 17, 29, 3:6, 13, 22).

하나님과 인간 사이의 중보는 하나입니다. 보좌에 앉으신 우리 주 예수 그리스도와 그의 피로 거듭난 하나님의 자녀들 사이의 중보도 하나인데 그것이 바로 그의 몸 된 교회입니다. 구약시대에는 성전과 대제사장이 하나님과 이스라엘 백성들 사이의 중보였습니다. 지금은 교회가 보좌에 앉으신 유일하신 하나님, 만왕의 왕, 만주의 주, 아버지와 그의 피로 거듭난 영혼과의 유일한 중보가 되는 것입니다.

'예수 그리스도'와 '그의 몸 된 교회'를 일체화시키지 못하면 기형적 신앙이 되고 맙니다. 예수를 한 분 중보자라고 말하면서 교회가 한 중보임을 알지 못하면 이는 큰 낭패입니다. 예수 그리스도와 교회에 격이나 권위에 차이가 있다고 생각하면 이건 대실수입니다. 머리와 몸은 기능도 하나요, 영광도 하나요, 사명도 하나입니다. 그의 몸 된 교회가 성전이요, 중보가 되는 것입니다.

지금 이 땅에는 손으로 지은 성전도 헐려서 없고, 또 예수도 볼 수 없습니다. 오직 그리스도의 몸 된 교회가 있을 뿐입니다.

그러면 목사도 대제사장같이 중보자일까요? 목사가 신의 대리자일까요? 아닙니다! 목사는 그리스도의 몸의 지체가 갖는 직분 중의 하나 일 뿐입니다.

> "몸이 하나이요 성령이 하나이니 이와 같이 너희가 부르심 의 한 소망 안에서 부르심을 입었느니라 주도 하나이요 믿음 도 하나이요 침례도 하나이요 하나님도 하나이시니 곧 만유 의 아버지시라 만유 위에 계시고 만유를 통일하시고 만유 가 운데 계시도다... 그가 혹은 사도로, 혹은 선지자로, 혹은 복 음 전하는 자로, 혹은 목사와 교사로 주셨으니 이는 성도를 온전케 하며 봉사의 일을 하게 하며 그리스도의 몸을 세우려 하심이라"(엡4:4~6, 11~12)

> "너희는 자기를 위하여 또는 온 양 떼를 위하여 삼가라 성령 이 저들 가운데 너희로 감독자를 삼고 하나님이 자기 피로 사신 교회를 치게 하셨느니라 내가 떠난 후에 흉악한 이리가 너희에게 들어와서 그 양 떼를 아끼지 아니하며 또한 너희중 에서도 제자들을 끌어 자기를 좇게 하려고 어그러진 말을 하 는 사람들이 일어날 줄을 내가 아노니 그러므로 너희가 일깨 어 내가 삼 년이나 밤낮 쉬지 않고 눈물로 각 사람을 훈계하 던 것을 기억하라"(행20:28~31)

목사는 교회를 세우는 직분 중 감독자입니다. 성령이 직접 교회를 감독하시고 성령이 직접 교회에 말씀하시는 것이 아닙니다. '성령이 저들 가운데 너희로 감독자를 삼고'라고 했습니다. 여기서 '너희'란 목사들을 말합니다. 그렇다고 목사의 중보를 통해서 천국에 간다는 것은 아닙니다. 만일 목사의 중보를 통해서 천국에 간다고 말하면 그야말로 이단입니다. 목사는 중보가 될 수 없습니다. 어떤 사람이라도 하나님과 사이에 있을 수 없습니다. 중보는 오로지 예수 한 분이며 그의 몸 된 교회가 중보입니다.

믿는 자가 개개인이 머리 되신 그리스도에게 직접 붙는 것이 아니라, 그 몸 된 교회의 지체로 붙어서 사는 것입니다. 흉악한 이리가 양들을 울타리 밖으로 끌어내려 하기 때문에 양들 중에서 가장 또랑또랑한 양을 뽑아 목자로 삼아 감독하게 하시는 것입니다. 목사가 교회를 감독한다는 말과 목사가 중보자가 된다는 말은 전혀 다릅니다.

천주교는 하나님과 신도들 사이에 교황, 사제를 중보자로 두고 있습니다. 고해성사도 받고 면죄부도 주며, 죄도 사제에게 고하고, 죄사함도 사제를 통해 받습니다. 그들은 신의 대리자, 중보자가 되어있는 것입니다. 이는 마귀의 계략이 제대로 성공한 경우입니다. '마귀'는 헬라어로 '디아볼로스(διάβολος)' 곧 '사이를 이간시키는 자'라는 뜻임을 명심해야 합니다.

구원받은 영혼은 교회에 붙어야 예수께서 강림하실 때 들려올라갑니다.

　　"그러나 이제 그리스도께서 죽은 자 가운데서 다시 살아 잠

자는 자들의 첫 열매가 되셨도다 사망이 사람으로 말미암
았으니 죽은 자의 부활도 사람으로 말미암는도다 아담 안
에서 모든 사람이 죽은 것 같이 그리스도 안에서 모든 사람
이 삶을 얻으리라 그러나 각각 자기 차례대로 되리니 먼저
는 첫 열매인 그리스도요 다음에는 그리스도 강림하실 때
에 그에게 붙은 자요 그 후에는 나중이니 저가 모든 정사와
모든 권세와 능력을 멸하시고 나라를 아버지 하나님께 바
칠 때라"(고전15:20~24)

바울은 주 예수 그리스도의 부활뿐만 아니라 믿는 자의 부활에 대해
서 열심히 전했습니다. 예수께서도 "선한 일을 행한 자는 생명의 부활
로, 악한 일을 행한 자는 심판의 부활로 나오리라"고 말씀하셨습니다
(요5:29). 사람은 한번 육체로 살다가 죽어 없어지는 존재가 아니라 선
악 간에 부활하게 되어 있습니다. 이를 믿든지 안 믿든지, 알든지 모르
든지 모든 인간은 부활합니다.

예수께서 부활의 첫 열매로 본을 보여주셨고 믿는 자도 그와 같이 부
활합니다. 그런데 그 순서가 있습니다. 먼저 그리스도께서 강림하실 때
'그에게 붙은 자'입니다. 영어성경에는 'Christ's'라고 표기되어 있는데
이는 '그리스도의 것'으로 '그리스도의 몸인 교회'를 말합니다.

어떤 사람은 교회에 나가보니 온갖 잡것들이 많아서 혼자 조용히 믿
는 것이 낫겠다고 하여, 혼자서 기도하며 성경 읽고 명상한다고 합니
다. 이는 성도가 아니라 도사입니다. 아주 고상한 신앙생활을 한다고

생각하지만 이건 대단한 오해입니다. 주님이 다시 오실 때 개개인을 부르시는 것이 아니라 교회가 들림 받는 것이고, 교회의 지체로 붙어 있는 자가 들림 받는 것입니다. 이를 생명의 부활, 첫째 부활이라고 말합니다.

예수의 증거로 인하여 고난 받고 핍박 받고 결박을 당하고 우거쌈을 당한 자들은 첫째 부활로 보상 받습니다. 요한계시록 20장 4절에 "또 내가 보좌들을 보니 거기 앉은 자들이 있어 심판하는 권세를 받았더라 또 내가 보니 예수의 증거와 하나님의 말씀을 인하여 목 베임을 받은자의 영혼들과 또 짐승과 그의 우상에게 경배하지도 아니하고 이마와 손에 그의 표를 받지도 아니한 자들이 살아서 그리스도로 더불어 천 년 동안 왕 노릇하니"라고 했습니다. 머리 되신 그리스도의 몸에 붙어서 그와 함께 고난받고 핍박받은 자가 그리스도의 영광을 함께 누리게 되는 것입니다. 그런 자들은 둘째 사망, 지옥과는 영원히 관계없습니다.

바울은 "내가 이제 너희를 위하여 받는 괴로움을 기뻐하고 그리스도의 남은 고난을 그의 몸 된 교회를 위하여 내 육체에 채우노라"고 말했습니다(골1:24). 교회와 관계없이 종교생활을 하면 누가 잡아갑니까? 산골에서 혼자 조용히 사는데 누가 핍박합니까? 모이지 말라는데 모이고, 남에게 '예수 믿어라', '교회 가자' 하기 때문에 핍박하고 잡아가고 모임을 흩는 것입니다. 오늘날에도 교회에 미쳐서 다니면 광신도라 하며 집안에서 난리가 납니다. 남편이 아내를 두드려 패기까지 합니다. 그래도 지체는 몸과 떨어져 살 수 없기 때문에 구박을 받아도 꾸역꾸역 모이는 것입니다.

한 몸에 많은 지체가 있고 각 지체는 각각 다른 기능을 갖고 있습니다. 주신 은혜대로 은사가 각각 다르기 때문에 예언이면 믿음의 분수대로, 섬기는 일이면 섬기는 일로, 가르치는 자는 가르치는 일로, 권위하는 자는 권위하는 일로, 구제하는 자는 성실함으로, 다스리는 자는 부지런함으로, 긍휼을 베푸는 자는 즐거움으로 해야 하는 것입니다(롬 12:4~8). 물론 교회에서 요긴하게 쓰임 받고 겉으로 드러나는 부분이 있는가 하면 드러나지 않는 부분도 있습니다. 그렇지만 모든 지체가 맡겨 주신 분량 안에서 제 기능을 발휘할 때 몸이 세워지는 것입니다.

'마땅히 생각할 그 이상의 생각을 품지 말고 오직 하나님께서 각 사람에게 나눠 주신 믿음의 분량대로 지혜롭게 생각하라'고 했습니다(롬 12:3). 목사도 똑같이 그 몸에 붙은 지체지만 목사는 다른 교인들보다 더 많이 생각하고, 더 많이 고민하고, 더 많이 위기의식을 가지고 있는 사람입니다. 진리를 위해 어떤 훼방과 핍박이 있다 할지라도 그 길을 꿋꿋이 가는 사람입니다. 진리대로 말하고, 진리대로 살고, 진리대로 목회하려니 고민이 많습니다. 양들은 이런 일까지 다 걱정할 필요는 없습니다. 목사와 똑같이 교회에 대해 다 알고 똑같이 걱정하고 고민하면 목사가 되어야 합니다. 목사와 성도는 믿음의 분량, 은혜의 분량, 은사의 분량이 다릅니다.

그렇다고 이단 교주에게 하듯 덮어놓고 '무조건 믿습니다' 하라는 말이 아닙니다. 정말 '우리 교회는 예수 그리스도께서 내 몸이라고 인정한 교회인가?'를 놓고 성도는 고민해 봐야 합니다. 만일 그것이 성경에서 확인되었다면, 교회의 확실한 지체가 되어 맡은 일에 열심을 품고 목사가 인도하는 대로 따라가야 됩니다.

목자를 따라가는 양의 얼굴에는 고민이 없습니다. 만일 각자가 그리스도에게 직접 붙어야 한다고 생각한다면 이는 문제입니다. 마귀적입니다. 진리의 교회는 진리의 성령께서 가르쳐 주시기 때문에 진리에서 벗어난 것은 너무나 잘 알게 해주십니다. 그의 영광과 권세와 능력이 교회 안에서 이뤄지기 때문입니다.

예수께서는 "나는 포도나무요 너희는 가지니 저가 내 안에, 내가 저안에 있으면 이 사람은 과실을 많이 맺나니 나를 떠나서는 너희가 아무 것도 할 수 없음이라 사람이 내 안에 거하지 아니하면 가지처럼 밖에 버리워 말라지나니 사람들이 이것을 모아다가 불에 던져 사르느니라"고 하셨습니다(요15:5~6). 가지가 나무를 떠나면 '불사른다'고 했으니 그런 자들이 구원을 받을 수 있겠습니까? 전 교회가 떠나는 이유를 인정하여 보내지 않았는데, 교회를 자기 임의로 떠나면 구원도 보장 받지 못하는 것입니다. 오로지 중보는 인자 되신 예수 그리스도와 교회밖에 없기 때문입니다.

교회관이 잘못되면 망합니다. 중보를 부인하고 하나님과 직접 관계를 맺으려는 자는 '교만당 당수'입니다.

'성부 성자 성신 삼위가 일체'이신 것처럼 '하나님, 예수 그리스도, 그의 몸 된 교회가 일체'가 되어야 합니다. 하나님, 예수 그리스도, 교회가 일체라는 것이 아직도 터지지 않은 사람은 삼위일체가 아직 터지지 않은 사람입니다.

자! 그렇다면 교회가 얼마나 소중합니까? 교회가 이토록 중요한 만큼 그 지체들도 중요합니다. 지체 중 하나가 병들면 온 몸이 다 병들고, 지체 중 하나가 떠나면 온몸의 기능이 마비됩니다. 저는 얼마 전에 썩은 어금니를 뽑았습니다. 처음에는 대수롭지 않게 여겼는데 그 빈자리가 너무 허전합니다. 씹는 것도 불편하고 발음도 새는 것 같습니다. 별 구실 못하는 지체라고 하찮게 생각했는데 그 중요성을 뒤늦게 깨달았습니다. 자기 자신은 별 볼 일 없는 자라고 생각할지 모르지만 성도 하나하나가 다 소중하고 가치가 있습니다.

옆에 앉은 분들과 손을 잡고 얼굴을 보시며 '형제님은 너무나 소중한 분입니다. 자매님은 너무나 소중한 분입니다. 당신이 있어야 우리 몸이 삽니다!'라고 말해보세요.

성령이 강림하시자 교회가 탄생했고 본격적으로 부활의 복음이 전파되었습니다. 이는 구약시대의 선지자를 통해서도 전파되지 않았던 소식입니다. 교회는 그리스도의 몸이라 몸의 부활을 전하는 것입니다. 부활이 교회의 가장 큰 소망이기 때문에 우리는 한 교회를 세우는 것이고 이를 위해 고난도 함께 받는 것입니다.

우리는 한 나무에 붙은 가지들이요, 고난도 영광도 함께 받는 운명공동체입니다. 주님은 한 몸에 붙은 지체로서 하나 되기를 원하십니다. 언젠가 머리 되신 주님께서 하늘로서 내려오실 때, 그의 몸이 공중으로 올라가서 붙어 한 온전한 몸이 되는 환상적인 사건이 일어날 것입니다. 교회에 붙어서 사는 것이 그리스도의 몸을 세우는 일이요, 나 영혼이 사는 길입니다.

성경으로 확인되고 성령이 확증해 주는 '한 교회'를 한 평생 섬긴다는 것은 나 영혼을 위해서나 내 후손을 위해서 큰 축복입니다. 갖은 시험과 유혹이 있어도 교회에 붙은 지체로서 교회를 든든히 세우는 일을 한다면, 머리 되신 주님은 그 영혼을 꽉 붙잡아 주실 것입니다. 우리 주 예수 그리스도 강림하실 때 우리 교회를 공중으로 끌어 올리실 것입니다. 그 날까지 교회에 붙어 사시기를 예수 이름으로 축원합니다.

교회는 예수의 몸

설교요약

성경본문 (엡1:22~23, 5:29~32)

하나님은 한 분이시다(신6:4).
그와 같은 속성을 가진 존재도 한 분이시요,
그와 사람 사이의 중보(仲保)도 하나이시다(딤전2:5).

신앙은 유일하신 하나님과 유일한 중보인 예수를 아는 것이요(요17:3),
신앙생활은 예수의 몸 된 교회에 붙어사는 생활이다(요15:4~6).

머리와 몸은 그 형태나 기능은 다르나 하나이니
수적(數的)으로 일체(一體)일 뿐만 아니라 유전인자도 하나인바
생명의 공동체, 운명의 공동체임이다.

사단은 하늘에서 음부 곧 우주로 떨어져
심판 때까지 갇혀 있는 자니(벧후2:4, 유6)
천사장 중의 하나인 그가
하나님같이 되려 하였음이라(사14:12~15, 겔28:12~17).

아담은 지음 받은 생령으로 오직 하나라(창2:7, 말2:15).
사단 곧 마귀에 속아 하나님같이 되려고 범죄했을 때(창3:4~6)
하나님의 독생자가 마지막 아담으로 오시는 길을 준비하였다(고전15:45).

하나님은 원래 한 족속으로 한 언어였던 인류를 흩으시고(창11:1~9)
그 중 한 민족을 택하사 이적, 기사, 전쟁 등으로 그의 백성이 되게 하심은
하나님이 한 분이심을 알게 하려 하심인바(신4:34~39)
율법도 성소도 대제사장도 그러하다(출20:3, 사37:16).

예수께서 성전을 헐라 하심과
자기가 하나님과 하나이라 하심으로(요2:19~22, 10:30)
유일신 사상에 투철한 유대인들에게 죽임을 당하게 되었으나(마26:61~65)
그는 성전 된 자기의 육체가 죽고 일으킴을 말씀하심이니
그는 유일하신 하나님에게 보내심 받은 유일한 중보시다.

그가 죽으시며 다 이루었다 하심은(요19:30)
① 아버지는 상천하지에
　그를 지배하시는 유일하신 하나님이심을 나타내심(요10:18).
② 하나님 되려던 마귀를 정죄하심(요일3:8).
③ 단번에 그의 피로 첫째 아담을 속죄하사 그 중보가 되심이다(히10:10).

그는 부활승천하사 보좌에 앉으셔서
한 주, 한 왕, 한 하나님, 한 아버지가 되시고(계22:3~4)
그가 보내신 성령이 오셨는바
예수=머리, 교회=그의 몸,
성도=그 몸의 지체라(엡1:22~23, 5:30).
생명의 공동체, 운명의 공동체가 되었는바
머리가 죽었다 살았은즉 몸도 죽었다 살아야 하고(롬6:3~8)
머리가 영광받기 위해 고난받으셨으니
몸도 영광받기 위해 고난받아야 한다(롬8:17).

그리스도인은 오직 머리 되신 주 예수께서 강림하실 때
오직 한 중보인 그리스도의 몸 된 교회에 붙어(고전15:20~24)
생명의 부활, 첫째 부활에 이르려 몸부림치는 자니(요5:29, 계20:4~6)
자기에게 주신 믿음의 분량과 은사대로
지체 된 직분을 잘 감당함으로라(롬12:3~8, 엡4:4~16).

오, 주여!
예수복음교회가 주의 몸이 확실하다면
가난도 고난도 어떤 유혹도 모두 뿌리치고
주일, 월, 화, 수, 목, 금, 토….
오로지 교회만 생각하고 교회 일만 하게 하옵소서. 아멘.

17

섬기는 교회

"그가 혹은 사도로, 혹은 선지자로, 혹은 복음 전하는 자로, 혹은 목사와 교사로 주셨으니 이는 성도를 온전케 하며 봉사의 일을 하게 하며 그리스도의 몸을 세우려 하심이라 우리가 다 하나님의 아들을 믿는 것과 아는 일에 하나가 되어 온전한 사람을 이루어 그리스도의 장성한 분량이 충만한 데까지 이르리니 이는 우리가 이제부터 어린아이가 되지 아니하여 사람의 궤술과 간사한 유혹에 빠져 모든 교훈의 풍조에 밀려 요동치 않게 하려 함이라 오직 사랑 안에서 참된 것을 하여 범사에 그에게까지 자랄찌라 그는 머리니 곧 그리스도라 그에게서 온 몸이 각 마디를 통하여 도움을 입음으로 연락하고 상합하여 각 지체의 분량대로 역사하여 그 몸을 자라게 하며 사랑 안에서 스스로 세우느니라"(엡4:11~16)

하나님은 섬김을 받으시는 분입니다(신8:3). 상천하지에 지극히 존귀하신 이는 오로지 하나님 한 분뿐이기 때문에 그가 섬김을 받으시는 것은 당연한 것입니다. 더구나 그에게서 각종 은혜와 은사를 받은 자들이 그를 섬기지 않을 수 없습니다(요12:26). 그는 그를 섬기는 자와 함께 하시는 분입니다.

신앙은 그를 인정하고 사모하는 것이며, 신앙생활은 기쁨으로 섬기되 예수 그리스도와 그의 몸 된 교회와 성도를 섬기는 생활입니다(시100:2).

한국에서는 11월이 되면 김장을 담그고 고사를 지내는 풍습이 있습니다. 이름도 모르는 신에게 일 년 동안 건강을 지켜주고 보호해준 것에 감사하여 떡과 삶은 돼지고기를 놓고 절합니다. 부엌, 대문간, 장독간 등 집안 곳곳을 다스리는 신에게 각기 고사떡을 차려놓습니다. 그런데 하나님은 이런 섬김과 전혀 무관하십니다.

성경은 하나님께서 자기에게 은혜와 은사를 받은 자들의 섬김을 받으심을 말하고 있습니다.

예배는 영어로 service(섬김) 또는 worship(경배)인데 뜻은 같습니다. 세상에서는 종업원이 손님을 섬기고, 자식이 부모를 섬기고, 종이 상전을 섬기고, 백성이 임금을 섬깁니다. 군복무를 하는 사람을 '서비스 맨 (service man)'이라고 부릅니다. 공무원(public servant)은 국가와 국민을 섬기는 신분이기 때문에 남다른 자부심이 있습니다. 어디서 누구를 섬기느냐에 따라서 섬기는 자의 신분이 다릅니다. 그리스도인은 하나님과 교회를 섬깁니다.

섬김은 히브리어로 '아바드(עָבַד)', 헬라어로 '라트레이아(λατρεία)' 인데 특정한 일을 위해 뽑은 '고용된 종'이라는 뜻이 있습니다. 우리가 섬기는 분이 만왕의 왕, 만세의 왕, 영광을 영원히 누리시는 분이라면 얼마나 자랑스럽습니까?

하나님은 우주 밖에 영계 하늘을 지으시고, 그곳에 보좌와 하나님의 이름을 두시고 하나님의 영광으로 채우셨습니다. 그리고 천사들로 하여금 하나님께 영광을 돌리게 하셨습니다. 그 중 천사장으로 세운 루시엘은 너무 아름답고 재주가 뛰어났는데 다른 천사들의 숭앙을 받고 교만해졌습니다. 그가 자기 지위를 이탈하고 보좌에 오르려고 마음먹는 순간, 그 이름이 루시퍼 곧 마왕이라고 불리게 되었습니다. 하나님은 루시퍼와 그를 추종하던 천사들을 더럽게 여겨 큰 날의 심판 때까지 영원한 결박으로 음부에 가두셨습니다(사14:15, 유6). 그 음부가 바로 우주입니다.

그리고 하나님은 자기 형상대로 사람을 지으셨습니다. 하나님이 자기의 형상을 따라 사람을 지으신 것은 사람을 통해서 섬김을 받으시려는 의도가 있었기 때문입니다. 하나님이 사람에게 생기를 불어 넣어 생령이 되게 하셨는데, 그가 아담입니다. 에덴동산 안에 뱀이 있었는데, 마귀가 뱀을 타고 들어가 여자를 꾀었습니다(창3:1~5). 마귀는 하늘에서 하나님께 반역하고 음부에 떨어진 루시퍼 곧 사단입니다.

여자는 하나님의 위치에 올라갈 수 있다는 유혹에 넘어가 선악과를 먹고 남편에게도 주어 먹게 했습니다. 그 결과로 그들은 동산에서 쫓겨났습니다. 육체적으로 저주를 받았고, 영적으로는 죄의 종이 되어 영원한 사망 곧 지옥 형벌을 피할 수 없게 되었습니다.

이스라엘의 애굽의 종살이는 범죄한 인류가 마귀의 종 됨을 형상화한 것입니다.

하나님이 아브람을 부르시고 예언하셨습니다.

> "여호와께서 아브람에게 이르시되 너는 정녕히 알라 네 자손
> 이 이방에서 객이 되어 그들을 섬기겠고 그들은 사백 년 동안
> 네 자손을 괴롭게 하리니 그 섬기는 나라를 내가 징치할찌며
> 그 후에 네 자손이 큰 재물을 이끌고 나오리라"(창15:13~14)

예언대로 아브라함의 후손들이 애굽에 들어가 430년 동안 고역의 종
살이를 했습니다. 때가 되자 하나님이 모세를 부르시고 '내 백성 이스
라엘을 애굽에서 이끌어내라' 하셨습니다(출3:10). 그래서 모세와 아론
이 바로에게 가서 '하나님의 백성을 보내라 그들이 하나님을 섬길 것이
라'고 말했습니다(출10:3). 바로는 이스라엘 백성들을 보내려 하지 않
았습니다. 이스라엘 백성들도 430년 동안이나 살다보니 종으로 사는
것이 운명이라고 생각하고 있었습니다.

하나님이 열 가지 재앙을 눈코 뜰 사이 없이 쏟아 붓자, 마침내 바로
가 손을 들었습니다. 바로는 모세와 아론에게 '너희와 이스라엘 자손은
내 백성을 떠나서 너희의 말대로 가서 여호와를 섬기라'고 말했습니다
(출12:31). 2백만이나 되는 종들을 보내자니 너무 아깝지만, 더 이상의
재앙이 두려워 할 수 없이 그들을 보내게 되었습니다.

이스라엘 백성이 광야에 이르렀을 때, 하나님은 모세를 통해 이스라
엘 백성과 언약을 맺으셨습니다.

"세계가 다 내게 속하였나니 너희가 내 말을 잘 듣고 내 언약
을 지키면 너희는 열국 중에서 내 소유가 되겠고 너희가 내
게 대하여 제사장 나라가 되며 거룩한 백성이 되리라 너는 이
말을 이스라엘 자손에게 고할찌니라"(출19:5~6)

홍해를 건너자 이스라엘 백성들의 신분에 큰 변화가 생겼습니다. 홍
해 건너기 전에는 바로를 섬기는 종이었는데 홍해를 건넌 후에는 하나
님을 섬기는 제사장 나라가 된 것입니다. 처음에는 그것을 기뻐했지만
곧 후회하기 시작했습니다. 그들이 모세를 대하여 '당신이 어찌하여 우
리를 애굽에서 인도하여 내어서 우리와 우리 자녀와 우리 생축으로 목
말라 죽게 하느냐'고 원망했으나, 하나님은 그들에게 반석에서 물을,
하늘에서 만나와 메추라기 등을 내려주어 먹게 하셨습니다(출17:3~6).
　하나님이 그들에게 하나님을 섬기는 법 곧 율례와 법도를 주셨습니
다. 십계명 중 제2 계명은 '우상을 섬기지 말라'는 것입니다.

"너는 나 외에는 다른 신들을 네게 있게 말찌니라 너를 위하
여 새긴 우상을 만들지 말고 또 위로 하늘에 있는 것이나 아
래로 땅에 있는 것이나 땅 아래 물 속에 있는 것의 아무 형상
이든지 만들지 말며 그것들에게 절하지 말며 그것들을 섬기
지 말라 나 여호와 너의 하나님은 질투하는 하나님인즉 나를
미워하는 자의 죄를 갚되 아비로부터 아들에게로 삼사 대까
지 이르게 하거니와 나를 사랑하고 내 계명을 지키는 자에게

는 천 대까지 은혜를 베푸느니라"(출20:3~6)

　다른 신이나 어떤 피조물의 형상은 섬김의 대상이 아니라는 것을 못
박으신 것입니다. 하나님의 영광스런 형상으로 지음 받은 인간이 태양
을 향해 '오, 태양신이여!' 하면, 얼마나 더럽습니까? 어떤 피조물이든
신이 될 수 없기 때문에 그것들에게 절을 하거나 섬기지 못하도록 하
셨습니다. 만일 이를 어기면 자손 삼사 대까지 저주하신다고 맹세하셨
습니다.

　이를 자손 대대로 기억하게 하시려고 성소를 짓게 하시고 섬김에 필
요한 것들을 일일이 지정해주셨습니다. 성소는 하나님을 섬기는 곳이
며, 제사장은 섬기는 직분이며, 제물은 섬기는 예물입니다. 하나님은
그들이 말씀을 부종하고 제사장 나라로서 직분을 잘 감당하면 그들을
하나님의 성산에 이끄시고 허락하신 땅에서 장수할 것을 약속하셨습
니다. 그 약속대로 그들이 하나님을 잘 섬기면 재앙을 면하고 전쟁에서
승리하게 해주셨습니다. 그런데 그들이 우상을 섬기면 당장 저주가 임
했고 전쟁에 져서 포로로 끌려가게 되었습니다. 이런 일들을 통해서 하
나님만 섬기도록 하신 것입니다.

　똑같은 장소에서 똑같은 일을 반복하게 되자, 그들의 섬김은 점점 형
식적으로 변질되었습니다. 섬김에 진실함과 내용이 결여되자 하나님
은 제사장들을 책망하셨습니다. '만일 너희가 나에게 하듯, 저는 것과
병든 것과 흠 있는 것을 총독에게 드려보라. 그리하면 그들이 그런 것
을 받을 것 같으냐? 차라리 성전 문을 닫았으면 좋겠다'고까지 하셨습

니다(말1:6~14). 그들이 섬기는 예법을 번거롭다고 생각하고 소홀히 하자 하나님은 그들의 얼굴에 똥을 바르겠다고 저주하셨습니다(말2:3). 그들의 섬김을 역겹게 생각하신 것입니다.

예루살렘성전 앞에 예수께서 나타나셔서 '너희가 이 성전을 헐라 내가 사흘 동안에 일으키리라' 하셨습니다(요2:19). 그러자 유대인들은 예수를 아주 못마땅하게 여겼습니다. 그들이 비록 하나님을 형식적으로 섬기고 있었지만 '성전을 헐면 어떻게 제사장 나라가 되며, 하나님과의 관계가 끊어지면 누가 우리를 전쟁에서 보호해주고 이방의 압제에서 구원해주겠는가? 성전이 헐리면 우리 민족은 끝이다'라고 판단하여 예수를 죽이는 것이 마땅하다고 생각했습니다.

예수께서 헐라고 하신 성전은 '자기의 성전 된 육체'를 말씀한 것이었습니다. 손으로 만든 성전에서 약점이 많은 제사장이 짐승을 예물로 드린 과거의 제사를 폐하고, 이제는 아들이 자기 몸으로 아버지를 섬기시겠다는 말입니다. 예수께서 죽은 자 가운데서 다시 살아나신 후에야 제자들은 이 말씀을 깨닫게 되었습니다(요2:20~22).

예수께서는 "인자가 온 것은 섬김을 받으려 함이 아니라 도리어 섬기려 하고 자기 목숨을 많은 사람의 대속물로 주려 함이니라"고 했습니다(마20:28). 예수는 자신을 '인자(人子)'라고 표현하셨습니다. 인자는 하나님의 아들이 아버지를 섬기고 또 사람들을 섬기시려고 육체로 오셨을 때 그의 직분을 말합니다.

예수의 육체는 마귀의 시험거리였습니다. '네가 만일 하나님의 아들이어든 명하여 이 돌들이 떡덩이가 되게 하라' 하지 않나 '만일 내게 엎

드려 경배하면 이 모든 것을 네게 주리라'고 시험했습니다(마4:3~9). 이
에 예수께서는 '사단아 물러가라 기록되었으되 주 너의 하나님께 경배
하고 다만 그를 섬기라'고 말씀하셨습니다(마4:10). 그가 오로지 아버
지만 섬기러 오셨음을 천명하시자 마귀는 더 이상 시험할 수 없어서 떠
나갔습니다. 백성들과 같이 제자들도 예수께서 왕이 되실 것을 내심 기
대했습니다. 그가 그 초인간적인 능력을 가지고 왕이 되기만 하면 이
스라엘의 독립은 시간문제요, 이 세상은 지상낙원이 될 것이라고 생각
한 것입니다.

열두 제자들은 서로 누가 더 큰 자인가를 다투고 있었습니다. 야고
보와 요한은 '주의 영광 중에서 우리를 하나는 주의 우편에, 하나는 좌
편에 앉게 하여 주옵소서'라고 말하기까지 했습니다(막10:37). 예수께
서는 '너희 구하는 것을 너희가 알지 못하는도다... 누구든지 크고자
하는 자는 섬기는 자가 되고 으뜸이 되고자 하는 자는 모든 사람의 종
이 되어야 한다'고 말씀하셨습니다(막10:38, 43~44). 앞으로 오는 세상
에서 큰 자가 되려면 이 세상에 있는 동안에는 작은 자를 섬겨야 한다
는 것입니다.

누가복음 22장 25~27절에는 "예수께서 이르시되 이방인의 임금들은
저희를 주관하며 그 집권자들은 은인이라 칭함을 받으나 너희는 그렇
지 않을찌니 너희 중에 큰 자는 젊은 자와 같고 두목은 섬기는 자와 같
을찌니라 앉아서 먹는 자가 크냐 섬기는 자가 크냐 앉아 먹는 자가 아니
냐 그러나 나는 섬기는 자로 너희 중에 있노라"고 하셨습니다.

모든 사회제도는 높은 자가 낮은 자에게 섬김을 받습니다. 지위와 대

우가 좌석에 따라 구별되었기 때문에 누구나 상석에 앉기를 좋아했습니다. 예수께서는 제자들에게 큰 자가 되려면 섬기는 자가 되라고 말씀하셨습니다(마23:11). 그 자신이 섬기는 자로 오셨고 섬기는 모습을 제자들에게 친히 보여주셨습니다. 그러시며 "사람이 나를 섬기려면 나를 따르라 나 있는 곳에 나를 섬기는 자도 거기 있으리니 사람이 나를 섬기면 내 아버지께서 저를 귀히 여기시리라"고 아주 중요한 말씀을 하셨습니다(요12:26).

앞으로 예수의 나라가 오면 세상이 뒤집어집니다. 상석에 앉는 자는 종이 되고, 종같이 섬기는 자는 상석에 앉아 섬김을 받을 것입니다. 지금은 인자가 종처럼 사람을 섬기지만 앞으로 그의 나라가 임할 때는 그가 왕으로 사람들의 섬김을 받으실 것입니다. 과연 예수는 누구시길래 이런 말씀을 하십니까? 그는 영광과 권위가 하나님과 동등하신 분입니다. 그는 태초에 계신 말씀이 육신 되어 오신 분으로 그는 하나님이십니다(요1:1, 14, 18). 예수가 아버지 품속에 계실 때를 말씀이라 하고 말씀이 육체로 오셨을 때를 아들이라고 합니다. 그가 사람의 모습으로 사람같이 오셨기에 인자라고 합니다.

사람은 하나님의 형상대로 지음 받은 피조물입니다. "하나님이 가라사대 우리의 형상을 따라 우리의 모양대로 우리가 사람을 만들고... 하나님이 자기 형상 곧 하나님의 형상대로 사람을 창조하시되 남자와 여자를 창조하시고"라고 했습니다(창1:26~27).

여기서 '우리의 형상'이란 '천사의 형상'이 아닙니다. 베드로전서 1장 23절에 "너희가 거듭난 것이 썩어질 씨로 된 것이 아니요 썩지 아니할 씨로 된 것이니 하나님의 살아 있고 항상 있는 말씀으로 되었느니라"고 했습니다. 말씀은 씨입니다. 씨에는 형상이 없는 것 같지만 그 안에 유전자가 들어있습니다. 그래서 콩 심은 데 콩 나고 팥 심은 데 팥이 나는 것입니다. 형상은 절대로 변하지 않습니다.

예수는 '하나님의 본체'(빌2:6), '하나님의 본체의 형상'입니다(히1:3). 또 '그리스도는 하나님의 형상'이라고 합니다(고후4:4). 예수는 사람으로 둔갑해 오신 것이 아니라 영원 전부터 말씀 안에 있던 형상을 가지고 육신으로 오신 것입니다. 그러므로 사람은 예수 그리스도의 형상으로 지음 받은 것입니다.

예수가 왕이 되기를 원했던 사람들의 요구가 묵살 당하자, 이에 실망한 군중들이 이구동성으로 그를 죽이라고 아우성을 쳤습니다.

그는 죽으시면서 '다 이루었다' 하셨습니다. 그는 무엇을 다 이루셨을까요?

첫째, 최고의 예물인 자기 목숨을 드려서 아버지를 섬기신 것입니다. 하나님은 지존하신 분이므로 피조물의 형상을 통해서는 섬김 받지 않으시고 자기 품속에서 나온 독생자의 보혈로 섬김을 받으셨습니다. 그는 이 땅에서의 섬김을 완료하셨습니다.

둘째, 아들의 섬김을 통해서 마귀는 정죄 받았습니다. 하늘에서 섬겨야 할 피조물이 상좌에 앉아 섬김 받으려고 자기 지위를 떠난 마귀의 죄가 심판 받은 것입니다(유6).

셋째, 예수는 그의 피로 사람들의 죄를 대속하셨습니다. 자기 목숨을 바쳐 영혼들을 섬기시고, 그 핏값을 주고 영혼들을 사셨습니다.

드디어 그는 하늘에 계신 아버지와 땅에 있는 사람들을 섬기는 일을 마치신 것입니다. 이에 아버지는 그를 죽은 자 가운데서 다시 살리셔서 보좌에 앉히셨습니다.

예수 그리스도는 지금 하늘에서 무엇을 하고 계실까요? 그는 하늘 성소에서 대제사장으로 아버지를 섬기고 계십니다(히6:20).

"첫 언약에도 섬기는 예법과 세상에 속한 성소가 있더라"(히 9:1)

"이제 하는 말의 중요한 것은 이러한 대제사장이 우리에게 있는 것이라 그가 하늘에서 위엄의 보좌 우편에 앉으셨으니 성소와 참 장막에 부리는 자라 이 장막은 주께서 베푸신 것이요 사람이 한 것이 아니니라 대제사장마다 예물과 제사 드림을 위하여 세운 자니 이러므로 저도 무슨 드릴 것이 있어야 할찌니라"(히8:1~3)

그가 만왕의 왕으로 하늘보좌 우편에 앉아계신 자체가 아버지를 섬기시는 것입니다. 그를 보좌에 앉으신 어린양이라고 하는데, 어린양이란 일찍 죽임을 당한 흔적이 있다는 뜻입니다. 그의 죽임 당한 흔적은 아버지를 영원히 섬기는 표적입니다. 그를 통해 아버지는 영원히 영광을 받으십니다.

그는 천사처럼 종으로서 섬기는 것이 아니라 만왕의 왕으로 섬기고 계십니다. 하나님은 너무 지존하신 분이기 때문에 피조물을 통해서는 섬김 받지 않으십니다. 천사에게 섬김 받지 않으시고, 자기 속에서 나온 하나님의 본체의 형상을 통해서, 만왕의 왕의 섬김을 받으시는 것입니다. 하나님이 얼마나 자존심이 강하고 얼마나 지존하신 분인지 아시겠습니까?

자, 그러면 우리는 누구를 섬겨야 합니까? 예수 그리스도를 섬기고 그의 몸 된 교회를 섬겨야 합니다. 혹(惑)이 말하기를 우리 교회는 너무 '예수'만 강조한다고 말합니다. 예배 시간에 '하나님이시여!' 하지 않고 '예수여! 예수여!' 하는 나머지 하나님을 무시한다고 말합니다.

요한계시록 22장 3절에 "다시 저주가 없으며 하나님과 그 어린양의 보좌가 그 가운데 있으리니 그의 종들이 그를 섬기며"라고 했습니다. 하늘에 가면 예수는 아버지를 섬기고, 우리는 하나님과 어린양 예수 그리스도를 섬깁니다. 그런데 '그를 섬기다', '그의 얼굴을 보다' 하며 '그'라는 단수로 기술하고 있는 것은 하나님과 어린양이 '한 분'이시기 때문입니다. 그러니까 정리하자면 예수 그리스도는 아버지를 섬기시고, 우리는 예수 그리스도를 섬기는 것입니다.

> "저희를 주신 내 아버지는 만유보다 크시매 아무도 아버지
> 손에서 빼앗을 수 없느니라 나와 아버지는 하나이니라 하신
> 대"(요10:29~30)

우리는 하나님을 직접 만날 수도 없고, 직접 섬길 수도 없습니다. 오로지 교회의 머리 되시는 예수 그리스도를 섬기고, 그의 몸 된 교회를

섬기는 것입니다. 예수 그리스도는 아버지를 섬기시고, 천사들은 성 밖에서 종의 신분으로 예수 그리스도를 섬깁니다.

> "그는 근본 하나님의 본체시나 하나님과 동등 됨을 취할 것으로 여기지 아니하시고 오히려 자기를 비어 종의 형체를 가져 사람들과 같이 되었고 사람의 모양으로 나타나셨으매 자기를 낮추시고 죽기까지 복종하셨으니 곧 십자가에 죽으심이라 이러므로 하나님이 그를 지극히 높여 모든 이름 위에 뛰어난 이름을 주사 하늘에 있는 자들과 땅에 있는 자들과 땅 아래 있는 자들로 모든 무릎을 예수의 이름에 꿇게 하시고 모든 입으로 예수 그리스도를 주라 시인하여 하나님 아버지께 영광을 돌리게 하셨느니라"(빌2:6~11)

첫째 부활에 참예한 사람이 왜 복이 있는 줄 아십니까? 앞으로 하늘에 가서 왕 같은 제사장으로 그리스도와 함께 보좌에 앉아 그의 얼굴을 뵈며 섬기기 때문입니다(계20:4~6, 22:3~4).

이런 사람은 세상에 있는 동안 예수 그리스도를 섬기고 그의 몸 된 교회를 섬기고 교회의 지체들을 섬기는 자들입니다. 물질을 드리고 달란트와 시간을 드려 땅의 성소인 교회에서 진실과 사랑으로 섬기는 것입니다.

교회는 하나님께 받은 은사와 은혜의 분량대로 예수 그리스도를 섬기는 곳입니다. 믿음도 은사요, 시간도 은사요, 건강도 은사요, 지식도 은사요, 재주도 은사요, 신분과 조건도 다 은사입니다.

> "그가 혹은 사도로, 혹은 선지자로, 혹은 복음 전하는 자로,
> 혹은 목사와 교사로 주셨으니 이는 성도를 온전케 하며 봉
> 사의 일을 하게 하며 그리스도의 몸을 세우려 하심이라"(엡
> 4:11~12)

목사는 어린 영혼을 성장시켜 봉사의 일을 하게 하는 직분입니다. 이를 위해 계획하고 조직하고 관리하고 행사를 마련하는 것입니다. 헌신예배를 드리는 것도 하나님을 섬기는 것을 가르치고 교회를 섬기는 기회를 추려 하는 것입니다.

1985년에 헌신예배를 처음 시작했는데 그 당시 비디오를 보면 썰렁하고 유치합니다. 그런데 세월이 지나면서 각양의 재주로 봉헌하다 보니 성극까지 하게 되었습니다. 과거에 영화나 연극을 보았던 경험과 기억을 가지고 준비합니다. 아이디어도 없고 특별한 달란트도 없는데 목사님이 대본부터 퇴짜를 놓아 몇 번을 다시 쓰다보니 시험에 들기까지 합니다. 그런데 이제는 극본도 제법 잘 쓰고 연기도 꽤 잘합니다.

대개 새신자들은 금요기도모임이나 로고스성경공부에 오기 싫어합니다. 그런데 새신자에게 연극 중 무대에 1분도 안 서는 단역이라도 시켜주면 연습에 절대로 빠지지 않고 열심히 참여하고 헌신헌금도 합니다. 그런 과정을 거치다 보면 교인들과 친분이 생기고 교회생활에 쉽게 적응하여 다른 모임에도 나옵니다. 이렇게 하여 성도를 온전케 하

고 봉사의 일을 하게 하고 교회에 정착하게 함으로 그리스도의 몸을 세우는 것입니다.

교회에 자기 것을 심은 결과로 받는 보상은 무엇입니까? 첫째 부활, 신령한 몸의 부활입니다. 이 땅에서 교회를 섬기는 자는 하늘에 올라가면 왕으로서 그분의 얼굴을 보면서 섬기게 될 것입니다.

저는 단 한 번만이라도 그리스도의 얼굴을 뵙고, 그 다음에 영원히 그분의 발가락을 빨라고 해도 주저하지 않겠습니다. 그분의 몸을 만지는 것만 해도 얼마나 영광입니까? 그렇다면 그의 몸 된 교회를 기쁨으로 영광스럽게 섬겨야 하지 않겠습니까?

그런데 교회에서도 어렵고 더럽고 위험한 일은 기피하는 사람이 있습니다. 명분 있고 생색나는 일을 주지 않는다며 불평불만을 내뱉다가 직분을 내팽개치고 나가기도 합니다. 이름도 없이 빛도 없이 비천한 일을 해도 교회의 모든 직분은 영광스러운 것입니다.

은혜 받고 처음 몇 년 동안은 기쁨으로 봉사했는데 이제는 힘들어서 못하겠다는 사람도 있습니다. 그런 사람은 하늘이 보이지 않고 예수 그리스도의 얼굴이 보이지 않기 때문입니다. 그분의 얼굴이 보인다면 쓰러지는 한이 있어도 끝까지 감당할 것입니다.

우리는 구역모임이나 부서모임에 가서도 자발적으로 섬겨야 합니다. 이제는 봉사할 만한 때가 되었는데도 이를 기피하는 사람을 보면 너무나 안타깝습니다. 그리스도를 섬기듯 형제자매를 섬겨야 합니다. 누군가가 도움이 필요할 때는 거절하지 않고 도와주어야 합니다. 형제자매가 이사할 때 이삿짐도 날라주고, 청소도 해주고, 식사도 준비해주고, 아이도 봐주는 등 시간이든 물질이든 총동원해서 섬겨야 합니다. 이 모든 섬김은 주님이 받으십니다. 우리는 무슨 일을 하더라도 주님을 섬기는 마음으로 기쁘고 즐겁게 해야 합니다. 살아서 교회와 성도를 섬기시고 하늘에 가서 주님의 얼굴을 뵈면서 섬기는 자 되시기를 예수 이름으로 축원합니다.

섬기는 교회

성경본문 (엡4:11~16)

하나님은 섬김을 받으시는 분이다(신8:3).
그는 지존하시므로 섬김을 받으시고
그는 자기를 섬기는 자와 함께 계시는 분이다(요12:26).

신앙은 그를 인정하고 사모함이요,
신앙생활은 예수 그리스도와 그의 몸 된 교회와 성도를
기쁨으로 섬기는 생활이다(시100:2).

섬김(service)은 아래 것이 상전에게 마땅히 해야 할 바라.
백성이 임금을, 자식이 부모를, 종이 주인을, 성도가 하나님을 섬기는바
온갖 은사와 헤아릴 수 없는 은혜를 받은 성도가
하나님을 섬기는 일이라면 어떠해야 할까?

아담은 하나님의 형상으로 지음 받은 영광스런 피조물임에도(창1:27)
하늘에서 하나님을 섬기는 지위를 떠나(유6)
심판 때까지 음부에 갇힌 마귀에게 속아 범죄함으로(사14:12~15, 겔28:12~17)
에덴동산에서 쫓겨나 그의 종이 되었다(벧후2:19).

하나님이 모세를 애굽에 보내사 이스라엘을 해방시키신 것은
그 조상 아브라함에게 430년 전 약속하신 바를 이행하심이니(창15:13~14)
종 되었던 그들을 제사장나라로 삼으려 하심이었다(출19:6).

율법은 하나님 외에 어떤 피조물의 형상을 만들어 섬기지 말 것을 명하였고(출20:3~6)
첫 언약은 이스라엘에게 주신 하나님을 섬기는 예법 곧 제사 드리는 법이니(히9:1~7)
섬기는 장소(성소), 섬기는 직분(제사장), 섬기는 예물(제물)에 관함이다.

이 성전을 예수께서 헐라 사흘 동안에 일으키리라 하심은(요2:19)
약점과 흠 있는 온전치 않은 제사를 폐하시고(히7:28, 10:9~14)
그 몸으로 영원하고 흠 없이 완전히 아버지를 섬기려 하심이니(벧전1:19)
그는 하나님의 본체시나 인자 되어 오심으로라(빌2:6~8).

그는 임금 되라는 사람의 간언도
세상 영광을 주리라는 마귀의 유혹도 뿌리치시고
그 몸이 휘장같이 찢겨 죽으시며 다 이루었다 하셨으니(마27:50~51, 요19:30)
① 최고의 예물인 자기 목숨을 드려 아버지를 섬기심.
② 섬기는 지위를 떠난 마귀를 심판하심(유6, 요일3:8).
③ 그의 피로 사람들을 섬기심이다(마20:28).

성령은 그가 하늘보좌에 앉으사
영원한 대제사장으로 아버지를 섬기고 계심을 증거하고(히9:24~25)
또한 이 땅에 그의 몸 된 교회에서
그의 은혜로 구원받은 성도들이 기쁨으로 섬기게 하시는바
교회의 머리 되신 예수 그리스도와
그의 몸 된 교회와 그 지체 된 성도라(엡1:22~23).

성도는 노예나 천사같이 아니 하고 만인제사장으로
영광스럽게 섬기는 직분을 수행하되(벧전2:5, 9)
받은 은사대로 시간과 물질, 지식, 달란트 등
다 드리는 자니(롬12:3~13, 벧전4:10)
머리 되신 주 예수 그리스도 오실 때
그의 몸에 붙어 첫째 부활에 참여하여(고전15:23)
이 땅에서 천년 동안 왕 같은 제사장으로(계20:4~6)
새 예루살렘성에서 보좌에 앉아 영원히
만왕의 왕 예수 그리스도의 얼굴을 보면서 섬기려 함이다(계22:1~5).

오, 주여!
주님의 얼굴을 한 번만이라도 뵐 수 있다면!
주님의 발가락이라도 영원히 빨겠습니다.
나와 우리 모든 성도들
주의 몸 된 교회의 일이라면
쓰러지는 순간까지 충성하게 하옵소서. 아멘.

18

성령이 말씀하시는교회

"이기는 그에게는 내가 내 보좌에 함께 앉게 하여 주기를 내
가 이기고 아버지 보좌에 함께 앉은 것과 같이 하리라 귀 있
는 자는 성령이 교회들에게 하시는 말씀을 들을찌어다"(계
3:21~22)

하나님은 계시의 하나님이십니다. 그는 말씀으로 존재하셨고(요
1:1), 그는 말씀으로 자신을 나타내주시는 분입니다(요1:14).

신앙은 계시의 말씀을 그대로 수납하는 것이며, 신앙생활은 성령이
교회들에게 하시는 말씀을 듣고 회개하며 이기는 생활입니다.

요한계시록 2장과 3장은 성령이 일곱 교회들에게 하시는 말씀을 기
록하고 있는데, 한결같이 '귀 있는 자는 성령이 교회들에게 하시는 말
씀을 들을찌어다'라고 합니다.

그리스도인은 종교인이 아닙니다. 종교인은 초월적인 신적 존재를
사모하고 추앙하면 복을 받는다고 생각합니다. 그래서 신이 좋아할 만
한 것을 고안하여 어떤 형태로든지 제사를 드리고 섬깁니다.

기독교는 말씀의 신앙입니다. 하나님이 말씀으로 정하신 것을 그대로 받아들이는 것이기 때문에 근본부터 종교와 다릅니다.

말씀은 하나님이십니다(요1:1). 하나님은 말씀으로 계셨지만 말씀이 하나님의 전부는 아닙니다. 창세 이전에 하나님은 말씀으로 계셨고 말씀으로 자신을 나타내주려 하셨습니다. 이것은 창세 이전 하나님의 작정이요, 방법입니다. 그러므로 사람이 하나님의 계시의 말씀을 초월하여 하나님께 접근하려 노력한다 할지라도 그분과는 상관없습니다. 자기 몸을 불살라 드린다 해도 하나님은 받지 않으십니다.

> "태초에 말씀이 계시니라 이 말씀이 하나님과 함께 계셨으니
> 이 말씀은 곧 하나님이시니라"(요1:1)

'말씀'은 높은 분의 '말'에 대한 존칭이 아닙니다. 말씀은 헬라어로 로고스(λόγος)입니다. 이는 하나님의 자기 계시, 하나님이 자기를 나타내주시는 방법입니다. 말씀 자체가 하나님이시기 때문에 말씀은 하나님의 존재요, 인격입니다.

> "만물이 그로 말미암아 지은 바 되었으니 지은 것이 하나도
> 그가 없이는 된 것이 없느니라 그 안에 생명이 있었으니 이
> 생명은 사람들의 빛이라"(요1:3~4)

여기서 '그'는 영어로 'He'라는 대명사입니다. 말씀은 'He'이므로 살

아있는 인격적 존재입니다. 하나님과 함께 영원 전부터 계시던 그분(He)이 육신이 되어 우리 가운데 거하셨는데 그가 예수 그리스도이십니다(요1:14).

그 '말씀이 오셔서 하신 말씀'을 들을 귀가 있어야 합니다. 텔레비전을 볼 때는 졸리지 않은데, 설교만 들으면 졸린다는 사람이 있습니다. 평상시에 낮잠 한 번 안 자는 사람이 예배만 드리면 미치도록 졸립다고 합니다. 이건 문제입니다. 세상 소리를 듣는 귀와 성령이 교회들에게 하시는 말씀을 듣는 귀는 다릅니다. 말씀을 들을 귀가 있으시기를 예수 이름으로 축원합니다.

하나님이 창세 때 말씀으로 천지를 창조하셨습니다. 말씀의 존재를 증거로 보여준 것이 만물입니다. "만물이 그로 말미암아 지은 바 되었으니 지은 것이 하나도 그가 없이는 된 것이 없느니라" 하였고(요1:3), "믿음으로 모든 세계가 하나님의 말씀으로 지어진 줄을 우리가 아나니 보이는 것은 나타난 것으로 말미암아 된 것이 아니니라"고 했습니다(히11:3).

만물이 하나님의 말씀으로 지어졌다고 믿어야 믿음이 있는 사람입니다. 이것이 보수신앙의 기초입니다. 기독교 안에서도 진화론을 믿는 사람이 있는데 그들은 믿음의 첫 단추도 끼우지 못한 자입니다.

창세기 1장에 '하나님이 가라사대 빛이 있으라 하시매 빛이 있었고 그 빛이 하나님이 보시기에 좋았더라'고 했습니다. 이런 일이 엿새 동안 반복되었는데 그때마다 '하나님이 가라사대… 있으라' 하고 말씀하고 있습니다. 보이는 것들이나 보이지 않는 것들은 그 말씀의 결과물입니다. 하나님께서 새에게는 하늘을 날도록, 버려지는 땅에 기도록, 물고기는 물속에서 살도록 명하셨습니다. 오늘까지도 모든 피조물이 그 말씀대로 살고 있습니다.

창세기 1장에서 하나님은 같은 말씀을 반복합니다. 그 이유가 무엇일까요? 하나님이 하루에 모든 것을 '있으라' 하시지 못하십니까? 단 한마디로 한 번에 다 지으실 수 있으심에도 불구하고 잔소리하듯 같은 말씀을 반복하신 것은, 하나님의 말씀은 반드시 성취된다는 것을 못 박으려 하신 것입니다.

하나님이 아담을 에덴동산에 두시고 다스리며 지키게 하셨습니다. 그에게 '선악을 알게 하는 나무의 실과는 먹지 말라 네가 먹는 날에는 정녕 죽으리라' 하셨습니다(창2:17). 아담은 육체가 있는 영적 존재이기 때문에 육체는 실과를 먹고 살지만, 영혼은 하나님의 말씀을 듣고 순종해야 삽니다.

마귀가 동산에 있는 뱀을 타고 들어가 여자를 꾀었습니다. '네가 먹어도 죽지 아니하며 먹으면 하나님같이 되리라'고 한 뱀의 말에 하와의 귀가 솔깃했습니다. 자기가 먼저 먹고 남편에게도 주어서 먹게 하므로 영(靈)에 사망이 들어왔고 육체적인 고난이 뒤따랐습니다.

성경은 하나님의 말씀에 순종하면 구원 받고 복을 받지만 불순종하면 저주 받고 멸망한다는 내용을 담고 있습니다.

대표적으로 노아는 하나님께서 세상을 물로 심판하신다는 말씀을 들었습니다. 사람들이 시집가고 장가가고 농사짓고 있을 때, 노아는 70년 동안 방주를 지었습니다. 노아는 단 한마디 말씀에 순종을 지속하다가 온 가족을 구원했습니다.

또 아브라함은 그에게 '본토 친척 아비 집을 떠나 내가 네게 지시할 땅으로 가라 내가 너로 복의 근원이 되게 하리라'는 하나님의 말씀을 듣고 본토 아비 집을 떠났습니다(창12:1~2). 그는 풍요로운 메소포타미아에 잘 살고 있었는데 하나님의 말씀 한마디에 갈 바를 알지 못하고 떠나 유랑민이 되었습니다. 그 후 그는 말씀대로 복을 받았고 그의 후손들은 하나님의 음성을 듣는 민족이 되었습니다.

> "너희는 선지자들의 자손이요 또 하나님이 너희 조상으로 더불어 세우신 언약의 자손이라 아브라함에게 이르시기를 땅 위의 모든 족속이 너의 씨를 인하여 복을 받으리라 하셨으니"(행3:25)

그들이 세상에서 특별한 민족인 것은, 하나님이 그들 민족을 택하시고 그들에게 말씀하셨기 때문입니다. 하나님은 종교성이 있는 민족을 택하지 아니하시고 아브라함과 그의 후손을 택하시고 말씀을 주신 것입니다.

하나님이 모세를 부르시고 본격적으로 말씀하십니다. 그때부터 이스라엘 민족은 선지자의 자손이 되었습니다. 모세나 다윗처럼 하나님의 말씀을 듣고 기록하거나 남에게 전한 자들은 모두 선지자입니다(행7:37). 구약은 한마디로 선지자의 시대였습니다.

> "침례 요한의 때부터 지금까지 천국은 침노를 당하나니 침노하는 자는 빼앗느니라 모든 선지자와 및 율법의 예언한 것이

요한까지니"(마11:12~13)

천국은 예수 그리스도의 초림을 말합니다. 천국이신 예수는 침례 요한과 같은 시대에 사셨습니다. 일반적으로 모세를 생각하면 율법을 떠올리기 쉽지만 율법도 시내산에서 하나님께 받아온 것입니다. 율법이나 선지자의 예언은 똑같이 하나님의 음성을 듣고 전달한 말씀인데 율법은 비디오, 선지자는 오디오라고 생각하면 이해가 쉽습니다. 그런데 이것이 요한까지라고 한 것은 예수 이전까지는 선지자의 시대이기 때문입니다.

하나님이 모세에게 '성소를 지으라'고 지시하셨습니다. 출애굽기 25장 22절에 "거기서 내가 너와 만나고 속죄소 위 곧 증거궤 위에 있는 두 그룹 사이에서 내가 이스라엘 자손을 위하여 네게 명할 모든 일을 네게 이르리라"고 했습니다. 성소 안에 칸을 만들고 깊은 곳에 지성소를 만들게 하신 목적은 다른 소리가 전혀 들리지 않도록 구별한 것입니다. 하나님이 은밀한 곳에서 말씀하시려는 것입니다. 그곳에서 하나님이 모세에게 말씀하시고 나중에는 대제사장에게 말씀하셨습니다. 그래서 이스라엘 백성들은 성소를 볼 때마다 하나님이 모세와 선지자들을 통해 말씀하신다고 생각했습니다.

그러므로 이스라엘 민족에게 성소는 하나님의 현재성입니다. 하나님이 오늘도 그들에게 말씀하고 계신다는 증거였습니다. 그 말씀을 들으면 구원을 얻고 복도 받는다고 생각했기에 그들은 성소를 매우 소중하게 여겼습니다.

그 성전 앞에 예수 그리스도께서 나타나서서 '너희가 이 성전을 헐라 내가 사흘 동안에 일으키리라' 하셨습니다(요2:19). 그러면 하나님이 말씀하시는 방송국을 헐라는 말입니까? 그러나 이는 '성전 된 자기 육체'를 가리켜 말씀하신 것이었습니다. 과거에는 하나님의 말씀을 선지자가 대언했지만 이제는 말씀 자체가 직접 오셨기 때문에 지방 방송은 꺼져야 한다는 뜻입니다. 선지자의 시대는 지나갔고 이제는 예수 그리스도의 시대가 온 것입니다. '말씀이 하시는 말씀'이야말로 얼마나 확실하겠습니까?

그런데 예수는 인자로 오셨습니다. 그는 사람같이 먹고 자고 피곤을 느끼셨습니다. 그 당시 유대인들은 그를 선지자 중의 하나라고 생각했습니다. 그러나 그는 아버지의 말씀을 받아 말씀대로 이루려 오신 분입니다.

> "내가 내 자의로 말한 것이 아니요 나를 보내신 아버지께서 나의 말할 것과 이를 것을 친히 명령하여 주셨으니 나는 그의 명령이 영생인줄 아노라 그러므로 나의 이르는 것은 내 아버지께서 내게 말씀하신 그대로 이르노라 하시니라"(요12:49~50)

창세전부터 말씀으로 계시던 그분이 창세전부터 정하신 말씀을 전하시기 때문에 그의 말씀은 아버지의 말씀입니다. 예수께서는 '너희의 듣는 말은 내 말이 아니요 나를 보내신 아버지의 말씀이니라' 하셨습니다(요14:24).

"옛적에 선지자들로 여러 부분과 여러 모양으로 우리 조상들
에게 말씀하신 하나님이 이 모든 날 마지막에 아들로 우리에
게 말씀하셨으니 이 아들을 만유의 후사로 세우시고 또 저로
말미암아 모든 세계를 지으셨느니라 이는 하나님의 영광의
광채시요 그 본체의 형상이시라 그의 능력의 말씀으로 만물
을 붙드시며 죄를 정결케 하는 일을 하시고 높은 곳에 계신
위엄의 우편에 앉으셨느니라"(히1:1~3)

바울은 '성령이 선지자 이사야로 너희 조상들에게 말씀하신 것이 옳
도다'라고 했습니다(행28:25). 하나님이 선지자를 통해서 말씀하시기
도 하셨고, 성령이 선지자를 통해 말씀하시기도 하셨습니다. 하나님과
성령은 한 분이시기 때문에 같은 말씀을 하고 계십니다. 그러나 선지자
는 말씀을 듣고 그대로 전하는 대언자 역할만 했지만, 예수는 성령으로
아버지의 말씀을 하시고 그 말씀을 이루셨습니다.

"그의 택하신 사도들에게 성령으로 명하시고 승천하신 날까
지의 일을 기록하였노라 해 받으신 후에 또한 저희에게 확
실한 많은 증거로 친히 사심을 나타내사 사십 일 동안 저희
에게 보이시며 하나님 나라의 일을 말씀하시니라"(행1:2~3)

예수의 말씀은 성령으로 전하신 아버지의 말씀입니다. 성경은 그가
하신 말씀은 반드시 이루어진다는 것을 다각도로 확인시켜 줍니다. 아

버지의 말씀은 창세 이전에 작정된 말씀이기 때문에 일점일획도 오차가 없도록 성령께서 감독하시고 말씀하게 하셨습니다.

예수는 '성전을 헐라'고 하신 말씀 때문에 유대인들에게 미움을 사게 되었고 죽음에 넘겨졌습니다. 그런데 그는 죽으시면서 '다 이루었다' 하셨습니다. 무엇을 다 이루셨을까요?

첫째, 그는 아버지의 말씀대로 순종하여 죽으심으로 아버지께 영광을 돌리셨습니다. 그는 자기의 죽음을 두고 '이를 내게서 빼앗는 자가 있는 것이 아니라 내가 스스로 버리노라 나는 버릴 권세도 있고 다시 얻을 권세도 있으니 이 계명은 내 아버지에게서 받았노라' 하셨습니다 (요10:18).

둘째, 사람으로 하여금 하나님의 말씀을 의심케 한 마귀를 심판하셨습니다(요일3:8).

셋째, 자기 피를 뿌려 영혼들의 죄를 대속하시고 생명을 주어 하나님의 말씀을 들을 수 있는 귀를 다시 열어주셨습니다(레17:11, 히9:22).

예수께서 죽으시기 전에는 아무도 하나님의 말씀을 들을 수가 없었습니다. 죄로 인해 전 인류의 영이 죽었기 때문입니다. 선지자들도 하나님의 말씀을 전했지만 그들의 영은 죽어 있었기 때문에 하나님의 음성을 직접 들을 수 없었고 다만 성령의 감동하심을 입어 말씀을 전했을 뿐입니다. 마치 나귀가 발람에게 말한 것처럼 그들은 정확한 뜻을 모른 채 말씀을 전했습니다(민22:28). 만일 선지자들이 이 말씀을 알았더라면 예수께서 이 땅에 오셨을 때 반갑게 맞이했을 것입니다. 그런데 영의 감각이 죽어 있었기 때문에 아무도 그를 영접하지 않았습니다(요

1:11). 제자들도 예수를 신통하신 분으로 알았지 말씀이 육체로 오셔서 말씀대로 죽으실 것을 몰랐기에 그의 죽음을 보고 달아났던 것입니다.

예수의 죽으심으로 그 피가 영혼에 뿌려져 영이 살아나므로 하나님의 음성을 직접 들을 수 있게 되었습니다. 첫 사람 아담의 죄로 인해 마비되었던, 말씀을 듣는 영의 기능이 마지막 아담이신 예수 그리스도가 죽는 순간 회복된 것입니다. 그래서 그의 피를 '말씀에서 나온 피'라고 합니다. 말씀을 다 이루신 이가 몸을 찢고 피를 흘려주셨습니다. 그러므로 그 피에 접촉하는 자는 말씀으로 오신 이의 음성을 들을 수 있게 되는 것입니다.

그가 죽으신지 사흘 만에 아버지께서 다시 살리시고 하늘 보좌에 앉히셨습니다. 그는 만왕의 왕이시므로 '주강사(main speaker)'가 되셨습니다. 왕이 말씀을 하시면 신하들은 당연히 잠잠해야 합니다. 신하가 어전(御前)에서 '아뢰옵기 황송하오나' 한다면 '어전이오!' 하여 더 이상 말이 나오지 못하도록 막습니다. 왕 앞에서는 듣고 순종하는 것밖에는 없는 것입니다.

선지자 시대에는 성령이 선지자를 통해 말씀하셨고, 예수 시대에는 성령이 아들을 통해 말씀하셨는데 오늘날 성령은 누구를 통해 말씀하십니까? 교회들에게 말씀하십니다(계2~3장). 성령은 아버지로부터 나오시는 영이신데 그의 음성을 듣기를 원하는 자는 성령이 말씀하시는 교회로 모여야 합니다. 교회를 초월해서는 성령의 음성을 들을 수 없습니다.

어떤 사람은 과거에는 교회에 다녔는데 지금은 시험이 들어서 교회에 나가지 않고 집에서 성경을 깊이 묵상하고 있다고 말합니다. 성령은 교회를 초월해서 말씀하시지 않습니다. 하나님의 말씀은 성령이 교회들에게 말씀하실 때 들을 수 있습니다.

얼마 전 저는 한 조선일보 평론가가 요한계시록 12~13장을 풀이한 글을 인터넷 신문에서 읽어본 적이 있습니다. 그는 지금 이 시대가 종말이며 짐승은 김정일이고 거짓 선지자는 김일성이라고 했습니다. 요한계시록에 나와 있는 기근과 지진과 마지막 시대의 증상을 북한에 관련지었습니다. 북한에서 굶어 죽고 있는 사람의 숫자를 증거로 들며 그곳에 관한 예언이라고 했습니다. 그런데 그는 하나님을 '하느님'이라고 표기했고, 현실 구원을 말했지 영혼 구원을 믿지 않았습니다. 세상에 선(善)은 하나님이요, 악(惡)은 마귀인데 악의 축이 김정일이라고 했습니다.

그런데 어떤 사람이 '어쩌면 그렇게 성경을 잘 꿰십니까? 저희 목사님보다 성경을 더 많이 아시는군요'라고 댓글을 올렸습니다. 그가 성경 구절을 많이 인용한 것을 보니 성경을 많이 아는 것처럼 보였나 봅니다. 그러나 그는 교회에서 성령의 음성을 듣지 못했기 때문에 성경을 엉뚱하게 풀어놓은 것입니다.

실제로 적그리스도는 지금 영의 세계를 다스리고 있습니다. 때가 되면 모든 예언을 이룰 자가 등장할 것입니다. 그때까지는 거짓 선지자를 통하여 말하고 역사할 것입니다. 성령이 교회들에게 하시는 말씀을 듣지 못하면 거짓 선지자의 말을 듣게 되어 있습니다. 그래서 이교도(異教徒)에도 빛이 있고 예수를 통하지 않고도 진리에 이를 수 있다고 말하는 것입니다.

WCC(World Council of Churches)라는 기독교 단체는 대중신학자들

의 모임인데 그들은 이교도에도 빛이 있고 구원이 있다고 주장합니다. 그들은 다른 이로서는 구원을 얻을 수 없고 천하 인간에 구원을 얻을 만한 다른 이름을 우리에게 주신 일이 없다는 말씀을 정면 부정합니다 (행4:12).

오늘날에는 성령이 교회들에게 말씀하고 계십니다. '그런데 지금 목사님이 말씀하고 있잖아요?' 하는 사람이 있을지 모르겠습니다. 그러나 성령께서는 저를 소리를 전달만 하는 스피커로 사용하고 계시는 것입니다.

고린도전서 12장 8~9절에 '어떤 이에게는 성령으로 말미암아 지혜의 말씀을, 어떤 이에게는 같은 성령을 따라 지식의 말씀을, 다른 이에게는 같은 성령으로 믿음을, 어떤 이에게는 한 성령으로 병 고치는 은사를...' 주셨다고 했습니다. 목사는 말씀의 은사를 받은 사람입니다. 하나님은 말씀의 지식과 지혜가 있는 사람을 스피커로 세우셨습니다. 교회에 지체가 많은데 다 말하는 자이겠습니까? 만일 한 몸에 입이 열이라면 비정상입니다. 말씀을 가장 정확하게 아는 자가 성령의 감동으로 전할 때 성령이 교회들에게 하시는 말씀으로 듣게 되는 것입니다. 아무리 연약하고 무능한 사람이 말씀을 전했다 할지라도 성령의 음성으로 듣는다면 순종해야 합니다. 아버지의 말씀이기 때문입니다.

요한계시록 2장 8절에 '처음이요 나중이요 죽었다가 살아나신 이가 가라사대' 했고, 3장 14절에도 '아멘이시요 충성되고 참된 증인이시요 하나님의 창조의 근본이신 이가 가라사대'라고 했습니다. 죽었다가 살아나신 이도, 하나님의 아들도, 창조의 근본도 예수 그리스도를 말하는 것입니다. 그런데 마지막에는 '귀 있는 자는 성령이 교회들에게 하시는 말씀을 들을찌어다'라고 했습니다. 하나님의 아들이 말씀하신 것도 창조의 근본이 말씀하신 것도 성령이 교회들에게 하시는 말씀인 것입니다.

오늘날 교회가 성령의 말씀을 정확하게 전해준다면 사람의 말로 듣지 않고 하나님의 말씀으로 들어야 합니다(살전2:13). 그런데 시험에 들면 하나님의 말씀이 사람의 말로 들립니다. 이것은 귀에 문제가 생겼기 때문입니다. 육체의 고막으로는 세상의 소리, 즉 마귀의 소리만 들을 수 있습니다. 그러나 성령의 음성은 영감이 살아있는 사람만 들을 수 있는 것입니다.

일곱 교회에 하시는 말씀에 공통점이 있는데 '너의 수고와 인내를 아노라' 하신 것입니다. 성령이 불꽃같은 눈으로 감독하시기 때문에 다 아신다는 것입니다. 감독자도 불꽃같은 눈으로 봅니다. '그래서 우리 목사님 눈이 그렇게 무서웠구나'라고 생각할 수 있습니다. 그런데 가까이서 보면 전혀 무섭지 않다고 말합니다. 제가 평상시에 성도들에게 무엇 때문에 눈을 부라리겠습니까?

저는 강단에 서서 설교할 때, 컴퓨터의 모니터를 보는 것같이 성도들의 영적 상태가 훤히 보입니다. 사람이 많아서 잘 보이지 않을 것 같지만 아닙니다. 얼굴을 마주 대하고 개인적으로 상담할 때보다 더 뚜렷하게 보입니다. '목사님이 깊이 기도하시니까 내 문제를 다 아시는가보다'라고 생각할 수 있습니다. 물론 맞습니다. 하나님과 영적 교제를 나누는 순간은 어느 때보다 확실하게 알 수 있습니다. 성령께서 목사를 감독자로 세우신 이유가 거기 있는 것입니다.

여러분! 제가 감독자라고 하니까 유감 있습니까? 아무리 농구를 잘하는 슈퍼스타 마이클 조던이라 할지라도 감독의 지시에 따라야 합니다. 감독이 늙어서 야구방망이를 들 힘조차 없어도 감독이 명선수를 만드는 것입니다. 그러므로 성령이 교회들에게 하시는 말씀을 감독자에 의해서 증거 받아야 합니다. 하나님의 말씀을 사람의 말로 받지 말고 나 영혼에 하시는 말씀으로 받아야 합니다.

신앙생활에 성공하려면 교회를 잘 만나야 하고 목사를 잘 만나야 합니다. 왜냐하면 교회는 나 영혼이 하나님의 음성을 들을 수 있는 유일한 곳이기 때문입니다. 나 영혼을 살려주는 말씀 있는 교회에 끝까지 붙어 지체가 되어야 합니다. 자신을 교회의 지체로 아는 사람은 그 음성을 듣습니다. 만일 말씀이 도무지 은혜가 되지 않는다면 떠나시기 바랍니다.

본문에서 '내가 사랑하는 자를 책망하여 징계한다'고 했는데 성령이 교회들에게 주신 말씀은 책망입니다. '우리 목사님은 왜 야단만 치는가?'라고 생각하는 사람이 있을 것입니다. 히브리서 12장 6절에 '주께서 그 사랑하시는 자를 징계하시고 그의 받으시는 아들마다 채찍질하심이니라...' 했습니다. 책망을 받는다는 것은 장성한 자가 되었다는 말입니다. 어린아이를 혹독하게 야단치는 부모는 없습니다. 그러나 장성한 자에게는 말씀이 야단치는 말씀으로 들릴 것입니다.

초신자들은 똑같은 말씀을 듣고도 목사님을 가까이 하지만 오래된 신자들은 자기 행위가 드러날 것 같아 미리 피합니다. 그러나 다행인 것은 그들도 아직 감각이 살아있다는 것입니다. 칭찬보다는 차라리 채찍을 쳐달라고 하는 편이 낫습니다. 그래야 영혼이 사는 것입니다.

제가 얼마 전에 새벽기도를 하러 예배당에 들어와 보니 신발은 많은데 그날따라 정적이 흘렀습니다. 아무도 소리를 내지 않고 '토끼풀'을 먹고 있었습니다. 우리 교회의 기도 실력이 이것밖에 안 되는가 싶어서 너무 화가 났습니다. 저는 목이 쉬어서 큰 소리로 기도할 수 없는데 아무도 소리를 내지 않고 있었습니다. 한 시간 동안 '주여! 기도가 살아나게 해주옵소서' 하고 기도했는데, 여전히 적막이 계속되니 너무 화가 났습니다. 도저히 참을 수 없어서 벌떡 일어나서 '도대체 왜 이렇게들 소리를 안 내는 거야! 아니, 기도하는 거야? 자는 거야?' 하며 몇 사람을 발길로 걷어찼습니다. 그러자 그때부터 큰 소리로 기도하기 시작했습니다. 그런데 후에 알고 보니 김 집사는 들어온 지 5분밖에 안 되었는데 발로 걷어차였다고 합니다.

그리고 저는 제 자리에 돌아와서 '혹시 김 집사가 시험에 들면 어쩌지...' 하고 염려되었습니다. 8년 전에도 그런 일이 있었기 때문입니다. 김 집사가 '목사님, 제 나이가 몇인데 번번이 이러십니까?' 할 것 같았습니다. 그래서 시험에 들지 말도록 기도했는데 김 집사가 시험들지 않고 오히려 요즘 큰 소리로 기도하고 있습니다. 할렐루야!

설교만 말씀이 아니라 교회의 광고도 개인적인 권면도 영혼을 움직이고 살리는 말씀입니다. 성령이 나 영혼을 위해 책망하시는 말씀으로 알고 회개해야 합니다.

요한계시록은 계속해서 '회개하라'고 말씀하고 있습니다. 이 말씀이 따갑고 부담스러울지라도 감사해야 할 이유는 우리를 기다려준다는 뜻이기 때문입니다. 교회가 있는 동안 하나님은 참고 기다려 주시는 것입니다. 천사는 한 번 죄를 범하고 영원히 회개할 기회를 얻지 못했습니다. 그러나 교회라는 보호막이 있는 동안 성령이 말씀하시고 징계하셔서 회개하고 변화 받을 기회를 주시는 것입니다.

일곱 교회에 주시는 말씀의 공통점은 '이기는 자에게는 생명나무의 과실을 먹게 해주리라. 둘째 사망의 해를 받지 않게 해주리라. 감추었던 만나를 주리라. 만국을 다스리는 권세를 주리라. 생명책에 기록하리라. 성전의 기둥이 되게 하리라. 내 아들이 되리라' 하는 것입니다. 성령의 간곡한 부탁은 '환난과 핍박과 유혹을 이기라'는 것입니다. 자신의 환경을 초월하라는 말입니다.

바울은 목회지를 떠나면서 "내가 떠난 후에 흉악한 이리가 너희에게 들어와서 그 양떼를 아끼지 아니하며 또한 너희 중에서도 제자들을 끌어 자기를 좇게 하려고 어그러진 말을 하는 사람들이 일어날 줄을 내가 아노니 그러므로 너희가 일깨어 내가 삼년이나 밤낮 쉬지 않고 눈물로 각 사람을 훈계하던 것을 기억하라"고 했습니다(행20:29~31). 양들은 진리에서 벗어난 말을 따라가기 쉽기 때문입니다.

저는 18년 동안 눈물을 흘리는 심정으로 말씀을 전하고 있습니다. 바울은 영혼들을 주님과 그 은혜의 말씀께 부탁한다고 했습니다(행20:32). 이 말씀을 듣는 것도 깨닫는 것도 진리의 말씀을 분별할 수 있는 것도 은혜입니다. 이 말씀이 성령에 의해 보증 받는 것이 확실하다면 회개하고 이겨내야 합니다. 마귀의 소리, 귀신의 소리를 털어내고, 오직 성령이 교회에게 하시는 말씀을 들을 귀가 있는 자가 되시기를 예수 이름으로 축원합니다. 할렐루야!

성령이 말씀하시는 교회

성경본문 (계3:21~22)

하나님은 계시의 하나님이시다.
그는 말씀으로 존재하시고(요1:1~2)
말씀으로 나타내시는 분이다(요1:14).

신앙은 그를 알고 말씀 그대로 수납함이요,
신앙생활은 성령이 교회들에게 하시는 말씀을 듣고
회개하여 이기는 생활이다.

종교는 인간이 먼저 어떤 초월적인 존재를 숭상하고 추앙하는 행위요,
기독교는 하나님이 말씀하신 대로 응답함인바 말씀의 신앙이라.
말씀은 소리가 아니고 하나님이시요, 인격적 존재인바(요1:2~3)
말씀을 초월하여 하나님을 알 수도 관계를 맺을 수도 없다.

모든 만물은 진화된 존재가 아니라
하나님의 말씀대로 창조된 결과물이니(창1장)
이를 믿는 것이 보수신앙의 기초다(요1:2, 히1:3).
인류에게 죄와 사망과 고난이 들어온 것은
조상 아담이 뱀, 곧 마귀의 말을 듣고
하나님의 말씀을 거역한 결과다(창2:17, 3:4~6, 16~19).

성경의 역사는 노아, 아브라함, 이스라엘 등
하나님의 말씀을 듣고 구원받고, 생명 얻고, 복 받은 자와
그렇지 않고 멸망, 죽임, 저주 받은 자들의 이야기다.

이스라엘은 선지자의 자손이라(행2:30, 3:22, 25).
성령으로 율법과 선지자들을 통해 하나님의 말씀을 들음으로라(행28:25).

성전은 이스라엘에게 큰 의미를 지니는바
하나님의 말씀의 현재성이라.
곧 속죄소 위에서 하나님이 그들에게 말씀하심이다(출25:22).

예수께서 성전을 헐라 하심으로
그들의 격분을 샀으나(요2:19, 마26:61)
이는 율법과 선지자의 예언의 시대는 끝났고(마11:13)
예수 그리스도의 시대가 왔음이니
태초부터 계신 말씀이
모든 날 마지막에 아들로 나타나사(요1:14, 히1:1~2)
성령으로 아버지의 말씀을
사람들에게 말씀하심이다(요12:49~50, 행1:2).

그는 죽으시며 다 이루었다 하셨으니(요19:30)
① 말씀대로 죽으심으로 아버지께 영광 돌리심(요10:18).
② 하나님의 말씀을 의심케 한 마귀를 심판하심(창2:17, 3:4~6, 요일3:8).
③ 그의 피로 영혼들을 속죄하사 생명을 주어 귀의 기능을 살려주심이다(레17:11).

그는 부활 승천 후 보좌에 앉으시고
성령은 예수 이름으로 모인 교회에 말씀하시니(마18:20, 계2:7)
곧 죽었다가 사신 이, 창조의 근본이신
하나님의 아들, 예수 그리스도의 말씀이라(계2:8, 18, 3:14).

오늘날 하나님은 성령으로 세우신 감독자를 통해
양들에게 말씀하시니(행20:28~31)
성령의 음성을 들을 수 있는 귀 있는 자에게라.

교회를 초월하고 몸 된 교회의 지체를 떠난 자들은(요15:5~7)
하나님의 말씀을 들을 수 없으나
불꽃같은 눈앞에서 그의 책망하시는 말씀을 달게 듣고 회개하며(계1:14, 2:4~5)
환난도 유혹도 이기는 자에게는 생명, 보좌 등 상이 있다(계2:7).

오, 주여!
나와 나에게 주신 자들에게
어그러지는 말, 이리의 소리를 털어내게 하시고
성령의 음성을 들을 수 있는 귀!
귀를 열어 주옵소서. 아멘.

19

교회의 권위

"또 내가 네게 이르노니 너는 베드로라 내가 이 반석 위에 내 교회를 세우리니 음부의 권세가 이기지 못하리라 내가 천국 열쇠를 네게 주리니 네가 땅에서 무엇이든지 매면 하늘에서도 매일 것이요 네가 땅에서 무엇이든지 풀면 하늘에서도 풀리리라 하시고"(마16:18~19)

"네 형제가 죄를 범하거든 가서 너와 그 사람과만 상대하여 권고하라 만일 들으면 네가 네 형제를 얻은 것이요 만일 듣지 않거든 한두 사람을 데리고 가서 두세 증인의 입으로 말마다 증참케 하라 만일 그들의 말도 듣지 않거든 교회에 말하고 교회의 말도 듣지 않거든 이방인과 세리와 같이 여기라 진실로 너희에게 이르노니 무엇이든지 너희가 땅에서 매면 하늘에서도 매일 것이요 무엇이든지 땅에서 풀면 하늘에서도 풀리리라"(마18:15~18)

하나님은 권위의 하나님이십니다(시93:1). 그는 보좌에 앉으셔서 권세로 다스리시고 공의로 심판하시는 분입니다(시122:5, 렘11:20).

신앙은 그를 인정하고 그를 경외하는 것입니다. 경외란 하나님의 권위에 압도되어 그 앞에 납작 엎드리는 것을 말합니다. 신앙생활은 심판 날에 심판대 앞에서 옳다 함을 얻기 위해 말씀대로 사는 생활입니다(마12:36~37).

권위와 권세와 권능은 행해지는 범위나 장소와 시기가 다를 뿐 같은 줄기에서 나온 것입니다. 예를 들면 대통령의 자리는 권위요, 정권은 권세요, 대통령이 휘두르는 권력은 권능입니다. 세상에서도 정권을 잡기만 하면 끝내줍니다. 그래서 정치가들은 죽기 살기로 정권을 잡으려고 합니다. 아무개가 정권을 잡았다고 할 때 '아이구, 이젠 죽었구나!' 하는 사람이 있고 반대로 '야, 이젠 살았다!' 하는 사람도 있습니다.

교회의 권위는 천국 열쇠를 가지고 있다는 것입니다(마16:19). 교회는 이 땅에서 하나님의 권위를 부여받은 기관입니다. 하늘에는 하나님이 보좌에서 앉아계시고, 이 땅에는 그의 몸 된 교회에 그 권위를 위임하셨습니다.

> "나는 너희에게 이르노니 도무지 맹세하지 말찌니 하늘로도 말라 이는 하나님의 보좌임이요 땅으로도 말라 이는 하나님의 발등상임이요 예루살렘으로도 말라 이는 큰 임금의 성임이요."(마5:34~35)

머리와 몸은 생김새도 하는 일도 다르지만 똑같은 영광과 권세를 누립니다. 하늘은 하나님의 보좌요 땅은 그의 발등상이라고 했습니다. 그러므로 교회는 보좌에 앉으신 하나님의 권위가 다스리는 곳입니다.

로마 가톨릭은 중세부터 지금까지 그 권위를 남용하고 있습니다. 교황의 권위 아래에서 행해진 종교 재판과 십자군 전쟁으로 수많은 기독교인들이 죽었습니다. 그들은 교리를 만들어서 교권에 대항하는 자들을 무차별하게 잡아 죽였습니다. 이런 역사 때문에 '교회의 권위' 하면 즉각 '가톨릭'이 연상될 수 있지만, 우리는 역사적 사건보다 성경에 권위를 주어야 합니다.

교회에 대한 첫 인상은 매우 중요합니다. 왜냐하면 신앙생활의 성패가 달려있기 때문입니다. 인간관계에 있어서도 사람의 첫 인상이 얼마나 중요합니까? 첫 인상이 좋으면 가까이 하고 싶고, 첫 인상이 나쁘면 가까이 하기를 꺼리게 되고 좀처럼 신뢰가 가지 않습니다. 일생에 한 번밖에 없는 결혼 배우자를 결정하는데도 첫 인상은 너무 큰 비중을 차지합니다.

교회의 권위는 그리스도인이 반드시 알아야 할 중요한 주제입니다. 사실 교회의 권위에 관해서 진즉 설교했어야 했습니다. 성전을 알려면 법궤부터 알아야 하는 것처럼 교회의 권위도 교회론 첫 시간에 했어야 합니다. 그런데 제가 이제껏 하지 못한 것은 모처럼 처음 교회에 온 새 신자가 이 설교를 잘못 듣고 교회에 대한 잘못된 인상을 가질까봐 염려했기 때문입니다. 그러나 이제는 더 이상 뒤로 미룰 수 없습니다.

만일 인간이 자기 마음대로 산다면 그는 인간이 아니라 동물입니다.

인간은 교육과 훈련을 통해 육체의 소욕과 정욕을 잘라버림으로 인간답게 되어갑니다. 그래서 조기교육이 중요한 것입니다. 한국에서는 갓난아기가 보통 '엄마, 아빠, 까까, 에비' 순서로 말을 배웁니다. 아기가 뜨거운 불 앞에 가면 '에비~' 하고, 위험한 것을 만지려 하면 '에비~' 하여 미연에 방지합니다.

그리스도인은 교회를 다니기 시작할 첫 걸음부터 교회에 대한 인상을 결정해야 합니다. '교회가 어떤 곳이냐?' 하면, '교회는 경외할 대상!'이라고 알아야 합니다. 왜냐하면 하나님이 경외의 대상이요, 만왕의 왕이신 예수 그리스도가 경외의 대상이기 때문입니다. 그러니까 그의 몸 된 교회가 경외의 대상인 것은 당연합니다. 교회는 함부로 대하면 안 되는 대상입니다.

술 취한 사람이 담배를 피우며 고성방가하면서 교회 앞을 지나가는데 어린 소년이 '아저씨, 여기는 하나님의 집인데 그렇게 하면 안 되시잖아요? 하나님이 혼내세요' 하니 그 남자가 '오~ 그래?' 하며 담뱃불을 황급히 끄고 비실비실 피해가더랍니다. 사실 이것이 정상적인 것입니다. 그러니까 믿는 자가 교회를 경이롭게 생각하고 경외하는 인상을 가져야 안전하고 행복하고 열매 맺는 신앙생활을 할 수 있는 것입니다.

사람들의 생각보다 하나님은 자기 권위를 굉장히 중요하게 생각하십니다. 그 권위에 단 일점도 침해당하지 않고 권위를 지키십니다. 하나님은 자기 권위를 손상시키는 자를 절대 용서하지 않으시고 영원히 벌하시는 분입니다.

하늘에 '루시엘'이라는 천사장이 있었습니다. 그가 너무나 아름답고 재주가 많다보니 다른 천사들한테 인기가 충천했습니다. 그래서 '내가 하늘에 올라 하나님의 뭇별 위에 나의 보좌를 높이리라 내가 북극 집회의 산 위에 좌정하리라 가장 높은 구름에 올라 지극히 높은 자와 비기리라'고 마음먹었습니다(사14:13~14). 그가 '나도 한번 하나님같이 되어볼까?' 하고 마음만 먹었는데, 하나님은 그를 용서치 않으시고 음부에 던져 큰 날의 심판 때까지 가두셨습니다(유6). 그가 음부에 갇힐 때 그를 사단이라 하고, 이 땅에서 사람을 꾀는 일을 했을 때 그를 마귀라고 합니다.

하나님이 흙으로 사람을 만드시고 그 코에 생기를 불어넣으시니 사람이 생령이 되었습니다(창2:7). 하나님이 생령인 아담에게 '선악을 알게 하는 나무의 실과는 먹지 말라 네가 먹는 날에는 정녕 죽으리라' 하셨습니다(창2:17). '먹으면 죽는다'는 경고문을 붙이신 것입니다.

그런데 간교한 마귀가 뱀을 타고 들어가 여자를 꾀기를 '먹어도 결코 죽지 아니하리라'고 말함으로 하나님의 권위에 정면 도전했습니다.

아담과 하와가 선악과를 따먹자 영혼에 죗값 사망이 들어왔고, 그들은 동산 밖으로 쫓겨났습니다. 그때부터 인간은 마귀의 종이 되고 말았습니다. 진 자는 이긴 자의 종이기 때문입니다(벧후2:19).

마귀는 하나님이 던지신 덫에 걸려들었습니다. 혀를 잘못 사용해 망하게 된 것입니다. 잠언서 18장 21절에 "죽고 사는 것이 혀의 권세에 달렸나니 혀를 쓰기 좋아하는 자는 그 열매를 먹으리라"고 했습니다. 마귀는 헛바닥을 잘못 놀림으로 큰 날에 심판을 받게 되었고 그 죗값을 영원히 지불하게 되었습니다(유6).

노아 때 홍수심판은 하나님의 말씀의 권위를 보여주는 사건입니다. 그 당시 세상은 죄가 관영한 무법천지였습니다. 하나님이 노아에게 '내가 그들을 홍수로 멸하리라 너는 잣나무로 너를 위하여 방주를 지으라'고 말씀하셨습니다(창6:13~14). 이에 대해 히브리서 11장 7절은 "믿음으로 노아는 아직 보지 못하는 일에 경고하심을 받아 경외함으로 방주를 예비하여 그 집을 구원하였으니 이로 말미암아 세상을 정죄하고 믿음을 좇는 의의 후사가 되었느니라"고 말씀하고 있습니다.

믿음은 하나님의 말씀에 권위를 실어주는 것입니다. 노아는 하나님의 말씀에 권위를 그대로 인정하여 경외함으로 방주를 지었습니다. 그래서 세상이 물로 심판을 받을 때 그는 세상을 정죄하는 의의 후사가 되었습니다. 이는 '네가 옳다'는 판단을 받았다는 말입니다. 이처럼 생사의 갈림길은 하나님의 권위에 대해 경외하느냐, 경외하지 않느냐에 달려 있는 것입니다.

또 하나의 큰 사건은 이스라엘의 출애굽 사건입니다. 하나님이 모세에게 '애굽에서 처음 난 것은 바로의 장자로부터 여종의 장자까지와 모든 생축의 처음 난 것이 죽을 것이라... 너희는 양의 피를 인방과 좌우 문설주에 바르라'고 하셨습니다(출11:5, 12:7). 그때 말씀 그대로 순종한 사람은 모두 구원받았습니다. 그날 밤 그 말씀이 생사(生死)를 가르는 갈림길이 되었던 것입니다.

이를 자자손손 잊지 않도록 하기 위해 하나님은 성소를 짓게 하셨습니다. 성소 안에는 법궤가 있고 그 안에 돌비가 들어있습니다. 노아에게는 방주를 지으라고 지시하셨고, 이스라엘 백성에게는 양의 피를 바르라고 하셨고, 이제는 더 구체적이고 많은 조건을 걸으셨으니 그것이 바로 율법입니다.

율법은 하나님의 의(義)입니다. 율법에는 613가지나 되는 금령(禁令)이 있습니다. 하나님은 율법의 대표인 십계명을 법궤 안에 담게 하시고 율법을 어기면 가차 없이 처벌하도록 하셨습니다. 제사장의 아들이라도 법을 어기면 쳐 죽여야 했고 형제라도 인정사정없이 죽였습니다.

법궤나 성소는 하나님의 권위와 동격입니다. 운반 도중 법궤를 잘못 다루다 웃사라는 사람은 즉사했고, 법궤를 들여다 본 백성들도 (5만) 70명이 죽었습니다(삼하6:6~7, 삼상6:19).

그래서 이스라엘 백성들은 성전을 더욱 경외하게 되었습니다. 그들에게 성전과 하나님의 권위는 동일했던 것입니다.

그 성전 앞에 예수께서 나타나셔서 '너희가 이 성전을 헐라' 하셨으니 이는 죽기에 합당한 언사였습니다. 예수는 '헐라'고만 하신 것이 아니라 '사흘 동안에 일으키리라' 하셨습니다. 이는 성전 된 자기 육체를 가리켜 말씀하신 것입니다(요2:21). 이제 율법은 폐기처분하고 예수 그리스도의 말씀이 법이 된다는 선포입니다. 그의 말씀이 산 자와 죽은 자를 구분하는 법입니다.

예수께서는 '아버지께서 아무도 심판하지 아니하시고 심판을 다 아들에게 맡기셨으니 이는 모든 사람으로 아버지를 공경하는 것 같이 아들을 공경하게 하려 하심이라... 또 인자 됨을 인하여 심판하는 권세를 주셨느니라'고 하셨습니다(요5:22~23, 27). 예수의 말씀이 심판의 기준이라는 것입니다.

예수는 여인의 몸을 통해 사람같이 오시고 사람들에게 잡혀서 죽으셨지만 그는 심판주이십니다. 과거에는 모세나 선지자를 통해 주신 말씀으로 심판하셨지만, 마지막 날에는 예수 그리스도께서 직접 하신 말씀으로 심판하실 것입니다(요12:47~48).

예수는 병자를 고치시며 '네 죄사함 받았느니라' 하심으로 물의를 일으키셨지만 그는 그에게 죄 사하는 권세가 있음을 알리려 하신것입니다(마9:6). 그는 그 몸으로 권세를 사용하시려 인자로 오신 것입니다.

그리고 그는 '주는 그리스도시요 살아계신 하나님의 아들'이라는 신앙고백을 반석으로 하여 세운 교회는 '음부의 권세가 이기지 못하리라'고 하셨습니다(마16:18).

그는 세상에 두 세력이 대치하고 있음을 말씀하셨습니다. 교회의 권위와 음부의 권세 즉 교회와 마귀의 세력이 대치할 것인데 음부의 권세가 교회를 이기지 못한다는 것입니다.

예수께서 가시는 곳마다 능력을 행하시자 그에 대한 소문이 자자했습니다. 사람들이 그를 왕 삼으려고 할 정도로 인기가 충천했습니다. 그가 왕이 되면 로마 정권은 붕괴될 것이고 이스라엘의 독립이 실현된다고 생각한 것입니다. 그러나 예수께서는 그들을 피하시고 도망하셨습니다. 그래서 그에 대한 선망이 증오로 바뀌는 바람에, 백성들이 '저를 십자가에 못 박으소서!'라고 소리 지른 것입니다(마27:23).

결국 예수는 십자가에 달려 죽게 되었습니다. 그는 죽으시면서 '다 이루었다' 하셨습니다. 그가 무엇을 다 이루셨을까요?

첫째, 창세전 아버지께 받은 계명대로 죽으심으로 아버지의 권위를 인정하신 것입니다. '아버지는 권위의 하나님이시요, 그의 말씀은 하늘도 땅도 모든 영들도 순복할 수밖에 없는 권위의 말씀이십니다. 나는 그 말씀 앞에 무릎 꿇고 복종합니다' 하신 것입니다.

예수께서 창세전에 아버지 품속에 말씀으로 계실 때 그는 이미 세상에 육체로 오셔서 죽기로 작정되었습니다. 그는 사람들에게 잡혀서 죽임을 당하셨지만 이는 죽을 권세를 사용하신 것입니다. "아버지께서 나를 사랑하시는 것은 내가 다시 목숨을 얻기 위하여 목숨을 버림이라 이를 내게서 빼앗는 자가 있는 것이 아니라 내가 스스로 버리노라 나는 버릴 권세도 있고 다시 얻을 권세도 있으니 이 계명은 내 아버지에게서 받았노라 하시니라" 하셨습니다(요10:17~18). 그는 아버지 품속에 계시던 아들로 아버지와 동일한 권세가 있지만, 아들로 오셔서 아버지의 권위 앞에 무릎을 꿇으심으로 피조물의 원형을 보여주신 것입니다.

'이왕에 뺨을 맞으려면 은가락지 낀 손에 맞아라'는 속담이 있습니다. 하나님은 자기 권위를 인정받으시되 천사들이나 사람들에게 쥐어짜서 인정받는 것을 원치 않으십니다. 하나님은 하나님의 품속에서 나온 하나님의 본체가 그 권위 앞에 완전히 꺾어지는 것을 받으시는 분입니다. 예수는 죽음을 통해 아버지의 속성을 충족시켜드렸습니다.

둘째, 마지막 아담이 이 땅에 와서 죽으심으로 첫째 아담에게 '선악과를 먹으면 죽으리라' 하신 말씀을 성취하셨고 이를 부정하며 혀의 권세를 잘못 사용한 마귀를 정죄하신 것입니다.

셋째, 마지막 아담의 대속으로 첫 아담의 죄를 속하셨습니다. 육체로 인해 영적 감각이 연약해서 마귀에게 놀아난 인간에게 다시 한 번 기회를 주신 것입니다. 그래서 예수께서는 '내 살을 먹고 내 피를 마시는 자는 영생을 가졌고 마지막 날에 내가 그를 다시 살리겠다'라고 말씀하신 것입니다(요6:54). 그때 흘리신 피는 마귀에게 속은 인간에게 다시 살 수 있는 기회를 준 것입니다. 피 속에 생명이 있고 피는 죄를 정결케 하는 것입니다(레17:11).

예수께서 모든 일을 다 이루셨기 때문에 아버지는 그를 다시 살리시고 그에게 하늘과 땅의 모든 권세를 주셨습니다(마28:18).

그리스도의 발등상이 어딥니까? 바로 교회입니다. 교회까지도 다스릴 수 있는 권세를 주신 것입니다. 예수 그리스도는 하늘 보좌에서는 권세로 다스리시고 이 땅에서는 교회에서 섬김을 받으십니다.

그가 몇 날이 못 되어 성령을 보내주셨는데 성령은 예수 이름을 가지고 오셨습니다. 예수 이름을 영접하고 믿는 자들이 모이는 교회에 성령이 임하신 것입니다. 성령이 교회에 임하셨다는 말은 교회에 하나님의 권위가 위임되었다는 말입니다.

그러므로 교회의 권위는 하나님의 권위이며 예수 그리스도의 권위입니다. 발도 머리와 동일한 권세를 누리는 것처럼 예수의 발등상인 교회는 예수와 동일한 권세를 누리는 것입니다. 교회에 천국열쇠를 주셨으므로 보잘 것 없고 가난한 사람들이 두세 명만 모였다 할지라도 교회는 천국문을 여는 권세가 있고 세상권세에 굴하지 않습니다.

교회의 권위가 얼마나 대단한가를 보여준 사건이 아나니아와 삽비라 사건입니다(행5:1~5). 그때는 신약교회가 막 시작한 때입니다. 유대인들이 처음으로 예수를 영접하고 복음을 받았습니다. 지금은 우리 같은 이방인도 복음을 받기 힘들지만 우리보다 더 힘든 사람은 유대인들입니다. 유대인들은 하나님의 권위가 얼마나 무섭고 하나님과 자신과의 관계, 즉 신민관계가 얼마나 중요한지 아는 사람들입니다. 그들이 예수를 믿으려면 목숨을 걸어야 가능합니다. 더구나 교회가 시작될 때부터 박해가 있었기 때문에 목숨을 걸고 교회에 나가던 때입니다.

그런 와중에 아나니아와 삽비라 부부가 은혜를 받은 것 같습니다. 그래서 땅을 판 값 전부를 하나님께 드리려고 작정했습니다. 그런데 땅을 판 후에 '이걸 어떻게 다 드리느냐? 우리도 먹고 살아야 하지 않느냐?' 하며 일부를 떼어놓고 나머지를 갖다 드렸습니다. 그런데 베드로가 성령으로 이를 알아보고 '사단이 네 마음에 가득하여 네가 성령을 속이고 땅 값 얼마를 감추었느냐. 네가 사람에게 거짓말 한 것이 아니요 하나님께로다'라고 꾸짖었습니다. 그러자 남편과 아내가 차례로 죽어버렸습니다. 몇 시간차로 줄초상이 난 것입니다.

만일 우리 교회에서 어떤 부부가 헌신헌금을 작정했다가 다 드리지 않았더니, 1부 예배에 와서 남편이 죽고 2부 예배에 와서 그 아내가 죽었다면 사람들이 우리 교회에 다시 오겠습니까?

이렇게 엄청난 일이 왜 한참 충만한 초대교회에서 벌어진 것일까요? 하나님이 노아의 홍수나 이스라엘의 출애굽 사건을 통해서 보여주신 것처럼, 하나님의 권위에 도전하면 망한다는 사실을 보여주신 것입니다. 즉 교회를 속이면 망한다는 것을 보여주신 것입니다.

교회 안에서 자식이 계모의 하체를 범하는 일이 벌어졌습니다(고전 5:1~5). 세상에서도 있을 수 없는 일이 벌어졌는데 교회에서 아무런 조치가 없었습니다. 그래서 바울은 '너희 영과 내 영이 합심하여 이런 자의 육신을 멸하고 영혼은 구원 받게 해 달라'고 기도한다고 말했습니다. 더 방자하여 더 못된 짓을 하다가 지옥에 가는 것보다는 차라리 육신은 죽게 하고 영혼은 주 예수의 날에 구원을 얻게 하는 것이 낫겠다고 판단한 것입니다. 이것이 바로 교회의 권위입니다. 생과 사를 가르는 기준이 교회에 있는 것입니다.

하나님은 교회에 천국 열쇠를 주셨습니다. 교회는 천국의 관문입니다. 땅에서 매면 하늘에서도 매이고 땅에서 풀면 하늘에서도 풀리는 것입니다. 요한계시록 3장 8절에 '볼찌어다 내가 네 앞에 열린 문을 두었으되 능히 닫을 사람이 없으리라'고 했습니다. 여기서 말하는 '열린 문'은 예수께서 십자가에서 몸이 찢기실 때 예루살렘성전의 휘장이 찢어지면서 열린 천국문을 의미합니다.

천국은 반드시 교회라는 관문을 통해서만 들어갈 수 있습니다. 미국에 들어올 때 반드시 좁은 세관을 지나야 하는 것처럼 천국에 들어가려면 교회라는 비좁고 협착한 관문을 통과해야 하는 것입니다.

그리고 12절에는 "이기는 자는 내 하나님 성전에 기둥이 되게 하리니 그가 결코 다시 나가지 아니하리라"고 했습니다. 교회의 권위를 존중히 여기고 그 권위에 순복하는 사람은 성전의 기둥이 된다는 것입니다. 지붕이 날아가고 담이 무너져도 기둥만 남아 있으면 건물이 존재하는 것처럼 성전의 기둥이 된 자는 틀림없이 천국에 들어갈 것입니다.

우리는 반드시 그리스도의 심판대 앞에 나가 선악 간에 그 몸으로 행한 것을 받을 것입니다(고후5:10, 딤후4:1). 불신자들은 '안 믿어요'라는 그 한마디로 심판 받아 지옥행이 결정되었기 때문에 그 이상 행위심판이 없습니다. "저를 믿는 자는 심판을 받지 아니하는 것이요 믿지 아니하는 자는 하나님의 독생자의 이름을 믿지 아니하므로 벌써 심판을 받은 것이니라"고 했습니다(요3:18).

오히려 앞으로 '심판 받을 자'는 그리스도인들입니다. 지금 이 순간에도 주님은 믿는 자들의 선악 간에 행한 것을 불꽃같은 눈으로 지켜보고 계십니다. 천사들이 둘러싼 가운데 천사들의 증거를 듣고 기록된 내용의 책을 토대로 심판하십니다.

사도 바울은 '운동장에서 달음질하는 자들이 다 달아날지라도 오직 상 얻는 자는 하나인 줄을 너희가 알지 못하느냐?'라고 말했습니다(고전9:24). 그리고 '내가 남에게 전파한 후에 도리어 버림이 될까 두려워한다'고 했습니다(고전9:27). 바울이 열심히 전도하여 많은 영혼을 구원했지만, '혹시 내가 하나님의 법을 범했으면 어떻게 하지?' 하는 두려움이 있었던 것입니다. 그것은 그가 하나님을 너무나 경외했기 때문입니다. 그에게 구원의 확신이 없어서 한 말이 아닙니다.

하나님의 법은 예수 그리스도의 법, 곧 예수 그리스도의 말씀입니다. 막연히 '하나님의 말씀'이 아니라 '예수 그리스도의 말씀'입니다. 그 말씀이 법이 되어서 우리가 행한 것을 심판하신다는 말입니다.

베드로전서 4장 17절에 '하나님 집에서 심판을 시작할 때가 되었다'고 했습니다. 그런데 디모데전서 3장 15절에는 '교회는 하나님의 집'이라고 했습니다. 이 말씀은 '교중 사람'들의 말과 행동을 가지고 선악 간에 심판한다는 말입니다(고전5:12). 산 자와 죽은 자, 생명의 부활에 이를 자와 사망의 부활에 떨어질 자를 심판하신다는 것입니다. 그러므로 이 말씀에 귀를 기울여서 잘 들으셔야 합니다.

"나와 함께 아니하는 자는 나를 반대하는 자요 나와 함께 모으지 아니하는 자는 헤치는 자니라 그러므로 내가 너희에게 이르노니 사람의 모든 죄와 훼방은 사하심을 얻되 성령을 훼방하는 것은 사하심을 얻지 못하겠고 또 누구든지 말로 인자를 거역하면 사하심을 얻되 누구든지 말로 성령을 거역하면 이 세상과 오는 세상에도 사하심을 얻지 못하리라 나무도 좋고 실과도 좋다 하든지 나무도 좋지 않고 실과도 좋지 않다 하든지 하라 그 실과로 나무를 아느니라 독사의 자식들아 너희는 악하니 어떻게 선한 말을 할 수 있느냐 이는 마음에 가득한 것을 입으로 말함이라 선한 사람은 그 쌓은 선에서 선한 것을 내고 악한 사람은 그 쌓은 악에서 악한 것을 내느니라 내가 너희에게 이르노니 사람이 무슨 무익한 말을 하든지 심판 날에 이에 대하여 심문을 받으리니 네 말로 의롭다 함을 받고 네 말로 정죄함을 받으리라"(마12:30~37)

그리스도인이 가장 큰 경고로 받아야 할 말씀은 '네 말로 의롭다 함을 받고 네 말로 정죄함을 받는다'는 말씀입니다. 이 말씀은 불신자에게 하신 말씀이 아닙니다.

예수께서는 '나와 함께 아니하는 자는 나를 반대하는 자요 나와 함께 모으지 아니하는 자는 헤치는 자'라고 했습니다. 예수님과 어디까지 함께하시기를 원하십니까? 천국입니다. 그런데 '나와 함께 하지 않는 자'는 '나를 반대하는 자'라고 했습니다. 흑백이 아주 분명합니다. 피아(彼我)가 분명합니다. 기독교에는 그 중간이 없습니다.

예수 이름으로 모이는 곳이 교회입니다. 성령으로 불러 모으신 곳이 교회입니다. '나와 함께 모으지 않는 자는 헤치는 자'라고 했는데, 여기에서 '나'가 누굽니까? '그의 몸 된 교회'를 말합니다. 그러므로 '모임을 헤치는 자'는 '성령훼방죄'에 해당합니다. 그런데 성령을 훼방하면 금세와 내세에 사하심을 얻지 못한다고 했습니다(마12:31, 막3:29).

다시 본문에서 "네 형제가 죄를 범하거든 가서 너와 그 사람과만 상대하여 권고하라 만일 들으면 네가 네 형제를 얻은 것이요 만일 듣지 않거든 한두 사람을 데리고 가서 두세 증인의 입으로 말마다 증참케 하라 만일 그들의 말도 듣지 않거든 교회에 말하고 교회의 말도 듣지 않거든 이방인과 세리와 같이 여기라 진실로 너희에게 이르노니 무엇이든지 너희가 땅에서 매면 하늘에서도 매일 것이요 무엇이든지 땅에서 풀면 하늘에서도 풀리리라"고 했습니다(마18:15~18).

땅에서 결정한 것을 하늘에서도 인정한다는 말입니다. 교회가 결정한 것을 하늘에서도 그대로 인정하신다는 말입니다. 이것이 교회의 권위입니다. 어떤 사람이 죄를 범하면 한 사람이 가서 권면하라고 했습니다. 그런데도 계속해서 죄를 범하면 두세 사람이 가서 증참케 하고 그럼에도 불구하고 계속 죄를 범하면 교회에 말하라고 했습니다. 그런데 교회의 말도 듣지 않으면 이방인과 세리와 같이 여기라고 했습니다. 다시 말하면 교회에서 쫓아내라는 말입니다. 이것을 '출교(出敎)'라고 합니다. 출교는 목사가 혼자 하는 것이 아니라 전 교회가 '아멘' 하므로 결정하는 것입니다. 출교당한 사람은 나가서 다른 교회에 다닌다 해도 구원 받지 못합니다. 출교는 교회의 권세입니다. 저는 평생 어떤 사건이 벌어져도 이것을 쓰지 않으려고 합니다. 출교 당한 사람이 사는 길은 그 교회에 다시 돌아와 무릎 꿇고 회개하는 것밖에 없습니다.

교회의 기본은 모임인데, 모임에 치명타를 가하는 것은 무엇입니까? '예수복음교회는 광신도들만 모였대', '그 교회는 인간 말종들이 모인대' 해도 상관없습니다. '어느 집사 사기꾼이래' 한다고 교회를 안 옵니까? 그런데 '그 교회 목사는 사기꾼이래' 한다면, 이는 다른 문제입니다. 또 '목사가 중보'라 하며 목사가 신과 같은 위치에서 신의 상당 부분을 누리고 있다고 말하는 것은 모임을 결정적으로 헤치는 행위입니다.

중보가 되려면 신인(神人) 양성을 가지고 있어야 하고 죄가 없어야 합니다. 가톨릭은 '교황 무죄설'을 공포했습니다. 그들은 신부에게 가서 '나는 이런저런 죄를 저질렀습니다' 하고 고해성사하고 용서를 받습니다. 이런 자가 바로 중보자입니다.

목사의 권위가 좀 쎈 것 같다고 생각해서 중보라고 함부로 말하거나 든지 교회가 나가든지 해야 합니다. '예수복음교회는 구원이 없다'고 말한다면 이는 성령훼방죄에 해당합니다. 만일 목사가 잘못되었고 교회에 구원이 없다면 목사가 나가든지 교회가 나가든지 해야 합니다.

만일 하나님이 예수복음교회를 진리의 교회라고 인정하신다면 교회를 훼방하는 말을 하고 다닌 자가 구원받겠습니까? 못 받습니다. 교회를 떠나서 아무리 열심히 전도하고 열심히 기도하고 금식을 해도 구원받지 못합니다. 이것이 교회의 권위입니다. 그러니 말이 얼마나 중요합니까? 예수께서는 "네 말로 의롭다 함을 받고 네 말로 정죄함을 받으리라"고 하셨습니다(마12:37). 죽고 사는 권세가 혀에 달렸습니다.

우리는 어찌하든지 교회를 존중하고 교회가 세워지기 위해서는 감독자도 보호해야 합니다. 교회로 영혼을 붙이는 자들에게는 주님이 함께 하시지만, 교회를 이간하고 영혼을 실족시킨 자는 연자 맷돌을 목에 달고 바다에 던지웁니다(마18:6, 막9:42).

여기서 우리는 다시 한 번 하나님의 권위를 잘 알고 일평생 교회를 존중하리라고 다짐해야 합니다. 어찌하든지 교회의 모임을 독려하고, 모으는 말을 하고, 모임을 위해서 모든 힘과 노력을 경주해야 합니다. 그러면 반드시 우리 주 예수 그리스도 다시 오실 때 그를 의롭다 하시고 우리를 끌어올리실 것입니다. 머리가 있는 곳에 몸도 함께 올라가는 것입니다.

목사는 목자장이 나타나실 때 시들지 않는 면류관을 받기 위해 영혼들을 모으고 붙이는 일에 전심전력을 하고 있습니다. 그러므로 우리는 영혼을 붙이는 일만 해야 합니다. 말을 잘못하여 교회의 구심력과 응집력에 흠집을 낸 적이 있거나 교회와 목사에 대해 잘못 말을 한 사람은 교회 앞에 무릎 꿇고 회개해야 합니다. 우리 모두 교회 앞에 회개하여 상처를 회복하고 교회의 권위에 납작 엎드려 사시기를 예수 이름으로 축원합니다.

교회의 권위 설교요약

성경본문 (마16:18~19, 18:15~18)

하나님은 권위의 하나님이시다(시93:1).
그는 보좌에서 권세로 다스리시고
판단의 보좌에서 공의로 심판하시는 분이다(시122:5, 렘11:20).

신앙은 그를 인정하고 경외함이요,
신앙생활은 심판 날에 심판대 앞에서 옳다 함을 얻기 위해
그의 법대로 사는 생활이다(마12:36~37).

교회에 대한 첫 인상은 그 신앙생활의 성패를 결정지으니
하늘은 하나님의 보좌이며, 땅은 그의 발등상이라(마5:34~35).
그는 땅에 있는 그의 교회에 그의 권위를 부여하셨음이라.

그 권위에 절대로 침해를 받지 않으시는 하나님이
그 보좌에 도전한 사단을
큰 날의 심판 때까지 음부에 가두셨으니(사14:12~15, 유6)
죽고 사는 것이 혀의 권세에 달려 그 열매를 먹을 것임이라(잠18:21).

그런데 사단 곧 마귀는 하나님이 금하신 선악과를
아담에게 먹어도 죽지 않는다고 말함으로 덫에 걸리게 되었다(창3:4~6).

그의 말씀이
생사결판(生死決判)의 심판 잣대가 됨을 보여준 큰 사건이 있었으니
노아 때 홍수 심판과(히11:7)
유월절 밤 애굽 전역에 장자의 죽음이었다(출12:3~13, 29~30).

출애굽 이후 이스라엘에게 짓게 하신 성소는
이스라엘에게 경외의 대상이었으니
법궤 안의 돌비는 생사판결의 의문(儀文)임이다(고후3:7).

이 성전을 예수께서 너희가 헐라 내가 사흘 동안에 일으키리라 하심은(요2:19)

율법이 아닌 그가 하신 말씀이
마지막 날에 심판하는 법이 되심이다(요12:48).

그가 인자로 오심은
아버지께서 그에게 맡기신 심판의 권세(요5:22)
곧 세상임금 마귀를 심판하고
사람들의 죄를 사할 권세를 사용하려 하심이다(요12:31, 마9:6).

그가 죽으시며 다 이루었다 하셨으니(요19:30)
① 창세 전 계명대로 죽으심으로 아버지 말씀의 권위를 인정하심(요10:17~18)
② 혀를 잘못 쓴 마귀를 심판하심(요일3:8)
③ 마지막 아담의 대속으로 첫 아담의 죄를 속하심이다(마20:28, 고전15:45).

그는 부활하사 하늘과 땅의 권세를 받아
하늘보좌에 앉으셨고(막16:19, 마28:18)
성령은 권위로 임하셨으니
음부의 권세가 이기지 못하는 그의 교회에라(행2:1~4, 마16:18).

교회사에 교회의 권위를 처음으로 크게 보여주신 사건이 있었으니
초대 예루살렘교회에서 성령을 속인 아나니아 부부의 몰사라(행5:1~11).

성도는 하나님, 예수 그리스도와 같이 교회를 경외해야 하는바
교회는 열린 천국문의 관문이며(마16:19, 18:15~20, 계3:7~8)
선악간의 행한 대로
그리스도의 심판대 앞에 설 것임이라(요3:18, 고후5:10).
자기의 말로 교회로 모으는 자의 의롭다 함도
자기의 말로 교회를 흩는 정죄도 받음이니
곧 금세와 내세에도 사함이 없는 성령훼방죄라(마12:30~37).

오, 주여!
나의 혀로 혹 교회를 대적한 적이 있다면
진정으로 회개합니다! 회개합니다!
이제부터 열심히 모으는 말만 하겠사오니
나 영혼을 살려 주옵소서. 아멘.

20
전투하는 교회

"내 아들아 그러므로 네가 그리스도 예수 안에 있는 은혜 속에서 강하고 또 네가 많은 증인 앞에서 내게 들은 바를 충성된 사람들에게 부탁하라 저희가 또 다른 사람들을 가르칠 수 있으리라 네가 그리스도 예수의 좋은 군사로 나와 함께 고난을 받을찌니 군사로 다니는 자는 자기 생활에 얽매이는 자가 하나도 없나니 이는 군사로 모집한 자를 기쁘게 하려 함이라 경기하는 자가 법대로 경기하지 아니하면 면류관을 얻지 못할 것이며 수고하는 농부가 곡식을 먼저 받는 것이 마땅하니라"(딤후2:1~6)

하나님은 영광의 하나님이십니다(시29:3, 대상29:11). 그에게는 오직 이김만 있고(잠21:31) 그는 승리의 면류관을 쓰고 보좌에 앉아서 다스리시는 분입니다(계4:2).

신앙은 이 사실을 인정하고 그에게 복종하는 것을 영광스럽게 생각하는 것이요, 신앙생활은 그리스도의 군사가 되어 그의 나라와 그의 몸 된 교회를 위하여 싸워 이기는 생활입니다(골1:24).

오늘 설교제목은 '전투하는 교회'입니다. '사랑하라. 복 주신다'라면 좋겠는데 제목 자체가 좀 사납고 호전적이라고 생각하실지 모르겠습니다. 그러나 교회의 사명과 기능 중의 큰 부분이 전투에 관한 것이므로 이를 확실히 알지 않으면 백전백패합니다. 적을 알고 싸우면 승리할 수 있지만 적을 모르면 지는 것은 불 보듯 뻔한 것입니다.

성도는 그리스도의 군사입니다. 우리는 하나님 나라, 예수가 그리스도로 다스리는 나라, 그의 몸 된 교회를 위해서 싸워야 하는 것입니다. 전쟁의 결과는 승자와 패자로 갈라집니다. 승자는 생명과 영광이 있을 뿐 아니라 보좌를 얻고 각종 전리품도 얻습니다. 그러나 패자는 가족과 재산은 물론 목숨까지 빼앗기기도 합니다. 그러므로 전쟁은 반드시 이겨야 합니다.

군인의 의무는 국토를 방위하고 국민의 생명과 재산을 보호하는 것입니다. 물론 대통령도 영광스러운 직분이지만 그보다도 그 나라가 존재하는 한 영원히 칭송하고 기념하는 사람은 군인입니다. 그래서 군인이 죽으면 국립묘지에 안장하는 것입니다. 대통령도 죽으면 국립묘지에 안장하지만 훗날 정권이 바뀌거나 치명적인 과실이 드러나면 파혜쳐질 수도 있습니다. 그러나 국가에 충성한 군인은 정권이 바뀌어도 계속해서 존경을 받습니다.

한국 사람들은 '군대에 갔다 왔느냐?'는 질문을 많이 합니다. 군대에 갔다 오지 않은 사람은 뭔가 덜 된 사람같이 취급합니다. 군대라는 기관은 특수한 성질을 가지고 있기 때문입니다. 군에 입대하자마자 입던 옷을 다 벗기고 머리도 짧게 잘라버립니다. 학력과 지위에 상관없이 똑같이 군복을 입고 똑같이 훈련을 받습니다. 과거에 아무리 잘나가던 사람도 그 경력을 인정해주지 않습니다. 자존심이 상하겠지만 별수 있습니까? 군대에 들어간 이상 따라지목숨이니 지시에 복종할 수밖에 없는 것입니다.

군대는 명령과 복종으로 유지되는 기관입니다. 군인이 되려고 훈련소에 들어가면 제일 먼저 제식훈련을 받습니다. '앞으로 가!', '뒤로 돌아가!'라는 구령에 맞춰 움직이는 것을 반복합니다. 사실 본부석을 향해 '우로 봐!' 같은 것은 전쟁터에서는 필요하지도 않습니다. 그런데도 상당한 기간 동안 명령복종 훈련을 반복하는 것은 그래야 전쟁에서 승리할 수도 있고 살아 돌아올 확률이 높기 때문입니다. 군인은 전투에 투입될 자요, 전투에 투입된 자는 목숨을 담보로 싸워야 하는 것입니다. 만약에 전쟁에 나간 군인이 '이럴 줄 몰랐다'며 처소를 이탈한다면 그는 더 이상 군인이 아닙니다.

요즘 이라크에 미군들이 나가 있습니다. 그 더운 날씨에 머리끝부터 발끝까지 중무장한 것을 보면 '야, 얼마나 힘이 들까?' 하는 생각이 듭니다. 그들은 어린 나이에 자신들과 아무 상관없는 나라와 지역을 보호하기 위해 나가 있습니다. 하루에도 몇 명씩 동료들이 목숨을 잃는 것을 보면 집으로 돌아가고 싶다는 생각이 굴뚝같을 것입니다. 그러나 그들은 입대할 때 이미 자신의 목숨을 내놓은 자들입니다. 그들은 나라의 부름 받은 것을 영광스럽게 생각하고, 어떤 지경에 이르러도 후회하지 않는 것입니다. 그런 것을 볼 때 우리 그리스도의 군사 된 자들도 최소한 저렇게 해야 한다는 생각이 듭니다.

성경은 하나님의 전쟁기(戰爭記)입니다(민21:14). 다른 종교의 경전에는 없는 전쟁이 성경의 절반을 차지합니다. 하나님이 전쟁을 예상하시고 전장(戰場)을 베푸신 것입니다. 그렇다고 하나님이 직접 전쟁을 하시는 것은 아닙니다. 하나님은 악한 자에게 시험을 받지도 않으시고 시험하지도 않으십니다(약1:13). '시험하다'는 헬라어로 '도키마조(δοκιμάζω)'인데 '도전하다(challenge)'라는 뜻이 있습니다. 하나님은 악의 세력에게 도전받는 분이 아니십니다. 하나님은 직접 응수하시는 분이 아니라는 말입니다.

하나님은 자기를 옹위하는 세력과 반대하는 세력으로 싸우게 하시고 승리한 자에 의해 영광을 받으시는 분입니다. 그렇다고 '하나님 참 못됐다'고 힐문할 수는 없습니다. 성경은 처음부터 이런 대결구도를 쫙 깔아놓은 것입니다.

전쟁의 큰 틀은 미가엘과 그의 천사들과 용과 그의 사자들과의 전쟁입니다. 이 전쟁은 하늘에서 벌어진 영적 전쟁입니다. 하나님에 반대되는 세력은 용과 그의 사자들인데, 용은 옛 뱀, 곧 마귀라고도 하고 사단이라고 하는 온 천하를 꾀는 자입니다(계12:7~9). 용을 여러 가지로 표현하고 있지만 같은 존재입니다. 전쟁에 임할 때마다 이름만 바꾼 것입니다.

첫 번째 전쟁은 아담과 뱀 사이에 벌어진 설전(舌戰)입니다. 하나님이 흙으로 사람을 지으시고 생기를 불어넣어 생령 되게 하셨습니다. 그리고 생령 된 아담에게 '선악과를 먹지 말라 먹으면 죽으리라'고 말씀하셨습니다. 그런데 뱀이 결코 죽지 않는다며 하와를 꾀었습니다. 하와가 뱀에게 귀를 빌려주자 속아서 먹게 되었고, 남편에게도 주어 먹게 했습니다. 그래서 인류는 마귀의 종이 되고 만 것입니다. 진 자는 이긴자의 종이 되기 때문입니다(벧후2:19). 간단히 설전에서 패했지만 그 후손 전 인류는 마귀의 영원한 노예가 되고 말았습니다.

그때 곧바로 하나님께서 "네가 너로 여자와 원수가 되게 하고 너의 후손도 여자의 후손과 원수가 되게 하리니 여자의 후손은 네 머리를 상하게 할 것이요 너는 그의 발꿈치를 상하게 할 것이니라"고 선고하셨습니다(창3:15). 여기서 '여자의 후손'이란 여인을 통해 오실 예수 그리스도를 말합니다. 그때 뱀의 후손과의 대결구도가 설정된 것입니다. 그런데 여자의 후손이 뱀의 후손의 머리를 상하게 함으로 승리는 여자의 후손에게 돌아간다는 예고가 있었던 것입니다.

그 다음 전쟁은 이스라엘과 이방 나라 사이에서 일어났습니다. 하나님이 이스라엘 자손에게 '너희는 내 백성'이라고 지정하시는 순간에 그들은 신국백성이 되었고 나머지는 이방 나라가 되어 이스라엘의 원수가 되었습니다. 이스라엘은 지금까지도 계속 전쟁이 끝나지 않고 있는데 승리는 항상 이스라엘에게 돌아갔습니다(출14:14).

그 다음은 우주 안에서 가장 큰 전쟁입니다. 곧 천국으로 오신 예수와 세상 임금 마귀와의 전쟁입니다.

그리고 마지막 전쟁, 곧 여자의 남은 자손 곧 그리스도인의 모임인 교회와 세상 신들과의 전쟁입니다(고후4:4, 계12:9). 용이 여자의 남은 자손 곧 하나님의 계명을 지키며 예수의 증거를 가진 자들로 더불어 싸운다고 했습니다(계12:17). '예수의 증거를 가진 자들'이란 그리스도인들을 말합니다.

그런데 용이 싸우려고 바다 모래 위에 섰다고 했습니다. 배수진을 치고 최후의 발악을 한다는 것입니다. 이 무서운 최후 전쟁이 마귀 세력과 예수 믿는 사람 사이에서 벌어진다는 것입니다.

대진표를 다시 정리하면 미가엘과 용, 여자의 후손과 뱀의 후손, 이스라엘과 이방나라, 예수와 세상임금 마귀, 교회와 세상 신들과의 결전입니다.

이스라엘 백성이 애굽에서 탈출할 때 마지막 관문이 홍해 바다였습니다. 그곳을 통과하면 완전히 애굽의 손아귀에서 벗어납니다. 모세는 원망하는 백성들에게 '여호와께서 너희를 위하여 싸우시리라'고 말했습니다(출14:14). 그 말대로 백성들 전원이 바다를 건너는데 성공했습니다. 그러나 애굽의 군마는 바다에 빠져 몰살당하고 말았습니다.

그 후 이스라엘의 전쟁이 본격적으로 시작되었습니다. 가나안 여섯 족속을 시작으로 이웃나라 블레셋과 전쟁했고, 또 남북왕국으로 갈린 후에 자기 민족끼리 전쟁했습니다.

그런 와중에 그들은 전쟁은 하나님께 속했다고 고백했습니다(대하20:15). 하나님이 간섭하시는 전쟁은 반드시 이긴다는 말입니다.

이를 잊지 않게 하고 이스라엘의 사기(士氣)를 고취시키기 위해 전쟁기념관을 만들었는데 바로 성소입니다. 성소의 언약궤는 승리의 하나님을 자손 대대로 기억하게 했습니다. 실제로 그들은 언약궤를 앞세우고 나가 여리고성을 함락하고 블레셋전에서 승리를 경험했습니다.

세월이 흘러 이스라엘이 영적으로 타락하자 전쟁에 져서 나라의 주권을 빼앗기고 백성들은 포로로 끌려갔습니다. 그들은 로마의 통치하에 있으면서 메시야를 기다렸습니다. 하나님이 보내신 메시야가 와서 전쟁에서 승리하면 나라를 되찾으리라는 꿈을 가지고 있었던 것입니다.

시편 24편 7~8절에 "문들아 너희 머리를 들찌어다 영원한 문들아 들릴찌어다 영광의 왕이 들어 가시리로다 영광의 왕이 뉘시뇨 강하고 능한 여호와시요 전쟁에 능한 여호와시로다"라고 했습니다. 그들은 예루살렘성의 여섯 문 중 한 문으로 메시야가 들어올 날을 기다리고 있었습니다. 그래서 그들의 성전을 바라보는 시선은 남다른 것이었습니다.

성전 앞에 하나님의 아들이라고 하는 예수가 나타나셔서 '너희가 이 성전을 헐라' 하셨습니다. 이는 청천벽력 같은 말이었습니다. 그런데 예수께서는 '헐라'만 하신 것이 아니라 '헐면 내가 사흘 동안에 일으키리라' 하셨습니다. 이제는 여호와께서 간접적으로 전쟁을 지원하시던 시대는 끝났고 하나님의 아들이 와서 직접 육탄전을 벌이시겠다는 말입니다. 과거에는 벌(bee)이나 자연 재해를 무기로 사용하여 승리하셨지만 이제는 자신의 몸을 직접 사용하여 전쟁을 하시겠다는 말입니다. 그래서 그 몸을 성전 된 자기 육체라고 했던 것입니다.

예수께서 나타나셨을 때 침례 요한은 성령의 감동으로 '회개하라 천국이 가까이 왔느니라'고 말하면서 하늘나라가 세상나라를 향해 진격해 옴을 공포했습니다(마3:2). 그 말이 무슨 뜻인지도 모르고 물에 첨벙 뛰어들었다가 혼이 난 바리새인도 있었습니다. 그런데 마귀는 아주 정확하게 알고 있었습니다.

예수께서 침례를 받으시고 성령을 받으신 다음에 광야에서 40일 동안 금식하셨습니다. 예수와 세상임금의 본격적인 전쟁이 시작된 것입니다. 진이 다 빠지고 생존의 한계점에 이르른 예수에게 마귀는 '네가 만일 하나님의 아들이어든 명하여 이 돌들이 떡덩이가 되게 하라'고 시험했습니다(마4:3).

금식을 해보신 분은 아시겠지만 눈에 보이는 것은 다 먹고 싶지 않습니까? 왜 그리 시간이 안 가는지 1분이 천 년 같습니다. 저는 3일 이상 금식을 해본 적이 없지만 금식하면 어지러워서 기도도 할 수 없고 식물인간처럼 꼼짝 없이 누워만 있습니다. 어쩌다가 텔레비전을 보게 되면, 왜 그리 '먹거리'만 나오는지 온통 먹을 것만 눈앞에 아른거립니다. 평소에는 먹지도 않던 햄버거가 얼마나 맛있어 보이는지 '금식만 끝나면, 내 평생 햄버거를 먹으리라!'고 다짐할 정도입니다.

마귀는 예수께 '돌들로 떡덩이가 되게 하여 먹으라'고 했습니다. 뭐, 먹으라는 소리가 나쁜 소리는 아니지 않습니까? 그리고 예수는 돌덩이를 떡덩이 되게 하실 능력도 있지 않으십니까? 그런데 예수께서는 '사람이 떡으로만 살 것이 아니요 하나님의 입으로 나오는 모든 말씀으로 살 것이라 하였느니라'고 말씀하셨습니다(마4:4). 시험하는 자에게서 나온 말이기 때문에 그렇게 받아치신 것입니다.

그 다음에 마귀가 '네가 만일 하나님의 아들이어든 이 성전에서 뛰어내리라 천사들이 너를 받들어 돌에 부딪히지 않게 하리라'고 시험했습니다(마4:6). 이 말은 성경에 기록된 말씀이고 천사가 그를 받들 것이 분명하지만 예수께서는 마귀의 말이기 때문에 듣지 않으셨습니다.

또 천하 영광을 보여주며 '만일 내게 경배하면 천하 영광을 주리라'고 했을 때 예수께서는 '사단아 물러가라 주 너의 하나님께 경배하고 다만 그를 섬기라' 하셨습니다(마4:9~10). 이는 '네가 무슨 천하 영광을 줄 수 있느냐?'고 비웃으신 것이 아닙니다. 마귀의 말을 들으면 백전백패하기 때문에 듣지 않으신 것입니다.

첫 사람 아담은 뱀과의 언어전쟁에서 패배했지만 마지막 아담이신 예수는 마귀와의 일차전 언어전쟁에서 당당히 승리하셨습니다.

예수께서는 제자들에게 '이것을 너희에게 이름은 너희로 내 안에서 평안을 누리게 하려 함이라 세상에서는 너희가 환난을 당하나 담대하라 내가 세상을 이기었노라 하시니라' 하셨습니다(요16:33). 앞으로 전쟁이 남아 있음에도 불구하고 예수께서는 세상을 '이기었노라' 하시며 과거형을 사용하셨습니다. 이는 언어전쟁에서 이미 승리하셨기 때문입니다. 그리고 "이제 이 세상의 심판이 이르렀으니 이 세상 임금이 쫓겨나리라" 하시며 '쫓겨나리라'는 미래형을 사용하셨습니다(요12:31). 이 싸움도 문제없이 이기실 것이라는 자신감이 깔려 있습니다.

예수께서는 "또 내가 네게 이르노니 너는 베드로라 내가 이 반석 위에 내 교회를 세우리니 음부의 권세가 이기지 못하리라"고 하셨습니다(마16:18). 바로 '주는 그리스도시요, 살아계신 하나님의 아들'이라는 베드로의 신앙고백 위에 교회가 세워졌다면, 아무리 연약한 사람들의 모임일지라도 음부의 권세가 이기지 못하는 것입니다.

음부의 권세는 마귀를 말하는데 뱀, 사단, 용, 온 천하를 꾀는 자와 동일합니다(계12:9). 세상은 음부의 권세가 있는 곳에 있기 때문에, 교회는 세상에 있는 동안 전쟁이 끝나지 않을 것입니다. 그러나 교회는 반드시 이깁니다.

예수께서 죽게 되었습니다. 백성들이 그에게 임금이 될 것을 간청했지만, 그가 거절하자 미움을 사게 되어 죽음에 넘겨졌습니다. 그가 물과 피를 다 쏟고 죽으시며 마지막 순간에 '다 이루었다' 하셨습니다.

첫째, 아버지 앞에 무릎을 꿇음으로 아버지의 승리를 인정하신 것입니다. '아버지는 나를 이기셨습니다(You bit me)!' 예수는 아버지와 동등하신 분이지만 인자라는 속성을 가지고 오셨습니다. 그는 죽은자도 살리신 분으로 십자가의 수치와 고통을 벗어날 수 있었습니다. 그러나 죽음을 선택하심으로 아버지에게 승리를 안겨드린 것입니다.

그는 자기 목숨을 '내게서 빼앗는 자가 있는 것이 아니라 내가 스스로 버리노라 나는 버릴 권세도 있고 다시 얻을 권세도 있으니 이 계명은 내 아버지에게서 받았노라 하시니라'고 하셨습니다(요10:18). 그는 십자가에서 승리하셨습니다.

둘째, 그 와중에 마귀는 심판 받은 것입니다. 마귀는 첫 아담을 이겼으나 마지막 아담에게 참패한 것입니다. 이는 그가 첫 아담의 죄를 가지고 사망하는 바람에 사망 권세를 뺏긴 것입니다(히2:14). 마귀는 인류에게 죄를 주고 죗값 사망을 볼모로 하여 종 삼았던 자입니다. 이제 예수께서 사망권세를 박살내므로 마귀는 형벌 받을 일만 남은 것입니다.

셋째, 그 흘리신 피로 인류를 구속하셨습니다. 창세전에 있던 흠 없고 점 없는 하나님의 어린양의 보배로운 피로 구속하셨습니다(벧전1:19). 그는 우주 안에 육체로 잠입하셔서 그리스도의 작전을 완수하신 것입니다.

아버지는 그를 죽은 지 사흘 만에 다시 살리셨습니다. 그는 사망권세에서 해방되었을 뿐 아니라 생명의 권세를 얻어 하늘보좌에 앉으셨습니다. 영광의 왕이 되신 것입니다. 시편 24편의 영광의 왕은 바로 예수 그리스도를 가리키는 말씀입니다(시24:7~8). 그가 죽으실 때 물로 싸여 있던 우주의 벽이 찢어지므로 하늘 문이 열렸고 그는 그 문으로 영계 하늘에 들어가신 것입니다(창1:2).

그리고 그는 열흘 만에 성령을 보내주셨습니다. 성령은 예수를 그리스도로 영접하고 예수 이름으로 모인 무리 가운데 임하셨습니다. 그 이름으로 모인 모임을 교회라고 합니다. 성령을 받으면 무작정 기쁘고 즐거운 것만은 아닙니다. 교회는 그리스도의 남은 고난을 자기 육체에 채우기 위해 모인 단체입니다. 그리스도의 제1차 공생애는 성공적으로 마치셨습니다. 이제는 교회가 그 바톤을 받아 그리스도의 제2차 공생애에 들어가야 하는 것입니다.

음부가 존재하는 한 전투는 계속될 것이고, 교회는 전투를 위해 존재할 것입니다. 교회가 들림 받으면 세상은 끝장납니다.

예배는 군기 빠진 군인들을 군기 잡으려고 불러 모으는 것입니다. 평화의 사신이 되고 싶으십니까? 전쟁에서 승리하시기 바랍니다. 전쟁에서 승리해야 나라도 있고 평화도 있는 것입니다.

군인은 군복을 입습니다. 구세군은 그런 면에서 실감나게 하고 있습니다. 일단 군복을 입으면 과거와는 관계가 없습니다. '군사로 다니는 자는 자기 생활에 얽매이는 자가 하나도 없나니'와 같이 군인에게는 사생활이 없습니다(딤후2:4).

그리스도인은 침례 받는 순간 과거를 장사지내고 교회에 속합니다. 그 순간부터 사사로운 생각이나 감정과 관계를 끊어야 합니다. 어떤 사람이 '나로 먼저 내 가족을 작별케 허락하소서' 하자 예수께서 손에 쟁기를 잡고 뒤를 돌아보는 자는 하나님의 나라에 합당치 않다고 하셨습니다(눅9:61~62). 또 '나로 먼저 가서 내 부친을 장사하게 허락하옵소서' 하자 예수께서는 '죽은 자들로 자기의 죽은 자들을 장사하게 하고 너는 가서 하나님의 나라를 전파하라' 하셨습니다(눅9:59~60). 그리스도의 군사가 된 자는 사사로운 것을 끊고 항상 임전태세에 몰입돼 있어야 합니다.

우리의 대장은 예수 그리스도이십니다. 목사는 소대장이나 중대장이 될 것입니다. 훈련을 마치고 부대에 배속된 군인은 소속부대, 관등성명, 직속상관의 이름은 항상 숙지하고 정확하게 말해야 합니다. 막연하게 '나는 대한민국 국군!' 하면 아마 고문관이 될 것입니다. '예수가 그리스도이신 나라의 예수복음교회 중대, ㅇㅇ구역 분대, 아무개'라고 말해야 합니다. 소속이 분명해야 하고, 대열에서 이탈해서는 절대 안 되는 것이 군인의 기본자세입니다.

마귀는 명령 계통을 제일 싫어합니다. 양이 무리에서 이탈하면 죽는 것처럼 전장 낙오자는 생환할 확률이 없습니다.

교회의 중대장은 담임목사입니다. 그러므로 성도는 목사의 명령을 들어야 삽니다. 여러분 중에 성령의 음성을 직접 들으시는 분이 계십니까? '이번 10월 달에 헌신예배를 드리라'는 직통계시를 받은 분이 있습니까? 선전포고는 대통령이 하지만 구체적인 작전명령은 각 부대장이 하는 것입니다. 이것이 군대의 조직입니다.

군인은 직속상관이 누군지 알고 있어야 합니다. 정권이 바뀌어서 대통령의 이름은 몰라도, 자기 직속상관의 이름은 정확하게 알고 있어야 합니다. 만일 예수복음교회 소속 군사가 되었다면 불만이 있어도 자기 맘대로 떠날 수 없는 것입니다. 만일 '백호부대'에 소속한 군인이 그 부대가 힘들고 상관이 마음에 안 든다고 자기 맘대로 '청룡부대'로 옮길 수 있습니까? 그렇게 하면 군법 회부감입니다.

군인이 어느 부대에 소속한다는 말은 그 부대에 목숨을 건다는 말입니다. 그러므로 예수복음교회에 소속한 자는 예수복음교회에 목숨을 걸어야 합니다. 이렇게 말할 때 예수복음교회에 다니는 것이 자랑스럽고 행복한 사람은 벌써 얼굴에 기쁨이 있습니다. 그런데 그렇지 않은 사람은 얼굴이 굳어버립니다. 마치 한 쪽 다리를 들고 있다가 한 쪽 다리마저 들어 버리면 날아가 버리는 황새 같은 자입니다. 목회자는 그 한 다리마저 내려놓게 하는 직분을 가진 자입니다. 끝내 그 다리를 내려놓지 못하면 망하는 것입니다.

우리가 교회를 위해 모든 것을 바치는 것은 예수가 그리스도로 다스리는 나라를 고수하고 사수하려는 것입니다. 그러므로 우리는 그리스도의 몸 된 교회인 예수복음교회를 위해 살아야 하는 것입니다. 그것이 나 영혼과 나의 가족을 위하는 길입니다.

일단 군사가 되어 임전태세에 들어갔다면 주적(主敵)이 누구인지 잘 알아야 합니다. 주적개념이 없는 군대는 백전백패하게 되어 있습니다. 요즈음 한국군의 가장 큰 문제가 바로 이것입니다. 북한은 남한을 '원 쑤'라고 부르는데 남한은 민족개념 때문에 주적개념이 희미해졌습니다. 교회의 주적은 누구입니까?

첫째, 우리의 주적은 세상 신입니다. 세상이 우리의 적입니다(요일 2:15~16). 우리는 교회에 모여서 재충전 받고 세상으로 향해 나갑니다. 가정도 직장도 학교도 세상 임금이 지배하고 있는 세상입니다.

예수 안에서 같은 뜻을 품고 같은 방향으로 가지 못하면 가족이라도 원수입니다(마10:34~36). 우리는 예배가 끝나면 단호하게 적을 응징하 겠다는 의지로 무장하고 세상으로 나가야 합니다. 가정도 직장도 학교 도 전장입니다.

전투에 임하는 자는 항상 전투에서 승리하여 기필코 아버지 집으로 돌아가리라고 다짐해야 합니다. 아버지 집에 가기 전에 원대 복귀하는 곳은 교회입니다. 오늘도 승리하고 돌아오신 여러분께 하나님의 은혜 와 축복이 있으시기를 바랍니다.

둘째, 진리에서 빗나간 자가 적입니다. 진리는 예수 자신과 그의 말씀 입니다. 구원은 행위로 받는 것이 아니라 믿음으로 받는 것입니다. 그 런데 어떤 사람이 '그 교회는 행위가 온전치 않은 사람이 있기 때문에 구원 받지 못한다'고 말한다면 그는 진리에서 어긋난 것입니다.

침례는 그리스도와 함께 죽고 예수에게 연합하는 의식임에는 틀림 없습니다. 그런데 침례를 받은 자가 예수와 동일한 순교의 삶을 살아야 구원을 얻는다고 해석하는 사람이 있습니다. 성경은 '너희가 그 은혜를 인하여 믿음으로 말미암아 구원을 얻었다'고 말씀하고 있습니다(엡2:8). 우리는 믿음이 장성하여 알곡이 되면 첫째 부활에 들어가는 것이지 행위가 온전해서 구원 받는 것은 아닙니다. 행위가 온전해야 구원 받는다고 말한다면 율법으로 돌아가는 것입니다. 성경은 '이 같은 자들에게서 네가 돌아서라'고 말씀하고 있습니다(딤후3:5).

셋째, 소속 부대를 훼파하거나 탈영하도록 유도하는 자가 적입니다. 한국의 휴전선에서는 이북에서 보내는 대남방송이 잘 들립니다. 김정일을 찬양하고 미국을 비방하여 월북을 유도한다고 합니다. 경계 근무하는 군인들이 그런 방송을 계속해서 듣다보면 어느 틈엔가 세뇌가 된다고 합니다. 벌써 그런 불온방송을 즐겨 들었다는 자체가 적과의 내통 행위입니다. 그 결과로 전향하고 월북하는 것입니다.

만일 어떤 군인이 자기 할아버지가 있는 평양에 가려고 총을 내려놓고 월북을 시도하다가 아군에게 발각되면 사살합니다. 또 그를 따라가는 다른 군인에게 '서라!'고 명령할 때 듣지 아니하면 그도 사살됩니다. 군인은 자기 위치와 처소가 생명입니다. 성경은 '자기 지위를 지키지 아니하고 자기 처소를 떠난 천사들을 큰 날의 심판까지 영원한 결박으로 흑암에 가두셨다'고 말씀하고 있습니다(유6).

우리가 만일 그리스도의 교회에 소속한 군사라는 것을 안다면 절대로 모임을 훼방하지 말아야 합니다. 군인은 가난이나 병 때문에 죽는 것보다 소속감이 없으면 죽습니다. 하와같이 속이는 말에 속아 소속감을 잃으면 떨어져나가 죽는 것입니다.

그리스도의 군사는 사사로운 행위뿐만 아니라 사사로운 감정까지도 죽여야 합니다. 공생애를 사는 사람은 사사로운 감정 때문에 기뻐하는 것이 아니라 예수가 그리스도로 다스리는 나라와 그의 몸 된 교회로 인하여 기뻐하기도 하고 슬퍼하기도 하는 것입니다. 국민 된 자가 자기 나라를 비하하면 울분이 올라오는 것은 당연한 것 아닙니까?

저는 예수의 몸에 마리아의 피가 섞였다고 말하는 사람을 보면 죽이고 싶습니다. 저는 은혜를 받았는데도 그렇습니다. 우리 아버지에게 똥칠을 한 자를 물어뜯고 싶습니다. 혹시 누가 내게 '네 엄마는 창녀였다'고 말한다면 내가 그를 가만두겠습니까? 그 자가 친구라고 해서 덮어줍니까? 만일 이에 대해 무감각하다면 이미 전쟁에서 진 것입니다.

성경은 흑과 백이 분명합니다. 예수는 사랑이 많으신 분인데도 '내게 주신 자'와 '멸망의 자식'을 가르셨습니다. "내가 저희와 함께 있을 때에 내게 주신 아버지의 이름으로 저희를 보전하와 지키었나이다 그 중에 하나도 멸망치 않고 오직 멸망의 자식뿐이오니 이는 성경을 응하게 함이니이다"고 말씀하지 않았습니까?(요17:12)

교회도 마찬가지입니다. 만일 '예수복음교회에 구원이 없다'고 말하고 다니는 자가 있다면 그 지체된 자가 울분하는 것은 너무나 당연합니다. 그가 개인적으로 과거에는 가까웠던 자라 할지라도 이제는 공적으로 여겨야 합니다. '예수의 원수는 나의 원수! 교회의 원수는 나의 원수!'인 것입니다.

시험은 언제나 가까운 사람을 통해 옵니다. 아무리 가까운 사람이라 할지라도 진리가 아닌 말, 소속감을 흐리게 하는 말을 하면 원수같이 여겨야 합니다. 아담은 가장 가까운 아내의 말을 듣고 망해버렸습니다. 원수가 내 귀를 점령하기 전에 내가 먼저 말씀의 검으로 이겨야 합니다. 부정적인 말, 회의적인 말, 소속감을 상실케 하는 말은 듣지 말아야 합니다. '내 귀를 원수에게 점령당하지 아니하리라!'고 작심하시기를 바랍니다.

마귀는 모든 원수들을 동원하여 나를 넘어뜨리려 최후 발악을 하고 있습니다. 그러면 그럴수록 더욱 교회에 붙어 있어, 교회와 함께 마지막 전투에서 이겨야 합니다. 우리의 전쟁은 곧 끝날 것입니다. 우리 대장 예수 그리스도께서 공중에 나타나실 때 우리 모두 승자로서 귀환하시기를 예수 이름으로 축원합니다.

전투하는 교회

성경본문 (딤후2:1~5)

하나님은 영광의 하나님이시다(시29:3).
그에게 이김이 있고(대상29:11, 잠21:31)
그는 면류관을 쓰고 보좌에 앉아계시는 분이다(계4:2).

신앙은 그를 인정하고
그에게 무릎 꿇는 것을 영광으로 아는 것이요,
신앙생활은 그리스도의 군사로서
그 나라와 교회를 위하여 싸워 이기는 생활이다.

세계 어느 나라든 정권과 무관하게 전몰장병의 넋을 기리는 것은
국토방위, 국민의 생명과 재산 수호의 신성한 임무인 군인의 사명을
소속감, 명령복종, 순국결전으로 수행함이다.

전쟁에서 기필코 이겨야 하는 것은
승자의 영광과 획득, 패자의 수치와 박탈로 그 결판이 남이다.

성경의 역사는 전쟁기(戰爭記)와 그 대결구도(對決構圖)니(민21:14)
하나님의 천사들과 용, 사단, 뱀, 마귀, 온 천하를 꾀는 자(계12:7~9) ,
여자의 후손과 뱀의 후손(창3:15), 예수 그리스도(천국)와 세상임금(마3:2, 요12:31),
교회(여자의 남은 자손)와 천하를 꾀는 자, 세상 신이라(고후4:4, 계12:9, 17).

아담이 뱀과의 설전(舌戰)에 패배한 아내의 말을 들음으로(창3:4~6)
인류는 마귀의 종이 되었다(벧후2:19).

애굽의 종되었던 이스라엘은
모세를 통해 전해진 하나님의 말씀을 들음으로
하나님이 그들 대신 싸우시고 승리하심을 목도하게 되었다(출14:14).

성소는 여호와의 전쟁 기념관이라(수6:12~21, 대하20:15).
주권회복을 고대하는 이스라엘이

그리로 들어올 전쟁에 능한 메시야를 기다렸다(시24편).

예수께서 성전을 헐라 하심으로 그들을 격동시키셨으나(마26:61)
그는 성전 된 자기 육체의 죽음과 부활로(요2:19)
세상임금과 싸워 이길 것을 말씀하셨으니(요12:31, 14:31)
연약한 육체의 상태에서도 마귀와의 언어전쟁에 이기심으로다(요16:33).

그로 임금 되어 봉기를 기대하던 유대인에 의해
그는 죽으시며 다 이루었다 하셨으니(요6:15)
① 아버지 뜻 앞에 무릎 꿇음으로 아버지의 승리를 인정하심(요10:18).
② 십자가로 승리하심으로 마귀를 완패시키심(골2:15, 히2:14).
③ 그 피로 마귀 종노릇하던 사람들을 구속하사 해방시키심이다(벧전1:18~19).

부활은 그의 면류관이라 하늘에 오르사 보좌에 앉으시고(계3:21)
성령은 예수 이름으로 불러 모은 무리로
그리스도의 제2 공생애를 살게 하시는바
세상 신, 온 천하를 꾀는 자와 전투하는 교회라.

그리스도의 군사는
침례시 사사로운 감정, 뜻, 생활, 관계를 끊어 버린지라(롬6:3~6, 딤후2:4).
소속감, 절대복종, 목숨을 담보로 전장에 임하니
예수가 그리스도인 나라와 그 소속한 교회를 위하여(골1:24)
주적(主敵) 곧 세상, 진리에서 벗어난 자, 교회파괴자 등을 대적하되(마10:34~36)
성령의 검 곧 말씀의 검으로 이기는 자들이다(엡6:17).

오, 주여!
예수의 친구는 나의 친구!
교회의 친구는 나의 친구!
예수의 원수는 나의 원수!
교회의 원수는 나의 원수!
원수에게 나의 귀를 점령당하지 않게 하옵시고
말씀의 검으로 세상을 점령하게 하옵소서.
승리의 나팔을 울리며 귀환하게 하옵소서. 아멘.

21

감사가 넘치는 교회

"그러므로 너희가 그리스도 예수를 주로 받았으니 그 안에서
행하되 그 안에 뿌리를 박으며 세움을 입어 교훈을 받은 대로
믿음에 굳게 서서 감사함을 넘치게 하라"(골2:6~7)

하나님은 은혜의 하나님이십니다(시116:5, 벧전5:10). 그에게서 은
혜가 나오고(요1:14), 그는 은혜 베풀 자에게 은혜를 베푸시는 분입니
다(출33:19).

신앙은 이를 액면 그대로 받아들이고 감사하는 것이요, 신앙생활은
하늘 보좌 앞에 나아가 은혜 베푸신 이의 얼굴을 뵙기 위해, 감사로 시
작하여 감사로 마감하는 생활입니다(시100:4, 계22:3~4).

제물을 잔뜩 쌓아놓고 '천지신명이시여! 은혜를 베푸소서' 하고 절한
다 할지라도 하나님과는 관계가 없습니다. 어떤 초월 신에게 애걸복걸
하는 것은 종교이지만, 신앙은 하나님이 베푸신 은혜를 알고 받아들이
고 받은 은혜에 항상 감사하는 것입니다. 그래서 감사함으로 그 문에

들어가며 그 궁정에 들어가 마지막에는 지성소 안에 있는 시은좌 앞까지 나아가는 것입니다.

항상 감사할 조건만 있어서 감사하는 것이 아니기에 감사로 시작해서 감사로 마감한다고 한 것입니다. 곧 당장 감사할 조건이 없어도, 또 감사할 말이 잘 안 나와도 변함없이 감사해야 한다는 말입니다. 기쁘든지 슬프든지 가난하든지 병들었든지 살든지 죽든지 은혜 받은 사람은 감사로 삶을 마감할 수 있어야 합니다. 그래야 보좌 앞에 나아가서 은혜 베푸신 이의 얼굴을 뵐 수 있는 것입니다.

천국은 왜 가고 싶은 것일까요? 그곳은 생명수 강이 흐르고 열두 달 내내 생명나무 과실이 열리고 문은 진주 문이며 길은 맑은 유리 같은 정금으로 되어 있기 때문입니까? 저는 설령 그렇지 않다고 해도 상관없습니다. 그곳에 가고 싶은 것은 내게 은혜 베푸신 이가 살아계시기 때문이요, 그분의 얼굴을 뵐 수 있기 때문입니다. 그런데다 그곳이 그렇게 아름답고 또 모든 것이 그리 풍족하다면 기필코 가야 되겠죠? 그렇다면 감사가 끊이지 않는 생활을 해야 합니다.

기독교의 첫 인상은 은혜와 감사입니다. 그만큼 이 단어들은 상투적으로 사용됩니다. 그런데 자기 안에 감사가 꼭 차 있어야 남에게도 은혜가 됩니다. 입으로는 '감사하지요'라고 말하면서 마음에 감사가 차 있지 않으면 말하는 자도 듣는 자도 다 공허합니다. 진실함이 없기 때문에 남에게 감동을 주지 못합니다. 비록 말은 둔해도 그 안에 감사가 꽉 차 있으면 그것이 전달되어 남을 기쁘고 즐겁고 행복하게 해줍니다.

신앙생활의 원동력과 추진력은 감사입니다. 감사가 말라버린 신앙생활은 엔진이 고장 났거나 날개가 부러진 비행기와 같습니다. 잘 날아가는 것 같지만 이미 추락하고 있는 것입니다. 진실한 감사가 나오지 않는다면 영적 생활은 이미 파탄에 접어든 것입니다.

미국 사람들은 '상종하지 못할 사람'에 대하여 '그는 감사할 줄 모른다(He does not know how to appreciate.)'고 표현합니다. 한국말로는 배은망덕한 사람 또는 배신자라는 말입니다. 그런 사람과는 다시는 상종하고 싶지 않다는 것입니다.

저는 요즘 한국 신문을 볼 때 너무나 민망하고 부끄럽습니다. 미국이 이라크에서 전쟁을 하고 있는데 몇몇 나라에 파병을 요청했습니다. 프랑스와 독일은 거절했지만 일본은 승낙했다고 합니다. 그런데 한국은 아무런 응답 없이 수개월이 지난 후 청와대에서 회답하기를 3천 명규모의 의무병과 공병을 보내기로 결정했다고 합니다. 급기야 럼스펠드 국방장관이 마지막으로 타협하기 위해 한국에 갔는데, 그때도 회답을 미루다가 결국 그 정도 선에서 끝냈다고 합니다. 미국정부는 '우리가 강요하지 않겠다. 그러나 우리는 곤경에 처해있다'고 호소했다고 합니다. 미군전사자가 늘고 전황은 나쁘고, 국내에서는 반전무드이고, 전세계적으로는 제국주의 팽창이니 명분 없는 전쟁이라며 비난받기 때문입니다. 그래서 전쟁의 명분을 얻기 위해 한국에 파병을 요청했는데, 한국 정부는 답을 미루던 끝에 비전투병력 3천 명 파송으로 결말을 봤다는 것입니다.

저는 6.25 전쟁의 참상을 보았습니다. 만일 미국이 참전하지 않았더라면 '대한민국'이란 나라는 지구상에 없었을 것입니다. 3년 동안 한국의 전장에서 죽은 미군이 37,800명이고 부상자와 실종자까지 합하면 약 10만 명이 넘는 희생자가 났습니다. 지구 저편에 있는 생면부지의 사람들을 위하여 이렇게 많은 청춘들이 목숨을 잃은 것입니다.

한국 정부가 명분 없는 전쟁에 우리가 왜 참전하느냐며 반대하는 것을 보면 저는 너무 무안합니다. 명분이 있고 없고를 따지기 전에 10만 명의 사상자를 내면서까지 우리나라를 구해준 미국의 은혜를 잊어서는 안 됩니다. 뿐만 아니라 미국의 원조 덕분에 극한 가난도 면하고 문맹도 면했습니다. 이제는 세계경제대국 12위에 들어간다고 뽐내고 있지만 그런 배은망덕한 나라의 배은망덕한 국민, 한국인이라는 사실이 너무나 부끄럽습니다. 그래서 요즈음에는 차를 운전하고 가다가 미국인이 나를 쳐다보면 저절로 얼굴이 숙여집니다. 그들이 쳐다보는 것조차 부끄럽습니다.

인간이 동물과 다른 점이 무엇입니까? 한 번 은혜를 입었으면 두고두고 갚아야 하는 것이 인간 아닙니까? 은혜를 모르는 사람은 스스로 인간이기를 포기한 사람입니다. 짐승만도 못한 인간입니다. 만일 하나님이 우리에게 어떠한 은혜를 베푸셨는지 알고 받았다면 죽을 때까지 갚고, 또 갚으려 해야 하지 않습니까? 가난해도 갚아야 하고 곤고해도 갚아야 하지 않겠습니까?

하나님이 천사에게는 은혜를 베풀지 않으시고 하나님의 형상대로 지은 사람에게 은혜를 베푸셨습니다. 아담은 하나님의 은혜를 몽땅 받은 수혜자(受惠者)였습니다. 하나님이 그를 에덴동산에 두시고 만물을 지배하고 다스리도록 은혜를 베푸셨습니다. 단 하나님이 모든 것을

'주신 이'라는 사실을 잊지 않도록 '선악과는 먹지 말라'는 금령(禁令)을 주셨습니다. 그런데 동산에 있던 뱀이 마귀의 사주를 받아 여자를 꾀었습니다(창3:1~5).

'하나님이 참으로 너희더러 동산 모든 나무의 실과를 먹지 말라 하시더냐?' 하는 뱀의 말에, 여자는 '다 먹지 말라는 것은 아니야. 단 선악과 하나만 먹지 말라고 하셨어. 먹으면 죽는대' 했습니다. 그러자 '아니야, 결코 죽지 않아. 먹으면 너희가 하나님 될까 하여 그런 거야' 하므로 여자는 회의를 품은 나머지 선악과를 따먹었고 남편에게도 주어서 먹게 했습니다. 그러자 그들은 동산에서 내쫓김을 당했습니다. 그로 인해 전 인류는 다시는 에덴동산 같은 환경을 누릴 수 없게 되었습니다.

하나님은 창세전부터 사람에게 은혜를 베푸시기로 작정하셨습니다. 그래서 성경에 '은혜를 베푸사'라는 말이 여러 군데 있습니다. 하나님은 노아에게 은혜를 베푸사 홍수로부터 구원해주셨고, 아브라함에게도 은혜를 베푸사 하나님을 영접하게 하셨습니다. 또 그의 후손 이스라엘 자손에게도 은혜를 베푸사 그의 백성으로 삼아주셨습니다.

이스라엘민족이 애굽에서 종살이할 때 그들의 생산이 중다한 것을 염려한 애굽 왕이 '너희는 히브리 여인을 위하여 조산할 때에 살펴서 남자여든 죽이고 여자여든 그는 살게 두라'고 명령을 내렸습니다(출 1:16). "그러나 산파들이 하나님을 두려워하여 애굽왕의 명을 어기고 남자를 살린지라 애굽왕이 산파를 불러서 그들에게 이르되 너희가 어찌 이같이 하여 남자를 살렸느냐 산파가 바로에게 대답하되 히브리 여인은 애굽 여인과 같지 아니하고 건장하여 산파가 그들에게 이르기 전에 해산 하였더이다 하매 하나님이 그 산파들에게 은혜를 베푸시니라 백성은 생육이 번성하고 심히 강대하며 산파는 하나님을 경외하였으므로 하나님이 그들의 집을 왕성케 하신지라"고 했습니다(출1:17~22).

하나님이 은혜를 베푸신 결과 이스라엘 자손들은 여러 번 멸종당할 위기에서도 번성했습니다. 하나님이 이스라엘 백성에게 가장 큰 은혜를 베푸신 사건이 유월절 밤에 일어났습니다. 그 밤에 애굽의 장자는 모두 죽었지만 양의 피를 인방과 좌우 문설주에 바른 이스라엘 자손들은 한 사람도 죽지 않았습니다. 애굽인들의 눈에 이스라엘인이 하나님 같이 보인지라, 그들은 은금패물도 다 내주었습니다. 원래 종에게 자기 소유란 없는 것입니다. 그런데 하나님은 이스라엘 백성들이 430년 종살이를 마치고 애굽을 떠날 때 빈손으로 가게 하지 않으셨습니다(출 3:21~22, 12:36).

그들은 "주께서 그 구속하신 백성을 은혜로 인도하시되 주의 힘으로 그들을 주의 성결한 처소에 들어가게 하시나이다" 하며 하나님을 찬송했습니다(출15:13). 그들은 하나님이 은혜로 그들에게 기업으로 주신 땅으로 들어가게 됨을 감사했습니다.

이스라엘 역사가 시작한 이래, 지나온 모든 순간들을 돌이켜보면 어느 것 하나 주의 은혜가 아닌 것이 하나도 없었던 것입니다. 성소 안 지성소에는 이것을 기억하게 하는 속죄소가 있었습니다.

"속죄소를 궤위에 얹고 내가 네게 줄 증거판을 궤 속에 넣으라 거기서 내가 너와 만나고 속죄소 위 곧 증거궤 위에 있는

두 그룹 사이에서 내가 이스라엘 자손을 위하여 네게 명할
모든 일을 네게 이르리라"(출25:21~22)

속죄소(Mercy Seat)는 하나님이 은혜 베푸시는 보좌입니다. 그들은
성소를 바라보며 그들을 구원하신 하나님의 은혜를 기억했습니다.

"여호와여 주께서 주의 땅에 은혜를 베푸사 야곱의 포로 된
자로 돌아오게 하셨으며 주의 백성의 죄악을 사하시고 저희
모든 죄를 덮으셨나이다"(시85:1~2)
"여호와여 우리에게 은혜를 베푸소서 우리가 주를 앙망하오
니 주는 아침마다 우리의 팔이 되시며 환난 때에 우리의 구
원이 되소서"(사33:2)

성소와 절기는 이를 자자손손 기억하게 하는 장치입니다. 시편 136
편과 138편은 모두 하나님께 감사하는 내용입니다. 그것을 요약하면
애굽에서 구사일생으로 살아난 것과 거룩한 처소로 인도해주신 것에
대한 감사입니다. 그들은 매년 성전에서 감사제를 드렸습니다.

솔로몬은 감사제를 일 년에 세 차례나 드렸습니다. 그가 정한 절기보
다 더 많이 감사제를 드린 것은 자기처럼 은혜 받은 사람이 없다고 생
각했기 때문입니다.

그 성전 앞에 예수께서 나타나셔서 '너희가 이 성전을 헐라'고 하셨
습니다. 성전의 존재가 이스라엘의 존재 자체라고 생각하고 있는 그들

에게 예수의 발언은 치명적이었습니다.

예수께서는 '헐라'고만 하신 것이 아니라 '너희가 헐면 내가 사흘 동안에 다시 일으키리라'고 하셨습니다(요2:19). 이제까지는 죽음에서 건짐 받고, 전쟁에서 구원 받고, 가나안 땅을 기업으로 얻는 등 모든 것이 육체에 관한 은혜를 받았지만, 이제는 자기로 말미암아 영혼이 은혜를 받아 영원히 진정한 감사를 하게 해주신다는 뜻이었습니다. 그러나 그들이 알아들을 리가 없었습니다.

요한복음 1장 14절에 "말씀이 육신이 되어 우리 가운데 거하시매 우리가 그 영광을 보니 아버지의 독생자의 영광이요 은혜와 진리가 충만하더라"고 했고, 16절에 "우리가 다 그의 충만한 데서 받으니 은혜 위에 은혜러라"고 했습니다. 하나님이 독생자를 보내주셨다는 것보다 더 큰 은혜는 하나님이 육신으로 오셨다는 사실입니다. 그래서 '은혜 위에 은혜'라고 한 것입니다. 독생자가 오심으로 하나님이 인류에게 주실 은혜는 다 주신 것입니다.

물론 그의 공생애 동안 많은 사람들이 여러가지 은혜를 받았습니다. 각색 병인들이 고침 받고, 과부의 아들이 살아나고, 죽은 지 나흘이나 된 시체가 살아나기도 했습니다. 예수를 따라다닌 사람 중에 은혜 받지 않은 자가 하나도 없었습니다. 그래서 그들은 예수를 왕 삼으려고까지 했던 것입니다.

그런데 예수께서는 이를 단호히 거절하시고 "인자가 온 것은 섬김을 받으려 함이 아니라 도리어 섬기려 하고 자기 목숨을 많은 사람의 대속물로 주려 함이니라"고 말씀하셨습니다(마20:28). 하나님이 자기 목숨을 대속물로 주려 하셨지만, 무지몽매한 백성들은 그것에는 관심이 없고 빵과 물고기나 배에 채워주기를 바랐고 땅이나 차지하기를 원했습니다.

예수께서 왕 되는 것을 거절하시자 실망한 군중들은 그를 죽이라고 이구동성으로 외쳤습니다. 많은 사람들이 그에게 은혜를 받았지만 그를 비호하는 자가 한 사람도 없었고, 그를 대신하여 죽겠다던 제자까지도 도망갔습니다.

그분이 얼마나 실망하셨겠습니까? 그러나 그는 전혀 원망하지 않으시고 죽으시며 '다 이루었다' 하셨습니다. 그러면 무엇을 다 이루셨습니까?

첫째, '아버지는 과연 은혜의 아버지십니다'라고 하신 것입니다. 아버지는 사람들에게 은혜를 베푸시기 위해, 아들이 처참하게 죽기까지 참으셨습니다. 그는 '아버지여, 내 영혼을 받아주옵소서' 하시며 세상이 그를 토해낼 때 거룩한 처소로 인도하신 아버지의 은혜에 감사하셨습니다(눅23:46).

둘째, 배은망덕한 마귀가 정죄 받았습니다(사14:12~15, 겔28:12~17, 요일3:8). 그는 피조물로서 하나님을 가까이 섬길 수 있는 엄청난 직분을 받았음에도 배은망덕한 자입니다.

셋째, 물과 피를 다 쏟아주시고 죄인이든지 악인이든지 상관없이 모든 인류를 그의 피로 사셨습니다(엡1:7, 벧전1:18~19). 알든 모르든 천하의 모든 사람은 그 은혜를 받지 않은 사람이 단 한 사람도 없습니다.

아버지는 그를 죽은 지 사흘 만에 다시 살리시고 하늘 보좌에 앉히셨

습니다. 그는 음부의 고통도 죄의 더러움도 잘 아시기에 아버지의 은혜
도 잘 아십니다. 그는 보좌에 앉을 자격이 있는 것입니다. 그래서 보좌
를 은혜의 보좌라고 하는 것입니다.

그리고 몇 날이 못 되어 성령을 보내주셨습니다. 성령은 은혜의 복음
을 증거하시는 영입니다. 그가 승천하시면서 '예루살렘을 떠나지 말고
아버지의 약속하신 성령을 기다리라' 하셨습니다(행1:4). 그런데 1년이
가고 2년이 가도 성령이 오시지 않았다면, 과연 제자들이 무작정 기다
릴 수 있었을까요? 아마 모두 뿔뿔이 흩어져 버렸을 것입니다.

그런데 예수 그리스도께서는 인간의 연약함을 아시기 때문에 급히
열흘 만에 성령을 보내주셨습니다. 그도 은혜입니다. 그들이 한 곳에
모여 있을 때 무리 가운데 임하셨습니다. 이것이 교회의 탄생입니다.
하나님이 교회에 은혜를 베풀어주신 것입니다. 그러므로 교회에는 감
사가 넘쳐야 합니다.

> "그러므로 너희가 그리스도 예수를 주로 받았으니 그 안에서
> 행하되 그 안에 뿌리를 박으며 세움을 입어 교훈을 받은 대로
> 믿음에 굳게 서서 감사함을 넘치게 하라"(골2:6~7)

우리는 교회에서 하나님이 베푸신 은혜의 크기와 높이와 넓이를 배
우고 있습니다. 어쩌면 천국과 지옥이 있을지도 모른다는 생각으로 교
회를 다니기 시작하지만, 진정한 감사는 성령을 받아야 알 수 있습니
다. 하나님이 우리에게 은혜로 주신 것들을 성령이 알게 하시기 때문

입니다(고전2:12). 성령을 받아야 죄가 얼마나 더러운지 압니다. 성령을 받으면 시간이 지날수록 죄가 더 커짐을 뼈저리게 알게 됩니다. 성전에 들어가서 제일 먼저 만나는 번제단은 죄가 타는 곳입니다. 죄로 인하여 해마다 수많은 짐승들이 죽었습니다. 그래도 쉽게 청산되지 않는 것이 죄입니다.

성도란 막연히 하나님을 믿는 사람이 아니라, 예수 그리스도로 말미암아 은혜 받은 사람입니다. 그래서 은혜 받은 것을 자랑하고 감사하는 것입니다.

만일 사람들이 '교회에 가서 무엇을 얻었습니까?'라고 묻는다면 어떻게 대답하시겠습니까? '병도 낫고, 술주정뱅이 남편이 술도 끊고, 말썽 피우던 아들이 착해졌습니다' 자! 그러면 남편이 다시 술을 먹고, 또 자식이 다시 속을 썩어도 여전히 감사하시겠습니까? 교회 다니고부터 문제가 막 터지고 집안이 온통 쑥대밭이 되어도 계속 교회를 다니시겠습니까? 예! 나는 나 영혼에 예수의 피가 떨어졌다는 사실 하나만으로 감사할 조건이 너무나 충분합니다.

바리새인들과 율법사들은 법은 잘 지켰어도 하나님의 은혜에 대해 진정으로 감사하지 않았습니다. 그러나 창녀와 세리들은 죄가 많은 고로 그저 감사했습니다. 율법으로는 의로워질 수 없다는 것을 깨닫고 자기 의를 포기한 사람이 예수 그리스도의 은혜를 진정으로 환영합니다. 죄가 더한 곳에 은혜가 넘치는 것입니다(롬5:20).

그리스도인은 숨지는 마지막 순간까지 오로지 하나님이 독생자를 보내주셨다는 사실 하나만으로 감사해야 합니다. 처음 은혜 받을 때뿐만 아니라 연륜이 더하면 더할수록 감사가 더욱 넘쳐야 합니다. 죄 때문에 가슴을 찢고 싶을 정도로 절망을 느껴보지 않은 사람은 은혜도 감사도 모릅니다. '죄인' 하면 남이 아니라 바로 '나!'임을 아는 사람, 곧 나는 태어날 때부터 잘못되었고 지나온 모든 삶이 죄덩어리라 나의 운명은 지옥 일번지라고 아는 사람이 받는 것이 은혜입니다.

저는 나 영혼에 예수 피의 흔적이 있다는 사실을 깨달은 후에는 '독생자'라는 말만 들어도 마음이 찢어지는 것 같습니다. 그래서 바울은 '은혜의 복음을 증거함에 있어서는 자기 생명을 조금도 귀한 것으로 여기지 않는다'고 말했습니다(행20:24). 은혜를 받고 보니 자기 일생은 아무런 가치가 없다는 것을 깨달은 것입니다. 인생은 은혜 받기 위해 태어났기에, 은혜 받았다면 당장 죽어도 한이 없는 것입니다. 그래서 바울은 여생을 복음을 증거하기 위해 살았습니다.

은혜를 받은 사람들은 과거에 죄가 많은 것을 자랑합니다. 그래서 간증할 때 과거의 죄를 숨김없이 폭로합니다. 자기의 치부를 드러냄으로 하나님의 은혜가 더욱 드러나게 하고 싶은 것입니다. 너무나 적나라하게 말해서 '저러다가 시집 못 가면 어떡하나?' 할 정도입니다. 실제로 교회에서 간증하기 전에 간증문 초고를 제가 미리 보고 일부러 내용을 지우는 경우도 있습니다.

혹시 여러분들은 감사의 분량이 줄어들지는 않았습니까? 은혜 받고 기뻐서 교회생활을 하다 보니 직장도 가정도 아이들도 돌보지 못해 문제라고 생각하지는 않습니까? 몇 년 동안 열심히 교회 일을 하다 보니 다른 세상 친구들에 비해 뒤졌다고 느끼고, 교회 때문에 망했다고 생각하는 분이 계십니까? 가난에 처하는 것, 비천에 처하는 것, 핍박 받는 것은 모두 자신이 택한 것입니다. 지금의 고난이 훗날에 간증거리가 될 것입니다.

저는 과거에 13년 동안 병으로 고통 받은 적이 있습니다. 만일 그런 시기가 나에게 없었다면 무엇을 간증할 수 있었을까 생각해 봅니다. 과거에 위기가 있었기 때문에 지금 감사하며 사는 것입니다. 지금은 오히려 과거에 병쟁이였던 것이 감사하고, 또 병 낫기를 기도했는데 순간에 낫지 않아 며칠씩 신음하며 기도하던 것도 이제는 감사합니다. 이가 너무 아파 며칠 밤을 데굴데굴 굴렀던 적도 있었습니다. 이것도 감사합니다. 빌려 쓰던 미국교회에서 퇴거통첩을 받은 후, 어느 날 밤에는 침상에서 자다가 벼락을 맞은 것같이 벌떡 일어나 땅바닥에 엎드려 소리소리 지르며 울고불고 기도하던 때도 있었습니다. 지나고 보니 하나님은 더 큰 감사를 주시기 위해 고난을 허락하셨던 것입니다.

우리는 예수 이름을 소유한 것으로 감사하고, 예수의 보혈이 내 안에 있는 것으로 감사하고, 또 나같이 연약하고 잘 쓰러지는 사람에게 교회라는 울타리가 있다는 것으로 감사해야 합니다. 깨지고 없어지는 교회가 얼마나 많은 줄 아십니까? 22년 동안 교회가 건재함으로 내가 힘들고 어려울 때 힘을 얻고 위로 받을 수 있다는 것이 얼마나 감사합니까?

예수께서는 복음을 위하여 심으면 백배로 축복하시되 금세와 내세에 주신다고 약속하셨습니다(막10:29~30). 그리스도인이라는 많은 사람들이 내세에는 관심 없고 금세에 잘 될 것을 기대합니다. 금세에 축복 받는 경우도 있지만 그렇지 않는 경우도 많습니다.

다니엘의 세 친구들은 풀무 불 가운데 던짐을 당하는 한이 있어도 금 신상에 절하지 않았습니다(단3:18). 그리스도인은 조건이나 상황에 굴하지 말아야 합니다. 금세에는 축복을 받지 못한다 할지라도 가난도 핍박도 환난도 내가 택한 것이기 때문에 가는 길을 멈추지 말아야 합니다.

은혜 받은 사람은 앞으로 언제 어디에서 어떤 모습으로 죽을지 염려하거나 걱정하지 말아야 합니다. 오늘까지 나를 지키시고 믿음을 붙잡아 주신 이가 마지막 순간에도 감사하면서 생을 마치게 해주실 것입니다. 우리는 얼마 있으면 거룩한 처소, 은혜 베푸신 이 앞에 나아가 그분의 얼굴을 뵐 것입니다. 예수께서 흘려주신 피가 내 안에 있음을 감사하고 예수 이름이 내 안에 있음을 감사하고 나를 보호해주는 방패막이 교회가 있음을 진정으로 감사하시기 바랍니다.

감사가 넘치는 교회

성경본문 (골2:6~7)

하나님은 은혜의 하나님이시다(시116:5, 벧전5:10).
그에게서 은혜가 나오고(요1:14)
그는 은혜를 줄 자에게 주시는 분이다(출33:19, 마25:29).

신앙은 그를 받아들이고 감사함이요,
신앙생활은 감사함으로 시작하여 감사함으로 마감하는 것이니
하늘보좌 앞에 나아가 은혜 베푸신 이의 얼굴을 보려 함이다(시100편, 계22:3~4).

은혜와 감사는 기독교의 전문용어로 첫 인상과 같은바
그리스도인이 받은 은혜를 망각하고 감사가 흐려짐은
신앙의 추락을 의미하니
세상에서도 수혜자(受惠者)가 시혜자(施惠者)를 배신하면
상종(相從)하지 않음이다.

아담이 풍성한 에덴동산에서 쫓겨나
인류가 도탄에 헤매게 된 것은(창3:24)
뱀 곧 마귀에게 속아 그를 베푸신 하나님을 배은망덕하였음이다(창2:16~17).

하나님은 노아, 아브람과 같이 이스라엘에게 은혜를 베푸사(창6:8, 18:3)
애굽의 종 이스라엘로 생육이 번성하게 하시고(출1:20)
그들이 애굽을 빈손으로 떠나지 아니하고 물품을 얻게 하셨으며(출3:21, 12:36)
유월절 밤 양으로 장자의 죽음을 대신하는 법을 세우셨으며(출12:12~13)
그들을 성결한 처소로 들어가게 하셨다(출15:36).

이를 기념하는 속죄소 곧 시은좌가 있는 성소에서(출25:20~22)
그들은 죽음, 위기, 전쟁 등에서 구사일생(九死一生) 건지심과(시85:1, 사33:2)
조상에게 약속한 땅을 기업으로 주심을 절기마다 감사제로 드렸다(시136:21).

예수께서 나타나사 '성전을 헐라 사흘 동안에 일으키리라' 하심은
성전 된 자기의 육체로 진정한 감사제를 드릴 것임이니(요2:19~21)

그는 말씀 곧 하나님이 육체로 오신 독생자가 인자 되어(요1:1, 14, 마20:28)
하나님이 사람에게 주실 은혜를 몽땅 주심이다(요1:16).

그가 피와 물을 다 쏟고 죽으시며 다 이루었다 하심은(요19:30, 34)
① 독생자를 죽음에 내어주시고 음부가 토해낸 자기 영혼을
   성결한 처소로 받아주시는 아버지의 은혜에 감사함(눅23:46).
② 배신자 마귀를 정죄하심(사14:12~15, 겔28:12~17, 요일3:8).
③ 은혜로 사람들을 그 피로 구속하심이다(엡1:7, 벧전1:18~19).

그는 부활 후 하늘보좌에 앉으셨으니 시은좌(施恩座)라.
아버지가 아들에게, 아들이 그에게 주신 사람들에게
은혜 베푸심이다(계3:21).

거기서 보내신 성령이 교회에게 오셨으니
예수로 말미암아 주신 하나님의 은혜를 알게 하심인바
감사가 넘친다(고전2:12, 히10:29).

그리스도인은 기쁘든지 슬프든지, 편안하든지 곤고하든지,
살든지 죽든지 감사가 마르지 않으니
죄인에게 독생자를 보내주신 아버지의 은혜를 자랑하며
자기가 택한 가난, 고독, 핍박 등을 현재 기뻐하며
금세에 축복이 없을지언정
장차도 단호하게 동일한 길을 가는 자다(단3:18).

오, 주여!
오늘도 세상에서 지친 나 영혼이
나에게 독생자 예수의 피 한 방울이 있고
예수 이름이 있으며
방패막이인 예수복음교회가 건재함을
감사하고 또 감사합니다. 아멘.

22

교회는 그리스도의 정결한 신부

"이는 곧 물로 씻어 말씀으로 깨끗하게 하사 거룩하게 하시고 자기 앞에 영광스러운 교회로 세우사 티나 주름잡힌 것이나 이런 것들이 없이 거룩하고 흠이 없게 하려 하심이니라 이와 같이 남편들도 자기 아내 사랑하기를 제 몸같이 할찌니 자기 아내를 사랑하는 자는 자기를 사랑하는 것이라 누구든지 언제든지 제 육체를 미워하지 않고 오직 양육하여 보호하기를 그리스도께서 교회를 보양함과 같이 하나니 우리는 그 몸의 지체임이니라 이러므로 사람이 부모를 떠나 그 아내와 합하여 그 둘이 한 육체가 될찌니 이 비밀이 크도다 내가 그리스도와 교회에 대하여 말하노라"(엡5:26~32)

"우리가 즐거워하고 크게 기뻐하여 그에게 영광을 돌리세 어린양의 혼인 기약이 이르렀고 그 아내가 예비하였으니 그에게 허락하사 빛나고 깨끗한 세마포를 입게 하셨은즉 이 세마

포는 성도들의 옳은 행실이로다 하더라"(계19:7~8)

하나님은 거룩하신 분입니다(시22:3). 그는 본질이 거룩하시고 거룩한 자와만 상면(相面)해 주시는 분입니다. 성경은 '거룩함이 없이는 주를 볼 수 없다'(히12:14), 또 주 예수 그리스도는 '죄와 상관없이 자기를 바라는 자들에게 두 번째 나타나신다'고 말씀하고 있습니다(히9:28).

신앙은 거룩한 성에 들어가 그의 얼굴 뵙기를 사모하는 것입니다. 그리고 신앙생활은 그리스도의 정결한 신부 된 교회에 붙어서 성화(聖化)되어가는 생활입니다.

성화된다고 하니까 심산유곡(深山幽谷)에 들어가 푸른 물만 보고, 푸른 풀만 보며 수양한다는 말이 아닙니다. 물로 씻고 말씀으로 깨끗케 하여 점이나 얼룩이나 주름잡힌 것이 없이 변화받는 것입니다(엡5:26~27).

신부라는 말은 듣기만 해도 가슴이 설렙니다. 신랑이 전과자라든지 사기꾼이라든지 가난뱅이라면 그렇게 설레지 않을 것입니다. 그런데 그가 왕이라면, 이제 왕의 신부가 될 터이니 얼마나 흥분될 일입니까? 그러나 아무나 신부가 되는 것은 아닙니다.

만일 지금 미국 대통령이 총각이라면 얼마나 많은 처녀들이 그를 사모하고 흠모하겠습니까? 임기가 4년인 대통령이라도 그리 흠모할 터인데, 왕이라면 평생 직분이요, 세습 직분이요, 모든 권세를 장악한 자니 얼마나 대단합니까?

결혼식 때 신부는 머리끝부터 발끝까지 깨끗하고 아름답게 단장합니다. 희고 깨끗한 드레스를 입고 관을 쓰고 베일을 드리우고 꽃다발을 들고 신랑과 손님들 앞에 나타납니다.

요한계시록 19장 8절에는 '어린양의 아내가 세마포를 입으니 이는 성도들의 옳은 행실'이라고 했습니다. 세마포를 입지 아니하면 신랑 되신 주 예수 그리스도 앞에 나아갈 수 없는 것입니다. 에베소서 5장 26절에는 이를 '물로 씻어 말씀으로 깨끗하게 하여 거룩하게 한다'고 말씀합니다. 이는 물과 말씀으로 각각 씻는다는 뜻이 아닙니다. 영어 성경에는 'With the washing of water by the Word'라고 되어 있어 뜻이 정확합니다. '물로 씻다'라는 말은 '말씀으로 정결케 하다'라는 뜻입니다. '정결하게 하다', '거룩하게 하다', '깨끗하게 하다'라고 할 때 성경에서는 말씀으로 깨끗하게 한다는 뜻입니다.

성경에는 물에 대한 이야기가 많은데 '물'과 '말씀'을 동일하게 취급하는 곳이 많습니다.

하나님이 하늘과 땅을 창조하실 때 맨 먼저 물을 지으셨습니다. 창세 때 "땅이 혼돈하고 공허하며 흑암이 깊음 위에 있고 하나님의 신은 수면에 운행하시니라"고 했는데 물로써 영계 하늘과 물질계 하늘을 구분하셨습니다(창1:2). 그 다음 궁창 아래의 물과 궁창 위의 물로 나뉘게 하셨습니다(창1:7). 천하의 물을 한곳으로 모으고 뭍이 드러나게 하셨습니다(창1:9). 이것을 베드로후서 3장 5절은 '하늘이 옛적부터 있는 것과 땅이 물에서 나와 물로 성립한 것도 하나님의 말씀으로 되었다'고 했습니다. 창세 때 하나님이 말씀으로 세상을 지으셨는데 세상은 물로 조성되었다고 말씀하고 있습니다.

물은 육체의 생명에 필수적 요소이고, 또 씻는데 결정적인 요소입니다. 성경에서도 물은 청결, 성별, 구별의 수단으로 사용되고 있습니다. 강이 이 땅과 저 땅을 구분하듯 물로 구별합니다.

앞으로 죄의 원흉 마귀가 있는 우주는 불사름을 당할 것입니다(벧후 3:7). 헬라어로 지옥을 '게헨나(γέεννα)'라고 하는데, 쓰레기 소각장이라는 뜻이 있습니다. 죄의 원흉과 함께 죄에 오염된 영들이 물 한 방울 없는 음부와 함께 불 태워지는 장소입니다(눅16:23~24, 계20:14).

성경은 세상을 물로써 구분해가는 역사를 기록한 책입니다. 대표적인 사건이 노아의 홍수인데 하나님은 사람의 죄악이 세상에 관영함을 보시고 노아의 여덟 식구만 구원하시고 나머지는 물로 덮으셨습니다. 이것을 성경은 '세상이 물의 넘침으로 멸망했다'고 했습니다(벧후3:6).

아브람이 메소포타미아에서 살고 있었는데 지금의 이라크 땅입니다. 하나님은 그에게 '내가 지시한 땅으로 가라'고 말씀하셨습니다. 그래서 그는 유브라데강을 건넜습니다. 강을 건너온 그를 이쪽 사람들은 '이브레'라고 불렀습니다. '이브레'란 히브리어로 '물 건너온 사람'이란 뜻입니다. 강 건너기 전에는 아랍인이었는데 강을 건너자 히브리인의 조상이 된 것입니다.

그리고 그의 후손 야곱도 강을 건너면서 그 이름이 이스라엘로 바뀌었습니다. 그가 얍복강가에 엎드려 기도하다가 천사를 만났는데, 천사가 그에게 이름을 묻자 야곱이라고 답했습니다. 그런데 천사는 야곱에게 '네 이름을 다시는 야곱이라 부르지 말고 이스라엘이라 하라'고 했습니다(창32:22~28). 그래서 그가 얍복강을 건넌 후, 그 족속을 이스라엘이라고 부르기 시작한 것입니다.

애굽에서 종살이 하던 이스라엘 사람들이 홍해를 건너자마자, 그들은 하나님의 백성, 제사장 나라가 되었습니다(출19:6). 그리고 그들이 요단강을 건넌 후 이스라엘이라는 이름은 점점 쇠퇴해 가고 유대라는 이름이 부각되었습니다. 그래서 지금 그들은 유대인이라 불리고 있는 것입니다.

물을 건널 때마다 이름이 바뀐 것입니다. 이와 같이 성경의 역사는 물로써 구별하고 성별해 가고 있음을 볼 수 있습니다.

이를 자자손손 기억하게 하고 기념하도록 하기 위해 하나님은 성소를 짓게 하셨습니다. 그러면 성소 안에 마땅히 무엇이 있어야 합니까? 물! 물이 있어야 합니다.

성소는 이스라엘의 역사를 시각적으로 보여줍니다. 그들 출애굽의 결정적 사건은 유월절 밤 장자가 죽는 사건입니다. 양의 피를 인방과 좌우 문설주에 바른 이스라엘 가정에는 죽음이 이르지 않았습니다. 그리고 홍해를 건넌 다음 하나님의 백성, 제사장 나라가 되었습니다. 다시 말해 죽음에서 건짐 받은 것은 피로 된 것이요, 하나님을 섬기는 거룩한 신분이 된 것은 물을 통과한 후였습니다.

성소에 들어가면 맨 앞에 번제단이 있는데, 그곳에는 항상 피가 흐르고 있었습니다. 수많은 사람들이 수많은 양을 가져와서 제사를 드렸기 때문입니다. 번제단에서는 피를 흘리고, 그 다음 물두멍에서는 손을 씻었는데 그 자격은 제사장만 할 수 있었습니다(출30:19).

히브리서 9장 10절에 "이런 것은 먹고 마시는 것과 여러 가지 씻는 것과 함께 육체의 예법만 되어 개혁할 때까지 맡겨 둔 것이니라"고 했습니다. 제사에서 중요한 과정이 씻는 행위인데, 이는 개혁할 때까지만 맡겨둔 것이라고 했으니 앞으로 더 좋고 영원한 것으로 바뀔 때가 온다는 말입니다.

침례 요한이 요단강에 나타나서 '회개하라!'고 소리쳤습니다. 바리새인과 사두개인들이 침례 받으러 온 것을 보고 '독사의 자식들아 누가 너희를 가르쳐 임박한 진노를 피하라 하더냐'고 야단을 쳤습니다. 속으로는 아직도 아브라함 자손이라고 생각하는 자는 침례 받을 자격이 없다는 경고입니다. 그러니 회개의 절차를 밟으라고 한 것입니다.

그들은 강 건너 물 건너 여기까지 왔기 때문에 자기들이 거룩한 백성이라고 자부했습니다. 더군다나 제사장들은 피를 뿌리고 물로 씻어가면서 제사를 드렸기 때문에 그들의 성별의식은 대단했습니다.

회개는 죄인이 하는 것입니다. 침례 요한은 스스로를 의인이라고 생각하는 그들의 의식(意識)을 물에 쳐 박게 한 것입니다. 그래서 그들이 물에 들어가서 침례를 받았습니다. 그들은 죄인이었던 것입니다.

그런데 예수가 죄인들 중에 나타나셔서 침례를 받으셨습니다. 그때까지는 사람들은 예수를 목수 집안의 아들로 생각하고 있었습니다. 그런데 그가 침례를 받고 물에서 올라오는 순간, '이는 내 사랑하는 아들이요, 내 기뻐하는 자'라는 소리가 하늘에서 들려왔습니다. 그때부터 예수는 하나님의 아들이라는 공적 신분을 가지셨고 그의 공생애가 시작된 것입니다.

그런데 그가 성전 앞에 나타나시고 '너희가 이 성전을 헐라 내가 사흘 동안에 일으키리라' 하셨습니다(요2:19). 성전은 씻는 곳으로 그때까지는 짐승의 피로 씻고 물로 씻었지만, 이제는 성전 된 자기 몸에서 나온 것으로 씻어주겠다는 뜻인 것입니다.

공생애가 끝날 무렵 예수께서는 대야에 물을 담아 제자들의 발을 씻겨주셨습니다(요13:5~10). 베드로는 자기 차례가 되자 '주여, 정말 제 발을 씻기시려고 하십니까?' 하며 난감해 했습니다. 그때 예수께서는 '지금은 네가 알지 못하지만 이후에는 알리라' 하셨습니다. 발을 씻는 과정을 통해서 앞으로 그들이 어떻게 씻어야 할 것인지 알게 된다는 것입니다. 그래도 베드로가 '어떻게 제 발을 씻기시려 하십니까? 절대로 씻기지 못합니다' 하자 예수께서는 '내가 너를 씻기지 아니하면 네가 나와 상관이 없느니라' 하셨습니다(요13:8).

하나님과 사람의 접촉점은 '씻김'이라는 사건입니다. 이 사건은 성전을 보고도 알지 못하는 자에게 그림을 축소해 발 씻는 일로 선명하게 가르쳐주신 것입니다. 그래서 베드로는 '주여, 내 발뿐 아니라 손과 머리도 씻겨 주옵소서'라고 말했습니다. 예수께서는 '이미 목욕한 자는 발밖에 씻을 필요가 없느니라'고 말씀하셨습니다(요13:10). 몸을 씻은 자는 매일 발을 씻어야 하는데, 이 모든 것들이 자기 속에서 나오는 것으로 될 것을 말씀하신 것입니다.

유대인들은 예수가 오병이어로 사람들을 배불리 먹이고 병자를 고치고 물위를 걷는 이적을 보고 그를 왕 삼으려 했습니다. 그런데 그는 피하셨습니다. 이에 실망한 백성들은 그를 죽도록 넘겨주었습니다.

예수는 십자가에서 피를 다 쏟으시며 죽으셨습니다. 그는 죽으시면서 '다 이루었다' 하셨습니다(요19:30). 그의 몸이 창에 찔렸을 때 물과 피가 정확하게 갈라져 나왔습니다(요19:34). 그 몸에서 물과 피가 각각 흘러나온 사람은 예수밖에 없습니다. 이는 그 몸에서 나온 피와 물이 각각 정결케 하는 요소이기 때문입니다.

첫째, 그의 피로 아버지를 섬기는 하늘성소에 뿌려 깨끗케 하셨습니다(히9:23). 루시퍼가 '내가 하나님같이 되리라' 했을 때 하늘 성소를 더럽혔습니다(겔28:18). 땅의 성막은 짐승의 피로 정결케 했지만 하늘성소는 짐승의 피로는 불가능합니다(히9:23). 오직 하늘에서 온, 더 좋은 제물 곧 예수의 피로써만 정결케 될 수 있는 것입니다. 그가 '아버지여 내 영혼을 아버지 손에 부탁하나이다' 하신 것은 이제 그가 아버지를 섬기는 대제사장으로 들어가실 하늘성소가 깨끗케 되었다는 것입니다.

둘째, 하늘성소를 더럽힌 사단 곧 마귀를 정죄하셨습니다(겔28:18). 그는 하나님같이 되리라는 더러운 마음을 품었기 때문에 그를 위해 하나님이 음부를 창설하시고 심판 때까지 가두셨던 것입니다.

셋째, 사람들의 죄를 씻어주시려고 피를 흘려주셨습니다(히9:22). 인류는 죄로 인하여 영이 더럽혀져 있었습니다. 그런데 영의 죄는 인간의 수고나 종교 행위로 씻을 수 없고 하늘에서 온 세제로만 씻을 수 있었습니다. 그 세제가 예수의 피입니다.

구약시대에 제사를 드릴 때, 피의 절반은 성소에 뿌리고 나머지 절반은 백성들에게 뿌린 것처럼 예수의 피의 절반은 하늘성소에 뿌리시고, 절반은 백성에게 뿌리신 것입니다(출24:8). 피는 죄를 정결케 해 주고, 피 흘림이 있어야 사함이 있기 때문입니다(히9:22).

그는 자기 일을 다 마치시고 죽으셨고, 아버지는 그를 사흘 만에 다시 살리시고 우주 밖 거룩한 성으로 옮기셨습니다. 그는 그곳에서 만세의 왕, 만왕의 왕으로 보좌에 앉아계십니다.

그는 지금 무엇을 하고 계실까요? 아버지 집에 데려올 신부를 간택하고 계신 중입니다. 그래서 성령을 보내주신 것입니다.

예수께서는 "나를 믿는 자는 성경에 이름과 같이 그 배에서 생수의 강이 흘러나리라"고 하셨습니다(요7:38). 당시에는 예수님 이외에 성령을 받은 사람이 아무도 없었습니다. 앞으로 '받을 성령'을 가리켜 '생수의 강'이라고 말씀하셨습니다. 예수께서 승천하시고 몇 날이 못 되어 성령을 보내주셨는데 드디어 생수의 강이 교회에 쏟아져 들어온 것입니다.

교회는 예수의 피로 거룩해진 영혼들을 불러 모은 곳입니다. 예수의 피는 영혼의 죄를 100% 씻는 능력이 있습니다. 그런데 왜 성령을 보내주신 것일까요? 무엇을 씻으라고 하시는 것일까요?

요한계시록 19장 7절에 '아내'는 교회를 말합니다. 그리고 에베소서 5장 21~23절에는 "그리스도를 경외함으로 피차 복종하라 아내들이여 자기 남편에게 복종하기를 주께 하듯 하라 이는 남편이 아내의 머리 됨이 그리스도께서 교회의 머리 됨과 같음이니 그가 친히 몸의 구주시니라"고 말씀하고 있습니다. 이 구절은 혼인주례시 목사가 상투적으로 사용하는 구절입니다. 신랑은 신부를 자기 몸같이 사랑하고 신부도 신랑을 떠받들라는 의미에서 비유로 사용합니다.

그러나 이 말씀의 본질적 의미는 남편과 아내의 관계를 통해 그리스도와 교회에 대한 관계를 말씀하고 있는 것입니다. 이 말씀에는 엄청난 비밀이 들어있습니다.

성령이 예수 이름을 영접한 자들을 불러 모으신 곳이 교회입니다. 교회의 사명은 예수의 피로 정결케 된 영혼들의 발을 씻기는 일입니다. 피는 과거의 죄를 씻고, 물은 현재 진행하고 있는 죄를 씻는 요소입니다. 그리스도인에게 이 두 가지는 필수입니다.

엄마는 피 흘리며 아기를 낳습니다. 그런데 갓난아기의 몸이 더럽혀졌다고 깨끗하게 하려고 뱃속에 집어넣었다가 피 흘리며 다시 낳지는 않습니다. 아이가 똥을 싸고 뭉개서 몸이 더러워지면 물로 씻어줍니다.

> "...어린양의 혼인 기약이 이르렀고 그 아내가 예비하였으니
> 그에게 허락하사 빛나고 깨끗한 세마포를 입게 하셨은즉 이
> 세마포는 성도들의 옳은 행실이로다"(계19:7~8)

이 구절을 잘 보면, 빛나고 깨끗한 세마포는 아내가 예비한 것이고, 하나님은 그것을 아내에게 입도록 허락하셨다는 것을 알 수 있습니다. 다시 말해 세마포를 준비한 아내에게 정식으로 아내 될 자격을 부여하신다는 말입니다. 그러니까 하나님은 세마포를 준비한 교회에게 그리스도의 아내 될 자격을 허락하십니다. 예수의 피로 깨끗해진 영들의 모임인 교회가 준비한 세마포를 입게 되는 것입니다. 성도들의 행위에 대한 보상으로 하나님이 세마포를 만들어 입혀 주시는 것이 아니라는 말입니다.

요한계시록 19장 13~14절에 "또 그가 피 뿌린 옷을 입었는데 그 이름은 하나님의 말씀이라 칭하더라 하늘에 있는 군대들이 희고 깨끗한 세마포를 입고 백마를 타고 그를 따르더라"고 했습니다. 사도 요한은 예수 그리스도의 지상 재림 장면을 묘사하면서, 그가 '피 뿌린 옷'을 입었다고 말합니다. 예수의 피를 받아들이는 순간, 우리 영혼은 그의 피 뿌림을 받아 깨끗해졌습니다. 그때 이미 깨끗한 세마포를 허락받았습니다.

구약의 제사장은 특별히 지어 입은 거룩한 옷 위에 짐승의 피 한 방울을 뿌린 후 제사장 위임을 받았습니다(출28:2, 29:21). 이와 같이 예수의 피 뿌림을 받는 순간 성도는 거룩한 세마포를 허락 받은 것입니다.

이런 상태를 요한복음 13장에서는 '몸이 깨끗해졌다'고 말하는 것입니다. 이제 목욕한 자는 발을 씻는 문제가 남은 것입니다. 순간순간 육에서 올라오는 세상적이고 마귀적이고 정욕적인 것들로부터 자기를 거룩하게 보존해야 합니다.

예수께서 "저희를 진리로 거룩하게 하옵소서 아버지의 말씀은 진리니이다" 하셨습니다(요17:17). 또한 "너희의 듣는 말은 내 말이 아니요 나를 보내신 아버지의 말씀이니라"고 하셨습니다(요14:24). 아버지의 말씀, 진리, 예수 그리스도의 입에서 나오는 말씀으로 거룩해지는 것입니다.

신앙생활은 예수의 피로 깨끗해진 영혼을 말씀으로 씻으며 거룩하게 보존하는 생활입니다. 육체에서 올라오는 정욕과 세상에서 들리는 유혹을 떨쳐버리고 영혼을 거룩하게 보존하다 보니 그리스도의 장성한 분량까지 자라는 것입니다.

엄마는 신생아를 열심히 목욕시킵니다. 매일 씻기기 때문에 때가 없을 것 같은데 때가 물에 둥둥 뜹니다. 우리 영혼은 예수의 피로 깨끗해졌지만 육체는 본질상 진노의 자식이라 죄성과 악성으로 가득 차 있습니다. 여전히 세상의 제도와 풍습에 익숙하고, 아직도 세상소리가 즐겁습니다. 예수께서는 이런 것들에서 구별하기 위해 말씀을 주신 것입니다.

예수 그리스도께서 승천하시기 직전에 '아버지와 아들과 성령의 이름으로 침례를 주라'고 말씀하셨습니다(마28:19). 침례를 받아야 마귀 손아귀로부터 떨어져 나오는 것입니다. 그때부터 교회는 본격적으로 씻는 일을 하는 것입니다.

그리스도의 신부는 성도 개개인을 말하는 것이 아니고 교회를 말합니다. 마태복음 25장의 열 처녀 비유에서 신랑이 왔을 때 데려간 처녀들이 있고 데려가지 않는 처녀들도 있는 것같이 신랑 되신 그리스도께서 재림하실 때 데려갈 교회도 있고 버려둠을 당할 교회도 있는 것입니다. 교회라고 간판이 붙었으면 모두 거룩한 것이 아니라 음녀도 있고 사탄 교회도 있습니다. 우리 교회가 예수 이름으로 침례를 시행하는 것은 그리스도의 말씀, 곧 진리로 씻어야 하기 때문입니다. 제사장이 하나님을 섬기기 위해 반드시 물두멍을 지나야 하는 이치입니다.

'거룩'이란 '세상으로부터의 구별'을 말합니다. 그러므로 세상과 타협하지 말아야 합니다. 신앙생활은 죽는 한이 있어도 세상과 절충하지 않는 것입니다. 교회는 세상 정권을 무서워하거나 그에 아부해서도 안

됩니다.

한국에서 장로교회에 다니는 사람들은 '장자 교단(?)'이라고 생각하고 자부심이 대단합니다. 그러나 그 뿌리를 거슬러 올라가면 신사참배에 반대한 자는 죽임을 당했던 일제 말기에 그 교단은 신사참배를 하기로 결의하고 신사참배에 참여했습니다.

다니엘은 우상의 제물로 바쳤던 고기를 먹지 않고 자기를 더럽히지 않았습니다(단1:8). 또 불에 타 죽을지언정 금신상에 절하지 않았습니다(단3:18). 교회가 세상과 야합하는 것은 정결한 신부의 자격을 스스로 포기하는 행위입니다.

대한민국의 간판 목사라고 할 정도로 유명한 목사가 있었습니다. 웬만한 사람들은 그의 이름을 알고, 모든 교계가 그를 인정하고 존경했습니다. 그런데 그에게 결정적인 흠이 있습니다. 신사참배를 했습니다. 또 대통령 영부인 장례식 때, 그가 기독교를 대표하여 가톨릭 추기경, 천도교 교령, 불교계 종정 등 각 종교계 지도자들과 같이 그 자리에 참여했습니다. 식순에 의해서 중은 목탁을 두드리며 염불하고, 목사는 예수 이름으로 기도했습니다. 아니, 이래도 되는 것입니까?

고린도후서 6장 14~16절에 "의와 불법이 어찌 함께하며 빛과 어두움이 어찌 사귀며 그리스도와 벨리알이 어찌 조화되며 믿는 자와 믿지 않는 자가 어찌 상관하며 하나님의 성전과 우상이 어찌 일치가 되리요"라고 했습니다. 한 마디로 목사라면 아니 그리스도인이라면 누구도 그 자리에 참여하면 안 됩니다. 그리스도인이라면 다른 종교인들과 구별되어야 합니다. 같은 자리에 같은 자격으로 동참하면 안 됩니다. 기독교가 정권에 굴복하는 것은 신앙의 정절을 더럽히는 것입니다.

우리 교회 역사 중에서 하나님 앞에 내놓을 만점짜리 일이 한 가지 있습니다. 세를 들어 사용하던 미국 교회에서 이미 두 번이나 쫓겨났고, 세 번째로 빌린 예배당은 아이들을 위한 공간도 친교할 공간도 전혀 없는 상태라 하루가 여삼추같이 자체 예배당을 찾고 있을 때였습니다. 마침 유대인의 회당이 매물로 나와서 구입할 기회가 왔습니다. 구매가격이 합의되어 계약서를 작성하던 중 문제가 발생했습니다. 양도기일과 조건에 문제가 생긴 것입니다. 그 쪽의 조건은 일단 곧 건물을 다 양도하되, 두 동 건물 중 한 동은 앞으로 일 년 동안 28일을 그들이 사용하겠다는 것입니다. 우리가 반대하자 딱 하루만 사용하자는 것입니다. 아마 그것이 유월절인 것 같았습니다. 물론 주일이 아니고 평일이라고 했습니다. '일 년 중 하루! 그것도 주일이 아니고 평일!'에 사용하는 조건입니다.

우리는 큰 어려움에 봉착했습니다. 그들은 여호와를 섬기고, 우리는 예수 이름으로 예배하는 자들입니다. 그들은 예수를 사람, 곧 죄인으로 아는 자들입니다. 우리는 예수는 죄 없으신 하나님의 아들, 하나님으로 알고 섬기는 자입니다. 일 년에 하루! 아니, 단 한 시간인들 어찌 그런 자들과 함께 같은 건물을 사용합니까? 예수의 피로 씻어 예수 그리스도의 소유가 되게 한 건물을 어떻게 다시 그런 자들이 사용하게 하여 건물을 더럽히게 합니까? 얼어 죽는 한이 있어도 더러운 절간에서 예배드리지 못하는 것과 마찬가지가 아닙니까? 도저히 마음이 허락하지 않았습니다.

우리의 절박한 사정을 아시는 목사님들 몇 분은 '그들이 믿는 하나님이나 우리가 믿는 하나님이 다 같은 창조주인데 어떠냐?', '건물만 잠시 사용하는데 어떠냐? 이런 기회를 놓치지 말라'고 종용했습니다. 이 지역은 교회건축 신규허가를 얻는 것은 거의 불가능했습니다. 이미 종교부지로 허락받은 곳이라야 하는데, 그런 곳을 찾기란 너무 너무 어려웠습니다. 내일 모일 곳이 없이 교회를 쫓겨나기도 하고, 이미 8년 동안 샅샅이 뒤지다시피 했기 때문에, 이번 기회를 놓치면 영원히 교회당 구입은 포기해야 할 형편이었습니다.

너무 너무 고민이 되어 운영위원회를 열었습니다. 여덟 명으로 구성된 운영위원들과 우리의 입장을 다시 한 번 정리하니 답은 간단했습니다. 깨끗이 포기하기로 한 것입니다. 영원히 교회당을 구입하지 못한다 할지라도 절대로 세상으로 더럽힐 수 없다고 눈물을 흘리며 다짐했습니다.

그런데 이적이 일어났습니다. 그로부터 정확하게 3개월 후 지금 교회당이 나타난 것입니다. 이 교회당은 8년 동안 폐쇄되어 있었는데, 자동차 딜러가 주차장으로 사용하려고 구입한 후, 시당국에 용도변경신청을 해놓은 상태였습니다. 허가를 받으려고 8년을 싸우다가 지쳐서 포기하고 매물로 내놓은 순간에 우리 교회가 구입하게 된 것입니다. 그동안 보았던 그 많은 장소 중에서 가장 좋은 곳이었습니다. 우리 주 예수 그리스도께서 준비하고 계셨습니다. 할렐루야!

교회는 세상과 타협하지 말아야 합니다. 신랑 예수 그리스도께서 다시 오실 때 정결한 그리스도의 신부로 들림 받아야 합니다.

그렇다고 주님이 오실 때 무조건 전교인이 다 들림 받는 것은 아닙니다. 비록 정결한 신부로 인정받은 교회라 할지라도 성도 개개인이 정결한 그리스도 신부의 몸의 지체가 되어야 들림 받을 수 있습니다. 그래야 거룩한 성에 들어갈 수 있습니다.

교회는 그리스도의 몸이요, 우리는 그 몸의 지체입니다(엡5:30). 그 몸의 지체가 되기 위해서는 각각 말씀으로 씻어가는 생활을 해야 합니다. '모이라' 하면 모이고, '기도하라' 하면 기도하고, '전도하라' 하면 전도하는 것이 자신을 깨끗케 하는 생활입니다. '술 취하지 말라' 했으면 이유 불문하고 술을 끊어야 합니다. '성경에 술 먹지 말라, 담배 피지 말라, 마약하지 말라는 말이 없으니 괜찮지 않으냐?'고 핑계를 댑니다. 성경은 '악은 모든 모양이라도 버리라'고 말씀하고 있으니 모든 악습과 악행을 중단해야 합니다(살전5:22).

이번에 많은 분들이 조에(Zoe)에 가서 은혜를 받았습니다. 자기 영혼이 깨끗해진 것을 느꼈을 것입니다. 이제부터가 중요합니다. 내 속에서 올라오는 세상적이고 정욕적이고 마귀적인 생각을 떨쳐버려야 합니다. 은혜 받았을 때 악습을 끊는 것은 쉽습니다. 담배를 피우던 사람은 담배를 끊어야 합니다. 술을 마시던 사람은 술을 끊어야 합니다. 마약하던 사람은 마약을 끊고, 노름하던 사람은 노름을 끊어야 합니다. 비디오광, 텔레비전광, 인터넷광도 마찬가지입니다.

예수 믿기 전에 죄를 짓던 나쁜 습성이 몸에 배어 있어 쉽지는 않지만 어찌하든 회개하고 청산해야 합니다. 죄는 과거가 되어야지 현재진행형이면 안 됩니다. 죄를 가지고 거룩한 성에 절대로 들어갈 수 없습니다. 회개(repentance)란 가던 길에서 180도 돌아서는 것, 곧 방향전환을 의미합니다.

세상에는 죄악이 얼마나 범람하는 줄 아십니까? 언젠가 저한테 어떤 미국사람으로부터 이메일이 왔습니다. 저는 건축 관계자가 보낸 줄 알고 얼른 열어보았더니, 어떤 벌거벗은 여자 사진이 올라왔습니다. 깜짝 놀라서 얼른 지워버렸습니다. 그 후에도 모르고 열어본 이메일에 그런 사진이 두 번이나 올라왔습니다. 그 다음에는 영문으로 온 메일은 무조건 지워버렸습니다. 그래서 '나한테는 왜 그런 것들이 오느냐?'고 교인들에게 물어봤더니 그런 사이트에 한 번만 들어가면 그것을 좋아하는 줄 알고 컴퓨터가 그것을 설치해 버린다고 합니다. 나는 그런 사이트에 어떻게 들어가는 줄도 모르는데 기가 막혔습니다.

세상은 한 번 미혹되면 미혹이 물밀듯 들어옵니다. 아무리 은혜를 받고 '거룩하게 살리라'고 작정해도 한 번 미혹의 영이 붙어버리면 끊임없이 밀려오는 것입니다. 택한 자라도 넘어지게 하려는 것입니다.

그러면 어떻게 자기를 거룩하게 보존할 수 있습니까? 성경을 열심히 읽고 말씀에 집중해야 합니다. 진리의 말씀을 붙잡고 기도하고 회개해야 합니다. 몸부림을 쳐야 합니다.

고린도전서 3장 16~17절에 "너희가 하나님의 성전인 것과 하나님의 성령이 너희 안에 거하시는 것을 알지 못하느뇨 누구든지 하나님의 성전을 더럽히면 하나님이 그 사람을 멸하시리라" 했습니다. 우리는 성령을 받은 다음에도 '성전 된 육체'를 더럽혔습니다. 그러면 지옥에 가야 합니까? 지옥에는 절대 갈 수 없습니다. 절대 못 갑니다.

그런데 다행히 베드로후서 3장 8~9절에 "사랑하는 자들아 주께는 하루가 천년 같고 천년이 하루 같은 이 한 가지를 잊지 말라 주의 약속은 어떤 이의 더디다고 생각하는 것같이 더딘 것이 아니라 오직 너희를 대하여 오래 참으사 아무도 멸망치 않고 다 회개하기에 이르기를 원하시느니라"는 성경구절이 있습니다. 하나님이 세상을 끝내지 않으시고, 기나긴 세월 동안 기다리시는 것은 한 사람이라도 더 회개하기를 원하시는 것입니다. 불신자는 과거 죄를 시인하고 돌이키기를 원하시고, 신자는 현재 짓고 있는 죄에서 돌이키기를 기다리고 계신 것입니다. 얼마나 감사합니까?

　우리 교회는 젊은 남녀가 많습니다. 혹 결혼을 약속한 사람이나 결혼을 위해 사귀는 사람이 있습니다. 그런 사람들 중에 혹시 하나님과 사람 앞에서 부끄러운 일이 있다면 청산해야 합니다. 과거는 주께 맡기고 이제부터 자신을 깨끗케 보존해야 합니다. 사도 바울은 '뒤에 있는 것은 잊어버리고 앞에 있는 것을 잡으려고 좇아간다'고 말했습니다(빌3:13).

　우리는 악습과 미혹의 영들로 발목이 잡혀 있는 불쌍한 영혼들입니다. 그러나 이제라도 말씀을 붙잡고 살기 위해 발버둥 치시기를 예수 이름으로 축원합니다.

교회는 그리스도의 정결한 신부 설교요약

성경본문 (엡5:26~32 계19:7~8)

하나님은 거룩한 분이시다(시22:3).
그는 본질이 거룩하시고
거룩한 자와만 상면(相面)하시는 분이다(히12:14).

신앙은 거룩한 성에 들어가 그 얼굴 뵙기를 사모함이요,
신앙생활은 정결한 그리스도의 신부된 교회에 붙어서
성화(聖化)되는 생활이니
이는 영광스런 만왕의 왕, 만세의 왕의 신부 될 자격은
물로 씻어 말씀으로 깨끗하게 된 빛난 세마포를 입은 자임이라(엡5:26~27).

성경은 물과 관련한 이야기라
생명체에 직결된 요소인 물은
더러움을 씻어 깨끗케 하기도 하니 곧 구별함이라.

우주를 둘러싼 윗물: 영계 하늘과 물리적 하늘(창1:2, 7)
물의 넘침(홍수) – 죄악 된 세상과 노아 가정(히11:7, 벧후3:6)
유브라데강 – 람족 아브람이 히브리(이브레) 조상 됨
얍복강 – 야곱이 이스라엘이 됨(창32:22, 28)
홍해 – 세상임금의 노예가 신민(神民) 됨이라(출19:6).

성소의 번제단에 피와 두멍에 물이 항상 있게 하심도(레4:7, 출40:7)
이스라엘의 죄를 태우고 씻는 일을 지속해야 함이었다.

요단강에서의 요한의 침례는
선민의식에 꽉 찬 자들을 물로 침례 줌으로
죄인임을 자백하게 했고(마3:11)
무죄하신 하나님의 아들 예수를 이스라엘에게 나타내
구별함이었다(요1:31).

예수께서 제자들의 발을 씻긴 사건은(요13:5~10)

씻김으로만 하나님과 죄인의 상관맺음의 도식(圖式)이었기에
그가 피와 물을 다 흘리고 죽으시며 다 이루었다 하셨으니(요19:34)
성전 된 자기 육체를 헐고 사흘 동안에 일으키려 하심이라(요2:19, 히9:10).
① 그의 피로 아버지를 섬기는 하늘성소를 깨끗케 하심(히9:23).
② 하늘성소를 더럽힌 사단 곧 마귀를 정죄하심(겔28:18).
③ 사람들의 죄를 씻기심이다(히9:22).

그는 부활하여 하늘보좌에 앉으시고(계22:3)
성령은 생수의 강같이 거기서 흘러내리니(요7:38)
그의 피로 목욕한 영혼들을 그의 말씀으로 발을 씻어(요13:5~10)
그리스도의 정결한 신부된 교회의 지체가 되게 하려 하심이다(엡5:21~32).

교회는 예수께서 피 뿌려 허락하신 세마포를
깨끗하게 보존하기 위하여(계19:7~8, 13)
목숨을 걸고 정권과 야합, 세상과 타협, 세속화를 배제하며(계20:4)
성도는 옳은 행실로
정결한 아내의 지체가 되기 위해(마5:14~16, 엡5:30, 계19:8)
말씀대로 침례를 받고, 말씀대로 발을 씻되(마28:19, 요14:24, 17:17)
육체적, 정욕적, 세상적, 마귀적인 악습을 끊고, 악행을 청산하니(약3:15)
신랑 되신 예수 그리스도께서 오실 때
공중으로 들려 올라가(고전15:23, 살전4:17)
마침내 마지막 강인 우주의 물을 통과하여(창1:2, 7)
생명수 강가에서 그의 얼굴을 보며 살려 함이다(계22:1~5).

오, 주여!
나!
악습, 미혹의 영들로 발목이 잡혀있는 불쌍한 영혼!
말씀 붙잡고 살려고 발버둥 치오니
주여, 도우소서.
우리 성도들도 도와주소서. 아멘.

23
교회는 만민이 기도하는 집

"진실로 너희에게 이르노니 무엇이든지 너희가 땅에서 매면 하늘에서도 매일 것이요 무엇이든지 땅에서 풀면 하늘에서도 풀리리라 진실로 다시 너희에게 이르노니 너희 중에 두 사람이 땅에서 합심하여 무엇이든지 구하면 하늘에 계신 내 아버지께서 저희를 위하여 이루게 하시리라 두세 사람이 내 이름으로 모인 곳에는 나도 그들 중에 있느니라"(마18:18~20)

"저희가 예루살렘에 들어가니라 예수께서 성전에 들어가사 성전 안에서 매매하는 자들을 내어 쫓으시며 돈 바꾸는 자들의 상과 비둘기 파는 자들의 의자를 둘러엎으시며 아무나 기구를 가지고 성전 안으로 지나다님을 허치 아니하시고 이에 가르쳐 이르시되 기록된바 내 집은 만민의 기도하는 집이라 칭함을 받으리라고 하지 아니하였느냐 너희는 강도의 굴혈을 만들었도다 하시매 대제사장들과 서기관들이 듣고 예수

를 어떻게 멸할까 하고 꾀하니 이는 무리가 다 그의 교훈을
기이히 여기므로 그를 두려워함일러라"(막11:15~18)

하나님은 신실하신 분입니다(신7:9). 그는 인생이 아니시므로 식언
(食言)치 않으시고 자기 이름을 위하여 계명을 지키는 자에게 반드시
언약을 이행하시는 분입니다(민23:19, 사56:7).

신앙은 그를 믿고 신뢰하는 것이요, 신앙생활은 계명에 순종하여 그
의 인애를 구하는 생활입니다.

하나님이 용서하지 못하는 죄는 율법을 어긴 죄가 아니라 예수 그리
스도를 믿지 않는 죄입니다(요3:18). 믿지 않는 자는 그리스도의 심판
대 앞에서 죄 없다 함을 받지 못합니다. 그를 믿고 말씀을 받아 지키면
하나님도 언약하신 바를 지켜주실 것입니다.

인간의 가치 등급은 신용도에 있다고 생각합니다. 자기 명예를 소중
히 여기는 사람은 어찌하든지 자기가 한 약속을 지키려고 노력합니다.
아무리 똑똑하고 유능한 사람이라도 신용이 없으면 무가치한 사람이
되고 맙니다. 만일 사람이 그러하다면, 하나님이 자기 명예를 위해 얼
마나 약속을 지키려고 하시겠습니까?

인간의 불행은 하나님의 말씀을 믿지 않으므로 시작되었습니다. 하
나님이 아담에게 '선악을 알게 하는 나무의 실과는 먹지 말라 네가 먹는
날에는 정녕 죽으리라' 하셨습니다(창2:17). 그런데 뱀의 말을 들은 하와
가 '설마 죽기야 하겠어?' 하고 먹었다가 영에 죽음이 들어온 것입니다.

그 후에도 인간들이 '설마?' 했다가 멸망당한 사건이 있습니다. 노아

때 하나님이 홍수로 심판하실 것을 예고하셨지만 노아의 여덟 식구 외에는 아무도 믿지 않았습니다. 세상 사람들도 그 소식을 들었지만 여전히 먹고 마시고 장가들고 시집가고 있으면서 홍수가 나서 멸망하는 순간까지 깨닫지 못했습니다(마24:38~39).

소돔과 고모라도 마찬가지입니다. 하나님이 성을 유황불로 진멸한다고 예고하셨지만 성안 사람들은 이를 무시했고 가장 가까운 사위들까지도 이를 농담으로 여겼습니다(창19:14). 결국 롯과 두 딸만 구원을 받고 나머지는 모두 유황불로 진멸당하고 말았습니다.

이스라엘 백성이 애굽에서 종살이를 하고 있을 때 하나님이 모세를 보내시고 애굽을 떠나라고 하셨습니다. 그들은 엄청난 이적을 보며 구사일생으로 애굽을 떠났고 홍해도 통과했습니다. 그럼에도 불구하고 끊임없이 불신하는 그들의 마음은 하나님을 노하시게 만들었습니다.

> "그뿐 아니라 하나님을 대적하여 말하기를 하나님이 광야에서 능히 식탁을 준비하시랴 저가 반석을 쳐서 물을 내시매 시내가 넘쳤거니와 또 능히 떡을 주시며 그 백성을 위하여 고기를 예비하시랴 하였도다 그러므로 여호와께서 듣고 노하심이여 야곱을 향하여 노가 맹렬하며 이스라엘을 향하여 노가 올랐으니 이는 하나님을 믿지 아니하며 그 구원을 의지하지 아니한 연고로다"(시78:19~22)

그들은 그 많은 이적을 보고도 하나님을 원망하다가 모두 광야에서 엎드려져 죽었습니다. 하나님은 이것을 자손 대대로 기억하도록 하기 위해 성소를 짓게 하셨습니다.

출애굽기 25장 21~22절에 "속죄소를 궤 위에 얹고 내가 네게 줄 증거판을 궤 속에 넣으라 거기서 내가 너와 만나고 속죄소 위 곧 증거궤 위에 있는 두 그룹 사이에서 내가 이스라엘 자손을 위하여 네게 명할 모든 일을 네게 이르리라"고 했습니다. 하나님이 지성소 안에 궤를 놓게 하시고 그곳에서 모세와 대제사장을 만나주시기로 약속하셨습니다.

하나님이 이스라엘 민족을 택하시고 대화의 장을 열기로 작정한 곳이 성소입니다. 그래서 모세가 회막 안에 들어갈 때 사람들이 그에게 환호했습니다. 이스라엘의 대표선수가 그곳에 들어가 그들을 위해 하나님과 대화할 것이라고 생각한 것입니다.

하나님은 모세를 친구와 같이 대하셨습니다(출33:11). 얼마나 부럽습니까? 그가 호렙산에서 하나님을 대면하고 40일 만에 내려왔을 때 그 얼굴이 얼마나 빛났던지 사람들이 그를 쳐다보기조차 두려워했습니다.

그런 모세도 영원히 살지는 못했습니다. 그는 요단강 건너기 전에 광야에서 죽었습니다. 그러나 하나님과 이스라엘 백성과의 대화가 끝나지 않은 것은 성막과 언약궤와 대제사장이 있었기 때문입니다.

그들이 가나안 땅에 들어간 후 예루살렘에 성전을 지었습니다. 성전은 '내 이름을 둘 만한 집'(왕상8:16), '여호와의 언약궤를 위한 처소'라고 일컬음 받았습니다(왕상8:21). 하나님의 이름이 있는 예루살렘성전은 하나님이 언약하신 것은 반드시 이행하신다는 것을 그들로 기억하게 했습니다.

솔로몬은 그 성전을 최고의 재료와 최고의 건축가를 동원해 13년 동안 지었습니다. 성전 낙성식 때 일천 번제를 드린 후 솔로몬은 담대하게 하나님께 기도했습니다. 원래는 대제사장만 지성소에 들어가서 하나님과 대화할 수 있었는데 그는 성전을 향해 기도했습니다.

> "주께서 전에 말씀하시기를 내 이름이 거기 있으리라 하신
> 곳 이 전을 향하여 주의 눈이 주야로 보옵시며 종이 이곳을
> 향하여 비는 기도를 들으시옵소서"(왕상8:29)

열왕기상 8장에는 이것이 여덟 번이나 나옵니다(왕상8:30~50). 성전을 향해서 기도하면, 임금인 자기가 기도해도 백성이 기도해도 들어달라고 했습니다.

기도의 내용은 범죄하여 전쟁에 지고 돌아오면 용서해주시고, 전염병이 돌면 막아 주시고, 가뭄이 들면 비를 내려 주시는 등 온갖 은혜를 다 베풀어달라는 것이었습니다.

이스라엘 백성들은 성전을 볼 때마다 그들의 헌신과 기도를 하나님이 받으셨다는 것을 믿었습니다. 그래서 담력을 얻었고 자부심도 있었습니다. 기도하면 전쟁이 나도 이길 것이고, 포로로 잡혀가도 반드시 귀환할 것이고, 가뭄이 들어도 비를 내려 주실 것이고, 죄를 범했다 할지라도 사해주실 것이라고 믿었습니다. 그러니 이스라엘 민족의 운명은 성전에 달려있는 것입니다.

그 성전 앞에 하나님의 아들이라고 자칭하는 이가 나타나서 '너희가 이 성전을 헐라' 하셨습니다. 예수의 발언은 유대인들을 흔들어댄 도발성 있는 발언이었습니다. 그래서 그를 살려두는 것이 그들 민족의 해(害)가 된다고 생각하게 되었습니다.

예수는 '헐라'고만 하신 것이 아니라 '너희가 헐면 내가 사흘 동안에 일으키리라'고 하셨습니다. 아니, 다시 세울 성전을 왜 헐어야 하는 것입니까? 이는 손으로 지은 성전을 말하는 것이 아니라 성전 된 자기 육체의 죽음을 말한 것입니다. 또 그가 다시 세울 성전은 그 몸의 부활을 말씀하신 것입니다. 이를 통해 이스라엘 백성뿐 아니라 만민이 예수 이름으로 기도하는 집을 세우겠다는 뜻이었습니다.

이스라엘 백성들은 '하나님은 이스라엘 백성의 기도만 들으신다'고 믿어왔습니다. 그래서 그들은 '이스라엘의 하나님 여호와여!'라고 기도했던 것입니다(왕상8:23). 예수는 의인이든지 악인이든지 혈통과 방언을 초월하여 예수 이름을 부르며 기도하는 집을 세우려 하신 것입니다.

하나님의 집은 기도하는 집입니다. 하나님은 어디에나 계시지만, 성전은 하나님 앞에 목소리를 상달시키는 창구입니다.

이사야서 56장 7절에 "내가 그를 나의 성산으로 인도하여 기도하는 내 집에서 그들을 기쁘게 할 것이며 그들의 번제와 희생은 나의 단에서 기꺼이 받게 되리니 이는 내 집은 만민의 기도하는 집이라 일컬음이 될 것임이라"고 했습니다. 하나님이 번제와 희생이라면 무조건 기뻐하시는 것이 아닙니다. 오히려 말라기 2장 3절에는 '너희 절기의 희생의 똥을 너희 얼굴에 바를 것이라'고 하셨습니다. 그리고 '너희가 내 단 위에 헛되이 불사르지 못하게 하기 위하여 너희 중에 성전 문을 닫을 자가 있었으면 좋겠도다'고까지 말씀하셨습니다(말1:10).

예수께서는 "너희가 내 안에 거하고 내 말이 너희 안에 거하면 무엇이든지 원하는 대로 구하라 그리하면 이루리라"고 말씀하셨습니다(요 15:7). 그리고 그는 "너희가 내 이름으로 무엇을 구하든지 내가 시행하리니 이는 아버지로 하여금 아들을 인하여 영광을 얻으시게 하려 함이라"고 하셨습니다(요14:13).

예수 그리스도의 말씀은 계명입니다. 기도를 하지 않는 사람에게는 이 말씀이 부담이 되겠지만, 기도를 유일한 탈출구로 아는 사람에게는 더 이상의 축복이 없습니다.

예수께서는 "진실로 너희에게 이르노니 무엇이든지 너희가 땅에서 매면 하늘에서도 매일 것이요 무엇이든지 땅에서 풀면 하늘에서도 풀리리라 진실로 다시 너희에게 이르노니 너희 중에 두 사람이 땅에서 합심하여 무엇이든지 구하면 하늘에 계신 내 아버지께서 저희를 위하여 이루게 하시리라 두세 사람이 내 이름으로 모인 곳에는 나도 그들 중에 있느니라"고 말씀하셨습니다(마18:18~20).

두세 사람이 예수 이름으로 모인 곳은 교회입니다. 언약궤가 항상 이스라엘의 진중에 있었던 것처럼 예수 이름으로 모인 무리 가운데 주님이 항상 함께 계십니다. 그러므로 두세 사람이 땅에서 합심하여 구하면 하늘에 계신 아버지께서 자기 이름의 명예를 걸고 이루어 주십니다. 물론 누가 어디서 기도하더라도 들으시지만, 예수 이름으로 모인 교회의 기도는 특별한 약속과 효력이 있습니다.

예수께서는 공생애 기간 동안 새벽 미명부터 기도하시고 밤새도록 기도하시고 길을 가시면서도 기도하셨습니다. 그는 전능하신 하나님 이심에도 불구하고 육체에 계실 때에 자기를 죽음에서 능히 구원하실 이에게 심한 통곡과 눈물로 간구와 소원을 올리셨습니다(히5:7). 그가 얼마나 간절히 기도하셨는지 땀방울이 핏방울같이 될 정도였습니다(눅 22:44).

그는 공생애 시작부터 끝까지 철저하게 기도에 매달려 사셨습니다. 마지막 죽는 순간에도 '아버지여, 내 영혼을 아버지 손에 부탁하나이다' 하고 아버지께 기도하셨습니다(눅23:46). 그는 본디 하나님이시지만 연약한 육체를 가진 인자의 때를 기도로 시작해서 기도로 마치셨습니다. 끊임없는 마귀의 공략을 이기기 위함입니다

마침내 그는 죽으셨습니다. 여기까지 승리하신 분이 십자가는 피할 수는 없었을까요? 그런데 그는 죽으시며 '다 이루었다'고 하셨습니다. 도대체 무엇을 다 이루었다고 하시는 것입니까?

첫째, 그는 아버지께서 그를 다시 살리실 것을 신뢰하고 자기 목숨을 내놓은 것입니다(요10:17~18). 아버지의 계명을 다 이루시고 신실하신 아버지께 자기 영혼과 육체를 맡기셨습니다.

둘째, 하나님의 말씀을 의심하게 한 마귀를 심판하셨습니다(창3:4, 요일3:8).

셋째, 그가 마지막 아담으로 죽으심으로 첫째 아담 곧 전 인류의 죄를 담당하시고 그의 피로 영혼들을 하나님의 자녀로 거듭나게 하셨습니다.

아버지는 사흘 만에 그를 다시 살리시고 하늘보좌에 앉히셨습니다. 그는 만왕의 왕이 되셨습니다. 보좌는 명령하는 자리입니다. 그가 명하시면 안 되는 일이 없는 자리, 무엇을 구하든지 들어줄 수 있는 자리에 앉아계신 것입니다. 할렐루야!

그가 승천하실 때 '몇 날이 못되어 성령을 보내줄 터이니 기다리라'고 하셨습니다. 처음에는 5백 명이 모여 기도하기 시작했습니다. 그런데 하루, 이틀, 사흘이 지나도 아무 소식이 없었습니다. 그래서 사람들은 하나둘씩 떠나기 시작했고 열흘이 지나자 380명이나 떠났습니다. 나머지 사람들은 초조함과 두려움을 이기고 기도에 전념했고, 드디어 열흘 만에 성령이 임하셨습니다(행1:14, 2:4).

교회는 이렇게 전적으로 기도에 힘쓸 때에 탄생한 것입니다. 마치 해산하는 여인이 진통 끝에 아이를 낳듯 두려움과 유혹을 뿌리치고 오로지 예수 그리스도의 약속에 매달려서 힘써 기도에 전념했을 때 드디어 성령이 강림하신 것이고 교회가 탄생한 것입니다.

교회는 만민이 기도하는 집입니다. 교회는 기도로 보존되고 기도로 성장하고 기도로 열매 맺는 곳입니다. 그래서 어떠한 환난이나 핍박이 온다 할지라도 그들은 서로 마음을 합하여 기도하는데 힘썼습니다.

초대교회는 환난과 핍박 속에서도 모이기를 힘썼고 서로 교제하며 떡을 떼며 기도에 전념했습니다(행2:40~42). 그들이 모여서 기도하고 나가서 복음을 전하니 귀신이 쫓겨나고 병이 낫는 이적이 나타남으로 하루에 3천 명씩이나 침례를 받았습니다. 그 원동력은 사도들이 말씀을 잘 전했기 때문이 아니라 그들이 모여서 한 기도에서 나온 것입니다(행4:27~31).

베드로는 나가서 복음을 전하고 기도할 때 비몽사몽간에 환상을 보았고(행11:5), 바울과 실라는 감옥에 갇혀서 기도하였던바 착고가 풀리고 옥문이 열렸습니다(행16:25~26). 할렐루야!

예수께서는 '시험에 들지 않도록 깨어 기도하라'고 하셨습니다(마26:41). 시험보다 더 큰 문제는 기도하지 않는 것입니다. 시험이 문제가 아니라 기도하지 않는 것이 문제입니다. 시험이 오면 '아, 전혀 기도에 힘쓰라는 신호구나'라고 알고 기도하면 얼마든지 이길 수 있습니다. 비록 당장 응답 받지 못한다 할지라도 그 기도는 이미 상달된 것입니다.

요한계시록 8장 3절에는 '성도의 기도들이 향연과 함께 보좌에 상달된다'고 기록하고 있습니다. 당장 자기의 원한을 들어주지 않는다고 낙심할 필요는 없습니다. 때로는 무응답이 응답입니다. 그래도 끝까지 포기하지 않고 회개하고 기도하면 반드시 응답을 받습니다.

성경은 "쉬지 말고 기도하라"고 말합니다(살전5:17). 기도는 어쩌다가 생각나면 하고 바쁘면 못하는 것이 아닙니다. 아무리 바빠도 밥은 먹습니다. 그런데 먹는 것보다 더 중요한 것이 기도하는 것입니다. 기도는 호흡입니다. 바쁘다고 호흡을 쉬는 사람이 있습니까?

'항상 기도하라, 무엇이든지 구하라, 시험에 들지 않도록 기도하라' 하니 기도가 부담스러울 수도 있습니다. 만일 '기도하라'는 계명과 약속이 없었다면 어떻게 살 수 있을까요? 예수께서 만일 '나를 믿으면 천국에 올 수 있는데 너희들이 알아서 와라' 하셨다면 어떻게 했을까요? 우리 앞에 펼쳐진 난관을 어떻게 헤쳐 나가며 어떻게 유혹을 이길 수 있을까요? 우리에게 기도하라는 계명을 주신 것이 얼마나 큰 은혜입니까?

기도에는 '내 이름으로 무엇을 구하든지 시행하리라'는 주님의 엄청난 약속이 있습니다(요14:13). 그럼에도 불구하고 기도하지 않는다면 마지막 날에 심판대 앞에 서게 될 것입니다(고후5:10).

다니엘은 기도를 금지하던 시대에 목숨을 걸고 기도했습니다. 그는 기도한 죄로 사자굴에 던져졌으나 사자의 입을 봉하고 살아나왔습니다(단6:10~23).

바울은 전도여행 중 어디를 가든지 기도할 처소를 찾았다고 했습니다. 예루살렘으로 돌아와서도 성전에서 기도했습니다(행22:17). 하나님은 어디에나 계시지만 그는 특별히 기도할 장소로 지은 집을 찾은 것입니다.

예수께서 '성전을 헐라' 하신 것은 기도가 불필요하다는 뜻이 아니라 이제 하나님은 '이스라엘의 하나님'만이 아니라는 뜻이요, 예루살렘성전이 기도하는 처소가 아니라는 뜻입니다. 성전 된 자기 몸이 죽음에서 일어남으로 이제 누구든지 예수 이름으로 기도할 처소를 세우시겠다는 뜻입니다.

꼭 교회당까지 와서 기도해야 합니까? 만일 성령 충만하면 집과 교회 중 어디서 기도하고 싶습니까? 교회입니다. 그렇지요? 교회는 만민이 기도하는 집입니다. 전적으로 기도에 힘쓸 수 있는 기도처소입니다. 감옥이나 병석에서 기도해도 들어주십니다. 그러나 중풍병자가 들것에 들려 예수 앞에 나아갔을 때 이적이 일어난 것처럼 교회를 사모하는 마음으로 나아와서 기도할 때 역사하는 힘이 큰 것입니다.

선지자 안나는 출가 후 7년 동안 남편과 함께 살다가 과부가 된 지 84년이라고 했습니다. 시집을 갔을 때의 나이를 합하면 아마 110세 쯤 되었을 것입니다. 그런데 그 여자는 84년 동안 성전을 떠나지 않고 주야로 금식하고 기도하며 하나님을 섬기더니 예수가 나타나신 것을 보았다고 했습니다(눅2:36~38).

우리는 기도와 섬기는 것을 별도로 생각하는데 기도로 하나님을 섬기는 것입니다. 장년부 어른들은 전도도 헌금도 못하고 별로 하는 일이 없으니 스스로를 쓸모가 없다고 생각하실지 모르지만 그렇지 않습니다. 장년부도 할 일이 있습니다. 안나같이 성전을 떠나지 않고 기도를 채우는 것입니다. 교회를 사랑하고 주의 나라의 확장을 위해 주의 종을 위해 기도하신다면 그분이 다시 오실 때 반드시 자신을 나타내주실 것입니다.

'도고'란 중보기도인데 남을 위해서 기도하는 것입니다(딤전2:1). 남을 위해서 하는 기도는 반드시 보상받습니다. 밤낮 자기 자식이나 잘 되는 것을 위해, 또 자기 자신을 위해서나 기도하는 것은 이방인의 구하는 것과 같다고 했습니다(마6:31~34). 우리는 교회를 위해서 기도하고 진리를 위해서, 주의 나라를 위해서 기도해야 합니다. 바울은 "형제들아 우리를 위하여 기도하라"고 말했습니다(살전5:25).

어떤 교회는 특별한 중보기도 팀을 운영하는 교회가 있습니다. 조에 기간 전후에 중보기도 팀의 역할은 중요합니다. 집회 기간 중에는 하루 24시간 계속해서 릴레이로 기도하는 것이 효과적입니다. 베드로가 옥에 갇혔을 때 교회가 그를 위해 전혀 기도에 힘쓰자 그가 옥에서 나오는 역사가 있었습니다(행 12:11~12). 귀신이 떠나가고 병을 고치는 역사가 일어나기 위해서는 중보기도가 필요합니다. 우리 중에 주의 종을 위해서 전적으로 기도를 자원하는 사람이 나와야 합니다.

가장 부러운 사람은 기도에 무절제한 사람입니다. 기도하기 시작하면 며칠이 지난지도 모르고 기도하는 분이 있었습니다. '티엘 오스번'이라는 목사인데 그는 엄청난 이적을 행했다고 합니다. 그는 어느 날 상담하러 찾아온 사람에게 적당한 답을 주기 위해 '기도 좀 하고 나오겠습니다' 하고 기도실에 들어갔습니다. 그런데 아무리 기다려도 목사님이 나오지 않자 찾아온 사람이 그냥 가버렸습니다. 나중에 목사님이 나와 보니 상담하러 온 사람이 없어 알아보니 그가 기도하러 들어간 지 벌써 사흘이나 지났다는 것입니다. 그는 시간을 느끼지 못하고 기도했던 것입니다.

저는 그분이 얼마나 부러운지 모릅니다. 나는 몇 시간 기도하면 옆구리가 터질 것 같고 무릎이 깨질 것 같습니다. 물론 기도하는 것이 싫은 것은 아니지만 아직도 시간을 느낍니다. 언제나 주님과 친구가 될 수 있을지…. 친구라면 밤새도록 얘기해도 시간 가는지 모르지 않겠습니까? 어떻게 하면 시간을 초월하여 미주알고주알 다 고하면서 그의 도움으로 살아갈 수 있을까? 그것을 위해서 기도합니다.

저의 모교회 담임 목사님은 10년 넘게 천막 집회를 하셨는데 자기를 위해 기도해 줄 사람이 필요함을 절감하여 교회를 개척했다고 합니다. 조용기 목사님이 세계적인 목회자가 되신 것도 목사님을 위한 중보기도팀 덕분인데 그들은 다른 기도는 하지 않고 오로지 목사님을 위해서만 기도한다고 합니다. 가장 부러운 목회자는 말씀과 사역을 위해서 전적으로 기도해주는 교인이 배후에 있는 것입니다.

우리는 안나처럼 몸을 잘 움직이지 못한다 할지라도 전혀 기도하는 사람이 되어야 합니다. 주 예수께서는 죄와 상관없이 그를 바라는 자에게 두 번째 나타나실 것입니다(히9:28). 주를 위하여, 교회를 위하여, 진리를 위하여 무절제하게 기도하는 성도들이 되시기를 예수 이름으로 축원합니다. 할렐루야!

교회는 만민이 기도하는 집

성경본문 (마18:18~20, 막11:15~18)

하나님은 신실하신 분이다(신7:9)
그는 식언(食言)하지 아니하시고(민23:19)
그의 계명을 지키는 자에게 그 언약을 이행하시는 분이다(사56:7).

신앙은 그를 신뢰함이요,
신앙생활은 기도를 계명으로 순종함으로 인애를 구하는 생활이다.

한 인간의 신용도가 언행일치 여부로 판단된다면,
하나님이 자기 명예를 위하여
얼마나 그 약속하신 바를 지키려 하실까 상상할 수 있다.

인류의 비극은 하나님의 말씀을 불신한 결과라.
아담의 범죄도 홍수심판도 소돔성의 멸망도
하나님의 말씀을 농담으로 여기다가 당한 결과였으니(창19:14)
광야에서 식탁을 준비하시리라고 하신 하나님의 약속을 비아냥대다가
식물을 입에 문채 엎드러져 죽은 이스라엘 사람들도 그러하다(시78:19~31).

출애굽 후 광야에서 이스라엘에게 짓게 하신 성소는
하나님과 대화의 장(場)이 열려 있음에 대한 언약이라.
하나님과 대면하여 말하던 모세는 죽었어도(출25:22, 33:11)
그 후손 대대로 하나님께 나아가 기도하는 집인바
하나님의 이름을 둔 집, 언약궤를 위한 처소(왕상8:16, 21)
곧 솔로몬이 지은 예루살렘성전을 향해
기도하는 행렬이 그치지 않았다(왕상8:27~30).

예수께서 성전을 헐라 내가 사흘 동안에 일으키리라 하심으로
유대인들에게 큰 충격을 주었으나(요2:19)
성전 된 자기 육체의 죽음과 부활로
이스라엘이 독점하는 하나님 여호와 이름이 아닌(왕상8:26)

만민이 예수 이름으로 기도하는 집을 지으려 하심이었다(막11:15~18).

그는 하나님의 아들이실지라도
육체에 계실 동안 전혀 기도에 힘쓰셨으니(히5:7)
새벽 미명, 한낮, 밤새도록, 겟세마네에서의 마지막 기도라.

그는 그 몸이 휘장같이 찢어져 죽으시며
다 이루었다 하셨으니(마27:51, 요19:30)
① 계명대로 죽으사 아버지께서 다시 살리실 것을 신뢰하심(요10:17~18).
② 하나님의 말씀을 의심하게 한 마귀를 심판하심(창3:4, 요일3:8).
③ 그 피로 인간의 죄를 구속하시고, 자녀로 낳으심이다(벧전1:18~19).

그는 부활승천하사 하늘 보좌에 앉으셨으니(계3:21)
무엇이든 명령하고, 무엇이든 능치 못하심이 없는 자리라.
몇 날이 못 되어 그가 약속하신 대로 성령을 보내셨으니(행1:5, 2:4)
마음을 같이하여 전혀 기도에 힘쓰는 무리 곧 교회에라(행1:14).

교회는 해산의 수고 같은 기도 속에 탄생한바
그리스도인은 예수 그리스도의 계명을 따라(요14:13~14)
낙심 중에도 기도하며, 위협 중에도 모여서 기도하며(마18:20, 눅18:1, 행4:27~31),
중보기도로 교회와 주의 종을 섬기는바(눅2:37, 행22:17, 딤전2:1)
예수 이름으로 모인 교회에서라.
죄와 상관없이 그를 바라는 자에게 주님은 두 번째 나타나신다(히9:28).

오, 주여!
가장 부러운 사람! 무절제한 기도의 사람!
가장 부러운 목회자!
그를 위한 중보기도 특공대를 거느린 목회자!
전도도 헌금도 못해도
안나같이 성전에서 기도하는 사람이 나오게 하옵소서. 아멘.

24
교회는 임마누엘

"예수 그리스도의 나심은 이러하니라 그 모친 마리아가 요셉과 정혼하고 동거하기 전에 성령으로 잉태된 것이 나타났더니 그 남편 요셉은 의로운 사람이라 저를 드러내지 아니하고 가만히 끊고자 하여 이 일을 생각할 때에 주의 사자가 현몽하여 가로되 다윗의 자손 요셉아 네 아내 마리아 데려오기를 무서워 말라 저에게 잉태된 자는 성령으로 된 것이라 아들을 낳으리니 이름을 예수라 하라 이는 그가 자기 백성을 저희 죄에서 구원할 자이심이라 하니라 이 모든 일의 된 것은 주께서 선지자로 하신 말씀을 이루려 하심이니 가라사대 보라 처녀가 잉태하여 아들을 낳을 것이요 그 이름은 임마누엘이라 하리라 하셨으니 이를 번역한즉 하나님이 우리와 함께 계시다 함이라 요셉이 잠을 깨어 일어나서 주의 사자의 분부대로 행하여 그 아내를 데려왔으나 아들을 낳기까지 동침치 아니하더니 낳으매 이름을 예수라 하니라"(마1:18~25)

"두세 사람이 내 이름으로 모인 곳에는 나도 그들 중에 있느
니라"(마18:20)

하나님은 살아 계신 분입니다(느9:5). 그는 살아 계시고 그는 산 자와
함께하시는 산 자의 하나님이십니다(마22:32).

신앙은 그를 알고 사모하는 것이요, 신앙생활은 마지막 날에 산 자로
발견되기 위해 산 자와 함께 사는 생활입니다(마22:32).

전쟁이나 큰 재난이 일어났을 때 모든 사람의 큰 관심은 '사상자(死
傷者)가 얼마냐? 또 사상자가 누구냐?'에 있습니다. 만일 아직도 생존자
가 있다고 확인되면 몇 십일이 걸려도 어떤 대가를 치르고라도 구조 활
동을 계속하지만 일단 죽었다고 판단되면 그 이상의 노력을 포기합니
다. 그런데 만일 어떤 사람이 치명상을 입고 건물 잔해에 깔려 있는데
죽은 줄 알고 다른 시체들과 함께 매장될 운명에 처했다면 그가 얼마나
구조되기를 바라겠습니까?

앞으로 우리 주 예수 그리스도께서 두 번째 오실 때 죽은 자는 마귀와
함께 영원한 불못에 던져집니다(마25:41, 계20:13~15). 그때 우리는 산
자로 판명되어야 합니다. 그러기 위해서는 산 자와 함께 있어야 합니다.

산 자란 죽은 자 가운데서 다시 살아나신 예수 그리스도를 말합니다.
그는 지금 교회와 함께 계십니다. 그래서 교회는 임마누엘입니다. 임마
누엘은 '하나님이 우리와 함께 계시다(God with us.)'는 뜻입니다. 교회
와 함께하면 우리도 영원히 삽니다.

하나님이 하나님의 형상대로 사람을 지으시고 그 코에 생기를 불어

넣어 생령 되게 하셨습니다. 하나님은 그와 함께 영원히 살게 하려는 계획 하에 사람을 생령 되게 하신 것입니다.

하나님이 아담에게 '동산 각종 나무의 실과는 임의로 먹되 선악을 알게 하는 나무의 실과는 먹지 말라 네가 먹는 날에는 정녕 죽으리라'고 말씀하셨습니다(창2:16~17). 여기서 '죽는다'는 말은 존재가 없어진다는 뜻이 아니라 '하나님과 같이 살 수 없게 되다'라는 뜻입니다.

그런데 마귀가 뱀을 타고 들어가 하나님과 사람 사이를 이간했습니다. '결코 죽지 않아. 먹으면 하나님 같이 된다' 하며 꾀므로 하와가 먹고 아담에게도 주어서 먹게 했습니다(창3:4~6). 하나님은 곧바로 그들을 동산 밖으로 내쫓으시고 동산을 화염검으로 두르셨습니다(창3:24). 계명을 어기는 순간 아담에게 사망이 들어옴으로 하나님은 아담과 함께하실 수 없게 된 것입니다. 아담의 육체는 살아있었지만 영은 죽었기 때문입니다.

그러나 하나님은 사람과 영원히 함께하실 계획이 있으셨기 때문에 아브라함을 부르시고 그의 본토를 떠나 하나님이 지시하시는 곳으로 가라고 하셨습니다. 그의 순종을 보시고 아브라함에게 100세 때 아들을 얻게 하셨습니다. 그 후 아브라함은 평생 하나님이 자기와 항상 함께 하신다는 믿음이 있었습니다. 하나님은 이삭에게 나타나셔서 '네 아비 아브라함의 하나님이라'고 자신을 소개하셨고(창26:24), 야곱에게는 '너의 조부 아브라함의 하나님, 이삭의 하나님'이라고 소개하셨습니다(창28:13~14). 그리고 그들 모두에게 공통적으로 '내가 너와 함께 있어 복을 주리라'고 말씀하셨습니다.

그래서 아브라함은 죽었으나 하나님은 살아계시고, 이삭도 죽었으나 하나님은 살아계시고, 야곱도 죽었으나 하나님은 살아계시다는 것이 이스라엘의 신앙이 되었습니다. 하나님은 그들 혈통과 항상 함께하셨습니다.

그 후 이스라엘 자손들이 400년이라는 긴 세월 동안 애굽에서 종살이를 하게 되었습니다. 그들이 하나님을 까맣게 잊고 있었을 때 하나님이 모세에게 나타나셨습니다. 그리고 '나는 네 조상의 하나님이니 아브라함의 하나님, 이삭의 하나님, 야곱의 하나님이니라... 내가 너를 바로에게 보내어 너로 내 백성 이스라엘 자손을 애굽에서 인도하여 내게 하리라' 하셨습니다(출3:6~10).

모세는 '내가 어찌 강대한 나라 애굽에서 이스라엘 자손을 인도해 낼 수 있겠는가?'라며 걱정했습니다. 그래서 '나는 입이 뻣뻣하고 혀가 둔한 자입니다' 하며 가기를 꺼려했습니다(출4:10). 하나님께서는 '내가 네 입과 그의 입에 함께 있어서 너의 행할 일을 가르치리라 그가 너를 대신하여 백성에게 말할 것이니 그는 네 입을 대신할 것이요 너는 그에게 하나님같이 되리라' 하셨습니다(출4:15~16). 모세는 그 약속을 믿고 애굽에 들어가게 되었고, 하나님이 함께하사 여러 가지 이적과 기사가 일어나자 바로는 손을 번쩍 들게 된 것입니다.

얼떨결에 모세를 따라 애굽을 떠난 이스라엘 백성들은 앞을 보니 캄캄했습니다. 앞에는 바다가 있고 뒤에서는 애굽 군대의 함성과 말발굽 소리가 들려왔습니다. 그때 하나님은 구름기둥과 불기둥으로 그들을 인도하시며 하나님이 그들과 함께하시는 표적을 보여주셨습니다. 그래서 그들은 담력을 얻고 바다로 걸어 들어갈 수 있었습니다.

그들이 홍해를 통과하고 광야에 이르자 하나님은 그들에게 성소를 짓게 하셨습니다(출25:8). 성전을 통해 하나님은 살아계시고 항상 그들과 함께하신다는 것을 기억하게 하신 것입니다. 그들은 유랑하면서도 항상 성소 중심으로 살았습니다.

한편 하나님은 그들에게 율법을 주셨습니다. 율법의 중심 계명은 모두 다 '하지 말라'는 것입니다. 그들이 계명을 지키려 하면 할수록 '오히려 나는 죽었다'고 고백하게 될 뿐이었습니다(롬7:9).

계명은 지뢰와 같습니다. 발로 밟고 있을 때는 터지지 않지만 발을 떼면 터집니다. 그러므로 한 번 걸리면 꼼짝 못하고 그대로 서 있어야 합니다. 계명도 이와 마찬가지입니다. 613가지나 되는 조항 중에 어떤 것을 밟을지 모르고 언제 폭발할지 모르는 것입니다. 이미 범한 자는 절망적이고 또 아직 범하지 않았다 할지라도 언제 범할지 모르는 것입니다. 오늘 살아있다 해도 그것이 산 것이 아닌 것입니다. 그들은 죄와 사망의 법에 갇혀 있는 것입니다.

이스라엘 민족은 모세 이후 예수 그리스도까지 1,500년 동안 율법에 매어 있었습니다. 그들이 율법을 통해 깨달은 것은 그들 조상은 죽었지만 하나님은 여전히 살아계시고 그들이 지금 살았다 하더라도 언제 죽을지 모른다는 사실입니다.

그런 가운데 하나님의 아들 예수 그리스도께서 오셨습니다. 요셉과 정혼한 마리아가 아직 처녀로 있었을 때였습니다(마1:18). 정혼이란 결혼하기로 작정한 여자를 미리 집으로 데려와서 행실이 좋은지 나쁜지

불꽃같은 눈으로 지켜보는 기간입니다. 그런데 천사가 요셉에게 나타나서 마리아에게 아들이 잉태되었음을 일러주었습니다(마1:20). 성령으로 잉태되었다는 것입니다. 이는 청천벽력 같은 소리였습니다.

예수는 성령으로 말씀이 육신이 되어 오신 분입니다. 말씀(Logos)은 하나님의 자기 계시로 하나님이 자신을 나타내주시는 방법입니다. 요한복음 1장 1절에 "태초에 말씀이 계시니라 이 말씀이 하나님과 함께 계셨으니 이 말씀은 곧 하나님이시니라"고 했고, 14절에는 "말씀이 육신이 되어 우리 가운데 거하시매 우리가 그 영광을 보니 아버지의 독생자의 영광이요 은혜와 진리가 충만하더라"고 했습니다.

예수가 하나님과 함께 계셨을 때를 '말씀'이라 하고 예수가 사람으로 나타나셨을 때를 '독생자'라고 합니다. 또 하나님이 사람과 함께 계실 때를 '임마누엘'이라 하고, 하나님이 사람을 죄와 사망에서 구원하러 오셨을 때 그 이름을 '예수'라고 하는 것입니다(마1:21). 하나님이 사람으로 오신 이유는 사람을 죄와 사망에서 구원하시려고 임마누엘하신 것입니다. 그는 사람 속에 사람 같이 오신 분입니다.

예수께서 공생애를 시작한지 얼마 안 되어 그는 성전 앞에 가서 '너희가 이 성전을 헐라' 하셨습니다. 만일 그가 빌라도 궁 앞에 가서 '빌라도 정권은 물러가라, 로마제국은 물러가라!' 했더라면 유대사람들은 그를 계속 지지했을 것입니다. 유대인들은 예수가 그 능력을 가지고 로마정권을 타도하고 이스라엘을 회복시키기를 원했기 때문입니다.

그런데 예수는 "나를 보내신 이가 나와 함께하시도다 내가 항상 그의 기뻐하시는 일을 행하므로 나를 혼자 두지 아니하셨느니라" 하시면서 그를 죽이려는 음모가 진행되고 있음을 아시면서도 계속 아버지의 일을 진행하셨습니다(요8:29).

제자들은 예수와 함께하는 생활이 너무 재미있고 신이 났습니다. 귀신도 쫓아보고 병도 고치고 죽은 자를 살리는 등 여러 가지 이적을 체험하다보니 가정도 생업도 뒤로 했습니다. 그런 제자들에게 예수께서는 자기는 얼마 안 있으면 아버지께 갈 것을 말씀하셨습니다. 그가 가야 보혜사가 오시고, 보혜사가 오시면 그들과 영원히 함께하실 것이라고 말씀하셨습니다(요14:16, 16:7). 제자들은 보혜사에는 관심 없고 주님과 같이 있기를 원했습니다.

예수께서는 주로 가난하고 병들고 소외된 자들과 함께 계셨습니다. 그가 '여우도 굴이 있고 새도 둥지가 있지만 인자는 머리 둘 곳이 없다'고 하신 말씀은 마치 그가 신세타령을 하는 것같이 들리기도 했습니다(마8:20). 그래서 예수의 변형하신 장면을 목도한 베드로가 즉시 주를 위하여 초막을 짓겠다는 말까지 한 것입니다. 이는 예수를 오해한 것입니다. 예수는 이 세상에 오래 머물 계획이 없으셨던 것입니다.

예수와 함께 지상에서 이루고 싶었던 꿈이 좌절되자 그를 파는 제자가 나왔고 결국 그를 죽음에 넘겨주게 된 것입니다.

그는 마지막 숨을 거두시면서 '다 이루었다' 하셨습니다. 그러면 무엇을 다 이루셨을까요?

첫째, 그는 인자로 오신 목적을 다 마치셨습니다. 그래서 '아버지여 내 영혼을 아버지 손에 부탁하나이다' 하신 것입니다(눅23:46). 이제 그에게 아버지와 함께 영원히 사는 일만 남은 것입니다.

둘째, 죄의 원흉 마귀를 심판하셨습니다. 아담에게 죽음을 안겨주어 사망권세자 된 마귀는 그를 사망으로 죽였지만, 예수는 사망으로 사망 권세를 박멸하신 것입니다(히2:14).

셋째, 그가 사람같이, 죄인같이 죽으시므로 인류를 죄와 사망의 법에서 구속하셨습니다(마20:28). 인류의 죗값을 치러주신 것입니다.

이에 아버지는 그를 다시 살리시고 하늘보좌에 앉히셨습니다. 그리고 그에게 산 자와 죽은 자를 심판하는 일을 맡기셨습니다(딤후4:1). 그가 아버지 계명대로 권세로 죽으시고 권세로 다시 사셨기 때문에 산 자와 죽은 자를 심판하시는 권세가 있게 된 것입니다(요5:21~22, 10:18).

죽음으로 인해 다시는 주님을 볼 수 없을 것이라고 상심하던 제자들이 살아나신 예수를 보고 얼마나 기뻤겠습니까? 이제 다시는 그를 떠나지 않으리라고 다짐하고 있었는데 그가 하늘로 올라가셨습니다. 제자들은 또 얼마나 섭섭했겠습니까? '이제는 진짜 마지막이구나' 하고 하늘을 멍하니 보고 있었을 것입니다. 그때 '하늘로 올리우신 예수는 하늘로 가심을 본 그대로 오시리라'는 천사의 말과 '내가 세상 끝 날까지 너희와 항상 함께 있으리라'는 주님의 말씀은 그들의 발목을 잡았습니다(행1:11, 마28:20).

주님이 승천하실 때 목격자가 500명이 있었습니다. 그런데 열흘이 지나자 120명만 남았습니다. 얼마나 썰렁했겠습니까? 우리 교회도 예전에 한꺼번에 열 명이 교회를 떠난 적이 있는데 그렇게 썰렁할 수가 없었습니다. 한 사람씩 떠날 때 남아있던 사람들은 매우 초조했을 것입니다. 하루 이틀 시간이 지나면서 안절부절 못하고 있었는데 드디어 열흘째 되는 날 성령이 오셨습니다.

성령이 임하시자 그들은 갑자기 방언을 말했습니다. 혼자만 하는 것이 아니라 무리 모두가 방언을 말했습니다. 드디어 성령이 임한 것을 확인할 수 있었습니다. 주님의 얼굴은 보이지 않지만 예수의 영이 그들과 함께하실 때, 그들은 얼마나 기뻤는지 마치 술 취한 사람들 같았다고 했습니다. 그뿐만 아니라 그들 자신도 살았다는 증거를 받은 것이 너무나 기뻤습니다.

> "내가 아버지께 구하겠으니 그가 또 다른 보혜사를 너희에게 주사 영원토록 너희와 함께 있게 하시리니 저는 진리의 영이라 세상은 능히 저를 받지 못하나니 이는 저를 보지도 못하고 알지도 못함이라 그러나 너희는 저를 아나니 저는 너희와 함께 거하심이요 또 너희 속에 계시겠음이라 내가 너희를 고아와 같이 버려 두지 아니하고 너희에게로 오리라 조금 있으면 세상은 다시 나를 보지 못할 터이로되 너희는 나를 보리니 이는 내가 살았고 너희도 살겠음이라 그날에는 내가 아버지 안에, 너희가 내 안에, 내가 너희 안에 있는 것을 너희가 알리라"(요14:16~20)

'내가 너희 안에'는 '성령이 너희 안에'라는 말이고, '너희가 내 안에'란 '너희가 교회 안에'란 말입니다. 성령이 교회 안에 들어오신 것입니다.

'내가 살았고 너희도 살겠음이라'는 말씀이 중요합니다. 성령은 예수 그리스도의 살아있음을 증거하고 나 영이 살았음을 증거하십니다. 그 표적이 방언인 것입니다.

예수의 초림은 작은 땅 베들레헴에서 있었습니다. 예수는 자기 땅에 오셨으나 아무도 환영하지 않았습니다. 그러나 그가 성령으로 자기의 피로 사신 교회에 임하셨을 때는 영혼이 산 자들의 열렬한 환영을 받으셨습니다.

얼마 전까지만 해도 세 번이나 주님을 부인했던 베드로가 성령을 받자 완전히 변했습니다. 이제는 주님이 항상 그와 함께하신다는 것을 알았기에 담대하게 복음을 증거했습니다.

교회는 임마누엘입니다. 이는 하나님이 교회와 함께하신다는 뜻입니다. 산 자의 하나님이 산 자와 함께하시는 곳이 교회입니다. 예수 그리스도가 처녀의 몸에서 태어나시고 죽으셨다가 부활하셨다는 사실을 성령으로 알지 못하는 사람은 평생 교회에 다녀도 죽은 자입니다. 교회에 다닌 지 몇 주 안 되도 이 사실을 믿는 자는 최소한 산 자는 되는 것입니다.

만일 산 자가 되었다면 누구와 같이 있어야 하겠습니까? 기쁘든지 슬프든지 항상 교회와 함께 있어야 합니다. 교회는 예수의 몸이기 때문입니다. 민물고기는 민물에서 살아야 하고 바닷고기는 바다에서 살아야 하듯이 영혼이 산 자는 산 자와 함께 있어야 합니다. 그래야 살 맛이 나고 살 힘이 나는 것입니다.

초대교회는 목숨을 내놓고 신앙생활을 했습니다. 예수 이름으로 모이는 것이 발각나면 당장에 잡혀가 죽임을 당했습니다. 사도 야고보는 칼로 목이 잘려 죽었습니다. 그래도 그들은 비밀 장소에 모여 예배를 드렸고 헤어질 때는 '♬ 우리 다시 만날 때까지 ♩ ~ 하나님이 함께 계셔 ♪~' 하며 다시 만날 날을 기약했습니다. 사실 그들에게 다시 만날 기약은 없었습니다.

'아무개는 잡혀가서 죽었어요', '누구는 변절했어요' 하는 소식이 들릴 때 그들의 마음이 얼마나 철렁했겠습니까? 또 그 중에 옥에 갇힌 자는 얼마나 모임을 사모했겠습니까? 그래도 예수의 영이 그들과 함께하시기에 그들은 절망하지 않았습니다(행16:7). 베드로가 옥에 갇혔을 때는 교회가 합심 기도하여 옥문이 열렸고 그가 교회와 다시 합류했을 때 그들은 얼싸안고 눈물을 흘리며 기뻐했습니다.

오늘날도 세상은 온갖 유혹과 핍박과 고난으로 그리스도인들을 교회에서 분리시키려고 합니다. 그러나 영혼이 산 자는 기쁘나 슬프나 교회를 찾습니다. 아무리 힘들고 어려워도 유일한 피난처인 교회와 함께합니다. 그리고 돌아와서는 예수 이름으로 귀신을 쫓은 이야기, 하나님이 그들과 함께하신 이야기를 간증합니다.

세상에서는 연말연시를 가족과 함께 보냅니다. 우리 중에는 그렇지 못한 성도들이 많이 있습니다. 신분문제 때문에 여러 해 동안 이산가족이 된 분들이 많습니다. 그러나 결코 외롭지 않습니다. 그리스도 안에서 형제자매들과 함께 주님 아버지 예수의 얼굴을 뵙는 시간이 가장 행복한 시간입니다. 나 영혼이 곤하고 힘이 없을 때 교회에 돌아오면 다시 힘을 얻습니다. 어떠한 핍박도 고난도 이길 수 있는 것입니다(롬8:35).

우리 교회는 자체 예배당이 없어서 이곳저곳을 전전하며 예배드리던 때가 있었습니다. 드디어 예배당을 구입하여 들어왔을 때 얼마나 기뻤는지 모릅니다. 성도들이 아무 때나 돌아올 곳이 생겼기 때문입니다. 주일이 아니더라도 교회당에만 들어와도 살 것 같지 않습니까? 하나님이 교회에 함께하시기 때문입니다. 교회는 살아계신 하나님의 현재성입니다.

교회는 나 영혼이 환영 받고 대우 받고 고침 받고 힘을 얻고 활개를 칠 수 있는 곳입니다. 하늘 아버지 집에 갈 때까지, 이 땅에 있는 동안 나는 교회를 사모하고 사모할 것입니다. 이 감격이 항상 살아있기를 예수 이름으로 축원합니다.

교회는 임마누엘

성경본문 (마1:18~25, 마18:20)

하나님은 살아계신 분이다(느9:5).
그의 존재가 확실히 살아계시고
그는 산 자와 함께하시는 산 자의 하나님이시다(마22:32).

신앙은 그를 알고 사모함이요,
신앙생활은 마지막 날에 산 자로 발견되기 위해
산 자들과 함께 사는 생활이다.

전쟁, 큰 재난 중에 가장 큰 관심은 사상자(死傷者)라.
산 자로 판명되면 데려감을 당하고 죽은 자로 판명되면 버려둠을 당하듯
마지막 날에 영혼이 죽은 자는
마귀와 함께 영원한 불못에 던져진다(마25:41, 계20:13~15).

생령인 인류 조상 아담은
하나님과 함께 영원히 살도록 지음 받았으나(창2:7)
에덴동산에서 쫓겨나고 다시는 돌아갈 수 없도록
화염검이 둘러쳐졌으니(창3:4~6, 24)
마귀의 꾐에 빠져 범죄하므로 하나님과 결별함이다.

성경에 아브라함의 하나님, 이삭의 하나님, 야곱의 하나님이라 함은(출3:6)
아브라함도 이삭도 야곱도 죽었으나 하나님은 살아계심이라(창26:24, 28:13~14).

모세는 하나님이 그와 함께하심으로 이스라엘을 애굽에서 해방시켰고(출4:12)
그 표적인 불기둥, 구름기둥이 그들을 인도했다(출13:21~22).

성소는 그들 중에 계시는 하나님을 기억하게 하나(출25:8)
그들은 계명으로 인한 죄와 사망 때문에 두려움에 갇혀 살았다(롬7:9, 24).

예수께서 성전을 헐라 사흘 동안에 일으키리라 하심은
성전 된 자기 육체의 죽음과 부활로(요2:19)

산 자와 영원히 함께하려 하심이니
그의 나심은 성령으로 된 것임인바(마1:18, 20)
그는 하나님과 함께하시던 말씀이(요1:1)
사람과 함께하시려고
사람같이 사람을 통해 육신으로 오심이다(마1:23, 빌2:7).

그는 종종 죄인과 함께하심으로 사람들에게 의심을 받고(마9:11)
자기의 죽음을 재촉하는 언사를 발하셨으니(요13:21, 27)
그가 가면 산 자와 영원히 함께하실 보혜사를 보내려 하심이었다(요14:16, 16:7).

그가 죄인들 틈에 끼어 죽으시며 다 이루었다 하심은(눅23:33, 요19:30)
① 아버지의 계명대로 사람 되어 오신 일을 죽음으로 마치심(요10:18).
② 죄의 원흉 사망권세자를 심판하심(히2:14, 요일3:8).
③ 죄인같이 죽으사 사람의 죄를 대속하심이다(마20:28).

그는 부활 후
산 자와 죽은 자를 심판하는 보좌에 앉으시고(딤후4:1)
성령이 오신 것은
그의 피로 산 자들의 모임인 교회와(행2:1~4)
세상 끝 날까지 함께하시기 위함이다(마28:20).

교회는 하나님이 함께하신 현장, 그 현재성(現在性)이라.
성도는 주님이 다시 오실 때
교회와 함께 들림 받기 위해 담대히 나가 복음을 전하고
슬프든지 힘들든지 어렵든지 교회로 달려오니
교회와 함께함이 가장 행복하기 때문이다.

오, 주여!
우리 눈에,
하나님도 예수님도 성령님도 보이지 아니하나
교회가 보이니 감사합니다!
어떤 핍박이나 시험이 오든 교회를 떠나지 않게 하옵시고
우리 형제자매, 영혼이 산 자들과 힘차게 살게 하옵소서. 아멘.

25
교회는 기뻐하심을 입은 자들 중의 평화

"이는 한 아기가 우리에게 났고 한 아들을 우리에게 주신 바 되었는데 그 어깨에는 정사를 메었고 그 이름은 기묘자라, 모사라, 전능하신 하나님이라, 영존하시는 아버지라, 평강의 왕이라 할 것임이라 그 정사와 평강의 더함이 무궁하며 또 다윗의 위에 앉아서 그 나라를 굳게 세우고 자금 이후 영원 토록 공평과 정의로 그것을 보존하실 것이라 만군의 여호와 의 열심이 이를 이루시리라"(사9:6~7)

"그 지경에 목자들이 밖에서 밤에 자기 양떼를 지키더니 주 의 사자가 곁에 서고 주의 영광이 저희를 두루 비취매 크게 무서워하는지라 천사가 이르되 무서워 말라 보라 내가 온 백 성에게 미칠 큰 기쁨의 좋은 소식을 너희에게 전하노라 오늘 날 다윗의 동네에 너희를 위하여 구주가 나셨으니 곧 그리스 도 주시니라 너희가 가서 강보에 싸여 구유에 누인 아기를

보리니 이것이 너희에게 표적이니라 하더니 홀연히 허다한
천군이 그 천사와 함께 있어 하나님을 찬송하여 가로되 지극
히 높은 곳에서는 하나님께 영광이요 땅에서는 기뻐하심을
입은 사람들 중에 평화로다 하니라"(눅2:8~14)

하나님은 평강의 하나님이십니다(롬15:33). 그 안에 평강이 있고 그
로부터 평강이 나오고 그를 의지하는 자를 평강에서 평강으로 지키시
는 분입니다(사26:3).

신앙은 그를 사모하고 그를 전폭적으로 의지하는 것이요, 신앙생활
은 그가 기뻐하시는 자 속에서 평안을 누리며 평화의 사신이 되는 생활
입니다(골3:15, 고후5:20, 사52:7).

예수께서 침례 받으시고 물위로 올라오실 때 하늘에서 '이는 내 사랑
하는 아들이요 내 기뻐하는 자라'는 소리가 있었습니다(마3:17). 하나
님은 세상의 출세한 자를 보고 기뻐하시지 않습니다. 하나님은 그리스
도의 복된 소식을 듣고 기뻐하는 자들을 보고 기뻐하십니다.

평화란 히브리어로 '샬롬(שלום)'입니다. 전쟁과 분쟁이 있는 지역에
서 가장 필요한 것은 무엇보다 평화입니다. 모든 사람들은 다 평화를 원
합니다. 그런데 세상에는 평화가 없습니다. 이라크전은 종식되었다고
하지만 지금도 매일 미군들이 죽어가고 있습니다. 사람마다 근심과 걱
정이 없는 사람이 없습니다. 두려움, 공포, 스트레스, 강박관념 등은 문
화와 문명이 발달할수록 점점 더 심해지고 있습니다.

한국은 자살 공화국이라 할 정도로 많은 사람들이 자기 목숨을 끊고

있습니다. 자살률이 세계 제2위라고 합니다. 이유는 생활고 때문이 아니라 불안과 공포를 도무지 떨쳐버리지 못하기 때문입니다. 너무 괴롭다 못해 자살이라는 돌파구를 선택하지만 그들은 그 후에 있을 더 무섭고 영원한 공포를 몰라서 잘못 취한 행동입니다.

사회적인 문제, 경제적인 문제, 가정적인 문제 등으로 자괴감이나 열등의식이 생기면 그것들이 마음의 평안을 빼앗습니다. 이것은 인류가 풀어야 할 영원한 숙제입니다. 그래서 이를 해결하려고 종교에 귀의하기도 하고 술을 마시고 마약도 하지만 완전한 평화를 얻지 못합니다.

많은 사람들은 잘 먹고 적당히 운동하고 또 명상의 시간을 가지는 것을 무병장수의 비결이라고 권합니다. 하기야 꾸준히 참선하고 요가를 하는 사람들 중 장수하는 사람이 많습니다.

그리스도인은 매일 아침 예수 이름으로 기도하고 방언을 하며 생명과 평안을 누립니다. 예수 이름에는 생명과 평안이 있기 때문에 그 이름만 생각하면 마음이 평안해집니다. 어떠한 환경에서도 요동치 않는 놀라운 평화가 있음을 체험합니다.

> "나 여호와가 말하노라 너희를 향한 나의 생각은 내가 아나
> 니 재앙이 아니라 곧 평안이요 너희 장래에 소망을 주려 하
> 는 생각이라"(렘29:11)

인간이 발전시킨 문화와 과학은 갈수록 인류의 평안을 위협하고 있습니다. 대량살상무기는 나날이 발전하고 핵을 보유하려는 나라는 나

날이 늘어가고 있습니다. 언제 터질지 모르는 전쟁의 위협은 지구 도처에 도사리고 있습니다.

그런데 전쟁이 있으면 평화를 사모하게 됩니다. 전쟁 경험이 없는 세대는 평화의 소중함도 모르고 평화를 사모하지 않습니다.

원래 전쟁은 영계 하늘에서 시작되었습니다(계12:7~9). 하나님을 섬겨야 할 루시엘 천사장이 마음에 이르기를 '내가 하늘에 올라 하나님의 뭇별 위에 나의 보좌를 높이리라 내가 북극 집회의 산 위에 좌정하리라 가장 높은 구름에 올라 지극히 높은 자와 비기리라' 했습니다(사14:13~14). 그래서 하나님은 그를 형벌하시기 위해 음부 곧 우주에 가두셨습니다. 어떤 피조물도 그런 마음을 먹지 못하게 하시려고 본을 삼으신 것입니다.

죄의 원흉이 있는 한, 죄가 있는 한, 마귀가 있는 한 우주 안에 평화가 있을 수 없습니다. 겉으로 보기에 평화스러운 환경이라도 진정한 평안은 없는 것입니다.

하나님이 아담을 지으시고 너무나 살기 좋은 에덴동산에 두셨습니다. 그런데 '동산 중앙에 있는 선악과는 먹지 말라 네가 먹는 날에는 정녕 죽으리라' 하셨습니다(창2:17). '먹으면 죽으리라'는 덫이 깔려 있는 것입니다. 언제 밟아서 덮칠지 모르는 불안이 도사리고 있었던 것입니다. 그러니까 에덴동산은 영원한 평화의 동산이 아니었습니다.

아니나 다를까 뱀이 마귀의 사주를 받아 '결코 죽지 않는다'고 하와를 꾀었습니다. 하와가 먹고 남편에게도 주어서 먹게 했습니다.

하나님은 그들을 동산에서 내쫓으셨습니다. 그때부터 인류의 불행이 본격적으로 시작되었습니다. 동생을 돌로 쳐 죽인 가인은 누군가가 자기를 죽일지도 모른다는 강박관념에 사로잡혀있음을 고백했습니다. 그리고 그들이 수고하여 농사를 지어도 땅은 가시덤불과 엉겅퀴를 냈습니다. 실망감과 배신감에 불안과 두려움이 인류를 엄습한 것입니다.

믿음의 조상 아브라함에게 조카 롯이 있었는데 그가 살고 있는 땅에서 전쟁이 났습니다. 아브라함은 롯을 구출하고 돌아오는 길에 만난 살렘 왕 멜기세덱에게 노획물 중 십분의 일을 드렸습니다(창14:17~20). 살렘 왕은 평강의 왕입니다. 그가 전쟁에서 평안히 돌아온 것과 앞으로도 계속 평강의 복을 받으려 십일조를 드린 것입니다(히7:1~2).

그 후 하나님은 그 후손들이 어떠한 위경에 처해도 마침내 구원하셨습니다. 종살이로 고역이 목에 찬 이스라엘 자손들이 부르짖자 하나님께서 모세를 보내 애굽에서 이끌어내셨습니다. 하나님은 그 조상 아브라함과 이삭과 야곱에게 약속하신 것을 기억하신 것입니다.

그들이 천신만고(千辛萬苦) 끝에 애굽을 빠져나와 마침내 들어간 곳은 광야였습니다. 그곳은 에덴동산이 아니었습니다. 그들은 불평 원망을 하기 시작했습니다. 그들은 하늘에서 내리는 만나와 반석에서 나는 물을 먹고 마시며 살았습니다. 의복과 신발은 40년 내내 똑같았고 너무 단조롭고 지루한 삶을 살았습니다. 그것은 애굽에서 길들여진 문화를 씻어내려는 하나님의 의도였습니다.

하나님은 그들에게 구름기둥과 불기둥을 따라가게 하셨습니다. 이에 원망하고 불평한 사람들은 모두 광야에서 엎드러져 죽었지만 여호수아와 갈렙은 믿음으로 가나안 땅에 들어갔습니다.

하나님이 그들에게 성소를 짓게 하셨습니다. 성소 안에 언약궤를 두게 하셨는데 언약궤는 하나님을 의지하는 자에게 평강에서 평강으로 지켜주겠다는 증표입니다. 실제로 그들이 대적과의 싸움에서 하나님을 전폭적으로 의지하면 승리하는 경험을 하게 했습니다.

그들이 요단강을 건너 가나안 땅에 들어가 정착했을 때 하나님은 성전을 짓게 하셨습니다. 다윗이 성전 짓기를 소원했지만 하나님은 그의 아들 솔로몬에게 짓게 하셨습니다. 다윗은 전쟁에서 피를 많이 흘린 자였기 때문입니다.

역대상 22장 9절에 "한 아들이 네게서 나리니 저는 평강의 사람이라 내가 저로 사면 모든 대적에게서 평강하게 하리라 그 이름을 솔로몬이라 하리니 이는 내가 저의 생전에 평안과 안정을 이스라엘에게 줄 것임이니라" 했습니다. '솔로몬'이란 '평강의 사람'이라는 뜻입니다. 다윗처럼 전쟁하는 왕이 아니라 그 생전에 전쟁을 모르는 평강의 왕에게 하나님은 예루살렘성전을 짓게 하신 것입니다.

예루살렘은 히브리어로 '이레 살롬(ירְאֶה שָׁלוֹם)'으로 '약속된 평화'라는 뜻입니다. 하나님이 예루살렘에 성전을 짓게 하신 것은 그들을 평화로 지켜주시려는 것입니다. 그래서 그들은 예루살렘성전만 바라보아도 마음에 평안이 있었습니다. 시편 122편 6절에 "예루살렘을 위하여 평안을 구하라 예루살렘을 사랑하는 자는 형통하리로다" 했습니다.

그렇다고 그 후에 전쟁이 없었습니까? 주변국들로부터 끊임없는 침략이 있었고 전쟁에 져서 포로로 끌려갔지만, 예루살렘을 위해 평안을 비는 자는 마침내 형통할 것을 믿었습니다. 그래서 전쟁 중에도 포로로 끌려갔어도 예루살렘성전을 향해 평안을 빌었습니다. 예루살렘성전이야말로 유대인들의 피난처입니다.

그 성전 앞에 예수께서 나타나서서 '너희가 이 성전을 헐라 내가 사흘 동안에 일으키리라' 하신 것입니다. 그의 말씀은 성전 된 자기 육체의 죽음과 부활로, 특정 민족에게 약속한 일시의 평안을 폐하고 이제는 모든 민족에게 영원하고 완전한 평화를 주시겠다는 뜻이었습니다.

평강의 왕이 다윗의 위에서 나오고 그 왕은 예루살렘 성문으로 들어온다는 선지자의 예언 때문에 유대인은 다윗의 혈통을 예의주시하고 있었고 예루살렘 성에 관심을 쏟고 있었습니다(시122:6).

한편 "그가 찔림은 우리의 허물을 인함이요 그가 상함은 우리의 죄악을 인함이라 그가 징계를 받음으로 우리가 평화를 누리고 그가 채찍에 맞음으로 우리가 나음을 입었도다"라는 예언이 있습니다(사53:5). 이사야는 메시야가 평강의 왕으로 오실 것과 고난을 당하실 것, 두 가지를 예언했습니다. 그러나 유대인들은 이 예언에서 '그'는 어떤 '특정인'이 아니라 '자기 민족'을 말하는 것이라고 여겼습니다.

예수가 나실 때 "천사가 이르되 무서워 말라 보라 내가 온 백성에게 미칠 큰 기쁨의 좋은 소식을 너희에게 전하노라 오늘날 다윗의 동네에 너희를 위하여 구주가 나셨으니 곧 그리스도 주시니라"고 했습니다(눅2:10~11). 드디어 그리스도 곧 권세자가 사람으로 오셨으니 패배자같이 당하며 인류를 구원하러 오셨다는 뜻입니다.

하나님은 영광의 주시기에 패배란 없고 승리만 있는 전능자이십니다. 하나님의 아들 예수는 죽을 권세와 살 권세를 가지신 권세자로 오셨습니다(요10:18). 그는 그 권세를 사용하셔서 패배자 같이 죽으시고 인류가 그토록 원하는 평화를 주시려는 것입니다.

예수께서 제자들에게 "평안을 너희에게 끼치노니 곧 나의 평안을 너희에게 주노라 내가 너희에게 주는 것은 세상이 주는 것 같지 아니하니라 너희는 마음에 근심도 말고 두려워하지도 말라"고 하셨습니다(요14:27). 세상이 주는 평안은 순간뿐인지라 다시 불안이 옵니다. 심지어 어떤 사람은 '만사가 너무 잘 되니까 오히려 불안하다'고 말합니다. 맞습니다. 그 평안은 영원하지 않기 때문입니다. 예수가 주시는 평안만이 영원합니다.

또한 예수께서는 "이것을 너희에게 이름은 너희로 내 안에서 평안을 누리게 하려 함이라 세상에서는 너희가 환난을 당하나 담대하라 내가 세상을 이기었노라 하시니라"고 하셨습니다(요16:33). 지금은 주님이 함께 있기 때문에 제자들이 평안을 누리고 있지만 곧 평안을 빼앗길 날이 올 것을 아시고 미리 하신 말씀입니다.

예수께서 죽으시기 전날 밤 겟세마네 동산에서 기도하실 때 심히 고민하셨습니다. '내 아버지여 만일 할 만하시거든 이 잔을 내게서 지나가게 하옵소서 그러나 나의 원대로 마옵시고 아버지의 원대로 하옵소서'라며 힘써 기도하셨습니다(마26:39). 그도 육체가 있기 때문에 죽음 앞에서 고민하시고 슬퍼하셨지만 아버지의 원대로 되기를 힘써 기도하셨습니다. 기도를 마치신 후 아버지가 주시는 평안으로 충만하여 담대히 그의 때를 맞이하신 것입니다.

정권자들은 예수를 살려두었다가는 민란이 일어날 것 같아서 죽이는데 합의했습니다. 예수께서 십자가를 지셨을 때 사람들이 그를 조롱했지만 그는 전혀 불안해하거나 후회하지 않으셨습니다.

백성들은 '유대인의 왕이여 평안할지어다. 네가 메시야이면 십자가에서 내려와라. 너 스스로 너를 구원해 보라' 하면서 자칭 메시야의 초라한 몰골을 비웃었습니다. '왕이 손을 들어 백성에게 평안을 빌기만 해도 백성들은 환호성을 지르는데 이게 무슨 꼴이냐?'란 뜻입니다. 그래서 가시 면류관을 머리에 씌우고 갈대를 그 오른손에 들려주고 희롱하고 그에게 침을 뱉었습니다(마27:29~30).

그는 십자가에 달려 죽으시면서 '다 이루었다'고 하셨습니다. 무엇을 다 이루었다고 하신 것일까요?

첫째, 그의 어깨에 멘 십자가는 정사 곧 권세였습니다(사9:6). 그는 죽을 권세로 죽으시며 평강의 아버지께 영혼을 맡기셨습니다(눅23:46). 그 고통 중에도 평안이 흔들리지 않았습니다.

둘째, 인류에게 죄와 사망, 불안과 공포를 안겨 준 마귀를 심판하셨습니다(요일3:8).

셋째, 그는 패배자 같이 죽었으나 그의 죽음은 평강을 주러 오신 왕의 권세, 곧 무기였던 것입니다. 그 머리에 가시가 박힐 때, 인간의 패배감과 자괴감, 열등감 등의 저주가 그 몸으로 옮겨졌습니다(벧전2:24). 면류관의 가시는 저주인 것입니다.

죽으신지 사흘 만에 아버지께서 그를 다시 살리셨습니다. 제자들이 두려워서 한 곳에 모여 문을 닫고 있었는데, 예수께서 들어오시더니 '너희에게 평강이 있을찌어다' 하셨습니다(요20:19). 이 말씀은 부활하신 평강의 왕의 첫 번째 메시지입니다. 바로 인류를 향한 예수 그리스도의 축복인 것입니다.

그는 하늘에 오르셔서 보좌에 앉아계십니다. 그 보좌로부터 생명수 강이 흘러내리고 있습니다(계22:1~2). 생명과 평안은 어린양의 보좌로 부터 흘러나옴을 말합니다

예수 승천 후 몇 날이 못 되어 성령이 강림하셨는데 두려워 떨고 있던 무리 속에 임하셨습니다. 골로새서 3장 15절에 "그리스도의 평강이 너희 마음을 주장하게 하라 평강을 위하여 너희가 한 몸으로 부르심을 받았나니…"라고 했습니다. 성령은 평안으로 매는 줄로 성도들을 하나 되게 하십니다(엡4:3).

초대교회 당시 그리스도인들이 예수 이름을 전하고 가르치면 당장 핍박이 왔습니다. 성령께서 그들을 한 몸으로 부르신 것은 평안을 주려는 것입니다. 제각기 뿔뿔이 흩어져 있으면 불안과 공포에 휩싸이게 되어 있습니다. 그리스도인들의 믿음을 보존해주시기 위해 한 몸으로 부르시고 성령으로 하나 되게 하신 것입니다. 곧 교회로 모아 주신 것입니다.

교회에서 예배를 드리면 평안이 있습니다. 예수 이름만 불러도 불안과 초조가 떠나고 심령에 강 같은 평화가 넘칩니다. 세상에서 받은 스트레스가 다 사라집니다. 예수 이름은 어떤 결박도 풀어지게 하는 능력이 있기 때문입니다. 할렐루야!

오늘 성탄절이라고 하는 날, 우리는 평강의 왕 예수 그리스도 앞에 나왔습니다. 그는 어깨에 정사를 메고 사망 권세를 이기고 승리하심으로

인간 최고의 문제인 사망을 해결하셨습니다. 그리스도인은 걱정이나 두려움이 없어야 합니다. 오늘은 괜찮은데 내일을 생각하면 불안하십니까? 그리스도인들은 오늘이라는 하루만 사는 사람입니다. 만일 내일 여전히 살면 전도하고, 혹 죽으면 천당에 가면 됩니다.

바울은 환상에서 본 하늘의 평안이 너무나 엄청나서 말로 표현할 수 없다고 했습니다(고후12:4). 세상일과 가정일에 실패하고 육체에 병까지 들었다 할지라도 영혼에 예수의 보혈이 있는 사람이라면 평안을 잃지 말아야 합니다. 비록 발은 땅을 밟고 있어도 눈은 하늘을 바라봐야 합니다.

그러면 이 평안을 어디서 얻을 수 있습니까? 교회입니다. 교회밖에 없습니다. 어떤 사람은 우리 교회에 오면 말씀이 너무 세서 불안하다고 말합니다. 교회에 가면 마음이 편안해야 하는데, 뭐가 잘못된 것이 아니냐고 힐문합니다. 제가 성경 이외에, 또 예수 이외에 다른 말씀을 전하지 않았는데 왜 불안합니까? 영생을 얻기 위해 자기 십자가를 지라는 것이 부담스럽습니까? 생명이 부담스럽습니까? 생명과 평화는 한 샘에서 나옵니다. 예수의 말씀은 생명입니다(요6:63). 저는 예수에 관한 한 어떤 말씀을 듣든지 전하든지 나 영혼이 평안함을 느낍니다. 만일 예수 이름으로 기도하고 전도하고 봉사하고 모든 악습을 청산했는데 아직도 마음이 불안하다면, 그것은 귀신입니다. 귀신이 떠날 때가 되어 안절부절 못하는 것입니다.

교회 안에서 진정한 평안을 맛 본 사람은 아직도 불안과 공포로 떨고 있는 불쌍한 사람들을 찾아갑니다. 평화의 사신이 되어 예수의 평안을 선포합니다. 육신의 생각은 사망이요, 영의 생각은 생명과 평안입니다.

저는 만일 예수께서 2천 년 전에 오시지 않았더라면 '나는 오늘날 과연 무엇이 되었을까?' 하고 종종 생각합니다. 아마 진작 미쳤든지 자살했을 것 같습니다. 나는 젊었을 때 이미 인생무상을 절감하고 눈물을 흘렸던 자요, 온몸에 성한 곳 하나 없이 병들었던 자였습니다. 게다가 대인공포증으로 사람을 만나는 것조차 두려워했습니다. 불안으로 잠 못 이룬 적이 한두 번이 아닙니다. 인생 패배자였습니다. 내가 예수를 만나지 않았더라면 이 평안을 어디서 얻을 수 있었을까요? 나는 우리 주 예수 그리스도께서 육체로 오신 것을 진심으로 환영합니다. 나 같은 사람을 위해 그가 육체로 친히 고난당하시고 고민하신 것을 진심으로 감사합니다. 평강의 왕이 이 땅에 오시고 우리 교회 안에 계신 것을 감사합니다.

우리가 예배를 마치고 교회를 떠나는 순간 마귀는 기다렸다는 듯이 온갖 수단을 다 동원해 우리의 평안을 빼앗으려 할 것입니다. 마귀와 세상은 그들에게 없는 우리의 평안을 몹시 시기합니다. 우리는 예배에서 누린 이 평안을 세상에 나아가서 뺏기지 말아야 합니다. 어떤 환난을 당해도 평안을 잃지 않고 세상을 이기시기를 예수 이름으로 축원합니다.

교회는 기뻐하심을 입은 자들 중의 평화

설교요약

성경본문 (사9:6~7, 눅2:8~14)

하나님은 평강의 하나님이시다(롬15:33).
그 안에 평강이 있고
그를 의지하는 자에게 평강에서 평강으로 지키시는 분이다(사26:3).

신앙은 평화를 사모함이요,
신앙생활은 한 몸으로 부르심을 받은
그의 기뻐하는 교회에서 평강을 누리며
평화의 사신이 되어 세상으로 나가는 생활이다(골3:15, 고후5:20).

전쟁, 테러 공포에 싸인 사람들에게 평화 이상 중대한 것이 없고
경제문제, 가정문제, 신병, 패배감, 열등감, 죄의식 등으로
불안, 번민, 강박감에 시달리는 사람들에게
평안 이상 바랄 것이 없으나 요원(遙遠)한 것은
우주는 심판, 종말, 재앙의 날을 기다리는 장소로(벧후2:4, 유6)
하늘에서 쫓겨난 천사들과의 영적 전쟁이 있음이다(사14:12~15, 겔28:12~17).

에덴도 완벽하게 평화로운 동산이 아니었기에
선악과 금령과 뱀이 있었고(창2:17, 3:1, 24)
아담은 마귀의 꾐에 속아 범죄하여 쫓겨났고
그 결과는 가시덤불이었으니
실망, 배신감, 패배라(창3:4~6, 18).

믿음의 조상 아브라함은 승전 후
귀향길에 만난 살렘 왕, 평강의 왕에게
그 노획물 일체의 십분의 일을 바치고 복 빎을 받았으니
평강이라(창14:17~20, 히7:6).

종살이의 고역으로 인해 그 후손 이스라엘의 탄식 소리가
하나님께 상달되었고(출2:23~25)
그들로 광야에 짓게 하신 언약궤를 의지할 때

그들은 평탄한 행보를 하였다(출25:8, 수6:6~7, 20).

평강의 사람 솔로몬에 의해 지어진 예루살렘(약속된 평화)성전은(대상22:9~10)
전쟁, 포로생활 등이 계속되어도 그곳을 향해 기도하는 자를 형통케 하였기에(시122:6)
예수께서 나타나사 '성전을 헐라' 하신 말씀은 그들을 격분하게 했다(마26:61).

예수의 나심은 인류에게 큰 기쁨의 소식이라(눅2:8~14).
선지자 이사야의 예언한 바대로 처녀에게서 아기로 나신바(사9:6~7)
그 어깨에 정사를 멘 평강의 왕으로 오셨으나
그가 찔리고, 상하고, 징계 받고, 채찍 맞고, 당하는 패배자가 되심이니(사53:5)
세상에서 줄 수 없는 평강을 인류에 주려 하심이다(요14:27, 16:33).

그는 조롱당하며 십자가에 달려 죽으시며 다 이루었다 하셨으니(요19:3, 30)
① 평강의 아버지께 영혼을 맡기심(눅23:46, 빌2:11).
② 불안 조성자 죄의 원흉 마귀를 심판하심(요일3:8).
③ 그가 찔리심으로 사람의 죄, 사망, 불안을 그 몸으로 옮기심이다(벧전2:24).

그의 부활 후 제자들을 향한 제일성은 평강을 비심이요(요20:19),
그는 승천 후 보좌에 앉으셨으니 영원한 평강의 왕이 되심이라.
그가 보내신 성령은 평강을 강같이 부어주셨으니
믿는 자의 영혼과 교회에라(요7:38, 계22:1~2).

성도는 예배, 찬양, 설교, 회개, 기도 등에서
세상에서 얻지 못하는 평안을 얻는지라.
세상에서 환난, 핍박, 협박, 고난, 실패를 당하면 당할수록 모이며
세상에 나가 기쁜 소식을 전하는 평화의 사신으로 흩어진다(사52:7, 롬10:15).

오, 주여!
죽으면 천당! 살면 전도!
우리!
내일 일을 미리 염려하지 말게 하옵시고
오늘 하루만 살게 하사
생명과 평안이 넘치게 하옵소서(렘29:11). 아멘.

26

교회는 경기하는 운동장

"내가 복음을 위하여 모든 것을 행함은 복음에 참예하고자
함이라 운동장에서 달음질하는 자들이 다 달아날찌라도 오
직 상 얻는 자는 하나인줄을 너희가 알지 못하느냐 너희도
얻도록 이와 같이 달음질하라 이기기를 다투는 자마다 모든
일에 절제하나니 저희는 썩을 면류관을 얻고자 하되 우리는
썩지 아니할 것을 얻고자 하노라 그러므로 내가 달음질하기
를 향방 없는 것 같이 아니하고 싸우기를 허공을 치는 것같
이 아니하여 내가 내 몸을 쳐 복종하게 함은 내가 남에게 전
파한 후에 자기가 도리어 버림이 될까 두려워함이로라"(고
전9:23~27)

하나님은 상 주시는 분입니다(히11:6). 그는 행한 대로 갚으시고 또
그를 찾는 자에게 상 주시는 분입니다.

신앙은 마치 어린아이가 아버지의 심부름을 하고 상을 기대하는 것

처럼 그를 액면 그대로 믿는 것입니다. 신앙생활은 그리스도 예수 안에서 하나님이 위에서 부르신 부름의 상을 얻기 위해 그가 지정한 운동장에서 선한 경쟁을 하는 생활입니다(빌3:14, 딤후4:7).

예수 그리스도는 상 줄 자에게 상 주시고 벌 줄 자를 벌하시기 위해 반드시 재림하십니다. 그 날과 그 시는 알 수 없으나 그는 반드시 오십니다. 그날이 언제 들이닥칠지 모르기 때문에 우리는 항상 깨어 준비하고 있어야 합니다.

각 학교에서는 학년말이 되면 전교생 앞에서 개근상과 우등상을 시상합니다. 그동안의 수고에 대해 보상하는 것입니다. 그때 자기 이름을 부름 받은 학생은 신이 나서 강단위로 달려 나갑니다.

'위에서 부르신 부름의 상(The prize of the upward call)'이란 '아무개야!' 하고 부름 받는 그 자체가 상이라는 말입니다. 그가 다시 오실 때 천사장의 나팔 소리와 함께 큰 호령소리가 있을 것입니다. 큰소리로 상 주실 자의 이름을 부르실 것입니다. 그때는 면류관을 쓴 정결한 신부가 어린양의 혼인잔치에 나아가기 위해 공중으로 들려올라갈 것입니다. 이것이 바로 첫째 부활이요, 위에서 부르신 부름의 상입니다. 이 상을 받기 위해서는 그가 인정하는 운동장에서 선한 싸움을 해야 합니다.

"내가 선한 싸움을 싸우고 나의 달려갈 길을 마치고 믿음을 지켰으니 이제 후로는 나를 위하여 의의 면류관이 예비되었으므로 주 곧 의로우신 재판장이 그날에 내게 주실 것이니 내게만 아니라 주의 나타나심을 사모하는 모든 자에

게니라"(딤후4:7~8)

선한 싸움을 싸우고 달려갈 길을 마친 자에게만 의의 면류관이 주어집니다. 경기에 이기려면 최선을 다해 싸워야 하되 경기규칙을 엄수해야 합니다. 명선수가 되기 위해서는 천부적인 자질도 중요하지만 피나는 훈련으로 신체를 단련해야 합니다. 음식도 잠도 체중도 조절해야 합니다. 코치에게 야단도 맞고 때로는 기합도 받아가면서 강훈련을 받습니다. 드디어 야망을 품고 경기에 출전합니다. 그러나 챔피언이 되는 것은 하늘의 별따기입니다.

시상과 관계없이도 시간과 물질과 청춘을 바쳐가며 경기출전을 포기하지 않는 사람들이 있습니다. 자기 한계에 도전하는 자들입니다. 어찌했든 이를 통해 국민체력이 향상되고 건전한 국민생활을 함양시키는데 운동경기의 목적이 있는 것 같습니다.

어떤 종목은 경기에 소요되는 시간이 불과 몇 초도 안 되는 종목이 있습니다. 4년에 한 번 있는 올림픽 경기에서 입상하려고 그것도 그 짧은 순간을 위해 선수들은 4년 내내 쉬지 않고 훈련에 훈련을 거듭합니다. 중국의 체조선수들은 5살적부터 집을 떠나 단체훈련을 받는다고 합니다. 훈련이 너무 힘들어 우는 어린아이의 모습이 텔레비전에 방영된 적이 있는데 이건 너무하다 싶었습니다.

그들은 썩을 면류관을 위해 그렇게 열심히 합니다. 우리 그리스도인은 썩지 않을 면류관을 바라보고 하는 것입니다. 그렇다면 얼마나 더 열심히 해야 하겠습니까?

지금 예배하는 시간도 경기하는 시간입니다. 찬양하는 시간이 즐겁고 신나는 것은 보좌에 앉으신 예수 그리스도와 천군천사가 우리를 지켜보고 있기 때문입니다. 저는 한 주일 동안 이 시간만 즐겁고 나머지 시간은 모두 죽을 맛입니다. 새벽부터 나와서 장시간 기도하고 교인들 때문에 걱정하고 목회 때문에 항상 고민합니다. 주님은 반드시 오실 것을 믿기 때문에 어찌하면 더 부지런히 더 많이 일할 수 있을까를 고민합니다.

하나님은 영적 존재로 천사와 사람을 지으셨습니다. 천사는 육체가 없으므로 수고할 필요가 없고 고난도 없습니다. 그러기에 그들에게는 보상이 없습니다. 종은 잘못하면 형벌하고, 잘하면 'OK!'로 끝나지 종에게 사례하지 않습니다(눅17:9).

사람은 천사와 달리 육체로 인한 약점을 가지고 있습니다. 그래서 하나님은 사람에게는 믿음으로 마음과 뜻과 목숨을 다해 경주하게 하셨습니다. 이는 보상하시려는 것이었습니다.

골로새서 3장 24절에 "이는 유업의 상을 주께 받을 줄 앎이니 너희는 주 그리스도를 섬기느니라"고 했는데, 보상의 내용은 유업입니다. 유업을 기업(inheritance)이라고도 하는데, 하나님은 천사에게 하늘보좌를 약속하지 않으시고, 육체의 장애물을 가지고도 기록적인 경기를 마치고 개선하는 인간에게 하늘 보좌를 약속하신 것입니다. 우리는 사람으로 태어난 것만으로도 감사해야 합니다.

인류조상 아담은 하늘에서 보좌를 탈취하려다 음부에 갇힌 마귀의 말을 듣고 범죄한 후 마귀의 종이 되어버렸습니다. 하나님은 그들을 에덴동산에서 쫓아내셨습니다.

그 후 하나님이 아브람을 부르시고 '나는 너의 방패요 너의 지극히 큰 상급이니라'고 말씀하셨습니다(창15:1). 하나님은 보상하시는 이라는 뜻입니다. 그때 아브람은 '내게 무엇을 주시려고 하십니까?'라고 여쭈었습니다. 아브람은 복의 약속을 받고 고향을 떠났지만 아직까지 아무것도 보이게 나타난 것이 없었던 것입니다. 하나님은 그에게 후사가 있을 것과 그 후손이 번성할 것과 땅을 기업으로 주실 것에 대해 약속하시면서 그의 이름을 아브라함이라고 하셨습니다. 그의 믿음에 대한 보상입니다(창15:4~7).

그 후손 요셉이 애굽으로 팔려가게 되었고 나중에는 70명이나 되는 전 가족이 따라 들어가 애굽의 종이 되었습니다. 애굽에 들어간 지 430년 만에 하나님이 모세를 부르시고 '나는 네 조상 아브라함의 하나님이로라'고 말씀하셨습니다(출3:6). 여기서 '아브라함의 하나님'이라고 하신 것은 아브라함의 후손에게 보상하시려는 하나님의 의지를 담고 있는 것입니다.

하나님은 유월절 밤 어린 양의 피를 인방과 좌우 문설주에 바르게 하시고 애굽의 모든 장자들이 죽는 재앙에서 그들을 보호해주셨습니다. 그리고 애굽을 떠나 천신만고 끝에 가나안 땅으로 들어가게 했습니다. 물론 그곳에 이미 다른 민족이 살고 있었지만 그 땅을 그들의 믿음의 대가로 허락하신 것입니다. 그 후 전쟁이 나도 지켜주시고 포로로 끌려가도 다시 돌아오게 해주셨습니다.

하나님은 이를 기념하기 위해서 성소를 짓게 하셨습니다. 그들은 민족의 번성과 가나안 땅을 보장받기 위해 성소를 중심으로 살았습니다.

그 성소 앞에 하나님의 아들 예수 그리스도께서 나타나시고 '이 성전을 헐라 내가 사흘 동안에 일으키리라' 하셨습니다. 이제는 누구든지 믿는 자에게 보상하시되 세상의 땅이 아니라 영원한 하늘나라를 보상하신다는 말씀입니다. 보상의 수준이 엄청나게 격상된 것입니다.

예수께서는 "이기는 그에게는 내가 내 보좌에 함께 앉게 하여 주기를 내가 이기고 아버지 보좌에 함께 앉은 것과 같이 하리라"고 하셨습니다(계3:21). 예수와 함께 보좌에 앉고 예수와 함께 면류관도 쓰게 해주신다는 것입니다. '자녀이면 또한 후사 곧 하나님의 후사요 그리스도와 함께한 후사'라는 말씀이 있습니다(롬8:17). 그리스도와 똑같은 수준의 보상을 말하는 것입니다.

또한 그는 "선지자의 이름으로 선지자를 영접하는 자는 선지자의 상을 받을 것이요 의인의 이름으로 의인을 영접하는 자는 의인의 상을 받을 것이요 또 누구든지 제자의 이름으로 이 소자 중 하나에게 냉수 한 그릇이라도 주는 자는 내가 진실로 너희에게 이르노니 그 사람이 결단코 상을 잃지 아니하리라 하시니라"고 말씀하셨습니다(마10:41~42). 선지자를 섬기면 선지자가 받는 상을, 의인을 대접하면 의인이 받는 상을, 제자를 영접하면 제자가 받는 상을 받는 것입니다. 냉수 한 그릇이라도 결단코 상을 잃지 않는다는 약속입니다.

한국에서 양장점을 하고 있는 집사님이 저에게 옷을 만들어줍니다. 이제 그만하라고 말려도 자기는 전도도 못하고 기도도 잘 못하니 옷이라도 만들어서 상을 받아야 한다며 철철이 보내주고 있습니다. 저는 옷을 입을 때마다 제가 받을 상을 그 집사님도 받고 내가 가는 곳에 이 옷이 따라가듯 그 집사님도 가게 해달라고 기도합니다.

"나를 인하여 너희를 욕하고 핍박하고 거짓으로 너희를 거스려 모든 악한 말을 할 때에는 너희에게 복이 있나니 기뻐하고 즐거워하라 하늘에서 너희의 상이 큼이라 너희 전에 있던 선지자들을 이같이 핍박하였느니라" 하신 말씀처럼 복음으로 인해 이단이란 욕을 들으면 우리는 기뻐하고 즐거워해야 합니다(마5:11~12). 상 받을 기회이기 때문입니다.

이단 시비를 피하기 위해 반박하거나 투쟁하거나 타협할 필요가 없습니다. 그대로 내버려 두어야 합니다. 오히려 핍박을 받으면 기뻐해야 합니다. 교회부흥과 새신자 정착에 지장이 있더라도 구차히 피할 필요는 없습니다. 만일 은혜를 받은 자라면 가족이 이단이니 광신도니 하며 손찌검을 한다 해도 구차히 피하지 말아야 합니다. 핍박을 받으면 복이 있나니, 매 맞을 때마다 점수가 올라갑니다. 만일 이를 인해 죽임을 당하면 확실하게 첫째 부활에 참예합니다.

예수께서는 "너희가 너희를 사랑하는 자를 사랑하면 무슨 상이 있으리요 세리도 이같이 아니하느냐"고 말씀하셨습니다(마5:46). 너무 가난하여 전혀 갚을 것이 없는 자에게 베풀면 오히려 상이 있다는 말씀입니다.

또 "너는 구제할 때에 오른손의 하는 것을 왼손이 모르게 하여 네 구제함이 은밀하게 하라 은밀한 중에 보시는 너의 아버지가 갚으시리라"고 하셨습니다(마6:3~4). 사람들에게 칭찬 받으려고 나팔을 불지 말고 하나님의 칭찬만을 바라고 섬기면 상을 잃지 않는다는 것입니다.

사람들은 예수께서 행하시는 능한 일과 이적을 보고 그를 왕 삼으려 했습니다. 그러나 예수께서는 오히려 도망가셨습니다. 그는 세상에서 보상 받기를 원치 않으시고 하늘에서 보상 받기를 원하셨습니다.

그가 왕만 되시면 나라의 주권도 회복하고 수고하며 물고기를 잡거나 농사지을 필요가 없을 텐데 그는 도무지 묵묵부답이셨습니다. 이에 실망한 백성들은 그를 죽는 자리에 넘겨주었습니다.

그는 십자가에서 죽으시면서 '다 이루었다' 하셨습니다. 무엇을 다 이루셨을까요?

첫째, 인자로서 믿음의 경주를 완주하심으로 하늘보좌 상속권을 획득하셨습니다(요10:17, 히12:2). 그는 부활의 보상을 위해 육체라는 악조건을 가지고 죽으심으로 승리하셨습니다.

둘째, 사망을 무기로 사용하심으로 보좌를 사취하려던 사망권세자 마귀를 심판하셨습니다(히2:14).

셋째, 피 뿌림의 대가로 영혼들을 보상으로 받으셨습니다(계5:9). 후에 이를 믿는 자들이 그를 '주여', '왕이시여' 할 것이니, 눈물을 흘리며 씨를 뿌리는 자는 기쁨으로 걷는 이치인 것입니다(시126:5~6).

그는 세상이라는 경기장에서 승리하시고 하늘보좌와 면류관을 획득하셨습니다. 그리고 하늘과 땅의 모든 권세를 장악하신 것입니다(마28:18).

그는 유감없이 죽으셨고 아버지는 사흘 만에 그를 다시 살리셨습니다. 부활하신 몸이 바로 승리의 면류관입니다. 아무도 빼앗을 수 없고 도전할 수 없는 완전하고 영원한 면류관입니다. 생명의 권세로 사망 권세를 이기신 후 의로우신 재판장이 되셨습니다(딤후4:8). 주님은 운동장을 마련하시고 심판장으로 앉아계시고 천사들로 관전하게 하셨습니다(고전4:9).

교회는 선한 경기를 하는 운동장입니다. 교인들끼리, 교회들끼리 칭찬 받는 교인, 칭찬받는 교회가 되려고 경쟁하고 있습니다.

선한 경기는 남을 끌어내리고 남에게 해를 끼치는 것이 아니라 선한 목적을 위해서 선한 방법으로 최선을 다하는 것입니다. 이를 위해 시간과 물질과 지식과 경험을 총동원하는 것입니다.

마라톤 선수는 남을 의식하지 않는다고 합니다. 30킬로미터를 넘게 달린 선수는 이미 제 정신이 아니라고 합니다. 경주자들의 첫째 목표는 사력을 다해 완주하는 것이고, 둘째 목표는 좋은 기록을 내는 것입니다. 선수들은 호된 훈련에 의해서 자동적으로 움직이는 것이라고 합니다.

신앙생활은 절대로 도중하차하지 말아야 합니다. '저 사람은 제자가 되겠구나. 저 사람은 순교하겠구나'라고 생각될 정도로 은혜받아 교회가 떠들썩할 정도로 충만한 사람이 있습니다. 그런데 3년이 지나니 시들해집니다. 그러다가 10년이 되니 더 이상 못 가겠다고 쓰러져 버립니다. 달려갈 길을 마치려면 처음 열심을 유지해야 합니다. 숨이 막히고 눈이 빠지는 것 같고 죽는 것 같아도 계속 달려야 합니다. 속도가 떨어졌다는 말은 침륜에 빠졌다는 표시입니다(히10:39).

기도를 중단하면 슬럼프에 빠집니다. 기도 중단은 영적 투쟁에서 기권이라고 외치는 것입니다. 모이는 것이 귀찮아지고 부담스럽다면 이미 슬럼프에 빠진 것입니다. 아무리 유명한 선수라도 일단 슬럼프에 빠지면 회복하기 매우 힘듭니다. 영적 생활은 이보다 훨씬 더 심각합니다. 미혹의 영들이 총출동하여 역사하면 영적 질식 상태에 빠집니다. 나는 그런 사람이 회복하는 경우를 본 적이 거의 없습니다. 그러므로 죽는 한이 있어도 사두마차(四頭馬車)에 묶인 말처럼 교회라는 조직에 묶여서 함께 달려야 합니다.

우리 교회는 하루도 쉬는 날이 없을 정도로 행사가 많습니다. 성경 읽기 대회, 구역 모임, 전도 모임, 헌신예배, 구역찬양경연대회, 조에 선교 등으로 일 년이 정신없이 돌아갑니다. 이는 주님이 오실 때 우리 이름을 불러주시기 위해서 성령께서 강하게 몰아치시기 때문입니다. 만일 말 네 마리 중 한 마리가 넘어지면 나머지 세 마리가 일으켜 세워야 합니다. 안 되면 업고라도 뛰어야 합니다. 그래서라도 달려갈 길을 마쳐야 합니다.

또 경기하는 자는 법대로 해야 합니다. 영적 싸움을 선한 경쟁이라고 하는 것은 세상의 경쟁과 다르기 때문입니다. 세상에서는 높아지려고 경쟁하지만 그리스도인은 낮아지려는 경쟁입니다. '누구든지 이 어린아이와 같이 자기를 낮추는 그이가 천국에서 큰 자니라'고 말씀하셨습니다(마18:4). 우리 주 예수 그리스도께서는 낮아지심으로 높아지셨습니다. 이것이 그리스도인의 경기규칙입니다. 내가 무엇이 되려 하면 이미 넘어진 자라고 했습니다. 어느 모임에 가도 좋은 자리는 일부러 피해야 합니다.

세상에서는 돈을 많이 받으려고 경쟁하지만 그리스도인의 경쟁은 돈을 적게 받는 경쟁입니다. 사례비가 적다고 교회를 떠나는 목사나 전도사는 패배자입니다. 교회가 사례비를 주어도 어찌하든 안 받으려고 하고, 받더라도 적게 받으려고 해야 합니다. 유능한 목회자는 무보수 봉사자를 많이 만들어내는 자입니다. 어찌하든 절제하고 고생하게 하는 것은 썩지 않을 면류관을 얻게 하려는 것입니다.

그리스도인은 명분 없이 남들이 하기 싫은 일을 하려고 경쟁합니다. 세상에서는 3D, 즉 어렵고(difficult) 위험하고(dangerous) 더러운(dirty) 일은 안하려고 합니다. 그리스도인은 이런 일하기를 다투는 자들이 되어야 합니다. 교회 화장실에 오물이 막히면 '아, 드디어 상 받을 일이 생겼구나' 하고 팔을 걷어붙여야 합니다. 은밀한 가운데 보시는 주님께서 갚아주십니다.

어떤 목사님은 저에게 노아 방주에 오리도 들어간 것같이, 믿음 약한 사람도 들어가야 하니 너무 세게 몰아가면 가랑이가 찢어진다고 충고하십니다. 물론 옳으신 말씀이지만 만일 하나님이 교회를 경기하는 운동장으로 세우신 것이 사실이라면 믿음 없는 사람들에게 목회의 수준을 맞출 수는 없습니다. 그러므로 교회가 외형적으로 더 크지 못하더라도 선한 경쟁을 하게 고삐를 늦추지 않을 것입니다. 어찌하든 주님 다시 오실 때 주님이 나와 내게 주신 자들의 이름을 부르시도록, 이에 누락되는 자가 한 사람도 없도록 온 힘을 쏟을 것입니다.

그날, 내 이름이 부름 받지 않으면 망합니다. 주님이 생명의 부활로 하늘에 오르시려고 물과 피를 쏟은 것처럼 우리도 이를 위해 피와 땀을 아끼지 않으시기를 예수 이름으로 축원합니다.

교회는 경기하는 운동장

성경본문 (고전9:23~27)

하나님은 상 주는 이시다(히11:6).
그는 행한 대로 갚으시고(고후5:10)
자기를 찾는 자에게 상 주시는 분이다.

신앙은 그를 믿고 바라봄이요,
신앙생활은 하나님이 위에서 부르신 부름의 상을 얻기 위해(빌3:14)
그가 지정한 운동장인 교회에서 선한 경쟁을 하는 생활이다(딤후4:7, 계22:12).

이는 소질과 자질을 갖춘 운동선수라도
피나는 훈련으로 단련된 후 경기에 임하여
오직 상을 받으려고 사투를 벌이는 것과 같다.

천사는 부리는 종으로 지음 받은 고로 보상의 기약이 없으나(눅17:7~9, 히1:14)
육체의 약점이 있는 사람에게는 하늘과 보좌를 유업의 상으로 기약하셨다(골3:24).

아담은 마귀와의 설전에서 참패당하고
모든 것을 빼앗겼으나(창3:4~6, 16~19, 24)
아브라함은 믿음에 대해 하나님의 보상을 약속받았으니
그 후손과 가나안 땅인바(창15:1~7)
430년 후에 그 후손 이스라엘이 애굽을 떠날 때 장자가 보존 받았고
결국 가나안 땅을 회복하였다(창15:16, 수21:43).

성전은 조상 아브라함의 상급자 하나님을 기억하게 하는바
전쟁이 나면 날수록, 포로로 끌려가면 갈수록 그들에게 더욱 중요한 존재였다.

예수께서 성전을 헐라 사흘 동안에 일으키리라 하심은(요2:19)
성전 된 자기 육체의 죽음과 부활로
진동할 땅이 아닌 하늘나라(히12:28),
종이 아닌 보좌를 보상하려 하심인바(눅22:30)
그의 이름으로 준 냉수 한 그릇도

결단코 상을 잃지 않을 것을 확약하셨다(마5:11, 6:1, 4, 10:41~42) .

그가 세상에서 보상 받기보다 하늘에서 받기를 원하셨기에
그를 임금 되기 원하는 백성들을 실망시키므로 증오를 받게 되었다(요6:15).

그는 죽으시며 다 이루었다 하셨으니(요19:30)
① 인자로서의 경주를 완주하심으로 하늘을 획득하심(요10:17, 히12:2).
② 보좌를 넘보던 마귀를 심판하심(요일3:8).
③ 그 피의 대가로 영혼들을 보상으로 받으심이다(계5:9).

그는 부활승천하사 보좌에 앉으셨으니 의로운 재판장이시라(딤후4:8).
그가 보내신 성령은
교회를 운동장으로 삼고 선한 경쟁을 하게 하시는바
그리스도인은 의로운 재판장이 나타나실 때(히9:28)
생명의 부활의 면류관을 받고자
최선을 다하며, 도중하차하지 아니하며 규칙대로 경쟁하는바(딤후4:7)
더 낮아지는 경쟁, 권(權)을 다 쓰지 않는 경쟁(마18:1~4, 고전9:17~18),
칭찬을 사양하는 경쟁, 어렵고 힘든 일을 찾아 하는 경쟁(히11:26)
더 많이 손해 보는 경쟁, 더 가난해지는 경쟁을 하는 자들이다(마6:2~4).

오, 주여!
주께서 천사장의 나팔소리로 공중에 나타나실 때
나와 나의 성도들의 이름,
하나하나 다 부르시도록
더 많이 수고하고, 더 빨리 달리고,
한 사람도 도중하차하는 자 없이
마지막 한 방울의 진액이라도
다 쏟게 하옵소서. 아멘.

교회는 나에게 무엇인가?

2017년 6월 7일 개정판 1쇄 펴냄

지은이	강성기
펴낸곳	도서출판 조에 (Zoe Press)

주소	대전광역시 중구 산성동 129-40
전화	042-581-9182
팩스	042-583-9183
Email	zoepresscom@gmail.com
홈페이지	www.zoepress.com

예수복음교회

주소	30 W. Glen Ave., Paramus, NJ 07652, U.S.A.
전화	201-652-3339
팩스	201-652-1237
홈페이지	www.churchofjesus.net **EM 홈페이지** www.cojnj.com
유관기관	www.zoemission.org

인쇄	(주)메카플러스 / 전화 02-2273-0580

책값	15,000원
ISBN	978-89-960039-4-6